W0322682

Die Deutschsprachige Gemeinschaft Belgiens

BELGIEN IM FOKUS

Geschichte – Sprachen – Kulturen

Herausgegeben von Anne Begenat-Neuschäfer

Band 3

PETER LANG

Frankfurt am Main · Berlin · Bern · Bruxelles · New York · Oxford · Wien

Anne Begenat-Neuschäfer (Hrsg./éd.)

Die Deutschsprachige Gemeinschaft Belgiens

Eine Bestandsaufnahme

PETER LANG
Internationaler Verlag der Wissenschaften

Bibliografische Information der Deutschen Nationalbibliothek
Die Deutsche Nationalbibliothek verzeichnet diese Publikation in der Deutschen Nationalbibliografie; detaillierte bibliografische Daten sind im Internet über http://dnb.d-nb.de abrufbar.

Umschlaggestaltung:
Olaf Glöckler, Atelier Platen, Friedberg

Gedruckt auf alterungsbeständigem,
säurefreiem Papier.

ISSN 1862-796X
ISBN 978-3-631-59454-4

© Peter Lang GmbH
Internationaler Verlag der Wissenschaften
Frankfurt am Main 2010
Alle Rechte vorbehalten.

Das Werk einschließlich aller seiner Teile ist urheberrechtlich geschützt. Jede Verwertung außerhalb der engen Grenzen des Urheberrechtsgesetzes ist ohne Zustimmung des Verlages unzulässig und strafbar. Das gilt insbesondere für Vervielfältigungen, Übersetzungen, Mikroverfilmungen und die Einspeicherung und Verarbeitung in elektronischen Systemen.

www.peterlang.de

Belgien im Fokus – Geschichte Sprachen Kulturen

Mit dieser Reihe wird Belgien in den Blick genommen, das seit 1993 als Föderalstaat einen ganz eigenen Weg eingeschlagen hat. Seit seiner Gründung 1830/31 hat es eine beispielhafte Entwicklung weg vom ursprünglichen „unitaristischen Zentralstaat" durchlaufen, seine gemeinsame künftige Staatsform ist mit der Aufteilung der Kompetenzen auf Gemeinschaften und Regionen ständigen, bisweilen überraschenden Entwicklungen unterworfen. Im Austarieren regionaler Kompetenz im nationalen Verbund behauptet sich dieses kleine Land „dazwischen" in einer führenden Rolle im europäischen Einigungsprozess.

Seine nationale Gründung, die auf napoleonischem Fundament ruhte, hat sich aus eigenem Antrieb konsequent eine dezentralisierte Staatsform gegeben und steht damit jenseits der großen europäischen Staatsformen, wie sie von Deutschland oder Italien einerseits und Frankreich andererseits modellhaft herausgebildet wurden. Die Wandlungen haben sich scheinbar lautlos vollzogen und sind doch von entscheidender Bedeutung für weitergehende Entwicklungen im vereinten Europa, wo es in größerem Maß um das Miteinander unterschiedlicher historischer, kultureller und sprachlicher Traditionen geht.

Bisher sprach man, wenn man Belgien jenseits stereotyper Wahrnehmungsmuster betrachtet, vom „Laboratorium Europas", in dem Konsens, Konvivialität und Verständigungsbereitschaft bisher noch immer den sprichwörtlichen „belgischen Kompromiss" herbeizuführen vermochten.Belgien evoziert jedoch auch Widerspruch, Ambivalenz und Uneinheitlichkeit in der historischen und kulturellen Perzeption: Geißelte nicht Schiller im *Abfall der Niederlande* die Knechtung der südlichen Provinzen unter der spanischen Krone, denen die sieben nördlichen Provinzen als Modell für den Freiheitskampf gegenübergestellt wurden?

Galt andererseits Flandern bei Charles de Coster in *La Légende et les Aventures héroïques, joyeuses et glorieuses d'Ulenspiegel et de Lamme Goedzak au pays de Flandre et ailleurs* nicht als heimliches, wenngleich gefährdetes Schlaraffenland für Till und seinen Gefährten Lamme? Agierte der belgische Staat nicht aber auch als Kolonialmacht, deren Kolonie (der Größe und Bedeutung nach dem alten Westeuropa vergleichbar) „Krongebiet" war? Wer spräche heute leichtfertig von belgischer Identität? Ist diese Suche nach einem (selbst-) kritischen Selbstverständnis aber nicht gerade auch Fokus europäischer Grundhaltungen?

Als Raum der Begegnungen und des Austauschs zwischen der 'romanischen' und der 'germanischen' Kultur ist Belgien zunehmend das Land, das mit einer immer weniger durchlässigen Sprachgrenze nicht nur das Miteinander der Kulturen, sondern auch ihr Gegeneinander im Alltag lebt. Bis heute versteht es sich jedoch nach außen als Mittler in der Mitte Europas, auch aus der Erfahrung der beiden Verletzungen seiner nach internationalem Völkerrecht garantierten Neutralität im Ersten und Zweiten Weltkrieg. Damit bewahrt es *malgré tout* einen Raum des konstruktiven Miteinanders als Ort tätiger Überwindung historischer und, so bleibt zu hoffen, gegenwärtiger Wunden.

Den Anregungen und Anstößen für Europa, den Auseinandersetzungen mit Geschichte, Sprachen und Kulturen, die vom Fokus Belgien ausgehen, will diese Reihe ein Forum bieten.

Aachen, im Frühjahr 2010 **Anne BEGENAT-NEUSCHÄFER**

INHALTSVERZEICHNIS – TABLE DES MATIÈRES – INHOUDSOPGAVE

PRÄLUDIEN – PRÉLUDES – PRELUDES

VORBEMERKUNG

Der vorliegende Band möchte die Deutschsprachige Gemeinschaft Belgiens einem größeren Publikum deutscher Sprache vorstellen, indem er eine anschauliche und aktuelle Innensicht dieses Grenzlandes seit Menschengedenken und seiner Bewohner bietet. Er ist in bewährter Zusammenarbeit mit der Regierung und den Institutionen der Deutschsprachigen Gemeinschaft entstanden. Die einzelnen Kapitel dieses Bandes sind so angelegt, dass sie zu gegebener Zeit mit ähnlich aufgebauten Beiträgen aus der Französischen und der Flämischen Gemeinschaft in eigenen Publikationen ein Gesamtbild Belgiens und seiner Gemeinschaften ergeben können.

Für die sorgfältige Vorbereitung der Drucklegung und die Erstellung des druckfähigen Manuskriptes bin ich Lucia Mingers, Benjamin Gaca und Jan Siemon, alle drei RWTH-Aachen, zu großem Dank verpflichtet.

Ich danke den Autoren für die gute Zusammenarbeit und der Deutschsprachigen Gemeinschaft für ideelle und materielle Unterstützung, sowie dem Peter Lang Verlag für die Drucklegung.

Anne BEGENAT-NEUSCHÄFER

VORWORT

Nach der überaus positiven und konstruktiven Zusammenarbeit in der Vergangenheit freue ich mich außerordentlich über das Erscheinen dieses dritten Bandes der Reihe *Belgien im Fokus*. Noch mehr freue ich mich darüber, dass dieser gänzlich der Deutschsprachigen Gemeinschaft Belgiens gewidmet ist. Mit seinen rund 75 000 Einwohnern stellt dieser kleinste Bestandteil des belgischen Bundesstaates ein äußerst interessantes Studienobjekt dar. Das fängt schon mit seiner überaus spannenden und facettenreichen Geschichte an.

Um einen guten Einstieg in diese für die meisten recht unbekannte Thematik zu ermöglichen, wurden den verschiedenen Beiträgen zwei Redetexte vorangestellt, die am 31. Oktober 2009 anlässlich der Verleihung des *Kulturpreises Deutsche Sprache* (Institutionenpreis) an die Deutschsprachige Gemeinschaft in Kassel vorgetragen wurden. Die erste Rede stammt von dem derzeitigen deutschen Botschafter beim Königreich Belgien, Herrn Prof. Dr. Reinhard Bettzuege, und die zweite aus meiner eigenen Feder.

Nach dieser recht übersichtlichen Einführung wird dem Leser dieses Bandes eine facettenreiche Textsammlung zum Thema Deutschsprachige Gemeinschaft geboten, an der die unterschiedlichsten Akteure mitwirkten. Hierdurch wird ein sehr nuanciertes Bild der Minderheit der deutschsprachigen Belgier im Kleingliedstaat Deutschsprachige Gemeinschaft gegeben. Gerade solch eine differenzierte Berichterstattung ist für ein wirkliches Verstehen der belgischen Situation von größter Bedeutung. Umso mehr freue ich mich, dass bereits zwei weitere Bände in Planung sind, welche die Französische und die Flämische Gemeinschaft Belgiens beleuchten sollen. Hierdurch wird ein übersichtliches und ausgewogenes Referenzwerk zu Belgien für den Leser im deutschsprachigen Raum Europas geschaffen – eine gut verständliche Gesamtansicht eines wenig bekannten und häufig unverstandenen Föderalstaates.

In diesem Sinne möchte ich an dieser Stelle die Gelegenheit nutzen, Frau Prof. Dr. Begenat-Neuschäfer und all jenen, die einen Beitrag zur Ausarbeitung dieser Textsammlung und der Reihe *Belgien im Fokus* geleistet haben, von Herzen meinen Dank und meine Anerkennung auszusprechen.

Karl-Heinz LAMBERTZ
Ministerpräsident der
Deutschsprachigen Gemeinschaft Belgiens

BELGIEN – DAS VERSTEHE WER WILL.

Ein Ausspruch, der die mannigfache Verzweiflung ob des äußerst komplexen belgischen Staatsgefüges und des sich daraus ergebenden und nur schwer vermittelbaren Zusammenspiels seiner gesellschaftlichen Kräfte genau so widerspiegelt, wie die herzliche Einladung an nahe und entferntere Freunde, Partner, Wissbegierige, sich vertiefend mit der Entwicklung des belgischen Bundesstaates zu beschäftigen.

Die Deutschsprachige Gemeinschaft stellt heute ein gleichwertiges Bundesland im belgischen Föderalstaat dar, das über weitreichende Zuständigkeiten verfügt, die eigenständig im Rahmen der verfassungsrechtlich abgesicherten Autonomie wahrgenommen werden.

Hierzu zählt seit 1989 – das Jahr der dritten großen Staatsreform – auch das Unterrichtswesen, dem in der vorliegenden Publikation ein Kapitel gewidmet ist. Am Beispiel der bildungspolitischen Entwicklungen lässt sich besonders gut aufzeigen, wie die Deutschsprachige Gemeinschaft in das belgische Staatsgefüge eingegliedert ist, zugleich jedoch auch über hervorragende und überlebensnotwendige Kontakte zu Partnern im In- wie im Ausland verfügt, die es erlauben, die Qualität des eigenen Bildungswesens durch passgenaue und maßgeschneiderte Lösungsansätze zu optimieren. Eingebettet in zahlreiche europäische Netzwerke stellt sie dabei schon durch ihre Lage an der Nahtstelle zwischen germanischem und romanischem Sprachraum und das Einbringen ihrer interkulturellen Kompetenz einen Mehrwert für die europäischen Partner dar.

Unsere Nachbarn und Kooperationspartner stets besser kennenzulernen, liegt dabei in unser aller Interesse. Wir sind sehr dankbar für die Möglichkeit, Ihnen die historische Entwicklung sowie auch die Eigenheiten der Deutschsprachigen Gemeinschaft Belgiens im Rahmen der vorliegenden Publikation etwas näher bringen zu dürfen.

Frau Prof. Dr. Begenat-Neuschäfer, Ihren Mitarbeitern und allen Autoren, die zur Entstehung dieser Veröffentlichung beigetragen haben, gilt hierfür mein herzlichster Dank.

Oliver PAASCH
Minister für Unterricht, Ausbildung und Beschäftigung
der Deutschsprachigen Gemeinschaft Belgiens

LAUDATIO*

Es freut mich, dass ich anlässlich der Verleihung des *Kulturpreises Deutsche Sprache* zu Ihnen sprechen kann und es freut mich ganz besonders, dass ich Ihnen, Herr Ministerpräsident Lambertz, heute zur Auszeichnung mit dem Institutionenpreis des *Kulturpreises Deutsche Sprache* gratulieren darf. Mit diesem Preis wird die Deutschsprachige Gemeinschaft für ihre Verdienste um die deutsche Sprache geehrt.

Was ist die Deutschsprachige Gemeinschaft – oder wie wir es in Belgien auf den Autoaufklebern lesen: Die DG entstand im Laufe eines langjährigen und mitunter mühsamen Föderalisierungsprozesses, der das Königreich Belgien in drei Regionen, nämlich die Flämische, die Wallonische und die Region Brüssel-Hauptstadt, sowie in drei Sprachgemeinschaften, die Flämische, die Französische und die Deutschsprachige Gemeinschaft, eingeteilt hat. Diese deutschsprachigen Gebiete – das sind neun Gemeinden mit rund 75 000 Einwohnern – befinden sich im Osten Belgiens und bilden einen langen, schmalen Streifen entlang der deutsch-belgischen Grenze, deren Einwohner im Verlauf der Geschichte mehrfach ihre Nationalität wechseln mussten.

Nach dem Wiener Kongress 1815 gehörten sie zum Königreich Preußen, und Deutsch wurde Amtssprache. Mit der Reichsgründung 1871 wurde es Teil des Deutschen Kaiserreichs. 1920 besiegelte der *Versailler Vertrag* die Zugehörigkeit der Gebiete (Eupen, Malmedy und St. Vith) zu Belgien.

Nach dem deutschen Überfall wurde das Gebiet im Mai 1940 annektiert und nach dem Krieg wieder dem belgischen Staat zugeordnet.

Ohne tiefer auf die historischen Details eingehen zu wollen, darf ich doch feststellen, dass die Sprachenkomponente immer eine wesentliche Rolle in der belgischen Politik und Verwaltung gespielt hat und dass verschiedene Sprachgesetze, deren Ursprünge in den 60er Jahren wurzeln und die auf dem Territorialitätsprinzip beruhen, zahlreiche Aspekte des gesellschaftlichen Alltags regeln – der Sprachgebrauch vor Gericht und in der Verwaltung sind dabei Teilbereiche. Spätestens seit den 80er Jahren genießt die deutschsprachige Bevölkerung sprachlich-kulturelle und seitdem auch immer mehr regionale Autonomie. In den eigenen Zuständigkeitsbereich fallen neben Unterricht- und Medienpolitik

---

* Laudatio des Verfassers, gehalten in seiner Eigenschaft als Botschafter der Bundesrepublik Deutschland beim Königreich Belgien, auf die Deutschsprachige Gemeinschaft Belgiens anlässlich der Verleihung des Kulturpreises Deutsche Sprache am 31. Oktober 2009 in Kassel.

einschließlich eigener Kulturpolitik im Ausland auch soziale Angelegenheiten wie Gesundheits- und Jugendpolitik. Für diese in Europa wohl einmalige kulturelle Autonomie haben sich Parlament und Regierung der DG stets eingesetzt.

Eine „belgische" Sprache gibt es bekanntlich nicht – das Land hat drei Landes- und Amtssprachen, nämlich Niederländisch, Französisch und Deutsch; und König Albert II aus dem deutschen Hause Sachsen, Coburg und Gotha beschließt seine Neujahrsansprachen daher immer auch mit einem Gruß in deutscher Sprache. Wenn die DG auch nicht über einen wirklich eigenen Sprachkodex verfügt, gibt es allerdings doch durch französische Einflüsse einige syntaktische und lexikalische Besonderheiten des belgischen Standarddeutsch. So spricht man in der DG von der „Garage" statt der „Werkstatt", von „Mazout", wenn man „Heizöl" meint, oder von „Studienbörsen", wenn „es sich um Stipendien geht" (= il s'agit de), denn unpersönliche Ausdrücke werden oft reflexivisch gebraucht.

Der „anbefohlene Preis" statt der „empfohlene" leitet sich dagegen aus dem Niederländischen ab.

Und noch eine Besonderheit: Verona Feldbusch warb vor einigen Jahren für die Telefonauskunft von Telegate mit dem Slogan: Da werden Sie geholfen. Diejenigen, die sich damals über die mangelhaften Grammatikkenntnisse der Schauspielerin und Sängerin lustig gemacht haben, hatten sicher keine Ahnung vom französisch beeinflussten Gebrauch des Verbs helfen mit Akkusativ, wie ihn der deutschsprachige Belgier in der DG als absolut korrekt empfindet.

Doch während diese so genannten Interferenzen die jeweilige Sprache bereichern, und die Besonderheiten des ostbelgischen Deutsch sind doch auch Bereicherungen der deutschen Sprache, können Divergenzen im terminologischen Bereich zu Kommunikationsproblemen führen. Ein und derselbe deutsche Begriff gerade aus dem Wirtschafts- oder Rechtsbereich kann mitunter aufgrund nationaler Unterschiede etwas völlig anderes bedeuten. So entspricht beispielsweise der Verwaltungsrat einer AG in der DG dem Vorstand einer AG in Deutschland und die IHKs haben in der DG und in Deutschland unterschiedliche Funktionen.

Diese Unterscheidungen zu treffen erfordert dann auch nicht nur die Beherrschung der (Fremd-)Sprache, sondern ebenfalls gewisse Kompetenzen in interkultureller Kommunikation.

In der Konkurrenz mit den beiden großen Sprachen Niederländisch und Französisch hat die deutsche Sprache im östlichen Belgien sicherlich am meisten profitiert. Doch dass sich der deutschsprachige Bürger in der wallonischen und frankophonen Region in belgischen Verwaltungsangelegenheiten seiner Muttersprache bedienen kann, ist dem langjährigen Einsatz und der unermüdlichen Arbeit des Ministerpräsidenten, der Institutionen der DG, wie dem Parlament zu verdanken. Ausschüsse, wie z.B. der für Sprachgebrauch im Unterrichtswesen oder der vor kurzem ins Ministerium der DG übersiedelte Ausschuss für die deutsche Rechtsterminologie halfen Sprachgesetze vorzubereiten und die Interessen der Deutsch sprechenden Minderheit in Belgien zu vertreten. So ist Deutsch Gerichtssprache und es gibt einen deutschsprachigen Gerichtsbezirk. Und mit dem Dekret über die Vermittlung und den Gebrauch der Sprachen im Unterrichtswesen vom 19.04.2004 ist festgelegt worden, dass Deutsch grundsätzlich Unterrichtssprache und Französisch erste Fremdsprache ab dem Kindergarten ist, wobei Lehrer nur nach Nachweis gründlicher Kenntnis der deutschen Sprache eine definitive Anstellung an Schulen der DG erhalten.

Auch die Medienpolitik fördert den Sprachgebrauch des Deutschen; selbstverständlich verfügt die DG über eine eigene Tageszeitung, das *Grenz-Echo*. Außerdem gibt es in Eupen bereits seit 1960 einen eigenständigen deutschen Rundfunk am *BRF* (*Belgischen Rundfunk- und Fernsehzentrum*) und einige private Radiosender. Es gibt das öffentliche Fernsehen (*BRF-Blickpunkt*) und den *Offenen Kanal* (*OK*). Die DG verfügt ebenfalls über eine sehr lebendige Literaturszene, die u.a. durch den Preis des Parlaments gefördert wird. Verweisen möchte ich in diesem Zusammenhang auf den Sammelband *Seitensprünge: Literatur aus deutschsprachigen Minderheiten in Europa* von Manfred Peters (2009) und auf die Zeitschrift *Krautgarten – Forum für junge Literatur*.

Weil im föderalen Belgien die Muttersprache das wichtigste Gut ist, weil sie den Auf- und Ausbau eines eigenen Kulturkreises ermöglicht, werden vom Parlament der DG regelmäßig besondere Leistungen im Unterrichtsfach Deutsch in allen Schulformen gewürdigt und mit Preisen ausgezeichnet.

Sie sei nach wie vor das wichtigste Argument für die Eigenständigkeit und die Erlangung von immer weiter reichenden Kompetenzen, so Parlamentspräsident Louis Siquet am 27. Juni dieses Jahres bei der Preisverleihung.

Meine Damen und Herren, die DG wird als die best geschützte Minderheit Europas angesehen. Dass die DG neben einer flämischen und einer französischen Gemeinschaft besteht, zeigt eindrucksvoll die absolute Gleichstellung der deutschsprachigen Belgier.

Als deutscher Botschafter habe ich aber zu beklagen, dass weder in Flandern noch in der Wallonie das Erlernen der deutschen Sprache als Zweit- oder

Drittsprache hoch im Kurs steht oder regierungsamtlich gefördert wird. Während in Flandern rund 18% der Schüler (82 449) Deutsch lernen, sind es in der Wallonie nur drei von hundert Schülern (10 532).

Ich weiß mich mit der DG einig in dem Ziel, nämlich die deutsche Sprache in allen drei Regionen des Landes zu fördern. Vor dem Hintergrund rückläufiger Deutschlernerzahlen ist es mir ein dringendes Anliegen, Werbung für Deutsch zu machen und die Voraussetzungen zum Erlernen der Sprache des Nachbarlandes zu verbessern. Zahlreiche Anstrengungen sind auf dieses Ziel gerichtet: durch die so genannte PASCH-Initiative des Auswärtigen Amtes sind zwei belgische Schulen aufgrund ihres exzellenten Deutschlernprogramms zu Partnerschulen gewählt worden, wir bemühen uns um mehr universitäre Zusammenarbeit und haben vor, ein deutsch-belgisches Masterprogramm aufzulegen.

Persönlich habe ich es auf mich genommen, im vergangenen Semester an der Universität Lüttich und am Europa-Kolleg Brügge, und in diesem Semester an der Universität von Louvain-la-Neuve zu lehren und damit deutsche Präsenz zu zeigen, um den Blick auf den Nachbarn zu lenken. Mit Erstaunen musste ich bei meinem Antrittsbesuch in Lüttich feststellen, dass von den 18 000 Studenten an der UCL nur 18 Studenten pro Semester an einem Erasmus-Aufenthalt in Deutschland interessiert sind. Leider ist die Situation an den anderen belgischen Universitäten nicht viel anders: Von 5 000 belgischen Studenten verbringen nur 350 ein Erasmus-Jahr an einer deutschen Universität.

Auch dieses Missverhältnis möchten wir zugunsten Deutschlands verschieben und regen mit Aktionen bei Auslandstagen der Universitäten und mit Deutschlandtagen für belgische Studenten in der Botschaft in Brüssel das Interesse für Deutschland und die deutsche Sprache. Vor diesem Hintergrund freut es mich besonders, dass sich der wallonische Ministerpräsident Rudi Demotte ebenfalls dieser Problematik bewusst ist und sich zunehmend für eine Intensivierung des Erasmus-Austausches einsetzt.

Die Zusammenarbeit im universitären Bereich und die damit verbundenen Studentenaustauschprogramme waren ebenfalls Schwerpunkt der Deutsch-Belgischen Konferenz, die unter dem Titel *Partners in Innovation and Education* vor zwei Wochen in Brüssel stattgefunden hat um u.a. die Kooperation im Ausbildungsbereich auf bilateraler Ebene zwischen Belgien und Deutschland zu intensivieren.

Umso mehr freue ich mich, meine Damen und Herren, über die Feststellung des Journalisten Matthias Heine in einem Artikel in der *Welt* vor einigen Wochen mit der Überschrift: *Unserer Sprache geht es ganz hervorragend.* Einen

Sprachverfall gebe es nicht; die Wissenschaftler hätten festgestellt, dass der Wortschatz noch nie so groß und differenziert war wie heute.

Und in den Mitteilungen des deutschen Germanistenverbandes wird davor gewarnt, von einzelnen durchaus lächerlichen Entgleisungen auf den gesamten Verfall des Deutschen zu schließen. Im Gegenteil, seine Varietäten, seine Erscheinungsformen und nationalen Varianten seien vielfältig. Ist dies nicht ein untrügliches Zeichen einer höchst lebendigen Sprache? Einer Sprache, die nicht still steht, sondern sich stets weiter entwickelt und die es zulässt, dass Einflüsse anderer Sprachen auch eine Bereicherung darstellen können.

Darf ich in diesem Zusammenhang ein kleines Erlebnis schildern, das ich im Rahmen der Diskussion mit Germanistikstudenten der Universität Antwerpen hatte: Als ich einen jungen Belgier fragte, warum er denn Germanistik studiere, sagte er: „Weil ich mich mit dem Guten und Schönen beschäftigen wollte." Diese Aussage hat mich sehr berührt und sie ist mir nie mehr aus dem Sinn gegangen. Nicht unerwähnt lassen möchte ich schließlich, dass die DG sich nicht nur für die deutsche Sprache engagiert. Ihre intensive Sprachenförderung, ihr Einsatz für Mehrsprachigkeit ist vorbildlich und wurde im letzten Monat am Europäischen Tag der Sprachen noch von EU-Kommissar Orban hoch gelobt.

Es würde den Sprachenstreit entschärfen, wenn in ganz Belgien die Sprachenförderung so intensiv betrieben würde wie in der DG. So sind früher Fremdsprachenerwerb und Sachunterricht in der Fremdsprache an Schulen der DG an der Tagesordnung, um den Anforderungen eines zunehmend multikulturellen Europas gerecht zu werden. Auch deshalb vielleicht leben in der DG, wie viele im Königreich glauben, die besten Belgier.

Die DG und ihr Ministerpräsident Herr Karl-Heinz Lambertz können bereits wichtige Etappensiege und Erfolge in der Umsetzung der belgischen Sprachengesetzgebung aufweisen.

Ich darf daher heute hier feststellen: Die DG, und an ihrer Spitze Ministerpräsident Lambertz haben sich in herausragender Weise um die deutsche Sprache verdient gemacht.

Reinhard BETTZUEGE
Botschafter der Bundesrepublik Deutschland
beim Königreich Belgien

DANKESANSPRACHE*

Werte Festversammlung,

wir haben gerade eine Darstellung der Deutschsprachigen Gemeinschaft, ihrer wirklichen und vielleicht sogar etwas übertriebenen Verdienste – zumindest wenn es um meine Person ging – gehört, die man besser wohl nicht hätte formulieren können. Wenn er jetzt hier wäre, hätte meinem Pressereferenten wahrscheinlich mit jedem Satz eine weitere Schweißperle die Stirn geziert. Denn all das, was Sie, Herr Botschafter, so hervorragend gesagt haben, hatte er natürlich auch für meine Erwiderung aufgeschrieben. So bringen Sie mich in die sehr angenehme (und übrigens mit der vorhin getätigten Aussage zur leichten Sprache hervorragend kombinierbare Situation), dass ich eine spontane, freie Rede halten kann. Wie das dann in der vorgegebenen Zeit möglich ist, werden wir nachher sehen. Mir fällt ein Zitat von Kurt Tucholsky ein. „Wenn einer eine Ansprache hält, müssen die anderen schweigen. Das ist deine Gelegenheit, missbrauche sie". Meine Damen und Herren, ich werde das jetzt nicht allzu wörtlich nehmen. Erlauben Sie mir zuallererst im Namen der gesamten Deutschsprachigen Gemeinschaft, so wie sie heute ist, gestern war und wahrscheinlich auch morgen sein wird, für diese – für uns unerwartete, also umso erfreulichere – Auszeichnung zu danken. Wir sind sehr froh, diesen Preis hier und heute in Empfang nehmen zu dürfen. Er bestätigt ein jahrzehntelanges Wirken in unserem kleinen Landstrich an der Ostgrenze Belgiens. Sie ist auch Ansporn, auf dem eingeschlagenen Weg fortzufahren und weiterhin konsequent unsere Erfahrungen mit denen anderer Minderheiten in Europa und sonst wo in der Welt zu teilen.

Meine Damen und Herren, heute am 31. Oktober, vor genau 492 Jahren, schlug Martin Luther seine 95 Thesen an die Schlosskirche in Wittenberg und legte damit den Grundstein für die Reformationsbewegung. Vielleicht fragen Sie sich jetzt „Was hat das denn mit der heutigen Veranstaltung zu tun?". Parallelen gibt es auf mindestens zwei Ebenen: Erstens ist es die später von Luther verfasste Bibel, die die Grundlage für eine einheitliche deutsche Schriftsprache gebildet hat; zweitens wäre die Tatsache, dass heute die Deutschsprachige Gemeinschaft des Königreiches Belgiens geehrt wird, ohne Luther wahrscheinlich nicht so zustande gekommen.

Weniger als 40 Jahre nachdem Luther seinen Hammer kreisen ließ, führte die von ihm losgestoßene Bewegung zur Spaltung der 17 niederländischen Pro-

---

* Dankesansprache an die Deutschsprachige Gemeinschaft Belgiens anlässlich der Vergabe des *Institutionenpreises Deutsche Sprache 2009* am 31. Oktober 2009 in Kassel.

vinzen und zum Rücktritt Karls des Fünften, der damals über das heutige Deutschland, Österreich, Spanien und die Benelux-Staaten regierte, also über einen wesentlichen Teil des heutigen deutschen Sprachraums in Europa. Karl der Fünfte war übrigens auch jener deutsche Kaiser, der in Flandern aufwuchs, von dem man sagt, dass er von sich selbst behauptet hat, Spanisch mit Gott, Italienisch mit Frauen, Französisch mit Männern und Deutsch mit seinem Pferd zu sprechen. Mit seinem Rücktritt, den man ihm jetzt vielleicht etwas gönnen kann, wurde das riesige Reich geteilt. Während sein Bruder Ferdinand der Erste fortan über das Heilige Römische Reich Deutscher Nationen herrschte, wurde sein Sohn Philipp der Zweite König Spaniens und auch der südlichen Niederlande. Diese Provinzen wurden dann im weiteren Verlauf der Geschichte österreichisch, französisch und niederländisch, bevor sie 1830 in einem revolutionären Prozess Belgien bildeten. Auch das haben Sie schon gehört; damals gehörte das jetzige deutschsprachige Gebiet Belgiens nicht zum Königreich Belgien, sondern war noch Preußen. Erst der *Versailler Vertrag* hat dafür gesorgt, dass dieses Stück Deutschlands zu Belgien kam.

Es gibt eine zweite, von den Menschen in der Deutschsprachigen Gemeinschaft so nicht provozierte Entwicklung, die die heutige Stellung der Gemeinschaft ausmacht – nämlich die Umwandlung Belgiens von einem ehemals dezentralisierten Einheitsstaat in einen modernen Bundesstaat, dessen Gliedstaaten sich Regionen und Gemeinschaften nennen. Jetzt weiß ich nicht, was Sie sich unter dem Begriff Gemeinschaft vorstellen. Man kann da an Religionsgemeinschaften denken; man könnte sich auch an seinen Freundeskreis erinnern; oder für die Juristen unter Ihnen – in jeder Versammlung dieser Größenordnung gibt es eine Menge Juristen (ich bin übrigens auch einer) – lässt der Begriff Gemeinschaft wahrscheinlich an das eheliche Güterrecht denken. Nein, das ist nicht gemeint, wenn man von der Deutschsprachigen Gemeinschaft Belgiens spricht.

Im belgischen Sprachgebrauch, in der deutschen Rechtsterminologie belgischen Rechts, bedeutet Gemeinschaft im Wesentlichen das, was man anderswo im deutschen Sprachraum ein Bundesland nennt. Das ist gewöhnungsbedürftig, vor allem wenn man eine Abkürzung verwendet – was man laut einem meiner Vorredner nicht machen sollte. Das werde ich mit auf den Weg nach Hause nehmen. Aber wir haben uns in unserer Heimat daran gewöhnt, den langen und schwerfälligen Begriff „Deutschsprachige Gemeinschaft Belgiens“ mit „DG“ zusammenzufassen und denken dabei natürlich nicht an die entsprechende Modemarke, obgleich die sich ja auch gut verkauft.

Wir hatten vor fast schon einem Jahrzehnt die – wie ich damals glaubte – geniale Idee, die Abkürzung DG auf einen Aufkleber zu bringen. Ich war damals sehr stolz auf diese Werbeaktion, ahnte allerdings nicht, welchen innenpolitischen Ärger mir dieses Autoaufkleber-Kennzeichen einbringen würde. Ich bin dafür durch die große internationale Resonanz aber reichlich belohnt worden. Das war mit Abstand die billigste Werbeoperation, die wir je gemacht haben. Mittlerweile ist dieser Aufkleber ein Kultobjekt geworden. Sie können sich gar nicht vorstellen, wie viele Menschen mich immer wieder fragen: „Gibt es noch einen?"… Ich mache dann immer das, was man auch mit der Berliner Mauer gemacht hat. Ich sage: „Es gibt fast keine mehr, ich habe die letzten fünf. Aber, gerade weil ich Sie so mag, schenke ich Ihnen einen davon." Das habe ich in den letzten zwei Jahren mindestens 300- bis 400-mal gemacht, das klappt immer. Ich habe auch heute wieder fünf dabei (Gelächter und Applaus). Ich bin ganz sicher, je länger der Empfang nachher dauert, desto mehr von diesen letzten fünf werden Sie bekommen!

Diese kleine Deutschsprachige Gemeinschaft Belgiens, dieses kleinste der in einem europäischen Bundesstaat bestehenden Bundesländer und diese zumindest dem kleinen Peloton der kleinsten Regionen mit Gesetzgebungshoheit in Europa und der ganzen Welt angehörende Gebiet hat eine bewegte Geschichte hinter sich, die von viel Leid, aber auch von unwahrscheinlich großen Chancen geprägt ist. Da war das Schicksal über ein Jahrhundert betrachtet vielleicht ausnahmsweise einigermaßen gerecht. Der heutige Preis wird weitere Möglichkeiten und vor allem auch neue Motivation verleihen.

Dennoch vergessen wir keinen Augenblick, dass wir lediglich eine kleine Minderheit in einem ebenfalls kleinen Land sind. Belgien ist nicht sehr groß, allerdings reich an kultureller Vielfalt, weil die Menschen dort eben nicht Belgisch, sondern Niederländisch, Französisch oder Deutsch reden. Von diesem kleinen Belgien machen wir Deutschsprachige lediglich 0,7% der Bevölkerung aus. Deshalb kann ich, lieber Herr Botschafter, den Hinweis auf die „rund 75 000" nicht gelten lassen. Wir nehmen das sehr genau: Es gibt 74 682 Einwohner in der DG, aber wir hoffen, dass wir die 75 000-Grenze am kommenden 1. Januar 2010 überschritten haben werden.

Wir sind eine Minderheit und wir bleiben eine Minderheit. Was ist eigentlich eine Minderheit? Eine Minderheit ist natürlich etwas, das man an objektiven Kriterien messen kann. Das alleine genügt jedoch noch nicht. Eine Minderheit ist auch etwas, das mit dem subjektiven Selbstverständnis zu tun hat. Eine Minderheit ist etwas, was man auch sein wollen muss, um es sein zu können. Das ist manchmal durchaus problematisch, aber nicht in Belgien. Ich habe einmal scherzhaft einer Journalistin gesagt: „Ich werde Ihnen das Geheimnis Belgiens verraten, wenn Sie mir versprechen, es nicht weiter zu sagen" – Sie hat daraus natürlich den Aufreißer gemacht und das hatte ich eigentlich auch erwartet. „In Belgien sind irgendwie alle eine Minderheit. Die Deutschsprachigen selbstverständlich; aber auch die Französischsprachigen. Die sind zahlenmäßig eine Minderheit geworden. Manchmal benehmen sie sich aber noch so, als wären sie die alte Mehrheit. Bei den Flamen ist es nicht anders, allerdings umgekehrt. Sie sind mittlerweile mit Abstand die Mehrheit geworden, aber viele ihrer Verhaltensweisen sind nur nachvollziehbar, wenn man weiß, dass sie sich auch heute noch vielfach wie eine Minderheit fühlen.“ Also in Sachen Minderheiten kann man Belgien nicht übertreffen.

Für die Deutschsprachige Gemeinschaft beinhaltet die Tatsache, eine Minderheit in diesem sehr spannenden, manchmal aber auch sehr schwierigen Land zu sein, drei Herausforderungen: Erstens, wir müssen unseren Autonomiestatut festigen und in dem Rahmen weiter ausbauen, den der belgische Föderalismus und seine Entwicklung hierfür ermöglichen. Zweitens, wir müssen über garantierte Vertretungen diskutieren. Es gehört auch zur belgischen Besonderheit, dass es einen garantierten Abgeordnetensitz für die Deutschsprachige Gemeinschaft im Europaparlament gibt, wogegen dies in der belgischen Kammer noch nicht geregelt ist. Aber die Hoffnung stirbt zuletzt und das werden wir auch noch schaffen. Die dritte Herausforderung besteht darin, die Stellung der deutschen Sprache in Belgien zu konsolidieren, zu verbessern und vor allem dafür zu sorgen, dass die bestehenden, übrigens sehr guten belgischen Sprachgesetze auch wirklich so angewandt werden, wie es im Gesetz steht. Denn wie Sie alle wissen, ist auch das Papier, auf das man Gesetze geschrieben hat, manchmal äußerst geduldig.

Aber Minderheiten sind auch noch etwas anders. Und das ist eigentlich noch spannender. Als Vorsitzender des Kulturausschusses des Kongresses der Regionen und Gemeinden beim Europarat hatte ich gestern die Gelegenheit, im niederländischen Leeuwarden (dort, wo die niederländischen Friesen wohnen) zum Thema Minderheitensprachen zu sprechen. Ich habe dort für einen Paradigmenwechsel in der modernen Minderheitspolitik plädiert. Gemeint ist der Wechsel von der rein defensiven Haltung, sich verteidigen oder schützen zu wollen (und dabei Gefahr zu laufen, irgendein mumifiziertes Museum für Völkerkundler zu werden) hin zu einer offensiven Haltung, die in der Minderheitensituation einen wirklichen Standortvorteil erkennt. Die Möglichkeit, Positives, für sich selbst und für Andere zu erreichen, ist zu Beginn des 21. Jahrhunderts für mich die große Herausforderung für Minderheiten. Und genau das versuchen wir als Deutschsprachige Gemeinschaft in Belgien, indem wir uns mit anderen Minderheiten und anderen Regionen Europas vernetzen. Als Nachbarn der großen Bundesrepublik Deutschland und als Freunde Österreichs können wir vieles in Kooperation verwirklichen, was wir so alleine gar nicht hinbekämen. Wir sind aber auch zunehmend in der Lage, eine Bindegliedfunktion wahrzunehmen zwischen dem, was in Deutschland, Österreich oder anderen deutschsprachigen

Gebieten Europas geschieht, und dem, was etwa die Flamen und Wallonen in Belgien noch mehr mit dem deutschsprachigen Ausland machen könnten.

In Belgien kennen nur wenige Deutschland wirklich und schon gar nicht das Deutschland mit der enormen Vielfalt seiner 16 Bundesländer. Da haben wir eine wichtige Aufgabe wahrzunehmen. Deshalb bin ich sehr froh, dass wir seit etwa einem Jahr die Möglichkeit haben, dank unserer Vertretung in der belgischen Botschaft in Berlin diese wichtige Aufgabe für uns selbst und für unsere wallonischen Partner auch konkret wahrzunehmen. Die Deutschsprachige Gemeinschaft kann wegen ihrer besonderen Situation, wegen ihrer Geschichte, wegen ihrer Möglichkeit im Grenzland zu wirken, eine wirkliche Vermittlerrolle spielen. Sie kann diese Möglichkeiten der interkulturellen Kommunikation zumindest im Austausch zwischen dem germanischen und romanischen Sprachraum tagtäglich immer wieder anwenden. Das ist etwas sehr Wertvolles, das ist wirklicher Standortvorteil mit hohem Mehrwert.

Deshalb bleibt interkulturelle Kommunikationskompetenz und die damit verbundenen besonderen Anstrengungen etwas, worauf wir in unserer Politik ganz besonderen Wert legen. Denn interkulturelle Kommunikationskompetenz umsetzen ist leicht gesagt, aber nur schwer durchzuführen. Sie ist auf jeden Fall unendlich mehr als ein Fremdsprachenkurs oder eine Fettnäpfchenlehre für Fortgeschrittene. Es muss da eine ganze Menge zusammenkommen. Das versuchen wir mehr oder weniger mit Erfolg tagtäglich immer wieder aufs Neue. Das können Sie alle erleben, wenn Sie uns einmal besuchen. Sie sind herzlich eingeladen, in die Deutschsprachige Gemeinschaft zu kommen. Dort gibt es nichts Außergewöhnliches, aber vieles, was sich so wunderbar gewöhnlich erleben lässt. Dies vereint uns mit anderen Minderheiten. Auch darauf hat Prof. Bettzuege bereits hingewiesen. Zum 25-jährigen Bestehen unserer Gemeinschaft als Region mit Gesetzgebungshoheit haben wir uns erlaubt, gemeinsam mit unseren Freunden in Südtirol und Ungarn eine Anthologie von Schriftstellern herauszugeben, die in deutscher Sprache schreiben, aber in Ländern leben, wo Deutsch nicht die Hauptsprache ist. Daraus ist das Buch *Seitensprünge* (im übertragenen Sinne) entstanden. Es ist eine ganz interessante Geschichte, etwas sehr Lebendiges, das deutlich macht, was dann anders ist, wenn deutsche Literatur in einem solchen Umfeld entsteht.

All das sind Dinge, die wir mit Freude machen. Wir sind heute vor allem sehr froh, dass dieser Preis diese Arbeit noch etwas mehr in den Mittelpunkt stellt. Er ist ein wirklicher Ansporn! Deshalb möchte ich mich im Namen der gesamten Deutschsprachigen Gemeinschaft nochmals herzlich für diese Auszeichnung bedanken.

Ich danke Ihnen für Ihre Aufmerksamkeit!

Karl-Heinz LAMBERTZ
Ministerpräsident der
Deutschsprachigen Gemeinschaft Belgiens

Zu den Aussenbeziehungen der DG

Die belgische Verfassung ermöglicht es den Gliedstaaten, d.h. den Gemeinschaften und Regionen, innerhalb ihrer Sachzuständigkeiten eine eigene „Landesaußenpolitik" zu betreiben. Voraussetzung hierfür ist die Tatsache, dass in Belgien jede Kompetenz exklusiv einer staatlichen Ebene (Bund, Gemeinschaft oder Region) zugeordnet ist. Normenhierarchie und Vollzug von Bundesgesetzgebung durch die Landesebene sind der belgischen föderalen Ordnung fremd.

Für die Deutschsprachige Gemeinschaft sind diese – auch im internationalen Vergleich einzigartigen und von der politikwissenschaftlichen Forschung oftmals als „quasi-konföderal" beschriebenen – Möglichkeiten Teil der Lösungsstrategie zur Relativierung des durch die Kleinheit hervorgerufenen Nachteils der fehlenden Skaleneffekte.

Den allgemeinen Handlungskontext der Außenbeziehungen bilden die in der Erklärung zur Lage der Gemeinschaft vom 19. September 2006 niedergeschriebenen strategischen Ziele der Außenbeziehungen der Deutschsprachigen Gemeinschaft:

- die Deutschsprachige Gemeinschaft in Belgien und im europäischen Ausland positionieren;
- ein vollständiges Dienstleistungsangebot für die Bevölkerung der Gemeinschaft gewährleisten;
- die Qualität der Dienstleistungen durch Austausch erhöhen;
- die eigenen Gestaltungsmöglichkeiten erweitern.

Bei der Wahrnehmung der bilateralen Beziehungen nimmt – abgesehen von der horizontalen innerbelgischen Zusammenarbeit – der deutschsprachige Raum Europas eine herausgehobene Stellung ein. Mit dem direkten Nachbarn Deutschland gibt es vielfältige Formen der Zusammenarbeit mit den einzelnen staatlichen Ebenen, das heißt dem Bund, den Ländern und den kommunalen Körperschaften. Neben Erfahrungsaustausch und punktueller Kooperation sind zahlreiche Aspekte der Zusammenarbeit durch Abkommen, Erklärungen und Protokolle geregelt. Da eine Aufzählung den Rahmen dieses Geleitwortes sprengen würde, sei an dieser Stelle lediglich die kürzlich unterzeichnete Gemeinsame Erklärung zwischen der Deutschsprachigen Gemeinschaft und Nordrhein-Westfalen zur gegenseitigen Anerkennung von Schulabschlüssen erwähnt, durch die der Schulwechsel stark entbürokratisiert und dadurch vereinfacht wurde.

Zur bestmöglichen Wahrnehmung der Beziehungen zu Deutschland unterhält die Deutschsprachige Gemeinschaft eine in der belgischen Botschaft angesiedelte, jedoch funktional eigenständige Vertretung in der deutschen Hauptstadt. Diese Vertretung nimmt auch die Interessen der Französischen Gemeinschaft Belgiens und der Wallonie wahr. Diese gemeinsame Präsenz ist eine Realisierung der Bindegliedfunktion, die die Deutschsprachige Gemeinschaft zwischen Deutschland und den anderen deutschsprachigen Gebieten Europas einerseits und den nicht-deutschsprachigen Landesteilen Belgiens andererseits ausübt.

Neben den bilateralen Beziehungen nimmt die Mitwirkung in internationalen und supranationalen Einrichtungen einen wichtigen Platz in den Außenbeziehungen der Deutschsprachigen Gemeinschaft ein. Dazu gehören neben dem Europarat und seinem Kongress der Gemeinden und Regionen, der Unesco sowie der OECD auch Organisationen wie die Arbeitsgemeinschaft Europäischer Grenzregionen, die Versammlung der Regionen Europas und die Föderalistische Union Europäischer Volksgruppen.

Von besonderer Bedeutung ist natürlich die Europäische Union. Hier ist die Deutschsprachige Gemeinschaft zum einen gefordert, wenn europäisches Primärrecht in Belgien ratifiziert beziehungsweise Sekundärrecht in die innere Rechtsordnung übertragen wird. Zum anderen spielt die europäische Förderkulisse mit ihren strukturellen und thematischen Ansätzen eine wichtige Rolle bei der Politikgestaltung in der Deutschsprachigen Gemeinschaft. Neben den informellen Zugängen ist die Deutschsprachige Gemeinschaft strukturell in die einzelnen Phasen europäischer Entscheidungsprozesse eingebunden. Dazu gehören die Vertretung im Europäischen Parlament und im Ausschuss der Regionen sowie die Beteiligung an der Positionierung Belgiens im Rat. Erwähnenswert ist, dass Minister der Deutschsprachigen Gemeinschaft – ebenso wie diejenigen aus den anderen Gemeinschaften und Regionen – in zahlreichen Ratsformationen den belgischen Sitzeinnehmen beziehungsweise im Falle der belgischen Ratspräsidentschaft den Vorsitz der Treffen der 27 Mitgliedstaaten ausüben.

Stephan FÖRSTER
Leiter der Vertretung der Deutschsprachigen Gemeinschaft,
der Französischen Gemeinschaft und
der Wallonischen Region in Berlin

BEITRÄGE – CONTRIBUTIONS – BIJDRAGEN

Grenzland seit Menschengedenken

Alfred Minke

Zu Beginn der Jahre 1970 setzte sich in den politischen Kreisen Belgiens endgültig die Überzeugung durch, dass der Zusammenhalt des 1830 aus der Revolution gegen den König der Niederlande entstandenen Königreichs auf Dauer nur über seine Umwandlung in einen Bundesstaat zu gewährleisten sei. Es begann ein Prozess, im belgischen Sprachgebrauch als „Föderalisierung" bezeichnet, der heute, nach 30 Jahren, noch immer nicht abgeschlossen ist und dessen Ausgang mehr denn je ungewiss erscheint[1]. Flamen, Wallonen, Brüsseler und Deutschsprachige treffen sich zwar nach wie vor im Flur des Hauses Belgiens, um Fragen der gemeinschaftlichen Verwaltung zu besprechen, aber immer häufiger denken die politischen Tenöre in Flandern und in der Wallonie laut über eine Auflösung der Wohngemeinschaft nach. Die Frage nach dem zeitlichen Rahmen und den Modalitäten wird dabei in der Regel mit eher vagen Formulierungen bezüglich eines geeinten Europas beantwortet.

Die rund 70 000 deutschsprachigen Belgier haben diese Entwicklung nur in sehr geringem Maße beeinflussen können. Ihre Autonomie ist nicht das Ergebnis einer identitätsstiftenden Bewegung, sondern erwuchs aus der seit 1945 unaufhaltsam fortschreitenden Trennung zwischen Flamen und Wallonen, den beiden „großen" belgischen Volksgruppen[2].

---

1 Vgl. z.B. den Sammelband *La Wallonie, une région d'Europe*, Nizza-Charleroi, 1997, dort v.a. die Beiträge von E. Noel, *L'Europe des minorités et la Belgique fédérale*, S. 18-20; F. Kinsky: *Le fédéralisme politique*, S. 21-34; J. Brassinne de la Buissiere: *La structure de l'État fédéral*, S. 35-58; P. Lewalle: *Fédéralisme: union ou désunion?*, S. 59-113 sowie J. Beaufays: *Le fédéralisme, une révolution légale*, S. 114-122. Hier auch weiterführende Literatur. Bezüglich der vorläufig letzten Verfassungsreform, die am 28. und 29. Juni 2001 vom belgischen Parlament gutgeheißen worden ist, äußert der renommierte Verfassungsrechtler Francis Delpérée allerdings erhebliche Bedenken. In einem Gespräch mit der Fernsehzeitschrift *Télépro* stellt er u.a. fest: „... l'on semble désormais utiliser en Belgique des méthodes confédérales. Chacun travaille pour les intérêts de sa propre communauté et non plus pour son pays ... Il ne reste déjà plus grand-chose à l'État fédéral ..., juste la Défense nationale, la Sécurité sociale, la Justice et les Affaires étrangères. Non seulement, l'État fédéral s'appauvrit en termes de compétences mais les Régions lui pompent également son argent! ... Je ne peux m'empêcher de ressentir une certaine amertume. Le Conseil d'État avait déjà émis des réserves sur la constitutionnalité du transfert de compétences. Le gouvernement n'en a pas tenu compte".

2 Vgl. z.B. die zusammenfassenden Darstellungen von A. Minke: „La Communauté germanophone: l'évolution d'une terre d'entre-deux", in: *La Wallonie, une région d'Europe,*

Das deutsche Sprachgebiet Belgiens erstreckt sich längs der belgisch-deutschen Grenze, stößt im Norden an das Königreich der Niederlande und im Süden an das Großherzogtum Luxemburg. Es ist etwa 80 km lang, zwischen 20 und 30 km breit und 854 km^2 groß. Fast 60% seiner Bewohner leben im flächenmäßig kleineren, ortsweise industrialisierten Eupener Land, nördlich des Hohen Venn, einer bis zu fast 700 m ansteigenden Moor- und Sumpflandschaft. Südlich davon liegt die ganz überwiegend landwirtschaftlich orientierte Eifel, die über 70% der Gesamtfläche des deutschen Sprachgebiets einnimmt.

Nizza-Charleroi, 1997, S. 166-185.; A. Minke: „Die Deutschsprachige Gemeinschaft Belgiens – Gestern und heute“, in: *Erstes deutsch-niederländisch-belgisches Archivsymposion, 28. und 29. Mai 1991 in Eupen – Annalen*, Brüssel, 1992, S. 11-23; A. Minke: *Die Bestände des Staatsarchivs in Eupen. Allgemeine Übersicht (Gerichtsbezirk Eupen)*, 2. erweiterte und verbesserte Auflage, (Archivführer 48), Brüssel, 2000; C. Brüll: „Un passé mouvementé: l'histoire de la Communauté germanophone de Belgique“, in: R. Stangherlin (Hrsg.): *La Communauté germanophone de Belgique*, Brüssel, 2005, S. 17-47. Siehe auch W. Miessen: *Die Deutschsprachige Gemeinschaft Belgiens, Bibliographie, 1945-2002* (Quellen und Forschungen zur Geschichte der deutschsprachigen Belgier, 1), 2 Bände, Brüssel, 2003; W. Miessen: *Die Deutschsprachige Gemeinschaft Belgiens, Bibliografie 2003-2008. Mit Nachträgen 1945-2002* (Quellen und Forschungen zur Geschichte der deutschsprachigen Belgier, 4), Brüssel, 2009. Verwiesen sei auch auf die Publikationen der regionalen Geschichtsvereine: Geschichts- und Museumsverein „Zwischen Venn und Schneifel“ (gegründet 1965), monatliche Herausgabe der Zeitschrift *Zwischen Venn und Schneifel*; Eupener Geschichts- und Museumsverein (gegründet 1966), jährliche Veröffentlichung des Aufsatzbandes *Geschichtliches Eupen*; Vereinigung für Kultur, Heimatkunde und Geschichte im Göhltal (gegründet 1966), halbjährliche Veröffentlichung des Aufsatzbandes *Im Göhltal*. Die Göhltal-Vereinigung sowie der Geschichtsverein „Zwischen Venn und Schneifel“ veröffentlichen zudem in unregelmäßiger Folge umfangreiche historische Studien als Sonderdruck. Der 1995 gegründete Förderverein des Archivwesens in der Deutschsprachigen Gemeinschaft Belgiens veröffentlicht seit 1997 alle drei Monate ein Mitteilungsblatt (*Aktenplan*) sowie einmal im Jahr eine auf umfangreichem Quellenstudium fußende historische Arbeit.

I. Offener Kulturraum[3]

Bis zum Ende des *Ancien Régime* bildete das deutsche Sprachgebiet Belgiens weder politisch, noch sprachlich-kulturell, noch kirchlich eine Einheit. So gehörte das Eupener Land zum Herzogtum Limburg, das 1288, nach der Schlacht von Worringen, in Personalunion mit Brabant verbunden worden war. Die Eifel bildete hingegen den nördlichsten Teil des Herzogtums Luxemburg. Dazwischen lagen nach Westen hin die Reichsabtei Stablo-Malmedy und im Osten der Kleinstraum Manderfeld-Schönberg, der dem Kurfürstentum Trier angehörte.

Sprachlich herrschten im Eupener Land niederfränkisch-ripuarische und im Süden wallonische (um Malmedy) sowie ripuarisch-moselfränkische (in der Eifel einschließlich Manderfeld-Schönberg) Mundarten vor. Brabantisch, Hochdeutsch und Französisch waren je nach politischer Zugehörigkeit Amtssprachen. Der Gebrauch des Französischen in der Eifel und, umgekehrt, des Hochdeutschen im Gebiet um Malmedy blieben Ausnahmeerscheinungen, während in den amtlichen Schriftzeugnissen des Nordens Mehrsprachigkeit die Regel war.

Hochdeutsch und Französisch waren in Kirche und Schule gebräuchlich, Französisch allerdings nur im Raum Malmedy. Dennoch gehörte dieser, wie auch die nordöstliche Eifel, zum Erzbistum Köln. Das Eupener Land hingegen sowie der Westen und der Süden der Eifel unterstanden in kirchlicher Hinsicht dem Bischof von Lüttich.

Weitaus mehr als Verwaltungs-, Sprach- oder Bistumsgrenzen bildete das Hohe Venn lange Zeit eine regelrechte Kommunikationsschranke zwischen dem Norden und dem Süden des deutschen Sprachgebiets. Sie bewirkte, dass sich das Eupener Land vornehmlich nach Lüttich und Aachen ausrichtete, während sich die Eifel in bescheidenem Maße Kölner, Trierer und Luxemburger Impulsen öffnete.

Erst nach ihrer Annexion durch Frankreich am 1. Oktober 1795 – sie wurde 1797 im *Vertrag von Campo Formio* bestätigt – kamen Eupen, Malmedy und St. Vith samt ihrem Umland erstmals in ihrer langen Geschichte an den gleichen

---

[3] Zur geschichtlichen Entwicklung der jetzigen Deutschsprachigen Gemeinschaft Belgiens und ihres Umlandes vgl. H. Rosensträter: *Deutschsprachige Belgier, Geschichte und Gegenwart der deutschen Sprachgruppe in Belgien*, 3 Bände, Aachen, 1985, insbesondere Band 1 sowie A. D'Haenens/ A. Minke (Hrsg.): *Grenzland seit Menschengedenken – Identität und Zukunft der Deutschsprachigen Gemeinschaft Belgiens*, 4 Biblio-Kassetten, Eupen, 1990, insbesondere die Kassetten 1 (*Alltag*), 2 (*Abhängigkeit*) und 3 (*Sprache und Gesellschaft*). Eine ältere Darstellung findet sich bei H. Reiners/ H. Neu: *Die Kunstdenkmäler von Eupen-Malmedy*, Düsseldorf, 1935, S. 1-61. Siehe auch E. Cremer (et al.): *Zeitleiste*, St. Vith, 2003.

Verwaltungsbezirk: das Ourthe-Departement mit der Hauptstadt Lüttich. Manderfeld und Schönberg wurden allerdings 1798 dem Saardepartement zugeordnet. Vor allem in der Eifel empfand man die Zugehörigkeit zu Frankreich als Fremdherrschaft und beteiligte sich 1798 aktiv am bewaffneten Aufstand des nördlichen Teils des ehemaligen Herzogtums Luxemburg gegen die neuen Herren. Eine identitätsstiftende Wirkung, vergleichbar mit dem Andreas-Hofer-Effekt in Tirol, ging von dieser in nur wenigen Wochen niedergeschlagenen Rebellion jedoch nicht aus.

Auch im Bereich der kirchlichen Organisation hatte die französische Zeit weitreichende Folgen. Mit Ausnahme von Manderfeld-Schönberg, das dem Bistum Trier zugeteilt wurde, kamen alle anderen Pfarreien im Raum Eupen-Malmedy-St. Vith 1802 zum Bistum Lüttich.

Nach dem Sturz Napoleons zog der Wiener Kongress 1814-1815 neue Grenzen. Vom französischen Ourthe-Departement wurden u.a. die Kantone Eupen, Malmedy und St. Vith Preußen zugesprochen, das im 18. Jh. am Rhein Fuß gefasst hatte. Die preußische Regierung schuf zuerst drei den Kantonen entsprechende Kreise, die sie dem Regierungsbezirk Aachen in der Rheinprovinz zuordnete. Der Kreis St. Vith, der auch den Raum Manderfeld-Schönberg einschloss, wurde jedoch bereits 1820-1821 wieder aufgehoben. Seine Bürgermeistereien kamen an den Kreis Malmedy. Wegen seiner Doppelsprachigkeit Deutsch-Französisch nahm letzterer in der preußischen Monarchie eine Sonderstellung ein. Doch erst nach 1870 unternahm Berlin dezidierte Anstrengungen, um die ca. 10 000 „preußischen Wallonen" in Malmedy und Umgebung sprachlich zu assimilieren. Es waren v.a. katholische Pfarrpriester, die sich diesen Bestrebungen entschieden widersetzten. Aber auch im Kreis Eupen und in der Eifel sagten die preußischen Behörden den Mundarten den Kampf an. Über den schon früh eingeführten Schulzwang wurde nach und nach das Hochdeutsche als Kultursprache durchgesetzt.

Im kirchlichen Bereich erfolgte nach 1815 ebenfalls eine völlige Neuorientierung der Bezugspunkte. Obwohl nun zu Preußen gehörend, verblieb das Gebiet von Eupen-Malmedy-St. Vith vorerst im Bistum Lüttich. Erst 1818 bestimmte der Hl. Stuhl den Kapitularvikar des Bistums Aachen zum Apostolischen Vikar der „neu-preußischen" Pfarreien. 1821 kamen diese dann an das Erzbistum Köln. 1825 wurden auch die Pfarren Manderfeld und Schönberg von Trier nach Köln überwiesen. Damit gehörten das Eupener Land, die Malmedyer Wallonie und die Eifel zum ersten Male überhaupt zum gleichen Diözesanverband. In den folgenden Jahrzehnten empfing das Gebiet vom rheinischen Katholizismus zahlreiche Impulse, die zum Teil noch heute nachwirken[4].

Während sich die Eifeler und selbst die Malmedyer Wallonen „überzeugt und willig“ den neuen Verhältnissen anpassten, stand man Preußen im Eupener Land anfangs recht distanziert gegenüber. Das Heranwachsen neuer Generationen, denen die Schule preußisches Nationalgefühl vermittelt hatte und die die Zeit vor 1815 nur noch vom Hörensagen kannten, führte allerdings auch hier spätestens nach 1850 zu einem völligen Meinungsumschwung. Schließlich vereinten Bismarcks militärische Erfolge auch die Bevölkerung der Kreise Eupen und Malmedy in der gleichen enthusiastischen Hochstimmung[5].

Der stetig zunehmenden Vereinheitlichung in Sprache, Verwaltung und Kirche standen allerdings noch lange Zeit beträchtliche Unterschiede im Wirtschafts- und Sozialgefüge gegenüber[6]. Die Ende des 17. Jh.s begründete Eupe-

---

4 Zu den kirchlichen Aspekten vgl.: H. Jenniges: „Traditionelles Kirchenleben und neue Religiosität. Vom Einfluß der Kirche auf die Identitätsfindung der deutschen Sprachminderheit in Belgien“, in: *Kolloquium über Kirchengeschichte und religiöses Leben bei den deutschen Bevölkerungsgruppen im Ausland, Referate*, Flensburg, 1993, S. 157-170; A. Minke: „Eupen und Ostbelgien. Kirchengeschichtliche Anmerkungen“, in: *Geschichte im Bistum Aachen*, 4 (1997/1998), S. 373-402; A. Minke: *Die Pfarrstrukturen in den Dekanaten Büllingen, Malmedy und St. Vith. Eine geschichtliche Betrachtung mit besonderer Berücksichtigung der französischen Zeit (1794-1814)* (ZVS-Schriftenreihe, 18), St. Vith, 2003; A. Minke: „Die katholische deutschsprachige Gemeinschaft in Belgien im Verbund der Ortskirche Lüttich“, in: *Römische Quartalschrift*, 99, 3-4 (2004), S. 260-282; A. Minke: *Kleine Pfarrgeschichte Ostbelgiens (Jahrbuch 2009 des Fördervereins des Archivwesens in der Deutschsprachigen Gemeinschaft Belgiens V.o.G.)*, Eupen, 2010.

5 Vgl. die Arbeiten von V. Gielen: Der Kreis Eupen unter preußischer Herrschaft, 1815-1920, Eupen, 1972; K. L. Kaufmann: Der Kreis Malmedy. Geschichte eines Eifelkreises von 1865 bis 1920, H. Neu (Hrsg.): Bonn, 1961 und K. L. Kaufmann: Der Grenzkreis Malmedy in den ersten fünf Jahrzehnten der preußischen Verwaltung, H. Neu (Hrsg.): Bonn, 1963. Karl Leopold Kaufmann (1863-1944), war übrigens von 1900 bis 1907 Landrat in Malmedy. Seine Sichtweise bedarf, insbesondere was die Haltung der Malmedyer Wallonie anbelangt, der gelegentlichen Korrektur. Vgl. diesbezüglich E. Legros: La Wallonie malmédienne sous le régime prussien (Le pays de St. Remacle, 13), Malmedy, 1977-1978. Zu der im 19. Jahrhundert Gestalt annehmenden Presselandschaft in Eupen-Malmedy-St. Vith vgl.: Zwei Jahrhunderte deutschsprachige Zeitung in Ostbelgien, Eupen, 2007 ; A. Fickers (Hrsg.): Zwischen den Zeilen: Die Geschichte des Kreisblattes für den Kreis Malmedy und der St. Vither Volkszeitung 1866-1940 (Quellen und Forschungen zur Geschichte der deutschsprachigen Belgier, 3), Brüssel, 2008.

6 Eine Wirtschafts- und Sozialgeschichte der Deutschsprachigen Gemeinschaft fehlt. Vgl. die zusammenfassende Darstellung von A. Minke: „Eupen-Malmedy-St. Vith: vom Endedes Ancien Régime bis 1976. Die wirtschaftliche Entwicklung des Grenzlandes“, in: *25 Jahre Juniorenkammer der Wirtschaft Eupen*, Beilage zum *Grenz-Echo*, 122 vom 29. Mai 1999, S. 3-6 sowie die Einzelstudien von L. Timmermann: *Das Eupener Land und seine*

ner „Feintuchmanufaktur“ hatte während der französischen Zeit ihre höchste Blüte überhaupt erlebt. Der Übergang an Preußen führte zum Verlust von Absatzmärkten, verschärftem Konkurrenzkampf mit den bereits auf dem preußischen Markt etablierten Unternehmen und letztlich zur Schließung vieler kleinerer Betriebe. Erst nach 1870 wurde wieder ein allgemeiner Aufschwung spürbar. Das weitaus weniger entwickelte Malmedyer Tuchgewerbe ging, nach kurzer Blüte in napoleonischer Zeit, im Laufe des 19. Jh.s völlig ein. Anders die ebenfalls schon während des *Ancien Régime* in Malmedy etablierte Leder- und Papierherstellung, die sich hervorragend behaupten konnte. In der vorwiegend auf Viehzucht sowie Milch- und Butterproduktion ausgerichteten Landwirtschaft des Eupener Landes vollzog sich im 19. Jh. der Übergang von der Selbstversorgung zur Überschussproduktion, die in der Stadt Aachen, deren Bevölkerung zwischen 1850 und 1900 von 50 000 auf 135 000 Personen anstieg, ihren wichtigsten Absatzmarkt hatte. Im Gegensatz zum Eupener „Butterländchen“ blieb die Lage der Bauern in der Eifel, dem „Preußischen Sibirien“, lange Zeit trostlos. Hauptsächlich auf Ackerbau ausgerichtet, betrieben sie eine reine Subsistenzwirtschaft, die keinen Überschuss ermöglichte und in Krisenzeiten massive Importe von Grundnahrungsmitteln notwendig machte. Die Rinderzucht blieb auf einer unterentwickelten Stufe. Bis zum Ende des 19. Jh.s behauptete die Schafzucht ihren Vorrang. Wegen der misslichen Lage der Landwirtschaft und der mangelnden Alternativen im industriellen und gewerblichen Sektor wanderten zwischen 1843 und 1914 etwa 2 600 Personen aus dem Kreis Malmedy in die benachbarten belgischen Industriegebiete und in die Vereinigten Staaten ab. Das der Eifel bis heute zuweilen noch anhaftende Odium der Rückständigkeit hängt sicher mit ihrem damals sehr niedrigen wirtschaftlichen Entwicklungsstand zusammen.

Nachdem die Überlandstraßen ab 1825 systematisch ausgebaut worden waren und Eupen 1863 Anschluss an das Eisenbahnnetz gefunden hatte, nahmen die Eisenbahngesellschaften in den 80er Jahren des 19. Jh.s auch die Erschlie-

---

Grünlandwirtschaft(Bonner Geographische Abhandlungen, 5), Bonn, 1951; H. Ruland: *'Gott segne die christliche Arbeit'. Ein Lesebuch zur Geschichte der Eupener Arbeiterschaft in französischer und preußischer Zeit (1792-1910)*, Aachen, 1988; H. Ruland: *Zum Segen für uns alle. Obrigkeit, Arbeiterinnen und Arbeiter im deutsch-belgischen Grenzgebiet (1871-1914)*, Eupen, 2000; L. Nilles: *Der Bau von Eisenbahnen im Lande zwischen Venn und Schneifel – Projekte, Enttäuschungen und Verwirklichungen* (Schriftenreihe des Geschichtsvereins „Zwischen Venn und Schneifel“, 4), St. Vith, 1970; G. Loup: *Geschichte der Vennstraße*, Eupen, 1990; H. Cremer: *150 Jahre landwirtschaftliche Vereine und Genossenschaften in Eupen-Malmedy-St. Vith*, Eupen, 1994; E. Herrebout: *Hundertsechzig Jahre Berufsausbildung in Eupen. Von der Sonntagshandwerkerschule zum Zentrum für Aus- und Weiterbildung des Mittelstandes*, Eupen, 2003, S. 14-129 (historischer Rückblick).

ßung der Eifel in Angriff, was in diesem strukturschwachen Raum zahlreiche neue Arbeitsplätze schuf und die Anbindung an das Aachener Absatzgebiet ermöglichte. St. Vith wurde Schienenknotenpunkt mit einer Wartungs- und Reparaturstätte, die an die 800 Personen beschäftigte. Die Bevölkerung des Eifelstädtchens verdoppelte sich zwischen 1889 und 1914.

Neben dem Faktor „Eisenbahn" trugen andere staatliche Großprojekte, wie die Kultivierung weiter Teile des Hohen Venn und die Aufforstung der ausgedehnten Ödländereien sowie die Gründung landwirtschaftlicher Genossenschaften – wobei die Initiative von einem katholischen Pfarrgeistlichen ausging – maßgeblich zum Anstieg des Lebensstandards der Eifelbevölkerung bei.Die Verbesserungen des Verkehrsnetzes im 19. Jh. befreiten die Eifel nach und nach aus ihrer Isolierung. Ohne dass es jetzt plötzlich zu einem massiven Personen- und Warenaustausch zwischen den Räumen „diesseits" und „jenseits" des Hohen Venn gekommen wäre – dem stellten sich jahrhundertealte Gewohnheiten weiterhin entgegen –, waren doch wesentliche Voraussetzungen für das Zusammenwachsen des Eupener Landes, der Malmedyer Wallonie und der Eifel geschaffen worden.

Eine Sonderstellung nahm von 1815 bis 1919 die Ortschaft Moresnet, etwa 10 km nördlich von Eupen, ein[7]. Hier befand sich eine der wichtigsten Zinkerzlagerstätten Europas, auf die weder Preußen noch das benachbarte neu geschaffene Königreich der Niederlande verzichten wollten. Schließlich einigten sich beide Staaten 1816 darauf, das Grubenfeld Altenberg als „Neutral-Moresnet" (heute Kelmis) vorläufig gemeinsam zu verwalten und es militärisch nicht zu besetzen. Die Einwohner sollten zunächst Untertanen sowohl der preußischen als auch der niederländischen Krone bleiben. Obwohl ausdrücklich als Provisorium gekennzeichnet, hatte dieser Zustand bis nach dem Ersten Weltkrieg Bestand. Allerdings übernahm 1830 das nun von den Niederlanden unabhängige Belgien deren Part in der Verwaltung Neutral-Moresnets. Die in den Jahren 1906-1913 angelaufenen Verhandlungen zwischen Belgien und dem Deutschen Reich über eine definitive Lösung für das völkerrechtliche Kuriosum Neutral-Moresnet kamen wegen der abwartenden Haltung Belgiens und des Widerstands der einheimischen Bevölkerung nur zögernd voran; der Erste Weltkrieg legte sie vollends lahm.

---

7 Vgl. F. Pauquet: Le territoire contesté de Moresnet dit Moresnet neutre. Notes historiques sur son statut, sa législation et son administration (Bulletin de la Société verviétoise d'Archéologie et d'Histoire, 47), Verviers, 1960; K. Pabst: „Neutral-Moresnet, ein Dorf ohne Staatszugehörigkeit, 1815-1915", in: 150 Jahre Regierung Aachen, 1967, S. 15-67 sowie die ältere rechtshistorische Studie von M. Leichsenring: Neutral-Moresnet, seine Entstehung und völkerrechtliche Natur, Leipzig, 1911.

Den Ausbruch des Krieges erlebte man in den Kreisen Eupen und Malmedy, an deren „vaterländischem Empfinden“, nach Auffassung ihrer Landräte, nicht zu zweifeln war, mit gemischten Gefühlen. Zwar gab die Presse die offizielle Version, nach der Russland und Frankreich, vereint in ihrem Hass gegen das „Germanentum“, Deutschland zum Krieg „gezwungen“ hätten, getreulich wieder. Sie verhehlte aber auch nicht, dass „viele Opfer an Gut und Blut“ bevorstünden. Die völlige Ernüchterung trat rasch ein. Mangel an Arbeitskräften und Rohstoffen, Produktionsstockungen, Lebensmittelknappheit und, vor allem, eine über dem Reichsdurchschnitt liegende Zahl von Gefallenen und Vermissten machten die Realitäten des Krieges in Eupen-Malmedy immer schmerzlicher bewusst. Doch stellte man die Zugehörigkeit zu Deutschland hier nie ernsthaft in Frage. Umso unvorbereiteter traf die Bevölkerung der beiden Kreise 1919 die Nachricht, dass die Siegermächte deren Abtretung an Belgien verfügt hatten.

II. Das ungeliebte neue Vaterland[8]

Tatsächlich hatte es des massiven Einsatzes Frankreichs bedurft, um diese Abtretung durchzusetzen. Nur die Malmedyer Wallonie – aus sprachlichen Gründen – sowie Neutral-Moresnet – das ja schon seit Jahrzehnten teilweise unter belgischer Staatshoheit stand – waren Belgien fast diskussionslos zugefallen. Im Falle des deutschsprachigen Teils des Kreises Malmedy und, mehr noch, des Kreises Eupen hatten Engländer und Amerikaner hingegen erhebliche Bedenken geäußert und einer Abtretung letztlich nur unter der Bedingung zugestimmt, dass für ganz Eupen-Malmedy eine geheime Abstimmung unter Leitung des neu

---

8 Vgl.: K. Pabst: „Eupen-Malmedy in der belgischen Regierungs- und Parteienpolitik 1914-1940“, in: *Zeitschrift des Aachener Geschichtsvereins*, 76, 1964, S. 206-515; K. Pabst: „Das Problem der deutsch-belgischen Grenze in der Politik der letzten 150 Jahre“, in: *Zeitschrift des Aachener Geschichtsvereins* 77, 1965, S. 183-210; K. Pabst: „Zwischenspiel: Das ‘Bistum Eupen und Malmedy’, 1921-1925“, in: *Lebensraum Bistum Aachen*, Aachen, 1982, S. 26-62 sowie J. P. D. Van Banning: *Gebiedsovergang en zijn gevolgen getoetst aan de praktijk van de inlijving van Eupen-Malmédy door België*, Schaesberg, 1949; H. Doepgen: *Die Abtretung des Gebietes von Eupen-Malmedy an Belgien im Jahre 1920* (Rheinisches Archiv. Veröffentlichungen des Instituts für geschichtliche Landeskunde der Rheinlande an der Universität Bonn, 60), Bonn, 1966; J. Bariety: „Le projet de rétrocession d’Eupen-Malmedy par la Belgique à l’Allemagne, et la France (1925-1926). Un cas d’utilisation de l’arme financière en politique internationale“, in: *Les relations franco-belges de 1830 à 1934*, Metz, 1974,S. 325-348; H. Christmann: *Presse und gesellschaftliche Kommunikation in Eupen-Malmedy zwischen den beiden Weltkriegen*, München, 1974; P. Veithen: „Die Volksbefragung in Eupen-Malmedy-St. Vith und ihre unmittelbaren Folgen“, in: *Fédération archéologique, historique et folklorique de Belgique, XLVIIème congrès, Malmedy, 1972, Annales*, 1974,S. 155-163; M. J. Enssle: *Streseman’s Territorial Revisionism, German-Belgium and the Eupen-Malmedy Question 1919-1929*, Wiesbaden, 1980; R. Collinet: *L’annexion d’Eupen et Malmedy à la Belgique en 1920*, Verviers, 1986; C. Lejeune: *Die deutsch-belgischen Kulturbeziehungen, 1925-1980*, Köln, 1992; J. Lentz: *Das Wahlverhalten in den Kantonen Eupen, Malmedy und St. Vith bei den Parlamentswahlen von 1925 bis 1939*, 2 Bände, Eupen, 2000-2001; B. Karteuser: *Die 30er Jahre in Eupen-Malmedy. Einblick in das Netzwerk der reichsdeutschen Subversion*, Neundorf, 2001; C. Lejeune/ A. Fickers/ F. Cremer (Hrsg.): *Spuren in die Zukunft. Anmerkungen zu einem bewegten Jahrhundert*, Büllingen, 2001; C. Brüll: *Die deutschsprachigen Einheiten in der belgischen Armee zwischen den beiden Weltkriegen*(ZVS-Schriftenreihe, 19), St. Vith, 2004. Vgl. ebenfalls die Materialsammlung von F. Cremer/ W. Miessen: *Spuren. Materialien zur Geschichte der Deutschsprachigen Gemeinschaft Belgiens (1933-1956)*, 3 Mappen, Eupen, 1995. Zur deutschen Geschichtsschreibung der Zwischenkriegszeit Ostbelgien betr. vgl. C. Lejeune: „‘Des Deutschtums fernster Westen’. Eupen-Malmedy, die deutschen Dialekt redenden Gemeinden um Arlon und Montzen und die ‘Westforschung’“, in: B. Dietz/ H. Gabel/ U. Tiedau (Hrsg.): „Griff nach dem Westen. Die ‘Westforschung’ der völkisch-nationalen Wissenschaften zum nordwest-europäischen Raum (1919-1960)“, in: H. Lademacher (Hrsg.): Studien zur Geschichte und Kultur Nordwesteuropas 6, Münster-New York-München-Berlin, 2003, S. 493-538.

geschaffenen Völkerbundes durchzuführen sei, in der die Bevölkerung zu dem geplanten Staatenwechsel Stellung beziehen sollte. In der Schlussfassung des Versailler Friedensvertrags wurde diese Bestimmung allerdings, ohne Wissen des amerikanischen Präsidenten und der Regierungschefs von Großbritannien, Frankreich und Italien, dahingehend abgeändert, dass die geheime Abstimmung durch eine öffentliche Eintragung in Listen ersetzt und statt vom Völkerbund von Belgien durchgeführt werden sollte (Artikel 34).

Ein vom belgischen Parlament am 15. September 1919 verabschiedetes Rahmengesetz sah für Eupen-Malmedy die Schaffung eines Übergangsregimes vor, an dessen Spitze die Regierung General Herman Baltia, den bisherigen Militärgouverneur von Neutral-Moresnet – das sofort in das belgische Staatsgefüge eingegliedert wurde –, berief. Dieser machte das zentral gelegene Malmedy zu seinem Amtssitz und gliederte unmittelbar nach seiner Amtsübernahme die Verwaltung Eupen-Malmedys von Grund auf neu. An die Stelle der beiden Kreise traten drei Kantone – Eupen, Malmedy und St. Vith –, aus 24 deutschen Bürgermeistereien wurden 30 selbständige Gemeinden. Im Bereich der Rechtssprechung gehörten die drei Kantone zum Gerichtsbezirk Verviers.

Die zwischen Januar und Juni 1920 von Baltia gemäß den Bestimmungen von Versailles durchgeführte Volksbefragung ergab, bei 33 726 Stimmberechtigten, lediglich 271 Eintragungen gegen die Abtretung. Ungeachtet heftiger deutscher Proteste wurde diese am 16. September 1920 vom Völkerbund bestätigt. Nicht nur von deutscher Seite wies man darauf hin, dass von einer völlig freien, unbeeinflussten Abstimmung keine Rede habe sein können und Einschüchterungen an der Tagesordnung gewesen seien. Diese Beurteilung ist in der Folgezeit durch mehrere Studien bestätigt worden. Aus heutiger Sicht entbehrt es nicht einer gewissen Tragik, dass dieser erste Versuch der Großmächte, die Meinung der Bevölkerung des Grenzlandes Eupen-Malmedy zu einem Nationalitätenwechsel einzuholen – was weder 1795-1797 noch 1814-1815 für notwendig erachtet worden war – auf so klägliche Art und Weise scheiterte; ein Scheitern, das Verbitterung auslöste, die sich der politische Extremismus zunutze zu machen wusste.

Auf kirchlicher Ebene setzte Belgien 1921 beim Hl. Stuhl die Loslösung Eupen-Malmedys vom Erzbistum Köln und die Erhebung des annektierten Gebiets zu einem selbständigen Bistum mit Sitz in Malmedy durch. Der Bischof von Lüttich wurde ebenfalls zum Oberhirten von Eupen-Malmedy bestellt und verpflichtet, jedes Jahr einige Zeit in seinem Zweitbistum zu residieren.

Während der Malmedyer Leder- und Papierindustrie relativ rasch der Anschluss an den belgischen Markt gelang, gerieten Eupens Tuchfabriken in der

Folgezeit mehr und mehr unter Druck. Die seit dem Beginn des 20. Jahrhunderts zu beobachtende Differenzierung der Eupener Industrie konnte die durch den Niedergang des Textilsektors bedingten Arbeitsplatzverluste nur langsam ausgleichen. Durch die neue Grenzziehung verlor St. Vith als Durchgangsbahnhof ebenfalls viel von seiner Bedeutung. Dennoch blieb die Eisenbahn der wichtigste Wirtschaftsfaktor der Eifel. In der Eifeler Landwirtschaft setzte sich der Prozess des genossenschaftlichen Zusammenschlusses weiter fort. Im Eupener Land schnitt die Grenze die Landwirte von ihren angestammten Absatzgebieten im Großraum Aachen ab. Hier sollte erst die Eröffnung einer Molkerei 1934 zu einer Besserung führen.

Die von General Baltia zugesicherte Achtung der deutschen Sprache gestaltete sich in der Praxis sehr schwierig. Die meisten deutschen Beamten, Richter und Lehrer hatten Eupen-Malmedy nach der Volksabstimmung verlassen. Es erwies sich als unmöglich, alle freien Stellen entweder mit „Neu-Belgiern" aus dem annektierten Gebiet oder mit deutschsprechenden „Alt-Belgiern" zu besetzen, geschweige denn auf den übergeordneten Verwaltungsebenen – Provinz, staatliche Ministerien – und richterlichen Instanzen die Gleichberechtigung der deutschen Sprache mit dem Französischen und dem Niederländischen zu gewährleisten.

Während der Parlamentsdebatte über die endgültige Eingliederung Eupen-Malmedys in den belgischen Staatsverband forderten die Sozialisten 1925 die Zusammenlegung der Kantone Eupen, Malmedy und St. Vith in einem besonderen Verwaltungsbezirk, dem darüber hinaus durch eine Sonderregelung je ein Parlamentsmandat in der Abgeordnetenkammer und im Senat zugestanden werden sollte. U.a. mit der Begründung, der Zusammenschluss der „Neu-" und „Alt-Belgier" dürfe nicht noch länger hinausgezögert werden, beschlossen Katholiken und Liberale jedoch mehrheitlich die Aufhebung des Sonderregimes General Baltias sowie den Übergang der drei Kantone in den Verwaltungs- und Gerichtsbezirk Verviers sowie die Provinz Lüttich. Gleichzeitig wurde die Zahl der Abgeordnetenmandate im Bezirk Verviers von fünf auf sechs angehoben.

In der Folgezeit traten die Ungleichheiten im sprachlichen Bereich stets deutlicher zutage. Hatte das sowohl die legislative als auch die exekutive Gewalt ausübende Gouvernement Baltia, das alleine dem belgischen Regierungschef Rechenschaft schuldig gewesen war, viele Reibungspunkte durch seinen „kurzen Draht" nach Brüssel und zur Bevölkerung des annektierten Gebiets noch abzuschwächen vermocht, sah sich letzteres nun unmittelbar einer zentralistisch denkenden und handelnden Ministerialbürokratie gegenüber, die den legitimen Interessen insbesondere der etwa 50 000 deutschsprechenden „Neu-Belgier" mit Argwohn oder, bestenfalls, mit Unverständnis begegnete. Und selbst im wallonischen Malmedyer Raum reichten die sprachlichen Gemeinsamkeiten mit dem neuen Vaterland nicht aus, um die wachsende Verbitterung über die undifferenzierte Behandlung des annektierten Gebiets durch die staatlichen Behörden wettzumachen.

Das mangelnde Entgegenkommen der Brüsseler Regierungskreise führte schon bald zu ernsten Spannungen, die das Entstehen einer militanten Irredenta begünstigten. Nach dem Bekanntwerden geheimer Rückgabeverhandlungen bezüglich Eupen-Malmedy zwischen den Leitern der belgischen und der deutschen National- bzw. Staatsbank erhielt diese weiteren Auftrieb. Gegen Zahlung einer finanziellen Entschädigung für die durch die deutsche Inflation wertlos gewordenen Reparationszahlungen hatte sich das in einer Wirtschaftskrise stekkende Belgien bereit erklärt, zumindest den deutschsprachigen Teil Eupen-Malmedys, mit oder ohne Abstimmung, an Deutschland zurückzugeben. Durch die Indiskretion einer englischen Zeitung im August 1926 an die Öffentlichkeit gelangt, scheiterte das Tauschgeschäft, von dem sich die belgische und die deutsche Regierung nun offiziell distanzierten, letztlich am energischen Protest Frankreichs.

Mit der *Christlichen Volkspartei* Eupen-Malmedy-St. Vith im Jahre 1929 nahm der Irredentismus politische Gestalt an. Die *Christliche Volkspartei* trat offen für eine neue Volksbefragung ein und errang nur wenige Monate nach ihrer Gründung bei den Wahlen zum belgischen Parlament in den drei Kantonen insgesamt 52,1% der Wählerstimmen.

Die Fronten zwischen Gegnern und Befürwortern einer Revision des *Versailler Vertrages* verhärteten sich nun zusehends. Die Klassifizierung in „probelgisch" und „pro-deutsch" spaltete die Bevölkerung in zwei nahezu gleich starke, sich immer unversöhnlicher gegenüberstehende Lager. Die Polarisierung eskalierte weiter nachdem die zunehmend unter nationalsozialistischen Einfluss geratene *Christliche Volkspartei* 1936 in einer neuen politischen Formation, der von Berlin finanzierten und ferngesteuerten *Heimattreuen Front*, aufgegangen war.

In dem mit harten Bandagen ausgetragenen Meinungsstreit kam den Presseorganen eine entscheidende Bedeutung zu, wobei die in Eupen-Malmedy erscheinenden Zeitungen, mit Ausnahme des 1927, auf Initiative der *Katholischen Partei Belgiens* gegründeten *Grenz-Echo*, den revisionistischen Thesen durchweg wohlwollend gegenüberstanden.

Insbesondere nach Hitlers Machtergreifung schaltete sich auch die katholische Kirche verstärkt in die politische Auseinandersetzung ein. Nach Verabschiedung des Eingliederungsgesetzes war das Bistum Eupen-Malmedy mit dem Bistum Lüttich vereint worden. Nach und nach hatte der Bischof von Lüttich die deutschstämmigen Geistlichen durch einheimische und „alt-belgische“ Priester ersetzt, was allerdings nicht immer die Gewähr für ein konsequentes Vertreten der pro-belgischen Belange bot. So kam es noch 1932 zur Ausweisung eines Kaplans wegen pro-deutscher „Agitation“. Die Verfolgung der deutschen Kirche durch das nationalsozialistische Regime führte dann aber zu einem Meinungsumschwung. Das Eingreifen des Bischofs von Lüttich in die Wahlkämpfe von 1936 und 1939 zugunsten der Katholischen Partei wurde vom Klerus ohne offenen Widerspruch hingenommen.

Die Parlamentswahlen von 1939 fanden in einer emotional aufgeheizten Stimmung statt, die mancherorts fast bürgerkriegsähnliche Züge annahm. Während Katholiken, Liberale und Sozialisten – letztere hatten unter dem Eindruck der Verfolgung der deutschen Sozialdemokraten ihre ursprüngliche Sympathie für den Revisionismus aufgegeben – in Eupen-Malmedy insgesamt 46,2% der Stimmen errangen, kam die *Heimattreue Front* auf 45,2%. Die faschistische *Rex-Partei*, die die Zugehörigkeit Eupen-Malmedys zu Belgien keineswegs bestritt, erhielt 6,7% der Wählerstimmen.

III. Zwischen wechselnden Fronten[9]

Im Gegensatz zur Weimarer Republik hatte Hitler die neue belgisch-deutsche Grenze bis zu Beginn des Zweiten Weltkriegs nie offiziell in Frage gestellt, doch nur wenige Tage nach dem deutschen Einfall in Belgien vereinigte ein Führererlass Eupen-Malmedy am 18. Mai 1940 mit dem Reich. Per Runderlass des Reichsinnenministers vom 29. Mai 1940 wurden zudem noch eine Reihe altbelgischer Gemeinden westlich von Eupen sowie eine altbelgische Gemeinde südwestlich von Malmedy auf administrativem Wege in das Reichsgebiet einbe-

[9] Vgl. v.a. M. R. Schärer: Deutsche Annexionspolitik im Westen. Die Wiedereingliederung Eupen-Malmedys im Zweiten Weltkrieg, Bern-Frankfurt a. M.-Las Vegas, 1975, 1978[2]. Die Folgen der Annexion betr. siehe u.a. H. Michel: Oranienburg-Sachsenhausen, KZ-Erinnerungen, Hungermarsch in die Freiheit, Eupen, 1985; H. Toussaint: Verlorene Jahre, Eupen, 1987; H. Toussaint: Bittere Erfahrungen, Eupen, 1988; E. Wiesemes: Die Organisation „Hitlerjugend“ im Gebiet von Malmedy-St. Vith 1940-1944 (ZVS-Schriftenreihe, 16), St. Vith, 2000; P. M. Quadflieg: „Zwangssoldaten“ und „Ons Jongen“: Eupen-Malmedy und Luxemburg als Rekrutierungsgebiet der deutschen Wehrmacht im Zweiten Weltkrieg (Aachener Studien zur Wirtschafts- und Sozialgeschichte, 5), Aachen, 2008. Die flämischen Historiker Luc De Vos, Jan Velaers und Herman Van Goethem haben die Behauptung aufgestellt, dass die belgische Regierung 1940 die Abtretung Eupen-Malmedys an das Deutsche Reich ins Auge gefasst habe. Als Gegenleistung deutscherseits sei die Beibehaltung der Souveränität Belgiens erwartet worden. Siehe die diesbezügliche Diskussion in: Grenz-Echo, 2. November 1994, S. 2; 10. November 1994, S. 14-15; 17. Januar 1995, S. 18; 21. Januar 1995, S. 21.

zogen. Dabei handelte es sich um Ortschaften, die nie zu Preußen bzw. zum Deutschen Reich gehört hatten, in denen jedoch die deutsche Hochsprache und besonders deutsche Mundarten neben der französischen Amtssprache geläufig waren.

Hitler hatte Eupen-Malmedy gegen den ausdrücklichen Rat des Auswärtigen Amtes annektiert. Dieses hatte dafür plädiert, die formelle Zustimmung der belgischen Regierung abzuwarten, ohne die die Annexion völkerrechtlich unwirksam war. Da ein belgischer Protest ausblieb, sah die Bevölkerung Eupen-Malmedys die Rückgliederung ins Deutsche Reich jedoch schon bald als endgültig und unwiderruflich an. Am 23. September 1941 erhielten die Einwohner des annektierten Gebiets die deutsche Staatsangehörigkeit. Wenig später wurden bereits die ersten Jungmänner zur Wehrmacht eingezogen. Ein kleiner Teil der Zwangseingezogenen desertierte oder entzog sich der Einberufung durch die Flucht nach Innerbelgien.

In dem Maße wie die Kluft zwischen den nationalsozialistischen Versprechungen und dem Kriegsalltag wuchs und die Zahl der gefallenen, vermissten und verwundeten Soldaten aus Eupen-Malmedy fast täglich zunahm, wich der 1940 weitverbreitete Jubel über die „Heimkehr ins Reich“ schmerzlicher Ernüchterung. Doch blieb der Widerstand gegen das nationalsozialistische Regime auf verhältnismäßig wenige Einzelkämpfer beschränkt. Lediglich um Moresnet-Kelmis und in den annektierten „alt-belgischen“ Gemeinden wurde er von einer breiten Zustimmung und Unterstützung getragen.

Auch der katholische Klerus nahm allgemein eine antinationalsozialistische Haltung ein. Der Annexion von Eupen-Malmedy durch das Deutsche Reich trug der Hl. Stuhl im übrigen nur in einem unumgänglichen Mindestmaß Rechnung, indem er das Aachener Diözesanoberhaupt am 1. Juli 1940 mit der Verwaltung des annektierten Gebiets betraute, ohne dieses jedoch aus dem Lütticher Diözesanverband herauszulösen.

In den ersten Septembertagen 1944 verließen die deutschen Truppen Eupen-Malmedy vor den heranrückenden amerikanischen Verbänden. Ende des Jahres nahm Belgien das Gebiet wieder in Besitz. Mit dem Beginn der Rundstedt- oder Ardennenoffensive am 16. Dezember begann für den südlichen Teil Eupen-Malmedys der Krieg jedoch aufs Neue. An den Weihnachtstagen des Jahres 1944 wurde die Stadt St. Vith völlig, Malmedy zu 3/5 zerstört. Erst am 2. Februar 1945 fand das Grauen ein Ende. Der Wiederaufbau sollte mehr als ein Jahrzehnt in Anspruch nehmen.

Die unmittelbare Nachkriegszeit wurde in den Kantonen Eupen, Malmedy und St. Vith von einer politischen „Säuberung“ bestimmt, die allzu eilfertig „deutsch“ mit „nationalsozialistisch“ gleichsetzte[10]. Ohne der besonderen Situation des vom Deutschen Reich annektierten Gebietes ausreichend Rechnung zu tragen, leiteten u.a. in Eupen und Malmedy tagende Kriegsgerichte gegen 15 623 Personen, das waren rund 25% der Bevölkerung, ein Ermittlungsverfahren ein, eine Zahl, die weit über dem Landesdurchschnitt von 4,15% der Bevölkerung lag. Zwar stellte man schlussendlich nur 3 201 Personen unter Anklage und verurteilte von diesen 1 503, aber auch die Zahl der Verurteilten war in Eupen-Malmedy viermal höher als in Innerbelgien. Darüber hinaus wurden zahlreiche Personen mit dem Entzug der belgischen Staatsangehörigkeit sowie der Streichung aus den Wählerlisten bestraft[11], wobei erstere Bestimmung lediglich in Eupen-Malmedy Anwendung fand. Die Folgen des rigorosen Vorgehens der belgischen Justiz sollten das Verhältnis der Bevölkerung zum belgischen Staat jahrzehntelang belasten. Außerdem erschweren sie bis heute eine möglichst objektive, feinste Unterschiede erfassende Darstellung der Jahre 1930-1950.

Zu Recht wirbt die regionale Geschichtsschreibung um Verständnis für eine Bevölkerung, die auch 1940 noch überwiegend deutsch fühlte und in ihrer Genugtuung über die Rückkehr ins alte Vaterland die gravierenden Unterschiede zwischen dem Deutschland Hitlers und der Weimarer Republik, die sie 1920 hatte verlassen müssen, nicht wahrnahm bzw. verdrängte. Wobei anzumerken ist, dass die Einwohner der Kreise Eupen und Malmedy die Weimarer Republik

---

10 Vgl.: J. Gilissen: „Étude statistique sur la répression de l'incivisme“, in: *Revue de droit pénal et de criminologie* 5, 1951, S. 535-564 sowie die kritische Bewertung des Vorgehens der Justiz durch P. Maxence: *Les atouts gaspillés ou le drame des cantons de l'Est*, Saint-Nicolas, 1951 und C. Lejeune: *Die Säuberung*, 3 Bände, Büllingen, 2005-2008. Die im Zuge der „Säuberung“ immer wieder aufgestellte Behauptung, der belgische Premierminister Pierlot habe 1943 über Radio London der ostbelgischen Bevölkerung mitgeteilt, dass sie belgisch sei und bleibe, hat bisher nicht erhärtet werden können. Siehe J. Wynants: „Les autorités belges et la situation des Cantons de l'Est 1940-1944“, in: *Bulletin d'information du Centre liégeois d'Histoire et d'Archéologie militaires*, IX, 1, 2004,S. 15-26. Bezüglich der kriegerischen Ereignise der Jahre 1940-1945 siehe Geschichtsverein „Zwischen Venn und Schneifel“ (Hrsg.): *Kriegsschicksale* 1944/45, St. Vith, 1969; K. Fagnoul: „Streiflichter auf das Kriegsgeschehen im St. Vither Land“, in: Zentrum für geschichtliche Forschung und Studien des Zweiten Weltkriegs (Hrsg.), Beiträge zur Geschichte des Zweiten Weltkriegs, 7, 1982, Sonderdruck; *Der verhängnisvolle Irrtum*, Eupen, 1984; M. Bierganz/ R. Herren: *10. Mai 1940 zwischen Aachen und Lüttich*, 2. Aufl., Eupen, 1990.

11 Bei den Parlamentswahlen des Jahres 1946 betrafen diese Maßnahmen in den Kantonen Eupen, Malmedy und St. Vith insgesamt 7 281 Personen. Vgl. *Grenz-Echo*, 28. Januar 1946.

eigentlich nur in ihren verwirrenden Anfängen erlebt hatten und ihr Deutschland-Bild wohl im Wesentlichen dem autoritären Staat Bismarckscher und Wilhelminischer Prägung entsprach. Sie kamen aus einer Nation, die Max Weber als „Disziplinvolk" bezeichnete, und empfanden trotz, ja mehr noch wegen des ihnen aufgezwungenen Staatenwechsels die Niederlage von 1918 ebenso als Schmach wie ihre deutschen Landsleute. Und das ihnen von Belgien anfangs übergestülpte patriarchalische Gouvernement General Baltias war sicherlich auch keine hohe Schule der Demokratie gewesen.

Wie in Deutschland so war demnach auch in Eupen-Malmedy das demokratische Bewusstsein Mitte der Jahre 1920 nur schwach ausgeprägt und eine gewisse Prädisposition für antidemokratische Tendenzen vorhanden. Zudem waren die unübersichtlichen Verhältnisse in der belgischen Innenpolitik mit neun Regierungskrisen alleine zwischen 1920 und 1934 denen der Weimarer Republik nicht unähnlich und sie riefen dann auch in der deutschfreundlichen konservativen Presse Eupen-Malmedys entsprechend hämische Kommentare hervor. Eine Anhänglichkeit an das neue Vaterland konnte sich, trotz der Bemühungen des pro-belgischen *Grenz-Echo*, unter diesen Umständen nur schwerlich entwickeln, zumal die belgischen Behörden Eupen-Malmedy, wie die Rückgabeverhandlungen zeigten, eher als lästiges Anhängsel empfanden.

Sowohl von der im Deutschen Reich erhaltenen Erziehung als auch von ihren konkreten Erfahrungen mit der belgischen Demokratie her war die Bevölkerung Eupen-Malmedys für eine kritische Beurteilung der nach 1933 immer massiver auftretenden nationalsozialistischen „Heim-ins-Reich"-Propaganda also schlecht gerüstet, was spätere Fehleinschätzungen zwar nicht entschuldigt, aber erklärt. Die Zahlen sprechen diesbezüglich eine deutliche Sprache. Von rund 65 000 Personen traten zwischen 1940 und 1944 ca. 7 000 der *NSDAP*, 6 000-7 000 der *NS*-Frauenschaft und weitere 7 000 der *Hitlerjugend* bei.

Ob sie alle überzeugte Nationalsozialisten waren, darf angesichts eines fast alle Lebensphasen und -bereiche kontrollierenden Regimes wohl bezweifelt werden. Doch wird man der historischen Wahrheit auch nicht gerecht, wenn man die Sympathisanten dieses Regimes in Eupen-Malmedy samt und sonders als irregeleitete Mitläufer darstellt. Hier sei zum Beispiel auf die regelmäßige kritische Berichterstattung des *Grenz-Echo* verwiesen, die, ebenso wie mündlich verbreitete Erfahrungen, die bedenkliche Entwicklung im Deutschland Hitlers hinlänglich bekannt machten, was ja dann auch eine stetig wachsende Zahl von Personen in Eupen-Malmedy zu einer Überprüfung ihres pro-deutschen Standpunkts veranlasste.

Die Ereignisse der ersten Nachkriegsjahre bedürfen ebenfalls einer nuancierten Darstellung. Es ist sehr wahrscheinlich, dass sich in Eupen-Malmedy nach 1945 kaum noch jemand, aus welchen Gründen auch immer, zu Deutschland hingezogen fühlte. „Was Belgien in zwanzig Jahren nicht geschafft hat, ist Deutschland in nur vier Jahren gelungen: aus der Bevölkerung Eupen-Malmedys gute Belgier zu machen", hieß es damals. Mit anderen Worten: die unmittelbare Konfrontation mit dem *NS*-Regime hatte auch dem Letzten der Unverbesserlichen die Augen geöffnet. Dementsprechend hochgespannt – aber auch völlig unrealistisch – waren die nun in Belgien gesetzten Erwartungen.

Dass Druck Gegendruck erzeugt, gehört zu den Konstanten der Geschichte. Angesichts der erst jetzt in ihrem ganzen schrecklichen Ausmaß bekanntwerdenden Greuel, die das *NS*-Regime verübt hatte, war es in der Tat illusorisch anzunehmen, dass Belgien sich anders als die übrigen Siegerstaaten verhalten würde. Ebenso trügerisch muss im Nachhinein die Hoffnung erscheinen, dass die belgischen Regierungskreise ihre seit 1920 immer wieder diagnostizierte weitgehend von Unverständnis geprägte Haltung gegenüber Eupen-Malmedy ausgerechnet zu einem Zeitpunkt korrigieren würden, der sich für eine sachlich-nüchterne Betrachtung der Dinge nun wahrlich nicht anbot, ganz zu schweigen von den nur einen Tag nach den Amerikanern in Eupen-Malmedy auftauchenden belgischen Widerstandsgruppen, für die dieses Gebiet schlicht und einfach Feindesland war. Ihre Willkür machte selbst vor solchen Personen nicht halt, die stets als Gegner der Nationalsozialisten aufgetreten waren. Doch übernahm die reguläre belgische Justiz schon nach kurzer Zeit alleine die Strafverfolgung und erwies sich nach anfänglichem Übereifer, bedingt u.a. durch die unklare Rechtslage, in gewissem Maße als lernfähig. Wer aus heutiger Sicht das undifferenzierte Vorgehen der belgischen Kriegsgerichte anprangert, sollte nicht übersehen, dass deren Urteile, trotz vieler ungerechtfertigter Härten, für die meisten Betroffenen immerhin weitaus glimpflicher ausfielen, als die Entscheidungen, die die deutschen, im Bann der *NS*-Ideologie stehenden Justizbehörden zwischen 1940 und 1944 in Eupen-Malmedy gefällt hatten.

1945 war Eupen-Malmedy bereit, sich in die Arme Belgiens zu werfen. Doch dieses griff zuerst einmal zum Stock. Deutschland kam als Vaterland nicht mehr in Frage, Belgien zeigte die kalte Schulter, die Bevölkerung Eupen-Malmedys war nirgends mehr zu Hause.

Zusätzlich erschwert wird eine vorurteilsfreie Sicht auf diese für das Identitätsverständnis der deutschsprachigen Belgier ganz entscheidende Epoche durch das während des Krieges und danach üppig ins Kraut schießende Denunziantentum. Wie sich nach dem 18. Mai 1940 sofort bereitwillige Handlanger der Gestapo beim Aufspüren so genannter Volksverräter gefunden hatten, wurden nach

1945 etliche alte Rechnungen mittels Anzeigen wegen Kollaboration mit dem Feind beglichen. Der damals gesäte Hass trug maßgeblich dazu bei, die Jahre 1930-1950 lange Zeit nahezu vollkommen zu tabuisieren.

IV. Der schwierige Weg in die Autonomie[12]

Am 15. Januar 1945, wenige Wochen vor dem Zusammenbruch der Rundstedt- oder Ardennenoffensive, ernannte die belgische Regierung den aus Eupen stammenden Ministerialbeamten Henri Hoen zum beigeordneten Bezirkskommissar in Verviers und übertrug ihm gleichzeitig die Zuständigkeit für die Kantone Eupen, Malmedy und St. Vith. Sein Amtssitz war Malmedy.

Im Ernennungserlass Hoens hieß es u.a., dass „die vollkommene Gleichstellung“ der Einwohner der „Ostkantone“ mit der „Bevölkerung des übrigen Belgien“ der „wichtigste Grundsatz der Regierungspolitik“ sei. „Jedweder irredentistischen oder ähnlichen Propaganda“ hatte Hoen seine besondere Aufmerksamkeit zu widmen. Alle von den lokalen Behörden getroffenen Maßnahmen musste er stets auf ihre Vereinbarkeit mit den „Richtlinien des belgischen Rechts“ sowie den „Belangen der Nation“ überprüfen. Andererseits sollte er aber auch seinen vorgesetzten Behörden, die von ihm eine regelmäßige Berichterstattung – „insbesondere über das moralische Klima“ – erwarteten, mitteilen, „welche Initiativen der zentralen Verwaltungsstellen ihm mit den spezifischen Belangen der Ostkantone oder der Eingliederungspolitik unvereinbar“ erschienen.

In der Folgezeit war Henri Hoen redlich bemüht seinen Auftrag sowohl zur Zufriedenheit seiner Vorgesetzten, die ihn mit sehr weitreichenden Befugnissen ausgestattet hatten, als auch der Bevölkerung von Eupen-Malmedy-St. Vith zu erfüllen. Dass dieser Spagat nicht immer schmerz- und reibungslos verlief, lag wohl in der Natur der Sache.

Eine der vordringlichsten Aufgaben Hoens bestand in der Gewährleistung einer effizienten Arbeit auf kommunaler Ebene, was sich vor allem infolge zahl-

---

[12] Vgl.: A. D'Haenens/ A. Minke (Hrsg.): *Grenzland seit Menschengedenken – Identität und Zukunft der Deutschsprachigen Gemeinschaft Belgiens*, 4 Biblio-Kassetten (*Autonomie und Ausblick)*, Eupen, 1990; F. Cremer: „Annexion, Assimilation, Autonomie. Zur Geschichte der Deutschsprachigen Gemeinschaft“, in: *I & M, Informationen und Meinungen aus Deutschbelgien* 2-4 (1994); G. Kleu: *Die Neuordnung der Ostkantone Belgiens 1945-1956: Politik, Kultur und Wirtschaft in Eupen, Malmedy und St. Vith*, Essen, 2007; C. Brüll: *Belgien im Nachkriegsdeutschland. Besatzung, Annäherung, Ausgleich 1944-1958*, Essen, 2009. Vgl. auch die Einzelstudien von W. Trees: *Kaffee, Krähenfüße und Kontrollen*, Aachen, 1974 und K. Fagnoul: *Die annullierte Annexion – Vom Wiener Kongreß bis zum Ende Bolleniens*, St. Vith, 1985.

reicher Amtsenthebungen wegen „Kollaboration“ als schwieriges Unterfangen erwies. Dennoch konnten die Verwaltung und die Finanzlage der meisten Kommunen bis 1950 weitgehend stabilisiert werden.

Die Neustrukturierung des Schulwesens stellte für den beigeordneten Bezirkskommissar eine mindestens ebenso große Herausforderung dar. Rund 250 Lehrer, die 1940 auf ihrem Posten geblieben waren, verloren fünf Jahre später ihren Arbeitsplatz. An ihre Stellen traten „altbelgische“ Lehrer, deren mangelhafte Deutschkenntnisse für großen Unmut sorgten.

Der Versuch, Eupen-Malmedy-St. Vith in ein einsprachig französisches Gebiet umzuwandeln, rief u.a. den Widerstand mehrerer katholischer Pfarrer hervor. In Eingaben an den Bischof von Lüttich und die politischen Entscheidungsträger forderten sie, letztlich mit Erfolg, die Achtung und den Schutz der deutschen Sprache und Kultur in Ostbelgien, was die Notwendigkeit einer im Alltag praktizierten Zweisprachigkeit jedoch nicht in Frage stellte[13].

Das Wirtschaftsleben kam nach 1945 nur sehr langsam wieder in Schwung. Positive Anzeichen machten sich erst im Laufe des Jahres 1947 bemerkbar. In der Eupener Tuchindustrie begann allerdings nach einem kurzen Aufschwung das große Sterben. Die Einbrüche auf dem Arbeitsmarkt konnten jedoch durch die Expansion der Kabel- und Gummiwerke AG, die nach und nach zum größten ostbelgischen Unternehmen werden sollte, sowie die Konsolidierung bestehender und die Gründung neuer Betriebe in einer Vielfalt von Produktionszweigen ausgeglichen werden. Im Malmedyer Raum und in der Eifel erlebte das Baugewerbe einen größtenteils durch die Beseitigung der Kriegsschäden bedingten beachtlichen Aufschwung. Auch die Forstwirtschaft blieb hier eine bedeutsame Einnahmequelle. Die nachteiligen Folgen der in den 1950er Jahren einsetzenden Stilllegung der meisten Bahnstrecken konnten erst nach 1960 durch den Bau einer Autobahn durch den südlichen Teil der Eifel abgemildert werden. In

---

[13] Typisch für diese Zeit sind diverse in Innerbelgien erschienene Publikationen in französischer Sprache, die zwar bemüht waren, sich in die besondere Problematik der Ostkantone hineinzuversetzen und diese der belgischen Leserschaft verständlich zu machen, dabei aber die romanische Komponente dieses Raumes – ob bewusst oder unbewusst sei dahingestellt – auf eine völlig unhistorische Weise überbetonten. Vgl. z.B. J. Grand Ry: „Les Cantons de l'Est après la tourmente“, in: *Revue générale belge*, 10, 1946, S. 409-427. Eine solche Vorgehensweise hatte allerdings Tradition. So waren besonders in den Jahren 1930 auch mehrere Veröffentlichungen erschienen, die den „deutschen“ Charakter von Eupen-Malmedy-St. Vith, mittels Verdrehung der philologisch-historischen Wirklichkeit, zu untermauern suchten. Vgl. diesbezüglich die Analyse von L. Wintgens: *Grundlage der Sprachgeschichte im Bereich des Herzogtums Limburg* (Ostbelgische Studien, I), Eupen, 1982.

der Landwirtschaft wurde die Milchproduktion allgemein weiter intensiviert. Seit 1950 entwickelte sich aber auch der Fremdenverkehr mehr und mehr zu einem wichtigen Wirtschaftsfaktor v.a. im ländlichen Raum. Schließlich sei auf die insbesondere seit 1960 kontinuierlich gestiegene Zahl von Personen hingewiesen, die außerhalb des Raumes Eupen-Malmedy-St. Vith in Deutschland, Luxemburg oder Innerbelgien einen Arbeitsplatz fanden.

Der langsamen Normalisierung der Beziehungen zwischen den Ostkantonen und dem Nachkriegsdeutschland standen nach 1945 im Wesentlichen zwei Fakten im Wege: zum einen die Schließung der Staatsgrenze und zum anderen die Annexion deutschen Territoriums durch Belgien.

Nach langwierigen Verhandlungen hatte Letzteres, nur von Frankreich unterstützt, 1949 ein rund 20 km^2 großes deutsches Gebiet mit ca. 1 000 Einwohnern unter seine vorläufige Verwaltung genommen. Sitz des „Gouverneurs" war Eupen. Gleichzeitig schotteten die belgischen Behörden die Grenze nach Deutschland so dicht wie nur eben möglich ab. Passierscheine wurden nur in begründeten dringenden Fällen und für eine kurze Zeitspanne gewährt. Ein sicherlich ungewollter Nebeneffekt dieser Politik war allerdings die immer mehr um sich greifende Schmuggeltätigkeit, deren gefährliche Illegalität in den Darstellungen späterer Jahre oftmals in Robin-Hood-Manier idealisiert worden ist.

Erst die Unterzeichnung der ersten belgisch-deutschen Staatsverträge im September 1956 setzte diesen anachronistischen Zuständen ein Ende, zumal die Bundesrepublik Deutschland die Annexion von Eupen-Malmedy im Jahre 1940 nun als völkerrechtswidrig anerkannte und sich in der Folgezeit jeglicher Einmischung in die Belange der deutschsprachigen Belgier peinlichst enthielt.

Zwischen 1946 und 1961 war die konservative, eindeutig katholische Interessen vertretende *Christlich-Soziale Partei* (*CSP*) die bestimmende politische Kraft in Eupen-Malmedy. Bei jedem Urnengang verbuchte sie, nicht zuletzt dank der Unterstützung durch das *Grenz-Echo*, das jetzt quasi über ein Informationsmonopol verfügte, zwischen 70 und 80% der gültigen Stimmen. Ihre aus Eupen-Malmedy stammenden Parlamentarier versuchten immer wieder in Brüssel auf die besonderen Belange ihrer Wählerschaft aufmerksam zu machen, was ihnen oftmals das Misstrauen, ja mitunter sogar die offene Feindschaft ihrer Kollegen einbrachte. Bemerkenswerterweise bildeten die Weißwähler bei den Urnengängen dieser Jahre hinter der *CSP*-Wählerschaft stets das zweitstärkste Kontingent, ein untrügliches Anzeichen für die weit verbreitete Enttäuschung und Resignation.

Schon zu Beginn der Jahre 1950 waren in *CSP*-Kreisen konkrete Vorstellungen bezüglich eines autonomen Bezirks Eupen-Malmedy als Vorstufe zu einer kulturellen Autonomie der deutschsprachigen Belgier formuliert worden. Sie fanden teilweise Eingang in die Überlegungen des auf Vorschlag des Lütticher Abgeordneten Pierre Harmel (*Parti social-chrétien*, *PSC*) am 3. Mai 1948 per Gesetz geschaffenen Forschungszentrums „für die Lösung der gesellschaftlichen, politischen und rechtlichen Probleme der Nation in den wallonischen und flämischen Landesteilen". Das so genannte Harmel-Zentrum umfasste vier Abteilungen, in denen die bevölkerungspolitischen, wirtschaftlichen, kulturellen und politischen Komponenten eines künftigen Bundesstaates Belgien analysiert werden sollten.

Den Abteilungen Kultur und Politik gehörte auch Peter Kofferschläger (*CSP*), der erste Abgeordnete der Ostkantone in der Nachkriegszeit, an. Wiederholt monierte er in den Sitzungen des Harmel-Zentrums die Benachteilung der deutschen Sprache in Schule, Verwaltung und Justiz und forderte eine adäquate kulturelle Absicherung der deutschsprachigen Belgier. Seine Forderungen fanden allerdings nur begrenzt Gehör.

In ihrem Abschlussbericht hoben die Mitglieder des Harmel-Zentrums die enge Bindung von Eupen-Malmedy-St. Vith an Verviers und Lüttich hervor und empfahlen für die Mittelschulen der Ostkantone generell das Französische als Umgangssprache.

Erst die in den Jahren 1962-1963 gesetzlich verankerte Sprachengrenze und die damit einhergehende Regelung des Sprachgebrauchs in Unterricht und Verwaltung sollten der ostbelgischen Wirklichkeit Rechnung tragen und für das Gebiet deutscher Sprache das Prinzip der Einsprachigkeit – mit besonderem Schutz der frankophonen Minderheit – aufstellen.

Während das deutsche Sprachgebiet die neun Gemeinden des Kantons Eupen, die elf Gemeinden des Kantons St. Vith, vier der zehn Gemeinden des Kantons Malmedy und Kelmis, das zum Kanton Aubel gehörte, umfasste, kamen die sechs westlichen Gemeinden des Kantons Malmedy zum französischen Sprachgebiet. Auch den in Letzteren wohnhaften Deutschsprachigen räumte der Gesetzgeber Sonderrechte ein.

Mit der Festlegung der Sprachengrenze wurde die seit fast 170 Jahren andauernde Schicksalsgemeinschaft zwischen dem Eupener Land, der Malmedyer Wallonie und der Eifel erstmals wieder gelockert. Wichtiges Bindeglied blieb jedoch das beigeordnete Bezirkskommissariat in Malmedy, das nach wie vor für die Gesamtheit der Ostkantone zuständig war und auch in der Folgezeit an wichtigen politischen Weichenstellungen beteiligt sein sollte.

Résumé – Samenvatting

Région frontalière depuis des siècles

Une région frontalière qui s'étend sur 80 km en longueur et 20-30 km en largeur, une superficie d'environ 868 km^2, un territoire belge, lié par sa langue et sa culture à son voisin germanique. C'est ainsi qu'on pourrait présenter en quelques mots la Communauté Germanophone. Elle ne constitue une unité ni au niveau géographique ni économique. Au nord, les Hautes Fagnes dont les hauteurs atteignent 700 m, séparent le secteur par endroits assez industrialisé d'Eupen de l'Eifel, au sud, essentiellement dominé par l'agriculture. Avant 1920, ces deux parties n'avaient guère eu d'occasions de se rapprocher. Certes, elles avaient appartenu jusqu'en 1795 toutes les deux aux Pays-Bas espagnols puis autrichiens. Mais, la région d'Eupen formait la frontière-est du Duché trilingue de Limbourg, tandis que la région de St. Vith, à l'exception d'une petite parcelle autour de Manderfeld et Schönberg qui faisait partie de l'Electorat de Trêves, appartenait au Duché bilingue de Luxembourg. Le 1er octobre 1795, la République Française annexa toute cette région. A la suite de la réorganisation de l'Europe par le Congrès de Vienne en 1815, celle-ci devint prussienne, de même que la Wallonie francophone autour de Malmedy. L'administration du petit territoire de Moresnet, au nord d'Eupen, fut confiée en commun à la Prusse et au Royaume des Pays-Bas, nouvellement créé. Le *Traité de Versailles*, qui mit fin à la Première Guerre Mondiale, accorda en 1919 le territoire neutre de Moresnet
ainsi que les cercles prussiens d'Eupen et de Malmedy (y compris St. Vith) au Royaume de Belgique. Après un référendum contesté, la Société des Nations reconnut, en 1920, cette clause. Le 10 mai 1940, des troupes allemandes envahirent les cantons d'Eupen, Malmedy et St. Vith. Huit jours après, un décret d'Hitler stipula leur réunification avec le Reich allemand. A la mi-septembre 1944, Eupen, Malmedy et St. Vith furent libérés par des unités américaines. Le 16 décembre de la même année commençait l'offensive des Ardennes. Elle dura jusqu'au 2 février 1945 et c'est pendant cette période que la petite ville de St. Vith fut complètement détruite lors d'un bombardement allié. Dans les années 1950, la politique intérieure belge devant faire face à des tensions de plus en plus sérieuses entre Wallons et Flamands, commença à réfléchir à l'opportunité d'une autonomie culturelle et administrative des Belges germanophones. Le premier résultat concret de ces réflexions se retrouve dans les lois des années 1962-1963 concernant l'emploi des langues en matière administrative.

Résumé – Samenvatting

Grensland sinds eeuwen

Een landstreek aan de grens, ongeveer 80 km lang, 20-30 km breed, circa 868 km^2 in oppervlakte, Belgisch staatsgebied, in taal en cultuur verbonden aan zijn Duitse buur. Zo zou men in de meest beknopte vorm de Duitstalige gemeenschap van België kunnen omschrijven. Het vormt noch geografisch, noch economisch gezien een eenheid. De Hoge Venen, met hun hoogtes tot 700 meter, scheiden het plaatselijk geïndustrialiseerde Eupener Land in het noorden van de voornamelijk agrarisch georiënteerde Eifel in het zuiden. Voor 1920 bood ook het verleden van deze beide gebiedsdelen nauwelijks overeenkomsten. Hoewel ze tot het jaar 1795 samen bij respectievelijk Spanje en de Oostenrijkse Nederlanden hoorden, vormde het Eupener Land zich binnen dit gebied tot de oostgrens van het drietalige Hertogdom Limburg. Dit terwijl het St. Vither gebied, tot aan een klein tot Kurtrier behorend hoekje rondom Manderfeld en Schönberg, overgenomen was door het tweetalige Hertogdom Luxemburg. Op 1oktober 1795 annexeerde de Franse Republiek het gehele gebied. Als onderdeel van de reorganisatie van Europa door het Congres van Wenen vielen deze gebieden samen met het Franstalige "Malmedyer Wallonie" 1815 aan Pruisen toe. Het kleine grondgebied van Moresnet, ten noorden van Eupen, werd door Pruisen en het nieuw opgerichte Koninkrijk der Nederlanden gezamenlijk beheerd. In 1831 nam het Koninkrijk België hierin de taak over van Nederland. Het Verdrag van Versailles, dat de Eerste Wereldoorlog beëindigde, kende in 1919 het neutrale gebied Moresnet en de Pruisische districten Eupen en Malmedy (met St. Vith) toe aan het Koninkrijk België. Na een controversieel "referendum" erkende de Volkenbond in 1920 deze bepaling. Op 10 Mei 1940 marcheerden Duitse troepen de kantons Eupen, Malmedy en St. Vith binnen. Acht dagen later beval een "Führererlaß" (bevel van Adolf Hitler) hun "hereniging" met het Duitse Rijk. In het midden van september 1944 werd Eupen-Malmedy-St. Vith door Amerikaanse eenheden bevrijd. Maar al op 16 december begon het Ardennenoffensief. Dit duurde tot februari 1945 en tijdens dit verloop werd het Eifelstadje St. Vith door een geallieerde luchtaanval compleet verwoest. Doordat de Belgische binnenlandse politiek steeds meer bepaald werd door toenemende spanningen tussen Vlamingen en Walen, begon men in de jaren 1950 te overleggen over een culturele en bestuurlijke autonomie van de Duitstalige Belgen. Dit vond een eerste concrete uiting in de taalwetten van de jaren 1962-1963.

„Hilf dir selbst, dann hilft dir Gott"? Eine politische Geschichte der Deutschsprachigen Gemeinschaft Belgiens

Christoph Brüll

Ein kleines Bundesland

Beginnen wir mit einem Zahlenvergleich: das kleinste deutsche Bundesland, der Stadtstaat Bremen, zählte zum 31. Dezember 2008 661 858 Einwohner. Damit leben dort ca. 0,8% aller Bundesdeutschen. Die Deutschsprachige Gemeinschaft Belgiens umfasste zum selben Zeitpunkt ca. 74 000 Einwohner und damit ca. 0,7% der belgischen Bevölkerung. Schaut man in die Schweiz, so zählt der Kanton Schaffhausen ebenfalls ca. 74 000 Einwohner. Gliedstaaten von geringer Größe und Einwohnerzahl sind also in Bundesstaaten nichts Außergewöhnliches. Vor allem für den Fall der Schweiz lässt sich festhalten, wie selbstverständlich in föderalen Staatsformen kleine Gliedstaaten politische Aufgaben und Kompetenzen wahrnehmen können.

Und doch würden weitere Vergleiche sich weitaus schwieriger gestalten. Die Deutschsprachige Gemeinschaft ist im Gegensatz zu Bremen oder Schaffhausen Gliedstaat eines Bundesstaates, der auf einem dissoziativen Föderalismus beruht. Dies deutet schon auf die besondere historische Entwicklung hin, welche Belgien vom Einheitsstaat zum Bundesstaat (in der belgischen Terminologie spricht man vom Föderalstaat) genommen hat. Dazu kommt die Konstellation mit zwei großen Sprachgruppen – Flandern mit 5,5 Millionen Einwohnern, die Wallonie mit 3,5 Millionen –, der zweisprachigen Region Brüssel-Hauptstadt (mehr als 1 Million vorwiegend französischsprachige Einwohner) und der deutschen Sprachgruppe, die sowohl geographisch als auch sprachlich eine Randposition einnimmt. Beim Blick in die Inlandspresse – wo die Deutschsprachige Gemeinschaft zumeist in der regionalen Berichterstattung zum Lütticher Raum auftaucht – oder beim Blick in Darstellungen zur belgischen Geschichte fällt es schwer zu glauben, dass die kleinste Gemeinschaft des Landes über ähnliche Befugnisse wie ihre beiden großen Geschwister verfügt. Die 74 000 Einwohner reichen eben noch nicht einmal an die Brüsseler Gemeinde Uccle mit ihren 76 000 Bürgern heran und sind eben auch nur ein wenig zahlreicher als die Bewohner der deutschen Nachbarstadt Stolberg (Rheinland), deren Zahl sich auf rund 60 000 beläuft.

In diesem Beitrag soll einerseits hervorgehoben werden, wie sehr die Deutschsprachige Gemeinschaft, die 1973 noch als „deutsche Kulturgemeinschaft" entstand, ein Nebenprodukt des flämisch-wallonischen Konfliktes ist, und andererseits, wie sie die politische Autonomie, die daraus hervorging, selber gestaltet hat. Dazu ist zunächst ein kurzer Blick auf die Debatten um die Verfassungsrevision von 1970 zu werfen, die den Abgesang auf die „Belgique de papa“ (Gaston Eyskens) in konstitutionelle Formen goss. Der Weg zur eigenen parlamentarischen Versammlung, zur eigenen Regierung und zur Übernahme verschiedener regionaler und föderaler Zuständigkeiten wird dabei eingebettet in die innerbelgische Entwicklung.

Bewusst vermieden wird in diesem Zusammenhang die beliebte Bezeichnung als „bestgeschützte Minderheit“ (wahlweise Europas oder auch der Welt), die als Analysekategorie mittlerweile abgenutzt erscheint.

Deutlich soll werden, wie schwer sich die deutschsprachigen Belgier mit ihrer Vergangenheit getan haben und tun, und wie sich dies auf ihr politisches Selbstverständnis ausgewirkt hat und bis heute auswirkt. Dies zeigt sich besonders anhand einiger, bisweilen hartnäckiger Mythen, von denen derjenige von den Deutschsprachigen als den „letzten Belgiern“ einer der typischsten ist.

Die Anfänge der Autonomie: der Rat der deutschen Kulturgemeinschaft
Am Anfang war Brüssel. Spätestens seit den ersten Nachkriegsjahren erstarkten mehr und mehr diejenigen Kräfte der belgischen Politik, welche eine Dezentralisierung der politischen Struktur des Landes forderten. Nachdem 1958 der so genannte Schulkampf – entstanden durch die „Versäulung“[1] der belgischen Gesellschaft – durch neue Finanzierungsmodalitäten für staatliche und nichtstaatliche Schulen einem Ende zugeführt wurde, schloss im selben Jahr eine parlamentarische Arbeitsgruppe zur politischen Zukunft des Landes ihre Aufgabe ab.

Im Bericht dieses so genannten Harmel-Zentrums wurde jedoch den Forderungen nach einer Berücksichtigung der besonderen Konstellation im Gebiet deutscher Sprache eine Absage erteilt. Vielmehr betonte man die Notwendigkeit einer engen Anbindung an Verviers und Lüttich, was sich auch an der Beibehaltung des Französischen als Umgangssprache in der Mittelschule manifestierte. Demgegenüber empfahl die Arbeitsgruppe eine weit reichende Kulturautonomie für die beiden großen Sprachgruppen. Letztlich wurde die Entwicklung jedoch durch die Ziehung der „Sprachgrenze“ (1962) und der Verabschiedung des Gesetzes zum „Sprachengebrauch in Unterricht und Verwaltung“ (1963) beschleunigt. Auf der Basis des Territorialprinzips bildeten neun (damals und bis zu einer Gemeindefusion im Jahr 1977 fünfundzwanzig) Gemeinden der Kantone Eupen (neun von neun), St. Vith (elf von elf), Malmedy (vier von zehn) und

1 Als „Versäulung“ bezeichnet man – knapp gefasst – die Aufteilung des gesellschaftlichen, schulischen und kulturellen Lebens in ideologische Pfeiler.

Aubel (eine: Kelmis) das deutsche Sprachgebiet. Damit wurde das Einsprachenprinzip in Verwaltung und Unterricht sanktioniert, den französischsprachigen Bewohnern wurden „Spracherleichterungen" zugestanden. Die Ziehung der Sprachengrenze brachte de facto auch das Ende der „Schicksalsgemeinschaft" zwischen dem deutschsprachigen Eupener und St. Vither Raum und dem französisch- bzw. wallonischsprachigen Malmedy. Das durch den *Wiener Kongress* und den *Versailler Vertrag* geschaffene, historische Eupen-Malmedy-St. Vith wurde getrennt. Es braucht wohl kaum betont zu werden, dass in diesen gesetzlichen Maßnahmen die Keimzelle der „Autonomie" für die Belgier deutscher Sprache zu suchen ist.

Der Begriff der „Kulturautonomie" machte die Runde. Allein die Bevölkerung wusste damit etwas anzufangen. Auch zu Beginn der 1960er Jahre war es noch die Bewältigung der Kriegsfolgen, die ihr politisch-gesellschaftliches Hauptanliegen bildete. Die Rücknahme der Folgen der unverhältnismäßigen Säuberungen[2] der Nachkriegsjahre und die Entschädigungsforderungen der während des Krieges in die Wehrmacht eingezogenen Männer – in der Terminologie als „Zwangssoldaten" bekannt – bestimmten die Debatten. Kämpfe für eine „Kulturautonomie" oder für die Schaffung eines eigenen Verwaltungsbezirks für die deutschsprachigen Gemeinden blieben den meisten Menschen fremd. Das politische Engagement und selbst politische Äußerungen im öffentlichen Raum waren allzu heiße Eisen, was sich zudem in dem hohen Anteil der Stimmenthaltungen bei Wahlen deutlich manifestierte.

Die politische Last wurde fast ausschließlich von der *Christlich-Sozialen Partei* (*CSP*) getragen. Sie, die seit 1945 von den Wählern mit Rekordergebnissen bedacht worden war, rieb sich seit der Mitte der 1960er Jahre immer mehr auf. Die endlosen und scheinbar auch erfolglosen Diskussionen um die Kriegsfolgen begannen, die Anhänger zu irritieren. Innerhalb der Partei entstanden große Auseinandersetzungen zwischen jenen, die im Eintreten für eine „Autonomie" der deutschsprachigen Belgier die Gefahr eines neuen „Separatismus" zu erkennen glaubten, und jenen, die ihre Gleichstellung in einem von den Flamen geforderten, neuen belgischen Staatsgefüge reklamierten. Auffallend war hier der Anteil von Studenten und jungen Akademikern, die während ihrer Studienzeit in Löwen die flämischen Forderungen entdeckten und auf ostbelgische Verhältnisse übertragen wollten. Schnell verhärteten sich die Fronten zwischen den Autonomiegegnern bzw. -skeptikern und den Befürwortern. Hinter den Gruppierungen standen jeweils Lobbygruppen, deren Überzeugungsarbeit letztlich nur zur Unvereinbarkeit der Standpunkte beitrug.

---

2 Als Säuberung bezeichnet man die juristische Verfolgung und Ahndung von Kollaboration und Kollaborateuren nach 1945.

Einen Vorgeschmack auf die sich andeutende Spaltung der *CSP* hatte schon 1965 die so genannte „Eupener Bürgermeisterfrage“ gegeben. Dabei hatte der damalige sozialistische Innenminister Vranckx dem Bürgermeisterkandidaten Hubert Miessen seine Ernennung unter Berufung auf dessen Vergangenheit während des Zweiten Weltkriegs verweigert. Die Spätfolgen, ebenso wie die Nicht-Kooptation des ostbelgischen *CSP*-Kandidaten Johann Weynand in den Senat in den Jahren 1968 und – unter skandalösen Umständen und persönlichen Diffamierungen – 1971, sowie das veränderte politische Klima zu Beginn der 1970er Jahre verstärkten diese Tendenzen.

Sicherlich führten die Ereignisse von 1968 mit dem berühmten „Wallonen raus!“ an der ehrwürdigen Löwener Universität auch in Ostbelgien zu leidenschaftlichen Debatten. Als jedoch in Brüssel die politische Musik heftig zu spielen begann und eine Verfassungsrevision diskutiert wurde, die zu einer Föderalisierung des Einheitsstaates führen sollte, war die politische Kommunikation in Ostbelgien wie gelähmt: mit einer Stimme für die Belange der Bewohner des deutschen Sprachgebietes einzutreten war in dieser Zeit so gut wie unmöglich geworden.

Als am 23. Oktober 1969 die ostbelgische Frage in der Arbeitsgruppe für Verfassungsgebung diskutiert wurde, vertraten die beiden ostbelgischen Parlamentarier genau entgegengesetzte Positionen. Während der liberale Senator Michel Louis für einen direkt von der Bevölkerung gewählten Kulturrat eintrat, der die gleichen Befugnisse wie die beiden großen Gemeinschaften haben sollte, plädierte der christlich-soziale Abgeordnete Willy Schyns für eine Besetzung des Rates nach dem Proporz des Stimmenanteils der Parteien bei den Wahlen zum nationalen Parlament. Er erachtete überdies eine Gleichstellung der Gemeinschaft als nicht durchführbar.

Aus einer Dissidenz der *CSP* ging schließlich die *Christlich-Unabhängige Wählergemeinschaft* (*CUW*) hervor, die bereits zur Parlamentswahl von 1971 antrat. Sie verfolgte einen Kurs, der auf Resolutionen eines großen Teils der Bürgermeister des Gebietes beruhte, die die kulturelle Gleichberechtigung der deutschsprachigen Belgier gefordert hatten. Dazu kamen Forderungen nach einer gesicherten Vertretung im Parlament und der Schaffung eines eigenen Wahl- und Verwaltungsbezirks. Letztere war seit den 1960er Jahren nicht nur von Autonomieskeptikern, sondern auch von den französischsprachigen Nachbargemeinden heftig bekämpft worden.

Nach dem gescheiterten Versuch, das christliche Lager doch noch auf einen gemeinsamen Kurs zu bringen, entstand im Dezember 1971 die *Partei der Deutschsprachigen Belgier* (*PDB*), die sich in den Folgejahren als die „treibende

Kraft" in Sachen Maximalforderungen verstehen sollte. Die Gründung dieser Regionalpartei schien für jene Bewegungen im Landesinneren, die hinter jeder ostbelgischen Initiative eine „Heim-ins-Reich!"-Gruppierung sahen, eine Bestätigung zu sein. In Wirklichkeit war sie wohl auch Ausdruck eines gestiegenen politischen Selbstvertrauens, was den Chefredakteur des *Grenz-Echos* in seinem Jahresrückblick von 1971 zu folgenden Bemerkungen veranlasste: „Das Land ist dabei, die Ostkantone zu entdecken. Es hat nur fünfzig Jahre gedauert, bis man feststellte, dass 'ces braves gens là-bas' eigene Ideen über sich selbst haben und ernstgenommen zu werden wünschen. Genauso lang, wie wir brauchten, um die bedeutsame Feststellung zu machen, dass man, um ein guter Belgier zu sein, nicht unbedingt zu allem Ja und Amen sagen muss, was 'von oben' kommt. Dieser beiderseitige Entwicklungsprozess ist in vollem Gange. Er geht, wie jede Entwicklung, nicht ohne Schmerzen ab. Man ist in solchen Phasen besonders empfindlich und reagiert hitzig"[3]. Man wird Freddy Cremer zustimmen müssen, wenn er schreibt, dass nach der Gründung der *PDB* „eine Versachlichung der politischen Auseinandersetzung nicht erreicht wurde"[4].

Hinter der Auseinandersetzung zwischen den drei traditionellen Parteien (*CSP*, *PFF*, *SP*)[5] und der *PDB* verbirgt sich auch die zentrale Frage nach der Parteienlandschaft im Gebiet deutscher Sprache. So liebäugelten in diesen Jahren nicht wenige *PDB*-Politiker mit dem „Südtiroler Modell", indem sie den Anspruch erhoben, als Sammelbecken für die nationale Minderheit zu fungieren.

Die von Kammer und Senat beschlossene Verfassungsrevision föderalisierte den belgischen Staat durch die Schaffung von Regionen und Kulturgemeinschaften. Während die Schaffung der drei Regionen Brüssel-Hauptstadt, Flandern und Wallonie dem Territorialprinzip folgte, beruhten die flämische, französische und deutsche Kulturgemeinschaften auf dem Doppelprinzip (territorial und personal) der sprachlichen Zugehörigkeit. Die für Außenstehende nur schwer nachzuvollziehende doppelte Gliederung des belgischen Staates hat hier ihren Ursprung.

Das Jahr 1973 war mit der Umsetzung der Staatsreform für die deutschsprachigen Belgier in jeder Hinsicht ein Schlüsseljahr. Zuerst wurde Willy Schyns zum Staatssekretär für die Ostkantone ernannt, bevor er am 23. Oktober 1973 den *Rat der deutschen Kulturgemeinschaft* (*RdK*) einsetzte, dessen Einrichtung durch ein Gesetz vom 10. Juli geregelt worden war. Als die Ratsmitglieder zu Beginn des Jahres 1974 direkt gewählt wurden, waren sie sogar die

---

3 *Grenz-Echo*, 21.12.1971.
4 Freddy Cremer (1994/4), S. 14.
5 PFF = Partei für Freiheit und Fortschritt (Liberale); SP = Sozialistische Partei.

ersten direkt gewählten Mitglieder von Gemeinschafts- oder Regionalräten in Belgien nach dem Inkrafttreten der Verfassungsreform. Die Direktwahl war von vielen älteren Politikern, wie ja auch von Willy Schyns selbst, als Übel betrachtet worden, da sie befürchteten, die alten Grabenkämpfe wieder aufbrechen zu sehen. Sie hatten sie jedoch letztlich nicht verhindern können.

Der *RdK* setzte sich aus den gewählten Mitgliedern zusammen, beratende Stimme besaßen die im deutschen Sprachgebiet ansässigen Senatoren und Abgeordneten des Wahlbezirks Verviers, die ihren Verfassungseid in deutscher Sprache ablegten, sowie die vom *Lütticher Provinzialrat*[6] bestimmten Senatoren, die kooptierten Senatoren und die Provinzialratsmitglieder, welche den gleichen Bestimmungen genügten. Der Rat hatte keine gesetzesähnliche Dekretbefugnis und wirkte vor allem durch Verordnungserlasse, die vom zuständigen nationalen Minister ausgeführt werden mussten. Der erste Ausgabenhaushalt belief sich auf 12 Millionen Belgische Franken (umgerechnet 300 000 Euro). Diese wurden vor allem in die Unterstützung von kulturellen Vereinigungen, Sportvereinen und in den Tourismus investiert.

Ob in den Ratssitzungen oder in den Flur- und Hintergrundgesprächen, der Ausbau der Autonomie nahm einen bedeutenden Platz in den politischen Debatten ein. Die im *RdK* vertretenen Parteien bemühten sich hier zumeist um einen Konsens. So forderten sie nach gemeinsamen Gesprächen im Januar 1977 eine gesicherte parlamentarische Vertretung, bestehend aus zwei Abgeordneten und einem Senator, die Schaffung eines eigenen Wahlbezirks, die Schaffung eines Wahldistrikts für den *Provinzialrat* (noch im selben Jahr verwirklicht), gewisse Dekretbefugnisse und eine Sonderstellung des Gebietes in einem regionalisierten Belgien. Darüber hinaus wurde eine Einbeziehung in den so genannten „Gemeinschaftsdialog" als „Existenzfrage" erachtet[7]. Am 21. November 1977 wurde einstimmig eine Resolution verabschiedet, die als Kompromiss zwischen den gemäßigteren und den weitergehenden Auffassungen gelesen werden muss. In Artikel 1 hieß es „Für die deutsche Kulturgemeinschaft soll ein Gemeinschaftsrat mit dem gleichen Befugnisbereich (kulturelle und personengebundene Materien) und mit der gleichen Rechtskraft der Normen (Dekretbefugnis) wie die beiden anderen Gemeinschaftsräte geschaffen werden". In Artikel 2 forderte man: „Die Ausführung der Dekrete dieses Gemeinschaftsrates soll einer von diesem Gemeinschaftsrat gewählten und vor ihm verantwortlichen kollegialen Exekutive obliegen"[8]. Wenn auch diese Einigkeit in Sachen „Autonomie" nur zu

---

6 Der *Provinzialrat* ist die Legislative auf der Ebene der Provinzen. Derzeit zählt die Deutschsprachige Gemeinschaft sechs *Provinzialräte* in der Provinz Lüttich.

7 Willy Timmermann: „Gesicherte Vertretung auf nationaler Ebene und größere Befugnisse", in: *Groupe de Recherche et d'Etudes sur la Communication Culturelle* (1990), 136.

8 Rat der deutschen Kulturgemeinschaft: *Dokumente*, 31, 1977.

begrüßen war, so musste man die Erfahrung machen, dass die Resolution in Brüssel mit Nichtbeachtung gestraft wurde. Die zuständige Parlamentskommission hat sie nie behandelt. Begleitet wurden die Debatten in dieser Zeit von Parolen wie „Nein zur Wallonie", mit denen, wie Willy Timmermann schrieb, ein Teil der deutschsprachigen Öffentlichkeit sein Unbehagen zum Ausdruck brachte.

Mit Befremden reagierte dann auch ein Großteil der Deutschsprachigen, als die Verfassungsreform von 1980 sie zu einem Teil der Wallonischen Region machte, man die Zukunft des *RdK* aber von der Revision ausgenommen hatte. Gleichwohl stellte man eine baldige Änderung des relevanten Artikels 59ter in Aussicht. Alle Parteien im *RdK* vertraten mehr oder minder deutlich ablehnende Positionen. Ratspräsident Albert Gehlen (*CSP*) beklagte, die Ostbelgier seien der Wallonie zugeschlagen worden, ohne dass sie gefragt worden seien. Die heftigste Kritik kam – wie nicht anders zu erwarten – aus den Reihen der *PDB*. Ein von der Regionalpartei erhobener Vorwurf sollte bis in die heutige Zeit bestehen bleiben: das Verabschieden von Empfehlungen und Resolutionen im Rat, die in Brüssel zumeist ohne große Hoffnung ihrer Konkretisierung harrten. Doch auch hier waren es die bösen Geister der unverarbeiteten Vergangenheit, welche die traditionellen Parteien immer wieder zu größter Zurückhaltung im Umgang mit den Maximalforderungen der *PDB* veranlasste. Keine Partei polarisierte derart und rief auch in der Bevölkerung Ängste wach, die eine konstruktive Auseinandersetzung mit der Politik – auch auf gesellschaftlicher Ebene – behinderten.

Keine Debatte belegte dies mehr als diejenige um die Namensgebung, die fällig wurde, als eine erneute Verfassungsänderung 1980 aus den „Kulturgemeinschaften" die „Gemeinschaften" machte. Letztlich setzte sich hier der von den traditionellen Parteien gegen die *PDB* verfochtene Begriff „deutschsprachig" durch, der in deren Augen den Vorteil hatte, das ressentimentgeladene „deutsch" auf recht neutrale Art zu vermeiden. Letztlich perpetuierte die Entscheidung jedoch die in historischen Fragen vorherrschende „Entsorgungsmentalität" und führte zu der bis heute oft gehörten Redewendung vom „Land ohne Namen"[9].

Unterdessen kam es in Brüssel zu neuen Diskussionen um den Artikel 59ter, bei denen jedoch die Standpunkte des *RDG* und der ostbelgischen Parla-

---

[9] Die Debatten werden analysiert in Freddy Cremer: „'Verschlusssache Geschichte'. Über den Umgang mit der eigenen Vergangenheit", in: Freddy Cremer/ Andreas Fickers/ Carlo Lejeune (2001), S. 9-26. Zu den Identitätsdebatten siehe auch den Beitrag von Carlo Lejeune in diesem Band.

mentarier ungehört verhallen sollten. Es ging hauptsächlich um die Fragen, ob §3 für eine spätere Änderung geöffnet bleiben müsse und wer für die Übertragung weiterer Zugeständnisse an die Deutschsprachige Gemeinschaft zuständig sein solle. Es sollte bis zum 17. Mai 1983 dauern, ehe das Parlament eine Regelung in dieser Frage endgültig passieren ließ. Kern des neuen Paragraphen war die faktische Ausschaltung des nationalen Parlamentes aus der Prozedur der Übertragung von regionalen Befugnissen. Die 1983 formulierten Ausführungsgesetze zu diesem Artikel, die als „Ostbelgiengesetze" bekannt wurden und die sich weitestgehend an den entsprechenden die beiden großen Gemeinschaften betreffenden Texten orientierten, führten zur Einsetzung eines *Rates der Deutschsprachigen Gemeinschaft* (*RDG*) am 30. Januar 1984 und einer „Exekutive". Die Deutschsprachigen erhielten ihre eigene Regierung, bestehend aus den Ministern Bruno Fagnoul (*PFF*), Joseph Maraite (*CSP*) und Marcel Lejoly (*SP*).

Tabelle 1: Exekutiven (1984-1993) und Regierungen der Deutschsprachigen Gemeinschaft:

1984-1986	1986-1990	1990-1995	1995-1999	1999-2004	2004-2009	2009-
Bruno Fagnoul (*PFF*)	Joseph Maraite (*CSP*)	Joseph Maraite (*CSP*)	Joseph Maraite (*CSP*)	Karl-Heinz Lambertz (*SP*)	Karl-Heinz Lambertz (*SP*)	Karl-Heinz Lambertz (*SP*)
Joseph Maraite (*CSP*)	Bruno Fagnoul (*PFF*)	Bernd Gentges (*PFF*)	Karl-Heinz Lambertz (*SP*)	Bernd Gentges (*PFF*)	Bernd Gentges (*PFF*)	Oliver Paasch (*ProDG*)
Marcel Lejoly (*SP*)	Mathieu Grosch (*CSP*)	Karl-Heinz Lambertz (*SP*)	Wilfried Schröder (*CSP*)	Hans Niessen (*Ecolo*)	Oliver Paasch (*PJU-PDB*)	Isabelle Weykmans (*PFF*)
					Isabelle Weykmans (*PFF*)	Harald Mollers (*ProDG*)

Herantasten an die neuen Möglichkeiten

Die Einsetzung einer Regierung und einer parlamentarischen Versammlung, in denen Deutschsprachige Entscheidungen für Deutschsprachige trafen und umsetzten, eingebettet in den belgischen Weg hin zum Bundesstaat, schuf Realitäten, denen sich niemand mehr verschließen konnte.

Zwölf Jahre zuvor hatte der flämische Christlichsoziale Leo Tindemans, damaliger Minister für den Gemeinschaftsdialog, in einer aufsehenerregenden Rede in Eupen die Belgier deutscher Sprache noch zu mehr Selbstbewusstsein aufgefordert: „Sie werden sich an das Sprichwort erinnern, das schon bei unseren Vorfahren galt: 'Hilf Dir selbst, so hilft Dir Gott' [...]. So darf ich Ihnen den Rat geben, die größtmögliche Einigkeit zu wahren. Die Feinde Ihrer Kultur würden sich glücklich schätzen, wenn Ihre Situation noch durch eigene Streitigkeiten und Zerrissenheit geschwächt wird“[10]. Jetzt schien mit einer eigenen Exekutive die Möglichkeit der verstärkten Selbstgestaltung der eigenen Belange plötzlich greifbarer denn je. Die Skepsis jedoch, ob man dieser Aufgabe auch gewachsen war, blieb. So meinte der führende *CSP*-Politiker und spätere Präsident des Rates Kurt Ortmann nach der Vereidigung der ersten Minister, man fahre „mit einem Zug, in den wir gar nicht einsteigen wollten“[11]. Und wenn die Brüsseler Tageszeitung *Le Soir* titelte, die Deutschsprachige Gemeinschaft sei nunmehr „erwachsen“ geworden[12], so deutete eine Passantenbefragung des *Grenz-Echos* in Eupen, bei der niemand die Namen aller neuen Minister kannte, darauf hin, dass der Weg zur Verinnerlichung der neuen Realitäten noch weit sein würde[13]. Bei der ersten Wahl zum *RDG* im Jahr 1986 – die *PDB* hatte vergeblich gefordert mit der Einsetzung einer Regierung eine Neuwahl des Rates zu verknüpfen – zeigten sich jedoch erste zarte Zeichen einer Besserung. Der Anteil der Weißwähler, der nach den Höchstständen bei den Parlamentswahlen der 1950er und 1960er Jahre seit der Einsetzung des *RdK* stets um die 15% umfasst hatte, sank auf knapp 9%. Mit dem Einzug von *Ecolo* (dem belgischen Pendant zu den *Grünen*) und *SeP* (eines Ablegers der *CSP*) waren in der Legislaturperiode erstmals mehr als vier Parteien im *RDG* vertreten.

Wenn es für die fundamentalen Veränderungen, welche die Entscheidungen der frühen 1980er Jahre mit sich brachten, noch weiterer Belege bedurfte, so brauchte man sich nur die Entwicklung der finanziellen Mittel anzuschauen. Die Dotation der Deutschsprachigen Gemeinschaft stieg auf 656 Millionen BF (16 400 000 Euro) nach 1983. Die Finanzierung der Deutschsprachigen Gemeinschaft stützte sich nunmehr auf die staatliche Dotation, auf gewisse direkte Einnahmen sowie auf die Möglichkeit, Anleihen aufzunehmen. Im Haushaltsdekret legte der *RDG* die finanziellen Vorgaben für die Tätigkeit der Exekutive fest. Die Befugnisse erstreckten sich auf die Bereiche Kultur, Medien, Erwachsenenbildung, Jugend, Sport, Tourismus, Gesundheit und Soziales. Die drei

---

[10] Zit. nach: Hubert Jenniges (2001), S. 166.

[11] *Grenzland-Report*, 03.02.1984, S. 2.

[12] *Le Soir*, 01.02.1984 (zit. nach der Presseschau des Rates der Deutschsprachigen Gemeinschaft *Von Woche zu Woche*).

[13] *Grenz-Echo*, 31.01.1984 (zit. nach der Presseschau des Rates der Deutschsprachigen Gemeinschaft *Von Woche zu Woche*).

Minister bildeten hierfür die ausführende Gewalt, außerdem erlangten sie das Initiativrecht für Dekrete. Die Einsetzung der Exekutive war gleichzeitig Startschuss für den Aufbau einer neuen Verwaltung – des so genannten Ministeriums der Deutschsprachigen Gemeinschaft.

Im Herbst 1987 war es mit der Beschaulichkeit jedoch vorbei. Die Verbindungen von Personen aus dem Umfeld der Düsseldorfer *Hermann-Niermann-Stiftung* mit dem rechtsextremen Milieu verursachte in der Deutschsprachigen Gemeinschaft eine Polemik, die jahrelang andauern sollte. Die finanzielle Unterstützung, die die Stiftung der *PDB* und einigen kulturellen Vereinigungen des Gebietes hatte zukommen lassen sowie das berufliche bzw. ehrenamtliche Engagement von *PDB*-Mitgliedern in den Stiftungsgremien wurden zum Gegenstand von Debatten, die bis weit in die Bevölkerung hinein geführt wurden. Die Inlandspresse hielt nicht mit dem altbekannten „Heim-ins-Reich"-Verdacht hinterm Berg und trotz einer diesbezüglichen Klarstellung aller im *RDG* vertretenen Parteien sahen sich die *PDB*-Vertreter dem gegenstandslosen Vorwurf des Rechtsextremismus ausgesetzt. Wenn sich auch in der Rückschau erschließt, wie aufgeregt und emotional und dabei oft wenig fundiert etliche Interventionen waren, so deuten Gerichtsverfahren und die spätere Einrichtung eines Untersuchungsausschusses im *RDG*[14] (zwischen 1995 und 1997) auf das vergangenheitspolitische Minenfeld hin, auf das jede Auseinandersetzung mit dem deutschen Nachbarn unweigerlich gleiten musste. Ohne hier eine Analyse der damaligen Reden vorzulegen, sei hier nur ein am 1. Oktober 1987 mehrheitlich beschlossener Text zitiert, nach dem „ein Abweichen von der in der Verfassung vorgeschriebenen […] Terminologie in Sachen Bezeichnung der Deutschsprachigen Gemeinschaft immer wieder zu Missverständnissen führt und [der Rat; C.B.] insbesondere seine Mitglieder dazu auf[fordert], sich an diese Bezeichnung zu halten"[15].

Der „Zug der Autonomie" fuhr jedoch weiter. Einen Markstein stellte dabei die Errichtung eines eigenen Gerichtsbezirks für die Gemeinden deutscher Sprache dar. Dies zog vor allem die Schaffung eines Gerichtes Erster Instanz nach sich, das seit dem 1. September 1988 in Eupen tagt. Damit wurde eine der ältesten Forderungen erfüllt, die Politiker aus dem deutschen Sprachgebiet gestellt hatten: sie stammte aus dem Jahr 1925. Historisch zu nennen waren ebenso die

---

14 Rat der Deutschsprachigen Gemeinschaft: *Bericht des Untersuchungsausschusses zur Hermann-Niermann-Stiftung*. In Ausführung des Beschlusses des Rates der Deutschsprachigen Gemeinschaft vom 16. Oktober 1995, (Sitzungsperiode 1997-1998), 16.09.1997.

15 Rat der Deutschsprachigen Gemeinschaft: *Ausführliche Berichte 1987-1988*, Sitzung vom 01.10.1987, S. 124.

nach über vier Jahrzehnten der Diskussionen geleisteten Entschädigungszahlungen für die ehemaligen in die Wehrmacht eingezogenen Soldaten seit 1989.

Auf politischer Ebene brachte eine erneute Verfassungsänderung 1989 die Übertragung des Unterrichtswesens an die Gemeinschaften. Lediglich die Regelung des diesbezüglichen Sprachengebrauchs verblieb in Brüssel, da die Verfassung eine Übertragung an Gemeinden mit „Spracherleichterungen" nicht zuließ (in allen neun Gemeinden des deutschen Sprachgebietes bestehen „Spracherleichterungen" für die französischsprachige Bevölkerung). Seit der Schaffung des *RdK* hatte man versucht, durch Resolutionen auf eine Änderung dieser Bestimmung hinzuwirken. Einerseits, um die besondere Situation der deutschen Sprache berücksichtigt zu wissen, andererseits, um die (von allen gewollte, aber immer heftig umstrittene) Förderung der Zweisprachigkeit in den Schulen besser gewährleisten zu können[16]. Die neue Befugnisübertragung sprengte alles bisher da gewesene. Der Haushalt machte damit einen erneuten Sprung von rund einer Milliarde BF (25 Millionen Euro) auf 75 Millionen Euro, wobei sich in der Rückschau, gerade was die finanziellen Mittel anbelangt, der oft schwierige Stand der Vertreter der Deutschsprachigen Gemeinschaft in derartigen Verhandlungen auf nationaler Ebene zeigt. Die Organisation des eigenen Unterrichtswesens bildet bis heute den wichtigsten Bereich der Gemeinschaftspolitik und wurde zweifellos zu einer der wesentlichen Identifikationsmöglichkeiten der Bürger mit der Gemeinschaft und ihrer Politik.

Am 1. Oktober 1990 beschloss der *RDG* die Einführung eines Feiertags und eines Wappens. Letzteres stellt eine Synthese aus den verschiedenen Zugehörigkeiten der Gebietsteile der Deutschsprachigen Gemeinschaft im Laufe der Geschichte dar. Dazu kommen die neun Fünfblätter, welche die Gemeinden symbolisieren. Hier wählte man den für das Hohe Venn typischen Lungenenzian aus. Höhere symbolische Bedeutung kommt aber der Bestimmung des 15. November – dem „Tag des Königs" – als Feiertag der Deutschsprachigen Gemeinschaft zu. Im Sinne der Befürworter sollte dieser die besondere Verbundenheit der deutschsprachigen Belgier mit dem Königshaus hervorheben, eine beliebte Selbststilisierung der „letzten Belgier". Und dies zumal „sich die Daten aus der jüngeren Vergangenheit allesamt dazu [zum Feiertag; der Verf.] nicht eignen"[17]. Zu tiefer gehenden gesellschaftspolitischen Debatten regte die Festle-

---

[16] Beispiele: Erlass des Rates der deutschen Kulturgemeinschaft betreffend die Schaffung eines Sonderausschusses zwecks Ausarbeitung der Erlasse mit Verordnungscharakter zur Regelung des Sprachengebrauchs im Unterrichtswesen des Gebietes deutscher Sprache, 13.01.1975; Vorschlag einer Bitte um Stellungnahme seitens der Lehranstalten und Elternvereinigungen zum Sprachengebrauch im Unterrichtswesen, ausgehend von der bestehenden Gesetzgebung, 30.06.1975.

[17] So der damalige Ministerpräsident Joseph Maraite in der Debatte. Rat der Deutschsprachi-

gung eines Feiertags allerdings nicht an. In die Reihe der symbolischen Entscheidungen, wenngleich mit größerer praktischer Relevanz, kann man wohl die im Jahr 1991 erfolgte rechtliche Gleichstellung des deutsches Textes der Verfassung stellen.

Die Diskussionen um die vierte Phase der Staatsreform zu Beginn der 1990er Jahre provozierten neue Debatten um die Wünsche der Deutschsprachigen. In den Vorbereitungen hierzu entstanden einige Resolutionen zum Autonomieausbau, wobei eines der wichtigsten Themen die „garantierte Vertretung des Gebietes deutscher Sprache in den parlamentarischen Einrichtungen, die für das Gebiet deutscher Sprache zuständig sind", war. Als die vierte Staatsreform jedoch in Kraft gesetzt wurde – sie machte im ersten Verfassungsartikel Belgien auch formal zum Bundesstaat –, mussten die Ratsmitglieder feststellen, dass ihren Wünschen nur in sehr begrenztem Maß nachgekommen worden war. Lediglich der eigene Wahlkreis für die Wahlen zum Europäischen Parlament mit der Möglichkeit, einen Vertreter nach Straßburg und Brüssel zu entsenden, entsprach ihren Vorstellungen. Immerhin erhielt man auch einen so bezeichneten Gemeinschaftssenator – ein Resolutionsvorschlag vom 18. Mai 1992 hatte hier noch drei Mandate gefordert. Bedenklicher war jedoch, dass man weder in der Kammer noch im Wallonischen Parlament eine gesicherte Vertretung zugestanden bekommen hatte. Eine Situation, die im Übrigen bis heute andauert.

Während Senator Evers wetterte: „Diese Staatsreform ist schlecht!", beurteilte Ministerpräsident Maraite die Lage weniger dramatisch und gab einer großen inländischen Tageszeitung in einem Interview vom 29. Januar 1993 zu verstehen, „die vierte Region wird früher oder später Realität"[18]. Der ehemalige *PDB*-Vorsitzende Rudi Pankert äußerte gegenüber einer flämischen Zeitung seine Enttäuschung: „Alles, was wir an Autonomie besitzen, haben wir den Flamen zu verdanken, und nun liefert uns [Premierminister] Dehaene den Wallonen aus"[19]. *Grenz-Echo*-Redakteur Gerd Zeimers hingegen diagnostizierte bei einigen Ratsfraktionen „dramaturgisch und masochistisch angehauchte Untergangsstimmung" und bemerkte: „Verkrampfung, Zerstrittenheit und Untergangsstimmung sind zum jetzigen Zeitpunkt sicherlich fehl am Platz. Vielmehr sollte man sich in Erinnerung rufen, dass die Deutschsprachige Gemeinschaft auch bei dieser Phase der Staatsreform vom Parlament gehört worden ist, dass sie zwar am Rande gestanden hat, aber nicht ausgeschlossen wurde, und dass sie

---

gen Gemeinschaft: *Ausführliche Berichte. 1989-1990 und 1990*, Plenarsitzung vom 01.10.1990, S. 72.

[18] *La Libre Belgique*, 29.01.1993 (zit. nach der Presseschau des Rates der Deutschsprachigen Gemeinschaft *Von Woche zu Woche*).

[19] *De Standaard*, 27.01.1993 (zit. nach der Presseschau des Rates der Deutschsprachigen Gemeinschaft *Von Woche zu Woche*).

nur durch Engagement und Initiative, nicht aber durch Polemik und relativ belangloses Geplänkel einen weiteren, wenn auch langsamen Ausbau ihrer Autonomie erreichen kann“[20].

Wie erwähnt hatte die Verfassung schon 1983 in ihrem Artikel 139 den Weg eröffnet, Kompetenzen der Wallonischen Region an die Deutschsprachige Gemeinschaft zu übertragen: „Auf Vorschlag ihrer jeweiligen Regierung können das Parlament der Deutschsprachigen Gemeinschaft und das Parlament der Wallonischen Region in gegenseitigem Einvernehmen und jedes durch Dekret beschließen, dass das Parlament und die Regierung der Deutschsprachigen Gemeinschaft im deutschen Sprachgebiet Befugnisse der Wallonischen Region ganz oder teilweise ausüben“[21]. Ministerpräsident Joseph Maraite hatte dazu schon in seiner ersten Regierungserklärung vom November 1986 vor den Ratsmitgliedern eine Vorgehensweise skizziert, die in der Zeit nach 1993 akut werden sollte: „[...] wir setzen voraus, dass es bei aller Verschiedenheit der Ansichten und politischen Überzeugungen so etwas wie eine ‘ostbelgische Gemeinsamkeit und Einheit’ gibt, die uns alle fest zusammenfügt und nach innen und außen stark macht. [...] Deshalb darf auch die sich uns in den kommenden Jahren stellende Frage einer Ausweitung oder Übertragung von Befugnissen durch die Wallonische Region nicht Gegenstand eines parteipolitischen Glaubensbekenntnisses sein. […] Wichtig ist es, nur solche Bereiche übernehmen zu wollen, die finanziell und verwaltungsmäßig zu verkraften sind. […] Die Übertragung regionaler Befugnisse muss reiflich und gemeinsam überlegt werden“[22].

Am 1. Januar 1994 erhielt die Deutschsprachige Gemeinschaft auf diesem Weg die Befugnis für Denkmal- und Landschaftsschutz, die sie im Jahr 1989 an die Wallonische Region hatte abtreten müssen. Die zwei Kammern des Föderalen Parlaments machten im Jahr 1997 den Weg für den *RDG* frei, den Sprachengebrauch im Unterrichtswesen per Dekret zu regeln[23]. Trotz dieser – nach den

---

[20] *Grenz-Echo*, 03.02.1993 (zit. nach der Presseschau des Rates der Deutschsprachigen Gemeinschaft *Von Woche zu Woche*).

[21] Die Abgeordnetenkammer. Verfassung Belgiens. Oktober 2007, auf http://www.dgparlament.be/PortalData/4/Resources/downloads/gesetzestexte/VerfassungDG_2007.pdf [07.01.2010].

[22] Rat der Deutschsprachigen Gemeinschaft: *Ausführliche Berichte. 1986-1987*, Plenarsitzung vom 11.11.1986, S. 31.

[23] Zum Zustandekommen dieser Entscheidung s. Chambre des Représentants de Belgique, 502/1 – 95/96, Révision de l’article 130 de la Constitution, 29.03.1996; Sénat de Belgique, 1-279/3, Révision de l’article 130 de la Constitution, de manière à transférer à la Communauté germanophone l’emploi des langues dans l’enseignement. Rapport fait au nom de la Commission des Affaires institutionnelles par M. Chantraine, 06.02.1997. Der *CSP*-Politiker Hubert Chantraine übte zu diesem Zeitpunkt das Amt des Gemeinschaftssenators der Deutschsprachigen Gemeinschaft aus.

Schilderungen des liberalen Senators Fred Evers – überraschenden Entscheidung mussten diejenigen, die immer in Brüssel den ersten Ansprechpartner für eine Befugniserweiterung gesehen hatten, einsehen, dass unter den institutionellen und politischen Gegebenheiten in Verhandlungen mit dem wallonischen Partner der wirksamste Weg zur Befugniserweiterung liegen sollte. Resolutionen richteten sich nunmehr an die Adresse Namurs.

Im Oktober 1998 verabschiedete der *RDG* eine Resolution „über die Bewertung der föderalen Staatsstruktur“[24]. Eindeutig war darin das Bekenntnis zu einer „Gemeinschaft-Region“, die weitere föderale, regionale und provinziale Befugnisse und die damit verbundenen Finanzmittel übernehmen sollte. Darüber hinaus bekräftigte man zum wiederholten Male die Forderung nach einer garantierten parlamentarischen Vertretung in der Kammer und im Wallonischen Regionalparlament. Dieser (bei Enthaltung von *Ecolo*) einstimmig verabschiedete Text wurde zur Basis für alle Konzepte zur Weiterentwicklung der Autonomie.

Mühsam ernährt sich das Eichhörnchen

Eine bedeutende politische Zäsur in der jüngeren belgischen Geschichte bildeten die Wahlen im Juni 1999. An diesem Superwahltag standen nicht nur die Neuwahl der belgischen Europaabgeordneten, sondern ebenfalls Föderal- und Regionalwahlen auf dem Programm. Für die deutschsprachigen Belgier galt es darüber hinaus, die 25 Gemeinschaftsabgeordneten zu bestimmen. Durch die Koalitionsbildung für die Föderalregierung fanden sich die Christlichsozialen erstmals seit 1958 in der Opposition wieder. Die neue Regierung formierte sich aus Liberalen und Sozialisten sowie erstmals den Grünen von *Ecolo* und *Agalev* (der damalige Name der flämischen Grünen). In der Wallonischen Region entstand die gleiche, in der politischen Farbenlehre als „Regenbogen“ bezeichnete Konstellation. Überraschend kam sie jedoch auch in der deutschsprachigen Gemeinschaft zustande. Trotz eines Vorwahlabkommens mit der *CSP* gaben die Sozialisten der neuen Variante den Vorzug, die den bisherigen Minister Karl-Heinz Lambertz zum neuen Regierungschef machte. Im christlichsozialen Lager hinterließ die Ausbootung der *CSP*, die zwar stärkste Fraktion blieb, nun aber erstmals seit 1973 die Oppositionsbank drücken musste, einen bitteren Nachgeschmack. Heftig wurde – auch dies ein Dauerbrenner in den politischen Debatten in der deutschsprachigen Gemeinschaft – über eine Einflussnahme der wallonischen Parteien auf ihre deutschsprachigen Ableger bzw. Schwesterparteien spekuliert.

---

[24] Rat der Deutschsprachigen Gemeinschaft: *Ausführliche Berichte. 1998-1999*, Plenarsitzung vom 26.10.1998, Note des Rates der Deutschsprachigen Gemeinschaft über die Bewertung der augenblicklichen föderalen Staatsstruktur – 122 (1998-1999) Nr. 1.

Tabelle 2: Sitzverteilung im *RdK*/*RDG*/*PDG* (Wahlen von 1973-2009)

	1973	1974	1977	1978	1981	1986	1990	1995	1999	2004	2009
CSP	13	12	10	11	9	10	8	10	9	8	7
PDB	3	6	7	7	7	5	4	3			
PDB-PJU									3	3	
ProDG											4
PFF-(MR)	6	4	5	4	6	5	5	5	6	5	4
SP(B)	3	3	3	3	3	3	4	4	4	5	5
Ecolo						1	4	3	3	2	3
Vivant										2	2
SeP						1					

Die neue Regierung bewegte sich in ihren Konzeptionen weiter auf der Grundlage der Resolution von 1998, doch schon dem Koalitionsvertrag merkte man einen neuen Ton an. Der Ausbau der Autonomie sollte mit höherem Tempo als bisher vorangetrieben werden. Die Unterschiede zur *CSP* zeigten sich zu diesem Zeitpunkt vor allem in der Tatsache, dass kaum noch diskutiert wurde, ob neue Befugnisse für die kleine Gemeinschaft überhaupt verkraftbar seien – bemerkenswert dabei der nunmehr von weniger Zurückhaltung geprägte Diskurs von *Ecolo* in dieser Frage. Die Übernahme der Kompetenz für Beschäftigungspolitik von der Wallonischen Region im Jahr 2000 verstärkte diese Sichtweise. Auf dem Terrain ging dieser Befugnistransfer mit der Schaffung eines eigenen Arbeitsamtes einher. Die entsprechenden Finanzmittel wurden neben der föderalen Dotation zu einem weiteren Pfeiler des Einnahmehaushaltes.

Die fünfte Phase der Staatsreform aus dem Jahre 2001 machte wieder einmal die spezifische Situation der Deutschsprachigen Gemeinschaft deutlich, die in derartigen Verhandlungen nur ein Epiphänomen darstellt. Als Niederlage musste man die Übertragung der Aufsichtsbefugnisse über Provinzen und lokale Behörden an die Regionen werten. Zwar stellte sie eine logische Weiterentwicklung der seit 1980 in der Verfassung verankerten dominierenden Rolle der Regionen dar, für die Deutschsprachigen markierte sie jedoch die Ablehnung einer der zentralen Forderungen der Resolution von 1998. Überlebensnotwendig war jedoch die Neufestlegung der Finanzierungsmodalitäten für die Gliedstaaten.

Durch die Anpassung an das Wirtschaftswachstum und vor allem auch an die Entwicklung der Schülerzahlen wurde die föderale Dotation substantiell erhöht.

In der Folge wurden dann auch die Beziehungen zur Wallonischen Region reich(er) an Spannung(en). Die dortige Regierung unter Führung des sozialistischen Ministerpräsidenten Jean-Claude Van Cauwenberghe machte 2001-2002 deutlich, dass die Deutschsprachige Gemeinschaft klar Schiff machen und deutlich sagen müsse, wohin sie wolle. Die „Autonomie à la carte" sei vorbei. Auf diese Aussagen und die dahinter stehende Befürchtung einer Abspaltung der kleinen Gemeinschaft zu Lasten der Wallonie reagierte der *RDG* im Mai 2002 mit einer erneuten Resolution. Darin forderte man die Übertragung von fünf regionalen Zuständigkeiten: untergeordnete Behörden, Raumordnung, Wohnungswesen, Landwirtschaft und Straßenbau. Gerechtfertigt wurden diese Ansprüche mit der Komplementarität dieser Materien zu den schon vorhandenen Befugnissen. Die Reaktion aus Namur ließ nicht lange auf sich warten. Der wallonische Ministerpräsident lehnte die Forderungen rundum ab mit dem Argument, es sei undenkbar, „der Deutschsprachigen Gemeinschaft den Weg zur vierten Region […] bzw. Gemeinschaft-Region zu eröffnen"[25]. Als er darüber hinaus erklärte, die Deutschsprachigen seien „deutschsprachige Wallonen", ging ein Sturm der Entrüstung auch durch weite Teile der Bevölkerung. Trotzdem flammte in der Folge erneut die Diskussion um die Verbindung zwischen geringer Größe und der Fähigkeit zur Übernahme weiterer Zuständigkeiten auf. Auch die Debatten um die Identität der Deutschsprachigen gingen in eine neue Runde.

Die blockierte Situation entspannte sich erst wieder im Laufe des Jahres 2004, als die Übernahme der Aufsicht über die lokalen Behörden zum 1. Januar 2005 verhandelt wurde. Alle anderen Forderungen aus der Resolution vom Mai 2002 bleiben bis heute unerfüllt. Auf föderaler Ebene kam es zu einer weiteren Verfassungsänderung, die im Juli 2004 aus dem *RDG* das *Parlament der Deutschsprachigen Gemeinschaft* (*PDG*) machte und für die Regierung die Höchstanzahl der Minister auf fünf festlegte.

Die Gemeinschaftswahlen vom Juni 2004 brachten einige Veränderungen. In der Regierung wurde *Ecolo*, die einen Sitz verlor, durch die *PDB-PJU* ersetzt, die somit nach über dreißig Jahren erstmals exekutive Macht ausüben konnte. Mit *Vivant* zog eine neue politische Gruppierung in das Parlament ein. Bei der Zusammenstellung der Regierung führte die Nominierung der erst 25-jährigen Isabelle Weymans gleich zu zwei Premieren: die Liberale war die erste Frau in einer Regierung der Deutschsprachigen Gemeinschaft, zudem wurde dadurch

---

[25] *Grenz-Echo*, 18.07.2002 (zit. nach der Presseschau des Rates der Deutschsprachigen Gemeinschaft *Von Woche zu Woche*).

die Anzahl der Minister auf vier erhöht, was in der Bevölkerung teils auf großes Unverständnis stieß.

Die Legislaturperiode 2004-2009 wurde in institutioneller Hinsicht spätestens seit den Föderalwahlen vom Juni 2007 zu einer Hängepartie. Hier heißt es für die Deutschsprachigen aber auch mehr als zweieinhalb Jahre später immer noch Abwarten, ob, wann und wie sich Flamen und Wallonen auf die nächste Etappe der Entwicklung des belgischen Staatsgefüges verständigen können. Doch auch sachpolitisch gab es einige wichtige Entscheidungen.

Die vielleicht Bemerkenswerteste der letzten Jahre ist wohl die Gründung der „Autonomen Hochschule in der Deutschsprachigen Gemeinschaft", in der Erzieher (Kindergärtner), Primarschullehrer und Krankenpfleger ausgebildet werden. Diese Hochschule ist das Resultat der Fusion zwischen der Pädagogischen Hochschule der Gemeinschaft und derjenigen des Katholischen Unterrichtswesens und überwindet erstmals in Belgien die Versäulung der Schulträger.

Weiter ausgebaut wurde die nationale und internationale Zusammenarbeit der Deutschsprachigen Gemeinschaft. Eine sehr wichtige Rolle kommt dabei der grenzüberschreitenden Zusammenarbeit im Rahmen der Euregio Maas-Rhein zu. Diese setzt sich zusammen aus der Region um Aachen (D), der Provinz Niederländisch-Limburg (NL) und den Provinzen Belgisch-Limburg und Lüttich (B). Seit 1993 ist die Deutschsprachige Gemeinschaft ebenfalls Vollmitglied und beherbergt seit 2009 in Eupen auch den Sitz der *Euregio-Stiftung*.

Die Wahlen vom Juni 2009 brachten die Bestätigung der bisherigen Regierung, in der sich die alte *PDB* verabschiedet und mit *ProDG* einer neuen Bewegung das Feld überlassen hat. Nichts illustriert nüchterner den seit den 1970er Jahren zurückgelegten Weg als die Haushaltszahlen. Die vom Parlament verabschiedete Vorlage für 2010 sieht einen Ausgabenhaushalt von 205 121 000 Millionen EUR vor[26].

Rück- und Ausblicke

Mit der Auflösung der *PDB* ging am 14. November 2009 eine knapp vier Jahrzehnte währende Epoche zu Ende. Bemerkenswert waren dabei zwei Aspekte: zum einen die leise, unspektakuläre Form des Abtritts, die so gar nichts mehr mit den Gründungsumständen gemein hatte, zum anderen die Tatsache, dass im Zuge der Entwicklung der Autonomie der Forderungskatalog, mit dem diese

---

26 http://www.dgparlament.be/PortalData/4/Resources/Datenbank/2009_2014/2009-2010_BR_4-HH2010__55136doc.pdf [07.01.2010].

Partei 1971/72 angetreten war, quasi vollständig eingelöst wurde. Auch wenn die Nachfolgebewegung *ProDG* mit der *PDB* noch die proklamierte Unabhängigkeit von wallonischen Schwesterparteien teilt, scheint das Kapitel des kämpferischen Engagements für die Erlangung der Autonomie zu Ende geschrieben worden zu sein. Bewahrung und Ausbau bestimmen nunmehr die gemeinschaftspolitische Agenda der meisten im *PDG* vertretenen Parteien. Die auch von Vertretern der traditionellen politischen Parteien lange Zeit vorgebrachten Argumente gegen die Zerstörung der Einheit Belgiens durch die zunehmende Föderalisierung sind aus der öffentlichen Rhetorik fast ganz verschwunden.

Dabei lässt sich seit einigen Jahren bei ostbelgischen Politikern eine gewisse Gelassenheit beobachten – trotz wiederholter Gemeinschafts- und Regierungskrisen auf nationaler bzw. föderaler Ebene und der damit (gerade auch in finanzieller Hinsicht) fast zwangsläufig immer ungewiss erscheinenden Zukunft des kleinsten der belgischen Gliedstaaten. Über Letzteres sollte auch eine punktuell verstärkte mediale Präsenz, etwa bei der Nominierung des Ministerpräsidenten als „königlicher Vermittler" im Sommer 2008 oder bei der Abstimmung eines „Interessenkonfliktes" im Zuge der Krise um den Wahlbezirk Brüssel-Halle-Vilvorde im Herbst 2009 nicht hinwegtäuschen.

Überhaupt scheint jenseits von Sach- und Tagespolitik die Frage von Selbstvertrauen und Selbstbehauptung versus Selbstüberschätzung ein auch von der Bevölkerung manchmal argwöhnisch betrachtetes Spannungsfeld zu beschreiben. Neben der Anzahl der Minister kann man dies in geringerem Maße auch an den Vertretungen der Deutschsprachigen Gemeinschaft in Brüssel und Berlin (gemeinsam mit der Wallonischen Region) festmachen. Die Spannung zwischen dem Aufhebens um gerade 74 000 deutschsprachige Belgier und der Öffnung gegenüber anderen – neben nachvollziehbaren Argumenten der Vernetzung auch, aber nicht hauptsächlich als Mittel gegen einen befürchteten „repli identitaire" – ist greifbar. Dies gilt zumal, wenn es um die Kontakte mit dem großen Nachbarn im Osten geht, auch wenn die diesbezüglichen Ressentiments vielleicht durch die jüngeren Generationen doch recht deutlich abgebaut worden zu sein scheinen, aber auch für den Kontakt zur Wallonie, der ebenfalls oft eine gewisse Zwiespältigkeit erahnen lässt.

Das hierin immer noch erkennbare Unwohlsein im Umgang mit der eigenen Geschichte lässt sich auch nicht mit der Fortschreibung des Opferdiskurses bis heute umschiffen. Immer wieder erscheint im herrschenden politischen Diskurs die Existenz der Deutschsprachigen Gemeinschaft gerechtfertigt durch die Last des Staatenwechsels von 1920 für die damaligen Bewohner und durch die Opfer und Leiden des Zweiten Weltkriegs. Abgesehen von der fehlenden Erinnerung an die „Täter" innerhalb der Bevölkerung wird hier ein „Erfinden von

Traditionen" (Eric Hobsbwam) betrieben, hinter dem die historische Realität weit zurückbleibt[27].

Die schlichte Tatsache, dass die Belgier deutscher Sprache nicht etwa durch einen Kampf oder das Engagement breiter Bevölkerungsschichten zu mehr Selbstbestimmung und -verwaltung gekommen sind, impliziert vielleicht – und die Entwicklung der letzten vier Jahrzehnte scheint dies zu belegen –, dass die Akzeptanz der Institutionen hier besonders an den tatsächlichen politischen Entscheidungen gemessen wird. Überspitzt formuliert haben die Bürger der Deutschsprachigen Gemeinschaft erst merken müssen, wie viele der Entscheidungen, die ihr tägliches Leben betreffen, auch und vor allem von Parlament und Regierung in Eupen getroffen werden. Die 1973 vorsichtig eingeläutete „Phase der Emanzipation" (Andreas Fickers) ist sicher noch nicht abgeschlossen.

Zukünftige historische Analysen werden sich darum auch stärker die (auch in komparativer Hinsicht relevante) Frage stellen müssen, inwieweit die geringe Größe des Gebiets vorteilhaft genutzt wurde oder werden konnte, ob nicht trotz der viel beschriebenen „Bürgernähe" das Funktionieren des parlamentarischen Regierungssystems auf der Ebene der Deutschsprachigen Gemeinschaft letztlich (auch kontextbedingt) mehr Ähnlichkeiten mit demjenigen von größeren Gliedstaaten aufweist, und dass alternative Funktionsweisen (die sich z.B. am Schweizer Modell orientieren könnten) bisher kaum erprobt worden wären[28]. Die noch recht frischen Veränderungen im Verhältnis zwischen Gemeinschaft und Gemeinden in der Frage der finanziellen Zuwendungen für Kultur- und Sportvereine deuten jedoch in eine neue Richtung.

Die Zukunft bleibt offen und verheißt, zwischen den Möglichkeiten der Selbstgestaltung und dem scheinbar rastlosen Zug der belgischen Staatsentwicklung sowie der Entwicklung der EU mindestens spannend zu bleiben.

---

27 Vgl. dazu Andreas Fickers (2004), Abschnitt 34-38.

28 Vgl. auch die Überlegungen bei Carlo Lejeune: „Eine junge Demokratie, zu wenig Demokraten?", in: Freddy Cremer/ Andreas Fickers/ Carlo Lejeune (2001), S. 63-73.

Résumé – Samenvatting

« Aide-toi, toi-même, et Dieu t'aidera » ? Une histoire politique de la Communauté germanophone de Belgique

« Minorité la mieux protégée » d'Europe et « derniers Belges » ne sont que deux des stéréotypes qu'on relie à la plus petite entité fédérée de l'Etat fédéral belge. La réalité historique et politique derrière ses clichés n'est cependant pas très bien connue. Cette contribution tente de retracer le parcours vers une autonomie politique pour les Belges germanophones et l'évolution politique depuis les années 1960. Sans le processus de fédéralisation de la Belgique qui conditionnait la vie politique belge, sans le conflit entre Flamands et Wallons, on n'aurait jamais assisté à la création d'une communauté pour quelques 75 000 habitants. Les réalisations politiques concrètes de l'autonomie sont également analysées, tout comme le champ de tension entre l'autonomie et la petite taille du territoire. Il en ressort également que le chemin entamé n'est pas encore arrivé à sa fin et qu'il est intimement lié à l'évolution future de l'Etat belge.

"Help jezelf, dan helpt je God"? Een politieke geschiedenis van de Duitstalige Gemeenschap van België

"De bestbeschermde minderheid" van Europa en "de laatste Belgen" zijn slechts twee van de stereotypen die men verbindt met de kleinste lidstaat in de federale staat België. Over de historische en politieke realiteit die zich achter deze stereotypen bevindt is echter weinig bekend. Deze bijdrage probeert de weg naar een politieke autonomie voor de Duitstalige Belgen en de institutionele ontwikkeling sinds de jaren 1960 na te gaan. Zonder de federalisering, die het politieke klimaat in België bepaalde, en zonder het Vlaams-Waalse conflict zou het waarschijnlijk nooit zijn gekomen tot het creëren van een gemeenschap voor 75 000 inwoners. De concrete politieke belichaming van de autonomie moet echter net zo goed bekeken worden, als het spanningsveld tussen zelfbestuur en de geringe omvang van het gebied. Duidelijk wordt echter ook dat de ingeslagen weg nog niet aan een einde is gekomen en hoe zeer deze gekoppeld is aan de toekomstige vormgeving van de Belgische staat.

Geschichte und Sprache der Ostbelgier in der Literatur Ein bibliografischer Streifzug

Werner Miessen

Wer es unternimmt, sich mit der Deutschsprachigen Gemeinschaft Belgiens anhand der zu diesem Thema vorhandenen Literatur zu befassen, sieht sich schnell mit zwei Umständen konfrontiert, die ihm bei seinem Unternehmen einiges Kopfzerbrechen bereiten könnten.

Einerseits die Tatsache, dass in den Publikationen der Gegenstand seiner Forschung nicht nur unter dessen offiziellem und für einen Teilstaat eher eigentümlichem Namen – Deutschsprachige Gemeinschaft – vorkommt, sondern immer wieder und oft undifferenziert mit den verschiedensten Begriffen bezeichnet wird, die nicht alle dasselbe bedeuten: „Ostbelgien", „Ostkantone", „Eupen-Malmedy", „Neubelgien", „Eupen-St. Vither Land", „Deutschbelgien"[1]. Dieser bisweilen verwirrende Sachverhalt, der bei anderen, genauer definierten Regionen wie beispielsweise Südtirol oder Flandern nicht der Fall ist und – wie Autoren meinen – auch etwas über „Identitätsprobleme" der „Ostbelgier"[2] aussagen dürfte, macht das Dokumentieren nicht gerade leichter.

Andererseits könnte auch der große Umfang der zu Ostbelgien vorliegenden Literatur einige Schwierigkeiten bereiten. In der Tat ergibt die bibliografische Recherche nach dem zu unserem Thema seit 1945 verfassten Schrifttum[3]

---

[1] Am häufigsten steht heutzutage für Deutschsprachige Gemeinschaft der – geographisch ungenaue – Begriff „Ostbelgien"; für die Bewohner des Gebiets hat sich die Bezeichnung „Ostbelgier" eingebürgert. Mit „Ostkantone" und „Eupen-Malmedy" sind die Gebiete gemeint, die 1920 von Deutschland zu Belgien kamen; Kelmis bzw. Neutral-Moresnet, das schon 1919 belgisch wurde, gehört nicht dazu; zur Deutschsprachigen Gemeinschaft gehören jedoch nur der deutschsprachige Teil der „Ostkantone" bzw. „Eupen-Malmedys" sowie Kelmis. Der Name „Neubelgien" ist hauptsächlich in der linguistischen Literatur anzutreffen und bezeichnet alle Gebiete, die infolge des *Versailler Vertrages* belgisch wurden: also „Eupen-Malmedy" und Neutral-Moresnet bzw. Kelmis. Mit der – eher selten gebrauchten – Benennung „Deutschbelgien" ist meist das Territorium der Deutschsprachigen Gemeinschaft gemeint; manchmal werden auch die (ehemals) deutschsprachigen Gebiete dazugezählt, die schon seit 1830 zu Belgien gehören; siehe 3. Kapitel, Fußnote 25. Zu dieser Begriffsverwirrung siehe u.a. Hubert Jenniges (2001), S. 21-25 (*Land ohne Namen*).

[2] Zu dem seit einigen Jahren vieldiskutierten Thema „Identität der deutschsprachigen Belgier" siehe z.B. Hubert Jenniges (2001), S. 170-182 (*Das reparierte Gesicht)*; Adrian Küchenberg (2003); Selm Wenselaers (2008), S. 165-181 (*Identiteit*).

[3] Siehe Werner Miessen (2003, 2009); ein weiterer Band ist für 2014 geplant.

bisher weit über 5 000 Titel. Eine beachtliche Zahl, wenn man bedenkt, dass dabei nur die Publikationen aufgenommen wurden, insofern sie sich auf das Gebiet der Deutschsprachigen Gemeinschaft oder eines ihrer Teilgebiete – Kelmis[4], das Eupener und das St. Vither Land – im Allgemeinen beziehen[5].

Im Folgenden wird in den ersten drei Kapiteln versucht, dem Leser eine repräsentative Auswahl von Publikationen darzubieten, die seit den 60er Jahren[6] des 20. Jahrhunderts zum Thema Deutschsprachige Gemeinschaft Belgiens – und zwar im Allgemeinen[7] – erschienen sind. Diese Übersicht bezieht sich allerdings nicht auf die Gesamtheit des vorhandenen Schrifttums; berücksichtigt werden nur Gesamtdarstellungen der Deutschsprachigen Gemeinschaft sowie zwei Bereiche, die – neben der Zugehörigkeit zu einer eigenen Gebietskörperschaft – als für die deutschsprachigen Belgier „Identität stiftend" gelten können: die Geschichte und die Sprache.

Maßgebend bei der Aufnahme[8] einer Publikation war im Prinzip die Fachkompetenz ihres Autors bzw. Herausgebers oder ihre Exemplarität, wobei der Schwerpunkt auf die Veröffentlichungen jüngeren Datums gelegt wurde.

Im 4. Kapitel werden Vorschläge für Themen vorgestellt, die bislang in der Literatur zu kurz kamen und derer sich die Wissenschaft in Zukunft annehmen sollte.

1. Gesamtdarstellungen

Die Anzahl der Publikationen – ob Reiseführer, wissenschaftliches Werk oder Bildband –, die als Gesamtdarstellungen des deutschsprachigen Teils Belgiens betrachtet werden können, beträgt mittlerweile ca. 250. Ihr Erscheinen begann vor 45 Jahren, in der Zeit also, als bei der Aufteilung des Landes in Sprachgebiete auch das deutschsprachige Gebiet seinen offiziellen Status erhielt und somit zunehmend das Interesse der Publizisten und der Forschung weckte.

---

4 Publikationen zu Städten und Ortschaften im Einzelnen wurden also nicht erfasst; eine Ausnahme bildet – wegen seiner geschichtlichen Besonderheit – Kelmis bzw. Neutral-Moresnet; auch wurden für den Bereich Dialektologie die örtlichen Mundarten mit einbezogen.

5 Was die Art der Publikationen betrifft, so wurde auch die „graue" Literatur berücksichtigt; die einzige Einschränkung galt der Tagespresse, von der lediglich Beiträge in Sonderausgaben und -beilagen in Betracht kamen.

6 Während der ersten zwei Jahrzehnte nach Kriegsende wurde über das deutschsprachige Gebiet Belgiens sozusagen nichts geschrieben.

7 Literatur zu den Teilgebieten (Eupener Land, St. Vither Land, Kelmis) kommt hier nur ausnahmsweise vor.

8 Natürlich kann sich der Bibliograph von Fehleinschätzungen nicht freisprechen; auch möge der Leser ihm etwaige Unterlassungen nachsehen.

Inhalt[9] und Art dieser Darstellungen sind sehr unterschiedlich und verständlicherweise bedingt durch die verschiedensten Faktoren – wie z.B. den Zeitpunkt ihres Entstehens, die Eigenschaft ihres Verfassers sowie das Genre und den Umfang der Publikation, in der sie veröffentlicht wurden.

Gemessen nicht zuletzt an ihrer Resonanz, verdienen folgende Werke eine besondere Erwähnung: die Studie des Löwener Soziologen Albert Verdoodt, in der die Situation der deutschsprachigen Belgier mit jener dreier anderer europäischer Minderheiten verglichen wird (Albert Verdoodt 1968); die Untersuchung der Bonner Sozialwissenschaftler Gottfried Eisermann und Jürgen Zeh (Gottfried Eisermann/ Jürgen Zeh 1979); die von der „Forschungsstelle für Mehrsprachigkeit“ an der Brüsseler Katholieke Universiteit herausgegebenen Forschungsberichte zu fast allen Aspekten des deutschsprachigen Belgien (Forschungsstelle… 1979); die drei Bände *Deutschsprachige Belgier* – das Ergebnis eines zehnjährigen Forschungsprojekts des Aachener Soziologen Heinrich Rosensträter (Heinrich Rosensträter 1985); die im Auftrag der Exekutive der Deutschsprachigen Gemeinschaft von ostbelgischen Fachleuten verfassten vier Biblio-Kassetten (Groupe de Recherches… 1990-1992); der – allerdings mit Hauptgewicht auf sprachrechtliche Aspekte – von der Juristin Katrin Stangherlin edierte Sammelband (Katrin Stangherlin 2005).

Eine aufschlussreiche, wenn auch stellenweise die Wirklichkeit leicht verklärende Gesamtdarstellung der Deutschsprachigen Gemeinschaft bietet das aus Anlass des 25. Jubiläums der Einsetzung der ersten Regierung der Deutschsprachigen Gemeinschaft erschienene Buch *Diesseits von Belgien* (Marion Schmitz-Reiners 2009).

Kürzere, summarische Darstellungen sind in den Handbüchern zu den ethnischen und sprachlichen Minderheiten zu lesen[10].

2. Geschichte

Auch die Publikationen zur Geschichte der deutschsprachigen Belgier nahmen – abgesehen von wenigen Ausnahmen[11] – ihren Anfang um 1965. In Ostbelgien

[9] Naturgemäß enthalten die Gesamtdarstellungen auch wesentliche Informationen zu den in den Kapiteln 2 und 3 behandelten Themen (Albert Verdoodt zu Geschichte, Medien, Sprache; Gottfried Eisermann/ Jürgen Zeh zu Geschichte, Medien, Sprache; Forschungsstelle... zu Geschichte, Medien, Sprache, Belletristik; Heinrich Rosensträter zu Geschichte, Medien, Schul- und Bildungswesen, Sprache; Groupe de Recherches... zu Geschichte, Kirchengeschichte, Medien, Sprache, Belletristik; Katrin Stangherlin zu Geschichte, Sprache; Marion Schmitz-Reiners zu Geschichte); sie werden allerdings dort nicht mehr alle aufgeführt.

[10] Siehe u.a. Christoph Pan/ Beate Sybille Pfeil (2000).

[11] Zu den Ausnahmen in Ostbelgien zählen vor allem die von dem Eifeler Privatgelehrten

kamen dazu die wichtigsten Impulse von den damals gegründeten Geschichtsvereinen[12]; bis heute stellen sie einen Großteil der fast unüberschaubar gewordenen orts- und regionalgeschichtlichen Literatur.

Auffallend ist jedoch, dass bei all dem Forschungseifer das Interesse der ostbelgischen Historiker während einer Generation sozusagen nie über das Ende der preußischen Zeit hinausging. Thema war stets nur die „gute alte Zeit“, und wenn denn schon von den 20er und 30er Jahren, dem Zweiten Weltkrieg und den Jahren danach die Rede war, kam höchstens Militärhistorisches oder subjektiv-unkritisches Erinnern zur Sprache[13].

Währenddessen fand die Beschäftigung mit jener in Ostbelgien außer Acht gelassenen Zeit an ausländischen Universitäten statt: Die Dissertationen über die Abtretung Eupen-Malmedys an Belgien (Heinz Doepgen 1966), über die politische Entwicklung in Eupen-Malmedy vom Ersten bis zum Beginn des Zweiten Weltkriegs (Klaus Pabst 1964), über die Presse in Eupen-Malmedy in der Zwischenkriegszeit (Heidi Christmann 1974) und über die Situation in Eupen-Malmedy 1940-1944 (Martin R. Schärer 1975) sind seitdem Standardwerke. Doch im Eupen-St. Vither Land selbst wurden derartige Themen vorerst von den Historikern nicht aufgegriffen[14und15].

Erst mit den 90er Jahren – wohl auch unter dem Eindruck des europaweit stattfindenden Erinnerns an den Ausbruch des Zweiten Weltkriegs sowie der damit verbundenen Auseinandersetzung mit der Vor- und Nachgeschichte des Krieges – stellte sich eine Änderung ein. Zum ersten Mal erschienen in der Deutschsprachigen Gemeinschaft Artikel und Monografien, die sich der bis

---

Bernhard Willems 1948 bis 1963 herausgegebene *Ostbelgische Chronik*, eine Abhandlung über Neutral-Moresnet (Firmin Pauquet 1960) und die Bücher des katholischen Geistlichen Viktor Gielen zum Eupener Land.

12 Der „Geschichts- und Museumsverein ‘Zwischen Venn und Schneifel’“ (St. Vith), der „Eupener Geschichts- und Museumsverein“ (Eupen) und die „Vereinigung für Kultur, Heimatkunde und Geschichte im Göhltal“ (Kelmis).

13 Siehe z.B. Geschichtsverein... (1971) und Heinrich Toussaint (1987); dennoch ist es das Verdienst letzteren Buches, die erste – und bisher einzige – umfangreiche Sammlung von Zeitzeugenbefragungen ehemaliger Wehrmachtsangehöriger aus Eupen-Malmedy zu sein.

14 Wohl brachte 1972 der Belgische Rundfunk eine Sendereihe, in der die ostbelgischen Journalisten Peter Thomas und Hubert Jenniges die jüngere politische Vergangenheit ihrer Heimat kritisch darstellten (Peter Thomas/ Hubert Jenniges 1972); die Manuskripte dieser Sendungen wurden damals in vervielfältigter Form an Interessenten verteilt, aber nie ediert.

15 Von nicht aus Ostbelgien stammenden Autoren erschienen in jenen Jahren zum Thema Zwischenkriegszeit in Eupen-Malmedy eine Studie in englischer und eine in französischer Sprache: Manfred J. Enssle (1980), Roger Collinet (1986).

dahin gemiedenen Themen konsequent annahmen. Bahnbrechend auf diesem Gebiet waren zweifelsohne die Veröffentlichungen der „Volkshochschule der Ostkantone" (u.a. Herbert Ruland 1990) und die Dokumentationsmappe (Freddy Cremer/ Franz Goor/ Werner Miessen 1990), die im Rahmen einer in Eupen und in St. Vith veranstalteten Ausstellung zur ostbelgischen jüngeren Geschichte herausgegeben wurde.

Es folgten weitere und umfangreichere Publikationen: eine für den Geschichtsunterricht gedachte Dokumentation zu den Jahren 1933-1956 (Freddy Cremer/ Werner Miessen 1995)[16], eine Untersuchung zur Vorkriegszeit (Bruno Kartheuser 2001) sowie – zur allerjüngsten Zeit – eine Darstellung der politischen Ereignisse in Ostbelgien vor dem Entstehen der Deutschsprachigen Gemeinschaft (Hubert Jenniges 2001).

Markanteste Veröffentlichung der letzten Jahre[17] waren sicherlich die drei Bände, die der Eifeler Historiker Carlo Lejeune zu den in den Ostkantonen nach dem Zweiten Weltkrieg durchgeführten politischen Säuberungen herausbrachte (Carlo Lejeune 2005-2008). Das Werk ist das Ergebnis eines groß angelegten Geschichtsprojekts[18] und dokumentiert in Zeitzeugeninterviews und Schriftquellen einen Abschnitt der ostbelgischen Vergangenheit, der bis dahin noch nie gründlich erforscht worden war.

Auch an den Hochschulen wird sich in letzter Zeit verstärkt mit den Geschehnissen in Ostbelgien während des vergangenen Jahrhunderts befasst. Förderlich waren dabei gewiss die Einrichtung eines Staatsarchivs in Eupen[19], wodurch viele vorher nur schwer auffindbare Quellen zugänglich wurden, und die Schaffung von Vorlesungen zur Geschichte der Deutschsprachigen Gemeinschaft Belgiens an der Universität Louvain-la-Neuve.

So entstand dort eine Reihe von Abhandlungen zu Themen wie u.a. dem Deutschlandbild von Eupener Zeitungen (Werner Brüls 1992) und dem Wahlverhalten in Eupen-Malmedy vor dem Zweiten Weltkrieg (Jochen Lentz 1997)

---

16 Eine Fortsetzung dieser Dokumentation – für den Zeitraum 1956-1984 – ist in Vorbereitung.

17 Zu aktuellen Veröffentlichungen zur ostbelgischen Zeitgeschichte siehe Christoph Brüll (2009).

18 Das Projekt „Damit nichts verloren geht...", unterstützt durch den Geschichtsverein „Zwischen Venn und Schneifel", ist nicht abgeschlossen und wird wohl in Zukunft zu weiteren Publikationen führen.

19 Das Archiv besteht seit 1989 und hat seitdem manche für die Erforschung der Geschichte der deutschsprachigen Belgier nützliche Hilfe produziert; u.a.: Els Herrebout (1993-1995), Alfred Minke (2000).

oder der Haltung der deutschsprachigen Belgier gegenüber der Politik des belgischen Staates in der Nachkriegszeit (Bärbel Cremer 2007). Auch in Lüttich (u.a. Christoph Brüll 2004, Xavier Hurlet 2006, Cynthia Lemaire 2004), Aachen (u.a. Marc Homem-Cristo 2003, Nina Reip 2006, Peter M. Quadflieg[20] 2008), Köln (u.a. Kurt Pothen 1994, Daniela Elvers 1995) und Düsseldorf (Gerd Kleu 2007) wurde sich mit der ostbelgischen politischen Zeitgeschichte auseinandergesetzt.

Bemerkenswert ist, dass fast alle namhaften ostbelgischen Historiker, die heute über die politischen Entwicklungen in ihrer Heimat während der ersten Hälfte des 20. Jahrhunderts ermitteln, sich nicht mit der bloßen Darstellung der Fakten begnügen, sondern darüber hinaus die Geschehnisse und insbesondere ihre Bedeutung für das aktuelle Ostbelgien kritisch und manchmal herausfordernd hinterfragen: Wieso wurden gewisse Zeitabschnitte so lange verdrängt? Wem hat die Tabuisierung gedient? Warum tut sich der deutschsprachige Belgier mit seiner Vergangenheit so schwer? Was führte dazu, dass er sich mit Vorliebe eher zum bemitleidenswerten Opfer[21] als zum handelnden Mitakteur der Geschichte stilisieren lässt? Inwiefern prägt auch seine Vergangenheit seine Identität? Welchen Sinn hat es überhaupt für ihn, sich zu seiner Vergangenheit Gedanken zu machen? Sollte er vielleicht nicht besser seine Geschichte ruhen lassen?

Solche und ähnliche Fragen werden vornehmlich in Carlo Lejeune (1995), Carlo Lejeune/ Andreas Fickers/ Freddy Cremer (2001), Andreas Fickers[22] (2005) und Alfred Minke (2006) aufgeworfen. Diese Publikationen sind gleichzeitig Teil- oder Gesamtdarstellungen der ostbelgischen Geschichte[23].

Auch zu einigen Sonderbereichen der Geschichte Ostbelgiens ist eine Fülle von Publikationen vorhanden.

Gesamtdarstellungen sind für die Kirchengeschichte Hubert Jenniges (1993) und Alfred Minke (1998, 2004), für die Schul- und Bildungsgeschichte

---

[20] Dort – S. 11-16 – auch eine Darstellung des Forschungsstands und der Quellenlage zum Thema „Eupen-Malmedy und der Zweite Weltkrieg“.

[21] Symptomatisch für diese Haltung ist z.B. die Häufigkeit des Wortes „Schicksal“ in Titeln von Publikationen zur Geschichte Ostbelgiens; auch in einem Titel wie *Zwischen Hammer und Amboß* kommt dieses Geschichtsbild zum Ausdruck (Klaus Pabst... 1996).

[22] Eine deutsche – überarbeitete und erweiterte – Fassung dieses Artikels ist im Internet verfügbar: *Gedächtnisopfer. Erinnern und Vergessen in der Vergangenheitspolitik der deutschsprachigen Belgier im 20. Jahrhundert* (http://zeitenblicke.de/2004/01/fickers/index.html [03.01.2010]).

[23] ... und Plädoyers für einen anderen Umgang mit der Vergangenheit, wie einer der Titel – *Mut zur eigenen Geschichte* (Carlo Lejeune 1995) – erkennen lässt.

Carlo Lejeune (1989, 2001) und für die Geschichte der Medien Hans Engels (2006) und Heinz Warny (2007).

Eine das gesamte Gebiet der Deutschsprachigen Gemeinschaft betreffende Wirtschafts- und Sozialgeschichte müsste noch geschrieben werden[24].

3. Sprache

Mehr noch als durch ihre Geschichte unterscheiden sich die deutschsprachigen Belgier von ihren flämischen und französischsprachigen Landsleuten durch die Sprache. So rückte dann ab Mitte der 60er Jahre auch das Thema „Deutsch in Belgien“[25] zunehmend in den Fokus der Wissenschaft.

Die Linguisten brachten das Thema in ihre Kongresse, in ihre Zeitschriften, in die Lexika; Studenten im In- und Ausland wählten es für ihre Arbeiten. Die Punkte, die bisher erörtert wurden, betreffen verständlicherweise im Wesentlichen meist die Frage, was das „ostbelgische Deutsch“ zu etwas Besonderem[26] macht. Wie aus der – ca. 250 Titel umfassenden – Literatur ersichtlich, sind das Faktoren von vielerlei Art, wobei die heutige der Region eigene Umgangssprache[27] wohl der auffälligste ist.

Hauptproduzent von Studien zur deutschen Sprache im Osten Belgiens war von der Mitte der 70er bis in die 90er Jahre – mit etwa fünf Dutzend Publikationen – Peter Nelde, Professor an der Brüsseler Katholieke Universiteit, Initiator

---

24 Bisher sind dazu nur verhältnismäßig kurze Aufsätze verfügbar: u.a. Josef Bernrath (1981) und Joseph Dries (1994).

25 Für viele Linguisten beschränkt sich der deutschsprachige Teil Belgiens nicht auf das Territorium der Deutschsprachigen Gemeinschaft. Hinzu zählen sie drei Gegenden, die schon seit der Staatsgründung 1830 zu Belgien gehören und in denen ursprünglich ebenfalls Deutsch bzw. deutsche Mundarten gesprochen wurden: das Montzener Land, das Dorf Bocholz (frz.: Beho) sowie das Areler Land (frz.: Arlon). Diese – im Laufe der letzten Jahrzehnte größtenteils französisierten – Gegenden gehören heute zur Französischen Gemeinschaft.

26 Schon die allererste größere Studie zur deutschen Sprache in Ostbelgien erschien bezeichnenderweise in der Duden-Reihe „Die Besonderheiten der deutschen Schriftsprache im Ausland“ (Doris Magenau 1964).

27 Siehe dazu z.B. das *Variantenwörterbuch des Deutschen* (Ulrich Ammon... 2004). Zurzeit führen diebeiden ostbelgischen Germanisten Franz-Josef Heinen und Edie Kremer, die bereits eine vorläufige Liste der sprachlichen Abweichungen im deutschsprachigen Gebiet Belgiens (F.-J. Heinen/ E. Kremer 1986) publizierten, zum Alltagsdeutsch ihrer Gegend per Internet eine Erhebung durch, die in nächster Zukunft zu einer weiteren Publikation führen dürfte: www.dglive.be> Kultur > Sprachförderung > Regionalsprachenbank des Ministeriums der DG. Auch bezieht neuerdings das Amt für rheinische Landeskunde in Bonndie Deutschsprachige Gemeinschaft in seine Untersuchungen zu den „Regiolekten“ ein; siehe u.a. Georg Cornelissen (2008).

der dortigen „Forschungsstelle für Mehrsprachigkeit“ und Begründer der Kontaktlinguistik. In dem an der Grenze zur Französischen Gemeinschaft gelegenen Eupen-St. Vither Land fanden er und seine Kollegen ein ertragreiches Arbeitsfeld. Zu Neldes wichtigsten Veröffentlichungen gehören der *Wortatlas der deutschen Umgangssprachen in Belgien* (Forschungsstelle... 1987) und das bereits erwähnte Buch zur Lage des Deutschen als Muttersprache in Belgien (Forschungsstelle... 1979).

Nicht minder bedeutend – und aktueller – ist die Aufsatzsammlung, die der Löwener Germanist Rudolf Kern, ebenfalls Autor zahlreicher Veröffentlichungen zur deutschen Sprache in Belgien, anlässlich seiner Emeritierung herausgegeben hat (Rudolf Kern 1999).

Ein viel – aber mehr von Juristen als von Germanisten – behandelter Aspekt ist die rechtliche Stellung der deutschen Sprache in Belgien: Standardwerk ist hier die Studie des Ostbelgiers Bernhard Bergmans (Bernhard Bergmans 1986); weitere ausführliche Informationen zu diesem Thema sind in einem Tagungsbericht (Rudolf Kern 1989) und in Katrin Stangherlin (2005) zu finden.

In Ostbelgien werden jedoch neben dem – mitunter regional gefärbten – Standarddeutsch auch deutsche Mundarten gesprochen: niederfränkische und ripuarische im Norden (Eupener Land und Kelmis), moselfränkische und ripuarische im Süden (St. Vither Land). Kein Wunder, dass ebenso die Dialekte immer wieder zum Gegenstand philologischer Untersuchungen wurden[28]. Von den insgesamt annähernd 300 verfügbaren Titeln – worunter 50 Studienabschlussarbeiten – beziehen sich weitaus mehr auf den nördlichen als auf den südlichen Teil der Deutschsprachigen Gemeinschaft: ein erstaunlicher Umstand, da in der Eifel die Anzahl der Mundartsprecher erwiesenermaßen erheblich größer ist als im Norden.

Neuestes, grundlegendes dialektologisches Werk – zu den Mundarten im Norden – ist eine von Leo Wintgens[29] konzipierte Grammatik (Leo Wintgens 2001).

Beim Thema Sprache muss auch die von Ostbelgiern produzierte Belletristik erwähnt werden. Um die 50 sind es, die – seit Mitte der 60er Jahre – mit insgesamt 165 Einzelveröffentlichungen den Schritt an die Öffentlichkeit wag-

---

[28] Die jüngste Untersuchung behandelt den heutigen Gebrauch der Mundarten in Ostbelgien und den Nachbarregionen (Sandra Weber 2009).

[29] Professor Leo Wintgens ist Gründer des *Zentrums für Sprachforschung OBELIT* in Montzen, wo man sich seit 1995 u.a. um die Pflege und Erforschung der Mundarten bemüht wird; in Vorbereitung ist dort ein *Sprachatlas Ostbelgiens*.

ten[30]. Zuerst vorwiegend mit Lyrik und Kurzprosa, später mit noch anderen Genres, neuerdings außerdem mit Romanen, deren Handlung in die Regionalgeschichte eingebettet ist[31].

Von manchen der Schreibenden gibt es nur eine einzige Veröffentlichung, doch ist für die Mehrheit eine kontinuierliche literarische Produktion zu verzeichnen. Unbestritten erfolgreichster ostbelgischer Autor ist der Eupener Freddy Derwahl. Mit einigen seiner bisher 25 verfassten Titel schaffte er den Sprung in die Kataloge bedeutender Verlage des Auslands; mehrere seiner Bücher erschienen in Übersetzung[32]; sein Werk wurde Gegenstand germanistischer Studien[33].

Ein Gesamtbild der ostbelgischen Literaturlandschaft wird durch die Publikationen der Professoren Ernst Leonardy und Leo Wintgens sowie in den Anthologien ermöglicht.Leonardy analysiert die ostbelgische Belletristik ab 1945 (Ernst Leonardy 1985, 2001); Leo Wintgens' Beschreibung geht zurück bis ins 17. Jahrhundert (Leo Wintgens 1986). Eine wissenschaftliche Untersuchung zur Literaturszene des letzten Jahrzehnts steht noch aus.

Von den 25 Anthologien sind die umfassendsten: Michel Kohnemann (1986); Leo Wintgens (1986)[34]; Werner Miessen/ Leo Wintgens (2004); Alfred Strasser (2007); Manfred Peters (2009)[35]. Anthologischer Art ist obendrein die seit 1982 halbjährlich in St. Vith erscheinende Literaturzeitschrift *Krautgarten*, wo in jeder Nummer auch Texte ostbelgischer Autoren veröffentlicht werden.

4. Forschungsperspektiven

Obschon die heute zum Thema Deutschsprachige Gemeinschaft Belgiens vorliegende Literatur beachtliche Ausmaße erreicht hat, dürfte es noch Aspekte geben, die es wert wären, endlich erforscht oder gründlicher behandelt zu werden.

---

[30] Personen, die ausschließlich in Zeitungen oder Zeitschriften publizierten, sind hier nicht berücksichtigt; dasselbe gilt für die Mundartautoren sowie für die nach Ostbelgien zugezogenen Autoren.

[31] U.a. Freddy Derwahl (2006) und Leo Wintgens (2001-2006).

[32] U.a. Freddy Derwahl (1994).

[33] Siehe u.a. Sahra Dierickx (2000).

[34] Leo Wintgens' Werk ist zugleich Literaturgeschichte und – aufgrund der vielen angeführten Literaturauszüge – Anthologie.

[35] In Manfred Peters' Anthologie, die im Rahmen der Feierlichkeiten anlässlich des 25. Jubiläums der Regierung der Deutschsprachigen Gemeinschaft Belgiens erschien, kommen neben ostbelgischen Autoren Vertreter der aktuellen ungarndeutschen und Südtiroler Literatur zu Wort.

Eine Rundfrage bei den für die Bereiche Geschichte, Sprache und Belletristik Ostbelgiens maßgeblichen Wissenschaftlern ergab die folgenden Antworten:

Nach Meinung fast aller Historiker harrt das 19. Jahrhundert allgemein einer eingehenderen Erforschung[36]. Für die Zeit zwischen den Weltkriegen werden nähere Untersuchungen zur „Baltia-Zeit" (1920-1925) und für die Zeit des Zweiten Weltkriegs u.a. zur Emigration ostbelgischer Bürger nach Innerbelgien und in andere Länder, zum „konkreten" Verhalten der Eupen-Malmedyer Wehrmachtsangehörigen und zum Einsatz von ausländischen Zwangsarbeitern in Eupen-Malmedy angeregt.

Was die Zeit seit 1945 betrifft, so sei es lohnend zu untersuchen: die Lage der ostbelgischen Wirtschaft in der Nachkriegszeit, die ostbelgische Gesellschaft in den 50er und 60er Jahren, die Rolle der politischen und gesellschaftlichen „Druckgruppen" in den 70er Jahren, die Akzeptanz der Autonomie-Entwicklung durch die Bevölkerung der Deutschsprachigen Gemeinschaft.

Auch die Linguisten haben sich zu künftigen Studien Gedanken gemacht. So wird vorgeschlagen, das Verhältnis Mundart-Hochsprache, das sich im Laufe der Jahrzehnte grundlegend verändert habe, noch intensiver zu erforschen. Zudem wird angeregt, sich einmal interdisziplinär mit – u.a. – den Fragen zu befassen, wie das Deutsche von den französisch- und niederländischsprachigen Belgiern als Landessprache wahrgenommen wird und welche Diskrepanz im deutschsprachigen Gebiet zwischen den Bestimmungen der Sprachengesetzgebung – vor allem in Verwaltungsangelegenheiten – und der alltäglichen Praxis besteht[37].

Die Literaturwissenschaftler schließlich erhoffen sich die baldige Behandlung von Themen wie „Die belletristische Literatur aus und über Eupen-

[36] Zu Einzelaspekten – den Auswirkungen der belgischen Revolution von 1830 in den preußischen Grenzkreisen Eupen und Malmedy sowie zum dortigen Alltagsgeschehen während des Ersten Weltkriegs – stehen Publikationen von Herbert Ruland, Leiter des Forschungsprojekts *GrenzGeschichte* an der Autonomen Hochschule in der Deutschsprachigen Gemeinschaft, in Aussicht; an der Universität Münster wird eine Dissertation vorbereitet (Sebastian Scharte in Vorb.).

[37] Mehr dazu in: Anneleen Vanden Boer (2006) und Jeroen Darquennes (2006); in beiden Aufsätzen auch Informationen zum Stand der Forschung.

Malmedy während des Zweiten Weltkriegs“[38] und „Die Vergangenheitsbewältigung in den – autobiografischen – Romanen ostbelgischer Autoren“[39].

---

[38] Die Zeit vor dem Zweiten Weltkrieg kommt vor in: Leo Wintgens (1986) und Philippe Beck (2008, 2010); demnächst werden dazu auch zwei weitere Aufsätze verfügbar sein: Philippe Beck (In Vorb.).

[39] Zum Beispiel in: Freddy Derwahl (2006) und Leo Wintgens (2001-2006).

Résumé – Samenvatting

Histoire et langue des Belges germanophones – Aperçu bibliographique

Depuis les années soixante du siècle dernier – à l'époque où, à la suite des nouvelles lois linguistiques, débuta le processus d'autonomie pour les Belges de langue allemande – le nombre des publications au sujet de la Communauté germanophone de Belgique n'a cessé de croître.
Actuellement – et sans que soit tenu compte des publications d'intérêt local – la bibliographie comporte quelque 5 000 titres.
L'article présente les publications les plus marquantes parues jusqu'à présent, en se limitant toutefois à celles relatives à deux aspects qui peuvent être considérés comme générateurs d'identité pour les Belges germanophones: l'histoire et la langue.
Y sont esquissées également, pour ces dernières années, les préoccupations des auteurs les plus importantes. En ce qui concerne l'histoire, il s'agit surtout de l'approche critique des événements politiques qui ont marqué la région au cours de la première moitié du XXe siècle et qui furent longtemps passés sous silence par les historiens de la Communauté.
Enfin, le lecteur y trouvera énumérés quelques sujets historiques et philologiques qui – d'après les spécialistes en les matières – n'ont pas encore été traités et qu'il serait intéressant de prendre en considération.

Geschiedenis en taal van de Duitstalige Belgen – Bibliografisch overzicht

Het autonomieproces van de Duitstaligen in België kwam op gang in de jaren zestig, na de invoering van de nieuwe taalwetten. Sindsdien is het aantal publicaties over de Duitstalige Gemeenschap blijven aangroeien.
Momenteel omvat de bibliografie ongeveer 5 000 titels, en dan werden de publicaties die enkel van lokaal belang zijn nog buiten beschouwing gelaten.
In het artikel wordt een aantal van de meest markante publicaties voorgesteld die tot nu toe zijn verschenen. De keuze viel daarbij op werken rond de thema's taal en geschiedenis, omdat deze beide thema's kunnen beschouwd worden als de drijfveren voor de identiteit van de Duitstalige Belgen.
Er wordt ook een overzicht gegeven van de belangrijkste thema's waar de laatste jaren wordt over gepubliceerd. Wat de geschiedenis betreft is dit nog steeds de kritische benadering van de politieke gebeurtenissen in de regio tijdens de eerste helft van de twintigste eeuw, die heel lang werden doodgezwegen door de plaatselijke historici.
Tenslotte vindt de lezer een opsomming van een aantal historische en filologische thema's die volgens de vakdeskundigen tot nu toe te weinig aan bod zijn gekomen en dringend meer aandacht verdienen.

Rechtsgrundlagen der Deutschsprachigen Gemeinschaft

Stephan Thomas

1. Einführung

Im vorliegenden Beitrag werden die rechtlichen Grundlagen[1] der Deutschsprachigen Gemeinschaft vorgestellt. Zunächst wird die Einbettung der Deutschsprachigen Gemeinschaft in das belgische Staatsgefüge kurz umrissen (Punkt 2), dann deren Grundgebiet definiert (Punkt 3), des Weiteren ihre Befugnisse aufgeführt (Punkt 4), anschließend ihre politischen Organe beschrieben (Punkt 5) und schließlich das Finanzierungssystem der Gemeinschaft skizziert (Punkt 6). Abgerundet wird der Beitrag mit Schlussbemerkungen zur weiteren Entwicklung der Autonomie der Deutschsprachigen Gemeinschaft (Punkt 7).

2. Die Deutschsprachige Gemeinschaft im belgischen Staatsgefüge

Gemäß Artikel 1 der Verfassung ist Belgien „ein Föderalstaat, der sich aus den Gemeinschaften und den Regionen zusammensetzt". Neben der gesamtstaatlichen, föderalen Ebene weist Belgien folglich zwei Typen von Gliedstaaten auf. Zum einen die im Wesentlichen mit personenbezogenen Befugnissen ausgestatteten drei Gemeinschaften: die Deutschsprachige Gemeinschaft, die Flämische Gemeinschaft und die Französische Gemeinschaft (Art. 2 V1994); zum anderen die vorrangig auf wirtschaftlich-umweltrelevante Befugnisse ausgerichteten drei Regionen: die Wallonische Region, die Flämische Region und die Brüsseler Region (Art. 3 V1994). Die Deutschsprachige Gemeinschaft bildet also zweifelsfrei einen der sechs verfassungsmäßig vorgesehenen Gliedstaaten Belgiens.

---

[1] Die zitierten Rechtsgrundlagen werden im weiteren Verlauf wie folgt abgekürzt: V1994 = koordinierte belgische Verfassung vom 17. Februar 1994; G1983 = Gesetz vom 31. Dezember 1983 über institutionelle Reformen für die Deutschsprachige Gemeinschaft; SG1980 = Sondergesetz vom 8. August 1980 über institutionelle Reformen; SG1989 = Sondergesetz vom 16. Januar 1989 bezüglich der Finanzierung der Gemeinschaften und Regionen, WG1990 = Gesetz vom 6. Juli 1990 zur Regelung der Modalitäten für die Wahl des Parlaments der Deutschsprachigen Gemeinschaft. Eine stets aktualisierte deutsche Fassung dieser Grundlagen ist auf der Website der Zentralen Dienststelle für deutsche Übersetzungen unter der Rubrik „Übersetzungen" zu finden (*www.scta.be*).

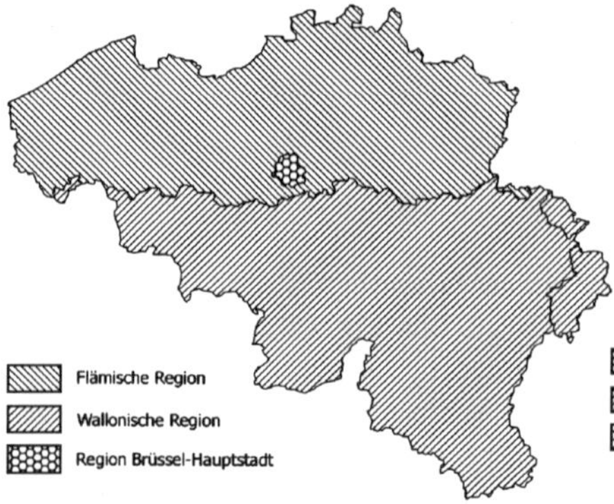

Die Gliedstaaten Belgiens verfügen derzeit nur über eine „embryonale" Verfassungsautonomie (vgl. Punkt 4.2.3.). So sind sie nicht dazu befugt, ihre Organisationsweise im Rahmen einer eigenen Verfassung zu definieren. Die Grundsätze des Autonomiestatuts sind vielmehr in der Verfassung des Föderalstaats festgelegt. Eine Änderung dieser Grundsätze setzt folglich eine Verfassungsrevision und damit ein mit besonderen Garantien verbundenes Verabschiedungsverfahren auf föderaler Ebene voraus (Art. 195 V1994). Die konkrete Ausgestaltung dieser Grundsätze hat die Verfassung des Weiteren dem föderalen Gesetzgeber übertragen, der dazu entsprechende „Verfassungsgesetze"[2] verabschiedet hat. Die Einzelheiten der Rechtsstellung der Deutschsprachigen Gemeinschaft sind im Wesentlichen im föderalen Gesetz vom 31. Dezember 1983 über institutionelle Reformen für die Deutschsprachige Gemeinschaft niedergelegt (vgl. Fußnote 1). Während dieses Gesetz gemäß den verfassungsrechtlichen Vorgaben vom föderalen Parlament mit einfacher Mehrheit verabschiedet wurde, setzt die Annahme der „Verfassungsgesetze" für die beiden anderen Gemeinschaften und die drei Regionen zum Schutz der beiden großen Bevölkerungsgruppen eine doppelt qualifizierte Mehrheit voraus[3]. Man spricht in diesem Zusammenhang deshalb auch von Sondergesetzen. Das Statut der Deutschsprachigen Gemeinschaft ist

2 Im belgischen Sprachgebrauch werden diese Gesetze „lois communautaires", „communautaire wetten" genannt, obschon sie sowohl das Statut der Gemeinschaften als auch das der Regionen regeln.

3 Die Mitglieder der Abgeordnetenkammer und des Senats sind in eine niederländische und eine französische Sprachgruppe aufgeteilt; die deutschsprachigen Abgeordneten bilden hingegen keine eigene Sprachgruppe. Die Verabschiedung eines Sondergesetzes setzt voraus: 1. die Mehrheit der Mitglieder in jeder Sprachgruppe ist anwesend, 2. die Mehrheit der Mitglieder in jeder Sprachgruppe stimmt zu und 3. die Gesamtzahl der Ja-Stimmen aus beiden Sprachgruppen erreicht mindestens zwei Drittel aller abgegebenen Stimmen.

somit verfahrensrechtlich nicht so gut geschützt wie das der anderen Gliedstaaten.

Der Vollständigkeit halber sei darauf hingewiesen, dass das bereits erwähnte Gesetz vom 31. Dezember 1983 in zahlreichen Fällen auf die Sondergesetze verweist, sodass die Deutschsprachige Gemeinschaft in weiten Teilen ähnlich wie die anderen Gemeinschaften organisiert ist.

3. Das Grundgebiet der Deutschsprachigen Gemeinschaft

Das Grundgebiet der Deutschsprachigen Gemeinschaft wird – genauso wie dasjenige der beiden anderen Gemeinschaften – nicht direkt in der Verfassung definiert[4]. Einen Hinweis auf das Grundgebiet findet man lediglich in der Bestimmung, die die Befugnisse der Gemeinschaft beschreibt. In Artikel 130 §2 der Verfassung heißt es: „Die Dekrete [der Deutschsprachigen Gemeinschaft] haben Gesetzeskraft im deutschen Sprachgebiet." Diese Formulierung lässt den Schluss zu, dass das Grundgebiet der Deutschsprachigen Gemeinschaft dekkungsgleich mit dem deutschen Sprachgebiet sein muss. Bemerkenswerterweise wird das deutsche Sprachgebiet zwar zusammen mit den drei anderen Sprachgebieten des Landes[5] in Artikel 4 der Verfassung erwähnt, dort selbst jedoch wiederum nicht ausdrücklich definiert. Eine genaue Beschreibung des deutschen Sprachgebiets ist lediglich Artikel 5 der koordinierten Gesetze vom 18. Juli 1966 über den Sprachengebrauch in Verwaltungsangelegenheiten zu entnehmen: Das deutsche Sprachgebiet umfasst demnach die ostbelgischen Gemeinden Amel, Büllingen, Burg-Reuland, Bütgenbach, Eupen, Kelmis, Lontzen, Raeren und St. Vith. Das Grundgebiet der Deutschsprachigen Gemeinschaft wird darüber hinaus nochmals und in vergleichbarer Form in Artikel 3 des Gesetzes vom 31. Dezember 1983 mit Hinweis auf dieselben Gemeinden definiert, was der Kohärenz nicht gerade förderlich ist. Denn während das Gesetz vom 31. Dezember 1983 mit einfacher Mehrheit abgeändert werden kann, können die Grenzen der Sprachgebiete gemäß Artikel 4 der Verfassung nur durch so genannte Sondergesetze (siehe Fußnote 3) abgeändert oder berichtigt werden.

Die in Punkt 2 beschriebene Zweigliedrigkeit der Teilstaatenebene Belgiens hat im Übrigen zur Folge, dass sowohl die drei Gemeinschaften als auch die

---

4 Das Grundgebiet der Wallonischen Region und dasjenige der Flämischen Region wird hingegen ausdrücklich in Art. 5 V1994 und darüber hinaus zusätzlich noch in Art. 2 SG1980 definiert. Das Territorium der Brüsseler Region wird lediglich in Artikel 2 des Sondergesetzes vom 12. Januar 1989 über die Brüsseler Institutionen definiert.

5 Belgien umfasst – neben dem deutschen – das niederländische, das französische und das zweisprachige Sprachgebiet Brüssel-Hauptstadt. Die Sprachgebiete sind in den 1960er Jahren gesetzlich festgelegt und Anfang der 1970er Jahre in die Verfassung aufgenommen worden. Sie bilden die territoriale Grundlage für den belgischen Staatsaufbau.

drei Regionen das belgische Staatsgebiet in seiner Gesamtheit umfassen. Der territoriale Wirkungsbereich der Regionen einerseits und derjenige der Gemeinschaften andererseits überlappen sich dabei teilweise. Für die neun Gemeinden des deutschen Sprachgebiets bedeutet dies konkret, dass dort neben dem Föderalstaat zwei Teilstaaten ihre Befugnisse ausüben: zum einen die Deutschsprachige Gemeinschaft und zum anderen die Wallonische Region, wobei jeder Gliedstaat die Angelegenheiten regelt, für die er zuständig ist.

4. Die Befugnisse der Deutschsprachigen Gemeinschaft

4.1. Grundlagen der Befugnisverteilung in Belgien

Zum besseren Verständnis der nachfolgend beschriebenen Befugnisse der Deutschsprachigen Gemeinschaft werden im vorliegenden Abschnitt einige Grundsätze erörtert, die die Befugnisverteilung in Belgien bestimmen.

Die Befugnisse der Gliedstaaten sind so genannte zugewiesene Befugnisse: Sie werden teilweise in der Verfassung, teilweise in den Verfassungsgesetzen erschöpfend in Form von Befugnispaketen aufgezählt. Der Föderalstaat ist für alle anderen Angelegenheiten, die so genannten Restbefugnisse, zuständig[6]. Zwar sieht Artikel 35 der Verfassung eine Umkehr dieses Prinzips vor, diese Bestimmung ist in Ermangelung entsprechender Ausführungsgesetze jedoch noch nicht rechtswirksam. Zum einen müssten daür die Befugnisse des Föderalstaates aufgelistet und zum anderen die näheren Modalitäten und Bedingungen für die Wahrnehmung der Restbefugnisse durch die Gliedstaaten festgelegt werden.

Die Befugnisverteilung im belgischen Föderalstaat folgt des Weiteren dem so genannten Ausschließlichkeitsprinzip. Ob Föderalstaat, Gemeinschaft oder Region, jede Körperschaft übt ihre Befugnisse auf ihrem Grundgebiet und in den ihr zugewiesenen Angelegenheiten autonom und unter Ausschluss der anderen Körperschaften aus. Es ist folglich immer nur eine Körperschaft zuständig. Das Ausschließlichkeitsprinzip hat zur Folge, dass das belgische Rechtssystem bis auf einige wenige Ausnahmen keine konkurrierende Gesetzgebung kennt (vgl. Punkt 6.1.1.).

Das Ausschließlichkeitsprinzip impliziert darüber hinaus, dass die zugeteilten Befugnisse umfassend sind, also sowohl die Gesetzgebungs- als auch die

---

[6] Das Prinzip der „zugewiesenen Befugnisse" wird allerdings durch die so genannten *impliziten Befugnisse* (*implied powers*) nuanciert. Aufgrund von Artikel 10 SG1980 können sich die Dekrete der Gliedstaaten erforderlichenfalls auf Angelegenheiten beziehen, die eigentlich nicht zu ihrem Zuständigkeitsbereich gehören. Da der Verfassungsgerichtshof diese Regel allerdings restriktiv auslegt, wird nur marginal auf den Mechanismus der impliziten Befugnisse zurückgegriffen.

Ausführungskompetenz betreffen (Vertikalitätsprinzip[7]). Die Körperschaft, die ein Gesetz verabschiedet hat, sorgt auch für dessen Ausführung und kann dazu nicht auf die Behörden anderer Körperschaften zurückgreifen[8]. Die richterliche Gewalt ist allerdings vom Vertikalitätsprinzip ausgeschlossen. Auch wenn die Gliedstaaten über gewisse strafrechtliche Befugnisse verfügen (vgl. Punkt 4.2.4.), bleibt der Föderalstaat allein zuständig für die Organisation des Gerichtswesens[9].

Zum Ausschließlichkeitsprinzip gehört schließlich, dass der Befugnisverteilung im belgischen Föderalismus keine Normenhierarchie zugrunde liegt. Die vom Föderalstaat und von den Gemeinschaften und Regionen verabschiedeten Rechtsnormen sind gleichrangig[10]. Aufgrund dieser Gleichrangigkeit kommt der in Deutschland gängige Grundsatz „Bundesrecht bricht Landesrecht" nicht zum Tragen. Kompetenzkonflikte werden in letzter Instanz vom belgischen Verfassungsgerichtshof[11] durch Auslegung der befugnisverteilenden Grundregeln entschieden.

---

7 Vgl. Vande Lanotte Johan/ Goedertier Geert: *Overzicht Publiek Recht*, Brügge, 2007, S. 997-998.

8 Das *Vertikalitätsprinzip* findet allerdings keine Anwendung auf die Gemeinden und Provinzen: Als dezentralisierte Behörden können sie mit der Ausführung von föderalen, regionalen oder gemeinschaftlichen Normen beauftragt werden (vgl. Art. 6 §1 VIII Nr.1 Absatz 2 SG1980).

9 Dabei bildet das deutsche Sprachgebiet einen eigenen Gerichtsbezirk vgl. dazu André Henkes: „Die deutsche Sprache als Rechtssprache im belgischen Gerichtswesen im Allgemeinen, und am belgischen Kassationshof im Besonderen", in: Katrin Stangherlin (Hrsg.): *La Communauté germanophone de Belgique – Die Deutschsprachige Gemeinschaft Belgiens*, Brüssel, 2005, S. 163.

10 Die föderale gesetzgebende Gewalt verabschiedet *Gesetze*. Die Rechtsnormen mit Gesetzeskraft der drei Gemeinschaften, der Wallonischen und der Flämischen Region heißen *Dekrete*, diejenigen der Region Brüssel-Hauptstadt *Ordonnanzen*.

11 Neben dieser Befugnis ist der Verfassungsgerichtshof dafür zuständig, die Konformität der Rechtsnormen mit Gesetzeskraft in Bezug auf die Grundrechte der Bürger, das Gleichheits- und Legalitätsprinzip in Steuerangelegenheiten und das Gleichheitsprinzip für Ausländer zu prüfen. Der Verfassungsgerichtshof kann sowohl von den Parlamenten und Regierungen des Landes als auch von Privat- und Rechtspersonen, die ein entsprechendes Interesse nachweisen, angerufen werden (Art. 142 V1994 und Art. 1 und 2 des Sondergesetzes vom 6. Januar 1989 über den Verfassungsgerichtshof).

4.2. Die Befugnisse der Deutschsprachigen Gemeinschaft

4.2.1. Die Gemeinschaftsbefugnisse

Die Deutschsprachige Gemeinschaft übt in etwa dieselben Befugnisse aus wie die beiden anderen Gemeinschaften. Diese Gemeinschaftsbefugnisse werden in Artikel 130 §1 Absatz 1 der Verfassung aufgelistet und bis auf die Regelung des Unterrichtswesens im Gesetz vom 31. Dezember 1983 näher beschrieben.

Die so genannten „kulturellen Angelegenheiten" gehören geschichtlich gesehen zu den ersten Befugnissen der Gemeinschaft. Sie wurden größtenteils bereits im Zuge der Staatsreform von 1970-1973 übertragen und seitdem teilweise ausgedehnt. Unter kulturellen Angelegenheiten sind Bereiche wie der Schutz der Sprache, die schönen Künste und die Kunstausbildung, das Kulturerbe, die Museen, die Bibliotheken, der Rundfunk, das Fernsehen und die Unterstützung der Schriftpresse, die Jugend- und Erwachsenenbildung, der Sport, die Freizeitgestaltung, der Tourismus sowie die außerschuliche Ausbildung und die berufliche Fortbildung zu verstehen (Art. 4 G1983 und Art. 4 SG1980). Im Rahmen dieser Befugnis kann die Gemeinschaft alle Initiativen zur Förderung der „Kultur" ergreifen und entsprechende Finanzmittel zur Verfügung stellen.

Die vornehmlich im Zuge der Staatsreform von 1980-1983 übertragenen Befugnisse in Bezug auf die so genannten „personenbezogenen Angelegenheiten" betreffen, wie die Bezeichnung bereits vermuten lässt, im Wesentlichen Bereiche, die eng mit dem Leben der Menschen in Verbindung gebracht werden können: zum einen die Gesundheitspolitik, die sowohl Pflegeleistungen als auch Gesundheitserziehung beziehungsweise -prävention umfasst, zum anderen der Personenbeistand, worunter die Familienpolitik, die Sozialhilfepolitik, die Integration von Einwanderern, die Behindertenpolitik, der Jugendschutz und die Sozialhilfe für Häftlinge fallen (Art. 4 G1983 und Art. 5 SG1980). In Bezug auf die personenbezogenen Angelegenheiten wurden dem Föderalstaat jedoch zahlreiche Aspekte der beschriebenen Bereiche vorbehalten. Die Befugnisse der Gemeinschaft in diesem Bereich sind folglich nicht als umfassend zu betrachten.

Die Regelung des „Unterrichtswesens" wurde der Deutschsprachigen Gemeinschaft im Rahmen der Staatsreform von 1988-1990 übertragen. Mit Ausnahme von drei dem Föderalstaat vorbehaltenen Angelegenheiten[12] umfasst diese Befugnis alle Aspekte des Unterrichtswesens: die Organisation des Unterrichts, die Festlegung der Unterrichtsinhalte und die Ausgabe von Diplomen, die Pädagogik, das Dienstrecht des Personals, die Finanzierung des Unterrichtswe-

---

[12] Der Föderalstaat bleibt zuständig für die Festlegung von Beginn und Ende der Schulpflicht, für die Mindesterfordernisse hinsichtlich der Ausstellung der Diplome und für die Pensionsregelung des Lehrkörpers.

sens, die Schulinfrastruktur und den Schülertransport. Bei der Regelung des Unterrichtswesens muss die Deutschsprachige Gemeinschaft allerdings eine Reihe von verfassungsrechtlich verbrieften Grundsätzen berücksichtigen, wie das Recht auf Unterricht, das Recht auf freie Schulwahl und die Neutralität der von der Gemeinschaft eingerichteten Schulen (Art. 24 V1994).

Seit der Verfassungsänderung vom 20. Mai 1997 ist die Deutschsprachige Gemeinschaft zuständig für den „Sprachengebrauch“ im Unterrichtswesen in den von den öffentlichen Behörden geschaffenen, bezuschussten oder anerkannten Einrichtungen. Diese Befugnis umfasst die Regelung der Unterrichtssprache, die Erlernung der Muttersprache und der Fremdsprachen sowie die Regelung der sprachlichen Anforderungen an das Personal und deren Nachweis. In Bezug auf den Sprachengebrauch ist die Regelung der Sprachen im Unterrichtswesen übrigens die einzige Befugnis, die die Deutschsprachige Gemeinschaft ausübt. Im Unterschied zu den beiden anderen Gemeinschaften ist sie nicht zuständig für die Regelung des Sprachengebrauchs in Bezug auf die Verwaltungsangelegenheiten[13], die sozialen Beziehungen zwischen Arbeitgebern und ihrem Personal sowie die rechtlich vorgeschriebenen Akte und Unterlagen der Unternehmen (vgl. Art. 129 §1 V1994). Für diese Bereiche bleibt im deutschen Sprachgebiet der Föderalstaat zuständig, weil alle Gemeinden des deutschen Sprachgebiets so genannte Gemeinden mit Spracherleichterungen sind, das heißt Gemeinden, in denen es eine Sprachminderheit mit Sonderrechten gibt[14]. Um den Schutz dieser Sprachminderheit zu garantieren, weist die Verfassung die Regelung des Sprachengebrauchs dem Föderalstaat zu.

---

13 Die Deutschsprachige Gemeinschaft ist aus diesem Grund nicht befugt, den Sprachengebrauch ihrer eigenen Behörden und Dienste zu regeln. Die diesbezügliche relativ komplizierte föderale Gesetzgebung kann wie folgt grob umschrieben werden: Grundsätzlich ist die Amtssprache Deutsch, Französisch ist jedoch zusätzlich für öffentliche Dokumente und auf Antrag zu verwenden (Art. 68 und 69 G1983 in Verbindung mit den Art. 10-15 der koordinierten Gesetze vom 18. Juli 1966 über den Sprachengebrauch in Verwaltungsangelegenheiten, vgl. auch Wanda Vogel: „L'emploi de la langue allemande en matière administrative et devant la section d'administration du Conseil d'Etat“, in: Katrin Stangherlin (Hrsg.): *La Communauté germanophone de Belgique – Die Deutschsprachige Gemeinschaft Belgiens*, Brüssel, 2005, S. 117.

14 Die Flämische und die Französische Gemeinschaft sind übrigens auch nicht zuständig für die Regelung des Sprachengebrauchs in den Gemeinden mit Spracherleichterungen, die sich auf ihrem Grundgebiet befinden. In diesem Sinne sind die drei Gemeinschaften folglich gleich behandelt worden. Die Deutschsprachige Gemeinschaft ist sogar in gewisser Weise bevorzugt worden, da man ihr – im Gegensatz zu den beiden anderen Gemeinschaften für die Gemeinden mit Spracherleichterungen – die Zuständigkeit für die Regelung des Sprachengebrauchs im Unterrichtswesen übertragen hat.

Die Deutschsprachige Gemeinschaft ist zuständig für die „innerbelgische und die internationale Zusammenarbeit" in den kulturellen und personenbezogenen Angelegenheiten sowie für das Unterrichtswesen. Was die innerbelgische Kooperation mit dem Föderalstaat, den Regionen und den anderen Gemeinschaften angeht, sieht das Sondergesetz für gewisse Bereiche eine Informations-, Konzertierungs- oder Zusammenarbeitspflicht vor (Art. 55bis G1983 6 §3bis und Art. 92bis SG1980). Ansonsten steht es der Deutschsprachigen Gemeinschaft frei, Zusammenarbeitsabkommen für bestimmte ihrer Zuständigkeitsbereiche abzuschließen oder auch nicht. Die Befugnisse in Bezug auf die internationale Zusammenarbeit sind ebenfalls äußerst weitreichend, da sie beispielsweise auch den Abschluss von internationalen Verträgen – von der Aushandlung bis zur Ratifizierung – umfassen. Aufgrund des in Punkt 4.1. beschriebenen Ausschließlichkeitsprinzips ist nur die Deutschsprachige Gemeinschaft befugt, in Bezug auf ihre Befugnisse und ihr Grundgebiet Abkommen oder Verträge abzuschließen. Nur wenn im Sondergesetz genau beschriebene gesamtstaatliche Interessen gefährdet sind, kann der Föderalstaat sich dem Abschluss eines Vertrags widersetzen (Art. 81 SG1980). Bei so genannten gemischten Verträgen, das heißt Verträgen, die die Befugnisse mehrerer Körperschaften tangieren, ist die Zustimmung aller zuständigen Parlamente erforderlich, bevor der König als belgisches Staatsoberhaupt das Vertragswerk ratifizieren kann und damit bestätigt, dass der belgische Staat in seiner Gesamtheit an das Vertragswerk gebunden ist. Die Zuständigkeit der Deutschsprachigen Gemeinschaft hinsichtlich der internationalen Zusammenarbeit bezieht sich nicht nur auf den Abschluss von Verträgen, sondern beinhaltet auch deren Ausführung und Umsetzung. Deshalb muss die Deutschsprachige Gemeinschaft beispielsweise dafür sorgen, dass Richtlinien der Europäischen Union fristgerecht in eigenes Recht umgesetzt werden. Völkerrechtlich gesehen ist jedoch allein Belgien für die Nichtbeachtung von internationalen Verpflichtungen verantwortlich. Deshalb darf der Föderalstaat unter gewissen Bedingungen zeitweilig an die Stelle der Gemeinschaft treten, um die Beachtung dieser internationalen Verpflichtungen zu gewährleisten (Art. 169 V1994, 5 §1 G1983 und 16 SG1980). Die Zuständigkeit für die internationale Zusammenarbeit umfasst schließlich auch das Recht, auf internationaler Ebene als offizieller Gesprächspartner aufzutreten und gegebenenfalls einen Standpunkt im Namen Belgiens zu vertreten. Findet beispielsweise ein Ministerrat der Europäischen Union zum Thema Unterricht statt, wird der belgische Standpunkt durch einen der drei zuständigen Gemeinschaftsminister artikuliert und vertreten. Wie die Standpunktbestimmung innerbelgisch erfolgt beziehungsweise wer Belgien vertritt, ist in einem entsprechenden Zusammenarbeitsabkommen geregelt (Art. 92bis §4bis SG1980).

4.2.2. Die übertragenen regionalen Befugnisse

Aufgrund von Artikel 139 der Verfassung kann die Deutschsprachige Gemeinschaft Befugnisse der Wallonischen Region ganz oder teilweise an deren Stelle im deutschen Sprachgebiet ausüben. Dazu müssen die beiden Parlamente im gegenseitigen Einvernehmen und auf Vorschlag ihrer jeweiligen Regierungen gleichlautende Dekrete zur Übertragung verabschieden, was entsprechende Verhandlungen voraussetzt. Dieser bemerkenswerte Mechanismus, der inzwischen auch in etwas abgewandelter Form auf andere Gliedstaaten ausgedehnt wurde (vgl. Art. 138 V1994), ermöglicht also einen Befugnistransfer von der Wallonischen Region zur Deutschsprachigen Gemeinschaft, ohne dass dazu eine Verfassungsrevision oder ein Eingriff des föderalen Gesetzgebers notwendig ist.

Seit der Einführung des Artikels 139 der Verfassung im Jahre 1983 wurden bisher drei Befugnispakete übertragen:

Am 1. Januar 1994 wurde der Deutschsprachigen Gemeinschaft die Ausübung des Denkmal- und Landschaftsschutzes übertragen[15]. Diese Befugnis umfasst die Identifizierung, die Unterschutzstellung, die Klassierung von Gebäuden, Landschaften und architektonisch bzw. historisch bedeutenden Einheiten und deren Auswirkung auf das Umfeld, die Einrichtung einer entsprechenden Begutachtungskommission, die Zuerkennung von Zuschüssen für den Ankauf, die Restaurierung, den Unterhalt und die Förderung von entsprechenden Immobilien. Am 1. Januar 2000 wurde dieses Befugnispaket durch den Bereich Ausgrabungen ergänzt (Erschließung, Schutz und Verwaltung von archäologischen Fundstätten).

Am 1. Januar 2000 übertrug die Wallonische Region zudem den Befugnisbereich Beschäftigung[16]. Damit ist die Deutschsprachige Gemeinschaft zuständig für die Vermittlung von Arbeitnehmern, die Verabschiedung von Arbeitsbeschaffungsprogrammen und -maßnahmen sowie für die Erteilung von Arbeitsgenehmigungen für Nicht-EU-Bürger[17].

---

[15] Vgl. das Dekret des Wallonischen Regionalrates vom 23. Dezember 1993 (*Belgisches Staatsblatt* vom 12.02.1994) sowie das Dekret des Rates der Deutschsprachigen Gemeinschaft vom 17. Januar 1994 (*Belgisches Staatsblatt* vom 16.03.1994).

[16] Vgl. das Dekret des Wallonischen Regionalrates vom 6. Mai 1999 (*Belgisches Staatsblatt* vom 03.09.1999) sowie das Dekret des Rates der Deutschsprachigen Gemeinschaft vom 10. Mai 1999 (*Belgisches Staatsblatt* vom 29.09.1999).

[17] Der Föderalstaat bleibt jedoch beispielsweise zuständig für so wichtige Bereiche wie die Arbeitslosenunterstützung, die Sozialbeiträge und die Einwanderungs- und Aufenthaltsgesetzgebung.

Am 1. Januar 2005 wurde der Deutschsprachigen Gemeinschaft schließlich die Regelung bestimmter Aspekte der so genannten untergeordneten Behörden übertragen (vgl. Fußnote 8)[18]. Dabei handelt es sich grob umschrieben um die Finanzierung der Gemeinden, um die Regelung und Finanzierung der Kirchenfabriken und der Einrichtungen, die mit der Güterverwaltung der anerkannten Kulte beauftragt sind, um die Organisation und die Ausübung der gewöhnlichen Verwaltungsaufsicht über die Gemeinden, Interkommunalen und Mehrgemeindepolizeizonen des deutschen Sprachgebiets sowie um die Regelung der Bestattungen und Grabstätten. Am 1. Januar 2009 wurden die Befugnisse der Deutschsprachigen Gemeinschaft geringfügig, um die Aufsicht über die Interkommunalen erweitert und der entsprechende Finanzübertrag aufgestockt[19].

Abschließend sei darauf hingewiesen, dass die erfolgten Übertragungen sowohl die gesetzgeberische als auch die verordnende Befugnis umfassen. Die Deutschsprachige Gemeinschaft kann folglich in den genannten Bereichen völlig autonom agieren. Die angeführten Dekrete regeln zudem die Übertragung von entsprechenden Finanzmitteln (vgl. Punkt 6.1.3.).

4.2.3. Die konstitutive Autonomie oder die Verfassungsautonomie

Wie in Punkt 2 bereits angedeutet, haben die Gliedstaaten nicht das Recht, eine eigene Verfassung zu verabschieden. Die Befugnisse und die Arbeitsweise ihrer Institutionen werden folglich in der föderalen Verfassung beziehungsweise in den Verfassungsgesetzen geregelt. Dem Flämischen Gemeinschaftsparlament, dem Wallonischen Regionalparlament und dem Französischen Gemeinschaftsparlament wurden dennoch im Zuge der Staatsreform aus dem Jahre 1993 in beschränktem Maße gewisse verfassungsähnliche Befugnisse eingeräumt. So können sie gewisse Aspekte ihrer Wahl, ihrer Zusammensetzung und ihrer Arbeitsweise durch die Verabschiedung von Sonderdekreten eigenständig regeln (Art. 118 §2 V1994). Gleiches gilt in Bezug auf die Zusammensetzung und die Arbeitsweise ihrer jeweiligen Regierungen (Art. 123 V1994).

Die Deutschsprachige Gemeinschaft wurde hingegen von dieser Befugniserweiterung ebenso ausgeschlossen wie die Brüsseler Region. Während diese Entscheidung für die Brüsseler Region mit Hinweis auf die Wahrung des Gleichgewichts zwischen niederländisch- und französischsprachigen Brüsselern nachvollziehbar ist, wird die Verweigerung, die konstitutive Autonomie in vol-

---

[18] Vgl. das Dekret des Wallonischen Regionalrates vom 27. Mai 2004 (*Belgisches Staatsblatt* vom 16.06.2004) sowie das Dekret des Rates der Deutschsprachigen Gemeinschaft vom 1. Juni 2004 (*Belgisches Staatsblatt* vom 19.10.2004).

[19] Vgl. das Dekret des Wallonischen Parlaments vom 30. April 2009 (*Belgisches Staatsblatt* vom 16.02.2009) und das Dekret des Parlaments der Deutschsprachigen Gemeinschaft vom 27. April 2009 (*Belgisches Staatsblatt* vom 22.06.2009).

lem Umfang auch der Deutschsprachigen Gemeinschaft zuzuerkennen, in der Rechtslehre allgemein mit Unverständnis aufgefasst[20].

Schließlich bleibt festzuhalten, dass die Deutschsprachige Gemeinschaft nichtsdestotrotz über einige wenige Befugnisse verfügt, die einen konstitutiven Charakter aufweisen: So verabschiedet das Parlament beispielsweise eine eigene Geschäftsordnung (Art. 44 G1983, Art. 44 SG1980), legt die parlamentarischen Vergütungen fest (Art. 14bis G1983) und bestimmt die Anzahl der Minister innerhalb eines bestimmten Rahmens (Art. 49 G1983).

4.2.4. Komplementäre Befugnisse

Um die in den Nummern 4.2.1. und 4.2.2. beschriebenen Zuständigkeiten auf effiziente und kohärente Weise wahrnehmen zu können, bedarf es einer Reihe von „Hilfsmitteln". In der belgischen Rechtslehre spricht man in diesem Zusammenhang von instrumentalen oder komplementären Befugnissen[21]. Sie weisen meist einen rein ergänzenden Charakter auf, sodass sie nur in Verbindung mit materiellen Befugnissen ausgeübt werden können.

Bei der in Punkt 4.2.1. bereits besprochenen innerbelgischen und internationalen Zusammenarbeit handelt es sich im Grunde um eine derartige instrumentale Befugnis. Dasselbe trifft auch auf das Recht zu, Abgaben einzuführen oder Gebühren zu erheben (vgl. Punkt 6.1.1.). Weitere komplementäre Befugnisse betreffen das Recht, eine eigene Verwaltung einzusetzen und mit eigenem Personal zu versehen (Art. 54 G1983, Art. 87 §1 SG1980), dezentralisierte Dienste, Einrichtungen mit eigener Rechtspersönlichkeit oder Unternehmen zu gründen sowie Kapitalbeteiligungen zu erwerben (Art. 5 G1983, Art. 9 SG1980). Auch die Möglichkeiten, Vorkaufsrechte auf Immobilien einzuführen (Art. 5 G1983, Art. 14 SG1980), Enteignungen zum Nutzen der Allgemeinheit vorzunehmen (Art. 51 G1983, Art. 79 SG1980) sowie sonstige infrastrukturelle Maßnahmen zu ergreifen (Art. 5 G1983, Art. 8 SG1980), werden zu den komplementären Befugnissen gezählt.

Darüber hinaus darf die Gemeinschaft Verstöße gegen ihre Bestimmungen unter Strafe stellen und per Dekret entsprechende Strafen einführen (Art. 5 G1983, Art. 11 SG1980). Schließlich wird auch die wissenschaftliche Forschung

---

[20] In diesem Sinne Rimanque Karel: „De instellingen van Vlaanderen, de Franse Gemeenschap en het Waalse Gewest", in: A. Alen/ L.P. Suetens (Hrsg.): *Het federale België naar de vierde staatshervorming*, Brügge, 1993, S. 183.

[21] Vgl. Alen André: Compendium van het belgisch staatsrecht, Diegem, 2000, Deel 1, S. 278; Marc Uyttendaele: Précis de droit constitutionnel belge – regards sur un système institutionnel paradoxal, Brüssel, 2005, S. 929.

zu den komplementären Befugnisbereichen gezählt (Art. 5 G1983, Art. 6bis SG1980).

5. Die institutionellen Organe der Deutschsprachigen Gemeinschaft

Im Rahmen der ihr zugewiesenen Befugnisse tritt die Deutschsprachige Gemeinschaft sowohl als gesetzgebende als auch als ausführende Gewalt auf. Die Institutionen, die diese Gewalten verkörpern, sind das Parlament und die Regierung, der darüber hinaus eine eigeneVerwaltung zur Seite steht. Die Zusammensetzung, die Befugnisse und die Arbeitsweise dieser Organe werden teils in der Verfassung, teils im Gesetz vom 31. Dezember 1983 geregelt. Auf den Umstand, dass die Gliedstaaten nicht dazu befugt sind, eigene Gerichte einzusetzen, ist bereits in Punkt 4.1. hingewiesen worden.

5.1. Das Parlament der Deutschsprachigen Gemeinschaft[22]

5.1.1. Wahl und Zusammensetzung

Das Parlament setzt sich aus 25 direkt von den Wahlberechtigten des deutschen Sprachgebiets gewählten Mitgliedern zusammen (Art. 116 V1994 und Artikel 8 §§1 und 2 G1983). Gewählt wird alle fünf Jahre, und zwar zeitgleich mit den Wahlen zum Europäischen Parlament und den anderen Gemeinschafts- und Regionalparlamenten (Art. 117 V1994). Die Regelung und die Organisation der Wahlen ist Sache des Föderalstaats und nicht der Deutschsprachigen Gemeinschaft. Das Parlament der Deutschsprachigen Gemeinschaft befindet allerdings über die Gültigkeit der Wahlen, entscheidet über diesbezügliche Beschwerden und prüft die Wahlmandate seiner Mitglieder (Artikel 50 WG1990).

An dieser Stelle finden lediglich die wichtigsten Grundregeln der Wahlen kurz Erwähnung: Die 25 Mitglieder des Parlaments werden aufgrund des in Belgien für alle Wahlen geltenden Verhältniswahlrechts in einem einzigen, das deutsche Sprachgebiet umfassenden Wahlkreis gewählt (Art. 11 und 44 WG1990). Seit 1995 wird mit Hilfe von Wahlcomputern gewählt, was aufgrund der mangelnden Nachvollziehbarkeit des Wahlvorgangs und den damit einhergehenden eingeschränkten Kontrollmöglichkeiten nicht unumstritten ist. Die Stimmabgabe ist obligatorisch und geheim; jeder Wähler verfügt über nur eine Stimme (Art. 4 WG1990). Wahlberechtigt und wählbar sind die Bürger, die die belgische Staatsangehörigkeit besitzen, das 18. Lebensjahr vollendet haben, im Bevölkerungsregister einer Gemeinde des deutschen Sprachgebiets eingetragen sind und nicht aufgrund einer richterlichen Entscheidung von den Wahlen ausgeschlossen wurden (Art. 3 und 5 WG1990). Zur Wahl zugelassen sind des

---

[22] Die legislativen Versammlungen der Gemeinschaften und Regionen tragen erst seit der Verfassungsrevision vom 9. Juli 2004 offiziell den Namen „Parlament". Davor hießen sie „Räte".

Weiteren nur die Wahllisten, die entweder von mindestens 100 Wählern des Wahlkreises oder von mindestens drei ausscheidenden Mitgliedern des Parlaments unterzeichnet werden (Art. 22 WG1990). Seit den Wahlen 2004 müssen die Kandidaten der Wahllisten darüber hinaus so vorgeschlagen werden, dass eine ausgewogene Vertretung von Männern und Frauen gewährleistet ist (Artikel 22bis WG1990). 2004 wurde zudem eine Sperrklausel eingeführt, derzufolge nur die Wahllisten für die Vergabe von Mandaten in Frage kommen, die mindestens 5% der Gesamtanzahl gültig abgegebener Stimmen des Wahlkreises erhalten haben (Artikel 43bis WG1990). Die Wähler können nur einer einzigen Wahlliste ihre Stimme geben, dabei aber wahlweise die Liste in ihrer Gesamtheit (Kopfstimme) oder einen beziehungsweise mehrere Kandidaten (Vorzugsstimme) wählen (Art. 34 und 40 WG1990). Die nicht direkt Gewählten einer Wahlliste gelten als Ersatzkandidaten (Art. 45 §3 WG1990).

Den Sitzungen des Parlaments wohnen neben den 25 direkt gewählten Mitgliedern von Rechts wegen so genannte beratende Mandatare bei (Art. 8 §4 G1983). Dabei handelt es sich um „deutschsprachige“ Volksvertreter, die in anderen parlamentarischen Versammlungen Mitglied sind: die im Wahlkreis Verviers gewählten Mitglieder der Abgeordnetenkammer und des Wallonischen Parlaments, die im französischen Wahlkollegium gewählten beziehungsweise die kooptierten Senatoren sowie die im Wahldistrikt Eupen gewählten Mitglieder des Lütticher Provinzialrats. Für alle gilt allerdings als Vorbedingung, dass sie ihren Wohnsitz im deutschen Sprachgebiet haben und den Verfassungseid ausschließlich oder an erster Stelle in Deutsch geleistet haben. Zu den beratenden Mandaten gehört schließlich der im deutschsprachigen Wahlkreis gewählte Europaabgeordnete. Die beratenden Mandatare haben das Recht, allen Sitzungen des Parlaments beizuwohnen und dort im Rahmen der Geschäftsordnung das Wort zu ergreifen. Sie sind jedoch weder stimmberechtigt noch dürfen sie Gesetzesinitiativen ergreifen oder die Regierung kontrollieren. Der Einfluss der beratenden Mandatare und damit ihre Bedeutung für die parlamentarische Arbeit des Parlaments hat im Laufe der Zeit stetig abgenommen. Aus diesem Grunde wurde die Assoziierung der beratenden Mandatare im Parlament zunehmend in Frage gestellt und deren finanzielle Unterstützung bereits eingeschränkt. Ein vollständiger Ausschluss der beratenden Mandatare ist allerdings nur durch eine entsprechende Gesetzesänderung möglich.

5.1.2. Aufgaben des Parlaments

Das Parlament der Deutschsprachigen Gemeinschaft nimmt alle klassischen Aufgaben eines Parlaments wahr. Im Rahmen dieses Beitrags werden nur die bedeutendsten Aufgaben beschrieben[23].

Die Gesetzgebungskompetenz[24]: Gemeinsam mit der Regierung übt das Parlament die gesetzgebende Gewalt aus (Art. 7 G1983 und Art. 17 SG1980). Dazu verabschiedet es für die Angelegenheiten, deren Regelung der Deutschsprachigen Gemeinschaft übertragen wurde, so genannte Dekrete, die im deutschen Sprachgebiet Gesetzeskraft haben und in diesem Rahmen auch bestehende föderale Gesetze aufheben, ergänzen, abändern oder ersetzen können (Art. 6 G1983 und Art. 19 SG1980). Das Initiativrecht liegt sowohl bei der Regierung, die so genannte Dekretentwürfe hinterlegt, als auch bei den Parlamentariern, die so genannte Dekretvorschläge einbringen (Art. 132 V1994). In der Regel werden die Dekretvorlagen in Fachausschüssen ausführlich beraten, bevor die Plenarversammlung in öffentlicher Sitzung über einen Textvorschlag abstimmt. Vor der Schlussabstimmung haben sowohl die Regierung als auch die Parlamentarier das Recht, Änderungsanträge zu hinterlegen. Die Dekrete werden mit der absoluten Stimmenmehrheit gefasst, vorausgesetzt die Mehrheit der Parlamentsmitglieder ist anwesend (Art. 44 G1983 und Art. 35 SG1980)[25]. Nach ihrer Verabschiedung durch das Parlament sanktioniert die Regierung die Dekrete, fertigt sie aus und sorgt für deren Veröffentlichung im *Belgischen Staatsblatt*, wobei neben dem Originaltext in deutscher Sprache auch eine französische und niederländische Übersetzung zu veröffentlichen ist (Art. 46 und 47 G1983). Die Dekrete treten in der Regel zehn Tage nach ihrer Veröffentlichung in Kraft, es sei denn, in den Dekreten ist ausdrücklich ein anderesDatum festgelegt worden (Art. 48 G1983).

Die Haushaltskompetenz: Das Parlament verabschiedet jährlich per Dekret den Haushaltsplan der Gemeinschaft, genehmigt Haushaltsanpassungen und

---

[23] Weitere Befugnisse sind beispielsweise die Kontrolle der Wahlausgaben und die Regelung der ergänzenden Parteienfinanzierung (Art. 44 G1983 und 31 §§5 und 6 SG1980), die Behandlung von Petitionen (Art. 44 G1983 und 41 SG1980), die Anrufung des Verfassungsgerichtshofs (vgl. Fußnote 11) und die Einleitung des Verfahrens zur Beilegung von Interessenkonflikten (vgl. Punkt 5.2.2).

[24] Für eine ausführliche Beschreibung des Dekretgebungsverfahrens vgl. StephanThomas: „David gegen Goliath? Das (Kräfte-)Verhältnis zwischen Parlament und Regierung der Deutschsprachigen Gemeinschaft", in: Katrin Stangherlin (Hrsg.): *La Communauté germanophone de Belgique – Die Deutschsprachige Gemeinschaft Belgiens*, Brüssel, 2005, S. 290.

[25] Ausnahmen bilden die Dekrete zur Einsetzung autonomer Unterrichtseinrichtungen, die mit Zweidrittelmehrheit zu verabschieden sind (Art. 24 V1994).

schließt die diesbezüglichen Rechnungen ab (Art. 176 V1994, Art. 60bis G1983 und Art. 50 SG1989). Die Haushaltsbefugnis bezieht sich sowohl auf die Einnahmen als auch auf die Ausgaben. Im Unterschied zu den im vorherigen Absatz beschriebenen Regeldekreten liegt das Initiativrecht alleine bei der Regierung(Art. 52 §1 G1983); die Parlamentarier verfügen jedoch über das Recht, Abänderungsanträge einzureichen. Zur Haushaltskompetenz kann implizit auch das Rechtgezählt werden, Steuern einzuführen, Gebühren zu erheben und Anleihen aufzunehmen (vgl. Punkte 6.1.1. und 6.1.4.). Zur Haushaltsbefugnis gehört schließlich auch das Recht, per Dekret eine eigene Haushaltsordnung innerhalb eines vom föderalen Gesetzgeber vorgegebenen allgemeinen Rahmens zu verabschieden und ein eigenes Schatzamt einzurichten (Art. 60bis G1983 und Art. 50-52 SG1989).

Die Kontrolle der Regierung: Die Wahl der Regierung bildet die Grundlage für die spätere Kontrolle der Regierung und der Minister. Artikel 122 der Verfassung bestimmt, dass die Mitglieder der Gemeinschaftsregierung vom Parlament gewählt werden. Die weiteren Modalitäten werden in Punkt 5.2.1. näher beschrieben. Zur Kontrolle der Regierung gehört das Recht, der gesamten Regierung oder aber nur einem oder mehreren Ministern das Vertrauen zu entziehen. Dazu muss ein konstruktiver Misstrauensantrag eingebracht und von der Mehrheit aller Parlamentsmitglieder unterstützt werden. Ein derartiger Antrag ist also nur zulässig, wenn gleichzeitig eine Nachfolgeregierung oder ein oder mehrere Nachfolgeminister vorgeschlagen werden (Art. 51 G1983 und Art. 71 SG1980). Die Regierung kann ihrerseits die Vertrauensfrage stellen. Lehnt die Mehrheit aller Parlamentarier diesen Antrag ab, hat dies den direkten Sturz der gesamten Regierung zur Folge (Art. 51 G1983 und Art. 72 SG1980). Die Regierungsmitglieder sind darüber hinaus gegenüber dem Parlament politisch verantwortlich. Das Parlament kann deshalb jederzeit deren Anwesenheit verlangen; im Gegenzug ist den Ministern allerdings jederzeit Zutritt zum Parlament zu gewähren und ein Rederecht einzuräumen (Art. 44 und 51 G1983 sowie Art. 37 und 70 SG1980). Die Parlamentsmitglieder können die Minister interpellieren oder befragen und deren Amtsführung in Form von Billigungs-, Missbilligungs- oder Empfehlungsanträgen abschließend bewerten (Art. 65-66 und 69-71ter der Geschäftsordnung). Außerdem stehen dem Parlament noch weitere Kontrollmittel zur Verfügung: So kann es Untersuchungsausschüsse einsetzen (Art. 44 G1983 und Art. 40 SG1980), die öffentlichen Mitteilungen und Informationskampagnen der Regierung auf deren Zweckmäßigkeit überprüfen (Art. 44 G1983 und Art. 31 §5 SG1980) und die Regierung in Form von so genannten Resolutionen zum Erreichen vorgegebener Ziele auffordern.

Die Begutachtung von föderalen Gesetzesinitiativen[26]: Die Föderalregierung und das föderale Parlament sind dazu verpflichtet, dem Parlament der Deutschsprachigen Gemeinschaft alle Gesetzesinitiativen zur Begutachtung vorzulegen, die die in Punkt 4.2.1. bereits aufgeführten Aspekte des Sprachengebrauchs im deutschen Sprachgebiet und das durch das Gesetz vom 31. Dezember 1983 geregelte Statut der Deutschsprachigen Gemeinschaft betreffen.

Die Begutachtungsbefugnis ist allerdings beschränkt. Zum einen bezieht sie sich nur auf einige, wenn auch wichtige Aspekte der institutionellen Organisation des Landes[27]. Zum anderen sind die vom Parlament abgegebenen Gutachten nicht verbindlich, sodass sich der föderale Gesetzgeber ohne Weiteres darüber hinwegsetzen kann. Außerdem ist festzustellen, dass der föderale Gesetzgeber diese Verpflichtung in der Vergangenheit gelegentlich ganz einfach „vergessen" hat[28].

Die Wahl eines Gemeinschaftssenators: Die Mitglieder des Parlaments der Deutschsprachigen Gemeinschaft wählen aus ihrer Mitte mit absoluter Stimmenmehrheit einen Gemeinschaftssenator (Art. 67 §1 Nr. 5 und 68 §3 Absatz 3 V1994), der die Interessen der Deutschsprachigen Gemeinschaft im Senat vertritt. Der Gemeinschaftssenator kumuliert folglich beide Mandate. Die Dauer seines Mandats entspricht eigenartigerweise der Legislaturperiode des Senats (im Normalfall vier Jahre). Dies stellt unter Umständen seine politische Legitimität in Frage: Tatsächlich ist es durchaus denkbar, dass der Senator von einer Mehrheit gewählt wurde, die aufgrund zwischenzeitlich stattgefundener Gemeinschaftswahlen abgewählt wurde. In der Praxis haben die bisherigen Gemeinschaftssenatoren nach Gemeinschaftswahlen ihr Mandat vom Parlament erneut bestätigen lassen, obschon sie dazu rein rechtlich nicht verpflichtet sind. Die Vertretung der Interessen der Deutschsprachigen Gemeinschaft im Senat ist in zweierlei Hinsicht ein schwieriges Unterfangen. Zum einen bleibt der Gemeinschaftssenator ein Einzelkämpfer, da die Wahrscheinlichkeit, dass Senatoren aus dem deutschen Sprachgebiet direkt gewählt werden, aufgrund der großen Wahlkreise relativ gering ist. Zum anderen gehört er keiner Sprachgruppe

---

26 Vgl. zu diesem Thema Koen Muylle: „La protection de la Communauté germanophone au sein des institutions fédérales: entre la logique de la participation et celle de la protection d'une minorité", in: Katrin Stangherlin (Hrsg.): *La Communauté germanophone de Belgique – Die Deutschsprachige Gemeinschaft Belgiens*, Brüssel, 2005, S. 267.

27 Die Vorlegepflicht betrifft beispielsweise weder Änderungen der Verfassung oder der Sondergesetze noch Änderungen der Wahlgesetzgebung.

28 Koen Muylle vertritt die Ansicht, dass die Nichtbeachtung der Vorlegeverpflichtung durch den Verfassungsgerichtshof sanktioniert werden könnte, Koen Muylle: ibid., S. 271.

an, sodass er die damit verbundenen Schutzmechanismen – insbesondere bei der Verabschiedung von Sondergesetzen – nicht in Anspruch nehmen kann.

5.1.3. Die Arbeitsweise und das Statut der Parlamentarier

Die Arbeitsweise: Die Grundregeln zur Arbeitsweise des Parlaments sind in Ausführung von Artikel 115 der Verfassung im Gesetz vom 31. Dezember 1983 niedergelegt. Unter Berücksichtigung dieses Rahmens regelt die interne Geschäftsordnung[29] das Weitere. Das Parlament wird für fünf Jahre gewählt und kann – im Gegensatz zum föderalen Parlament – nicht aufgelöst werden. Zu Beginn der Legislaturperiode schließen sich die Gewählten zu Fraktionen zusammen, die in der Regel den Wahllisten entsprechen. So genannte anerkannte Fraktionen umfassen mindestens drei Parlamentarier und verfügen damit über eine Reihe von Vorrechten (Redezeiten, Antragsrecht, Fraktionsfinanzierung usw.). Die Parlamentarier werden von Mitarbeitern unterstützt, die das Fraktionssekretariat bilden. Der höchste Vertreter des Parlaments ist der Präsident, der gleichzeitig auch der erste Vertreter der Gemeinschaft ist, übrigens noch vor dem Ministerpräsidenten der Regierung. Er sitzt dem Präsidium und der Plenarversammlung vor, wacht über die Einhaltung der Geschäftsordnung und vertritt das Parlament nach außen. Die alle Parlamentarier umfassende Plenarversammlung tritt durchschnittlich ca. 15 Mal im Jahr zusammen. Alle Beschlüsse werden mit absoluter Stimmenmehrheit gefasst, vorausgesetzt, die Mehrheit der Parlamentarier ist anwesend (Art. 44 G1983 und Art. 35 SG1980)[30]. Die Amtssprache des Parlaments, die es selbst festgelegen darf, ist gemäß der Geschäftsordnung Deutsch (Art. 44 G1983 und Art. 43 SG1980). Die Arbeitsordnung des Parlaments wird vom Präsidium unter Mitwirkung der Fraktionsführer und der Regierung festgelegt. Das Präsidium trägt darüber hinaus die Verantwortung für die administrative und finanzielle Geschäftsführung des Parlaments. Die Dekret- und Beschlussvorlagen des Parlaments werden in der Regel in den nach Kompetenzbereichen gegliederten Fachausschüssen vorbereitet und ausführlich diskutiert, bevor sie dem Plenum zur Verabschiedung vorgelegt werden. Gemäß dem Grundsatz der verhältnismäßigen Vertretung spiegelt die Zusammensetzung der Ausschüsse – genauso wie diejenige des Präsidiums – das Kräfteverhältnis der Fraktionen wider (Art. 44 G1983 und Art. 44 SG1980). Während die Plenarsitzungen öffentlich sind, tagen die Ausschüsse und das Präsidium in der Regel in geheimer Sitzung, was zweifelsohne der Diskussions- und Kompromisskultur zugutekommt.

---

29 Art. 44 G1983 und Art. 44 SG1980: Die Geschäftsordnung des Parlaments der Deutschsprachigen Gemeinschaft vom 2. Juli 1984 ist unter www.dgparlament.be abrufbar.

30 Vgl. aber Fußnote 25.

Das Statut: Ähnlich wie die übrigen Parlamentarier des Landes genießen die Mitglieder des Parlaments der Deutschsprachigen Gemeinschaft zur unabhängigen und ungestörten Ausübung ihres Mandats besonderen Schutz (Art. 120 V1994): Zum einen dürfen sie nicht für die Äußerungen oder Abstimmungen im Rahmen ihres Mandats zur Rechenschaft gezogen werden (parlamentarische Unverantwortlichkeit). Zum anderen schreibt die Verfassung besondere Verfahrensregeln vor, wenn gegen ein Parlamentsmitglied strafrechtlich vorgegangen wird (parlamentarische Immunität). Die Parlamentarier verfügen darüber hinaus über eine Reihe von Vorrechten wie Portofreiheit, kostenlose Nutzung der öffentlichen Verkehrsmittel usw. Schließlich ist das Mandat des Parlamentariers unvereinbar mit einer Reihe anderer Mandate (Art. 10 und 10bis G1983). Ziel dieser Verbote ist es, Interessenkonflikte jeglicher Art und eine schädliche Machtfülle zu vermeiden. Die Entschädigung der Mitglieder des Parlaments der Deutschsprachigen Gemeinschaft fällt im Vergleich zu derjenigen der übrigen Parlamentarier des Landes deutlich geringer aus und wird im Wesentlichen in Form eines Sitzungsgeldes ausgezahlt, was eine tatsächliche und relativ streng kontrollierte Anwesenheit voraussetzt. Diese begrenzte Entschädigunggeht auf eine „freiwillige" Entscheidung des Parlaments zurück und wird mit dem derzeit noch nebenberuflichen Charakter der parlamentarischen Tätigkeit begründet[31]. Lediglich der Parlamentspräsident und der Gemeinschaftssenator erhalten eine vollwertige Vergütung. Bei den übrigen Parlamentariern ist im Übrigen eine Tendenz hin zu einer Professionalisierung mit entsprechender finanzieller Vergütung festzustellen[32]. Da einerseits die parlamentarische Arbeit immer komplexer und umfangreicher wird und andererseits das Gleichgewicht zwischen professionell organisierten Ministern und „Feierabendparlamentariern" immer stärker aus dem Lot zu geraten droht, wird das Parlament mittelfristig eine eindeutige Antwort auf die Frage einer geregelten Professionalisierung finden müssen.

5.2. Die Regierung und die Dienste der Deutschsprachigen Gemeinschaft

5.2.1. Wahl und Zusammensetzung der Regierung

Die Mitglieder der Regierung werden von der absoluten Mehrheit der Parlamentarier zu Beginn der Legislaturperiode gewählt (Art. 122 V1994, Art. 49 G1983 und Art. 60 SG1980). Die für Parlamentarier geltenden Wählbarkeitsbedingungen finden auch bei der Wahl der Minister Anwendung (vgl. Art. 50 G1983 und

---

[31] Aufgrund von Art 14 G1983 und Art. . 31ter SG198014 G1983 hätte das Parlament die Möglichkeit, die Entschädigungseiner Mitglieder dem Niveau der föderalen Abgeordneten anzugleichen.

[32] Einige Parlamentarier kombinieren ihr parlamentarisches Mandat mit dem Amt eines Bürgermeisters oder Schöffen in einer der Gemeinden des deutschen Sprachgebiets, was aufgrund potenzieller Interessenkonflikte zunehmend kritisiert wird. Andere sind Angestellte ihrer eigenen Fraktion und werden somit für die dort geleistete Arbeit zusätzlich entlohnt.

Punkt 5.1.1.). Das Parlament kann zwischen drei und fünf Minister bestimmen. Das Geschlecht mindestens eines Ministers muss sich jedoch von demjenigen der anderen Minister unterscheiden. Darüber hinaus kann das Parlament auch Nicht-Parlamentarier zu Ministern bestimmen. Die Minister, die bei ihrer Wahl dem Parlament angehören, müssen ihr Parlamentsmandat ruhen lassen und werden deshalb zeitweilig durch einen Nachrücker ihrer Wahlliste ersetzt (Art. 10ter G1983). Zur Bestätigung der Wahl werden die Minister vom Parlamentspräsidenten vereidigt (Art. 51 G1983 und Art. 62 SG1980). Der Ministerpräsident wird von seinen Amtskollegen gewählt und leistet zur Bestätigung dieser Wahl bemerkenswerterweise zusätzlich den Eid vor dem König als Staatsoberhaupt ab (Art. 49 G1983 und 61 §4 SG1980). Die Rangordnung der Minister wird durch die Reihenfolge ihrer Wahl bestimmt (Art. 49 G1983 und 60 §5 SG1980).

5.2.2. Die Befugnisse der Regierung

Grundsätzlich gilt, dass die Regierung über keine anderen Befugnisse verfügt als diejenigen, die die Verfassung oder die aufgrund der Verfassung ergangenen Gesetze und Dekrete ihr ausdrücklich zuweisen (Art. 51 G1983 und Art. 78 SG1980). Allerdings wurde diese Befugniszuweisung relativ weit gefasst: Gemäß Artikel 52 des Gesetzes vom 31. Dezember 1983 „entwirft und koordiniert die Regierung die Politik der Gemeinschaft".

Die Gesetzgebungskompetenz: Wie bereits unter Punkt 5.1.2. erwähnt, verfügt die Regierung gemäß Artikel 132 der Verfassung über das dekretale Initiativrecht und ist somit den Parlamentariern gleichgestellt. Wie in vielen anderen parlamentarischen Demokratien auch werden in der Deutschsprachigen Gemeinschaft die meisten Dekretvorlagen von der Regierung eingebracht. Übrigens müssen diese im Unterschied zu den von den Parlamentariern hinterlegten Dekretvorschlägen vorab vom Staatsrat auf ihre Verfassungskonformität geprüft werden[33]. Zum Initiativrecht kann auch das Vorrecht gezählt werden, den Verwendungszweck der Haushaltsmittel vorzuschlagen (Art. 52 G1983 – vgl. Punkt 5.1.2.). Dasselbe gilt auch für die sogenannte Sanktionierung, mit der die Regierung als Teil der legislativen Gewalt die Dekrete rein formal bekräftigt und deren Existenz bestätigt (Art. 7 G1983 und Art. 21 SG1980).

Die Exekutivkompetenz: „Die Regierung erlässt die zur Ausführung der Dekrete erforderlichen Verordnungen und Erlasse" (Art. 7 G1983 und 20

[33] Der Parlamentspräsident kann dem Staatsrat ebenfalls Dekretvorschläge und Abänderungsvorschläge zur Begutachtung vorlegen. Er ist dazu verpflichtet, wenn ein Drittel der Parlamentsmitglieder dies beantragt. Der Staatsrat ist das oberste Verwaltungsgericht Belgiens. Neben richterlichen Aufgaben gibt der Staatsrat nicht bindende Gutachten zu Gesetzes- und Dekretinitiativen ab (vgl. die koordinierten Gesetze vom 12. Januar 1973 über den Staatsrat sowie dessen Website www.raadvst-consetat.be).

SG1980). Damit verfügt sie innerhalb des von den Dekreten vorgegebenen Rahmens über umfassende Gestaltungsmöglichkeiten. Für die Veröffentlichung der Erlasse und deren Rechtsverbindlichkeit gelten grundsätzlich dieselben Modalitäten wie für die Dekrete (Art. 53 G1983). Zur Ausführungskompetenz können auch das Recht, zum Nutzen der Allgemeinheit Enteignungen vorzunehmen (Art. 51 G1983 und Art. 79 SG1980), sowie die Möglichkeit, eigene Dienste einzurichten (vgl. Punkt 4.2.4.), gezählt werden.

Die Vertretung der Gemeinschaft nach außen: Das Initiativrecht in Bezug auf die Gestaltung der Außenbeziehungen der Gemeinschaft liegt zweifelsfrei bei der Regierung, wie zahlreiche verfassungsrechtliche Bestimmungen beweisen: Die Regierung führt die Verhandlungen im Hinblick auf den Abschluss von innerbelgischen Abkommen und internationalen Verträgen, vertritt die Interessen in nationalen und internationalen Gremien (Art. 167 V1994, Art. 5, 51 und 55bis G1983 sowie Art. 16, 81, 92bis und 92ter SG1980) und zeichnet grundsätzlich verantwortlich für alle gerichtlichen und außergerichtlichen Handlungen der Deutschsprachigen Gemeinschaft (Art. 51 G1983 und Art. 82 SG1980)[34]. Besondere Erwähnung verdient die Rolle, die der Regierung bei der Beilegung von innerbelgischen Interessenkonflikten zukommt. Bei einem Interessenkonflikt stellt ein Parlament oder eine Regierung einesGliedstaates fest, dass ihre Interessen durch eine Initiative eines Parlaments oder Regierung eines anderen Gliedstaates ernsthaft gefährdet sind. Es geht folglich nicht um die Frage der Zuständigkeit und damit der Legalität der geplanten Entscheidung (vgl. dazu Punkt 4.1.), sondern um die Opportunität der Entscheidung beziehungsweise deren Vereinbarkeit mit dem Grundsatz der föderalen Loyalität (Art. 143 V1994). Derartige Konflikte werden im Konzertierungsausschuss durch Konsensbeschlüsse beigelegt. Als ständige Mitglieder gehören dem Konzertierungsausschuss formal nur Vertreter der übrigen Regierungen des Landes an. In der Praxis wird der Ministerpräsident der Deutschsprachigen Gemeinschaft jedoch ebenfalls zu allen Sitzungen eingeladen. Er ist allerdings nur stimmberechtigt, wenn das Parlament oder die Regierung der Gemeinschaft direkt beteiligt ist[35]. Der Konzertierungsausschuss hat darüber hinaus insgesamt sechszehn nach Befugnisbereichen gegliederte Arbeitsgruppen, so genannte interministerielle Konferenzen, eingesetzt, die die Zusammenarbeit und die Konzertierung zwischen den einzelnen Regierungen des Landes fördern und vorbereiten[36]. Die

---

[34] Allerdings tritt das Parlament an die Stelle der Regierung, wenn der Gegenstand der Streitsache oder der Handlung in die Zuständigkeit des Parlaments fällt (Art. 44 G1983 und 48bis SG1980).

[35] Zum Verfahren und zur Zusammensetzung des Konzertierungsausschusses vgl. die Artikel 31 und 32 des ordentlichen Gesetzes vom 9. August 1980 zur Reform der Institutionen (abrufbar unter: www.belgienlex.be).

[36] Vgl. Artikel 31bis des ordentlichen Gesetzes vom 9. August 1980 zur Reform der Instituti-

Regierung der Deutschsprachigen Gemeinschaft ist zurzeit in vierzehn dieser Konferenzen vertreten.

5.2.3. Arbeitsweise der Regierung und Statut der Minister

Die Regierung legt ihre Arbeitsweise selbst fest, muss dabei allerdings die Vorgaben der in Ausführung der Verfassung ergangenen Gesetze beachten (Art. 123 V1994, Art. 51 G1983 und Art. 68 SG1980). Die wichtigste dieser Richtlinien betrifft das Verfahren zur Beschlussfassung: Die Regierung berät auf kollegiale Weise und fasst ihre Entscheidungen im Konsens (Art. 51 G1983 und Art. 69 SG1980). In der Praxis delegiert sie jedoch meist gewisse ihrer Zuständigkeiten an einzelne Minister. Den Ministern steht ein so genanntes Kabinett zur Seite. Dabei handelt es sich um für die Dauer des Ministermandats bezeichnete persönliche Mitarbeiter, die dem Minister zuarbeiten.

Das Statut der Minister ist vergleichbar mit demjenigen der Parlamentarier (vgl. dazu Punkt 5.1.3.). Die Grundsätze der Unverantwortlichkeit und der Immunität finden ebenfalls auf die Minister Anwendung (Art. 124 und 125 V1994). Die Entschädigung der Minister wird im Übrigen von der Regierung autonom festgelegt. In der Deutschsprachigen Gemeinschaft werden die Gehälter der Minister und des Parlamentspräsidenten aufeinander abgestimmt.

5.2.4. Die Dienststellen der Deutschsprachigen Gemeinschaft

Die Regierung verfügt über ein eigenes Ministerium, dessen Beamte mit der Vorbereitung und der Ausführung der Dekrete und Regierungsbeschlüsse betraut sind. Innerhalb eines vom föderalen Gesetzgeber festgelegten Rahmens legt die Regierung die Organisationsweise des Ministeriums autonom fest und ernennt dessen Personal (Art. 54 G1983 und 87 SG1980). Das Ministerium wird von einem Generalsekretär geleitet, der in dieser Eigenschaft den Sitzungen der Regierung beiwohnt. Zur Abwicklung spezifischer Aufgaben sind darüber hinaus einige Einrichtungen mit eigener Rechtspersönlichkeit ins Leben gerufen worden, die auf Geschäftsführungsebene von einem Direktor und auf politischer Ebene von einem Verwaltungsrat geleitet werden und unter der Aufsicht des zuständigen Fachministers stehen[37].

---

on. Mit Ausnahme der Konferenz „Außenpolitik" verfügen diese Versammlungen allerdings über keine Entscheidungsgewalt.

[37] Diese Einrichtungen werden in der Deutschsprachigen Gemeinschaft allgemein „paragemeinschaftliche Einrichtungen" genannt. Es handelt sich dabei um das *Belgische Rundfunk- und Fernsehzentrum*, das *Institut für Aus- und Weiterbildung im Mittelstand,* das *Arbeitsamt der Deutschsprachigen Gemeinschaft* und die *Dienststelle für Personen mit Behinderung*.

6. Das Finanzierungssystem der Deutschsprachigen Gemeinschaft[38]

Für die Gliedstaaten eines Föderalstaats spielt – neben der Befugnisverteilung – vor allem das Finanzierungssystem eine entscheidende Rolle. Dies ist für die Deutschsprachige Gemeinschaft nicht anders. Die nachfolgende Erörterung wird zeigen, dass bei der Finanzierung der Deutschsprachigen Gemeinschaft vorrangig der Grundsatz der Solidarität zum Tragen kommt.

Ähnlich wie in Bezug auf die Befugnisse der Deutschsprachigen Gemeinschaft sind die Grundsätze des Finanzierungssystems der Deutschsprachigen Gemeinschaft in der belgischen Verfassung verankert und die Regelung der weiteren Modalitäten dem föderalen Gesetzgeber übertragen worden.

6.1. Die Einnahmen

6.1.1. Die Steuerbefugnis der Deutschsprachigen Gemeinschaft

Artikel 170 §2 Absatz 1 der Verfassung bevollmächtigt alle drei Gemeinschaften, per Dekret Steuern einzuführen. Diese Befugnis ist nicht an die materiellen Befugnisse der Gemeinschaften gebunden, sondern völlig losgelöst davon zu betrachten. Man könnte folglich annehmen, dass die Deutschsprachige Gemeinschaft über eine umfassende Steuerbefugnis verfügt. Artikel 170 §2 Absatz 2 der Verfassung schränkt diese Befugnis jedoch erheblich ein, wird der föderale Gesetzgeber doch dazu ermächtigt, Ausnahmen zu dieser allgemeinen Befugnis zu definieren, wenn deren Notwendigkeit erwiesen ist. Von dieser Möglichkeit, die übrigens eine Ausnahme zu dem in Punkt 4.1. beschriebenen Ausschließlichkeitsgrundsatz darstellt, hat der föderale Gesetzgeber umfassend Gebrauch gemacht: Artikel 1 des Gesetzes vom 23. Januar 1989 über die in Artikel 110 §§1 und 2 der Verfassung[39] festgelegten steuerlichen Befugnisse bestimmt nämlich, dass die Gemeinschaft in Anwendung des Grundsatzes „non bis in idem" keine Steuern auf die Materien erheben darf, die bereits vom Föderalstaat besteuert werden[40]. Der Auslegung des Verfassungsgerichtshofs zufolge berechtigt diese Bestimmung den föderalen Gesetzgeber nicht nur, die Steuerbefugnis der Gemeinschaft „a priori" zu begrenzen, sondern auch „a posteriori" Gemeinschaftsteuern aufzuheben beziehungsweise durch eigene Steuern zu ersetzen[41]. Artikel 2 desselben Gesetzes beinhaltet darüber hinaus ein weiteres Verbot: Die Deutschsprachige Gemeinschaft darf in Bezug auf Wasser und Abfall keine Steuern einführen, da dies den Regionen vorbehaltene Zuständigkeiten betrifft.

---

[38] Für eine ausführliche Erörterung vgl. Claudine Mertens: „Les modes de financement de la Communauté germanophone", in: Katrin Stangherlin (Hrsg.): *La Communauté germanophone de Belgique – Die Deutschsprachige Gemeinschaft Belgiens*, Brüssel, 2005, S. 337.

[39] Lies: Artikel 170 §§1 und 2 der Verfassung (abrufbar unter: www.belgienlex.be).

[40] Das Verbot betrifft nicht nur die Grundbesteuerung, sondern auch die Möglichkeit, Zuschlaghundertstel oder Steuervergünstigungen auf die föderalen Steuern einzuführen.

[41] Urteil des Verfassungsgerichtshofs Nr. 47 vom 25. Februar 1988.

Aufgrund dieser erheblichen Einschränkungen mag es nicht verwundern, dass die Deutschsprachige Gemeinschaft bisher noch keinerlei Steuern eingeführt hat.

Der Vollständigkeit halber sei darauf hingewiesen, dass die Deutschsprachige Gemeinschaft aufgrund von Artikel 173 der Verfassung befugt ist, Abgaben ohne jegliche Einschränkung vonseiten des Föderalstaats einzuführen. Abgaben setzen jedoch im Unterschied zu den in Artikel 170 der Verfassung angesprochenen Steuern eine konkrete und genau identifizierbare Dienstleistung voraus. Daher können sie nur für die Angelegenheiten eingeführt werden, für die die Deutschsprachige Gemeinschaft materiell befugt ist.

6.1.2. Die Zuwendungen des Föderalstaats

Die mit Abstand größte Einnahme bildet die so genannte föderale Dotation: Dabei handelt es sich um einen im Gesetz vom 31. Dezember 1983 festgelegten Betrag, der jährlich vom Föderalstaat an die Gemeinschaft überwiesen wird (Art. 56 Absatz 1 Nr. 2 G1983). Die Berechnungsweise dieser Summe ist äußerst komplex, da sie in verschiedene Bestandteile mit unterschiedlichen Berechnungsgrundlagen aufgegliedert ist und im Laufe der Staatsreformen mehrmals angepasst beziehungsweise teilweise aufgrund des zusätzlichen Finanzierungsbedarfs ergänzt wurde[42]. Zwischen der Höhe der Dotation und dem tatsächlichen Steueraufkommen in der Deutschsprachigen Gemeinschaft gibt es keinen Zusammenhang, was den Schluss zulässt, dass hier der einleitend erwähnte Solidaritätsgrundsatz deutlich zum Tragen kommt[43].

Neben dieser allgemeinen Dotation überträgt der Föderalstaat eine Reihe von spezifischen Finanzmitteln: So erhält die Deutschsprachige Gemeinschaft jährlich einen Finanzausgleich für die so genannten Rundfunk- und Fernsehgebühren, die ursprünglich von den Gemeinschaften eingezogen, im Zuge der Staatsreform 2001 aber regionalisiert wurden (Art. 58nonies G1983). Eine weitere Einnahmequelle stellen die Gewinne der Nationallotterie dar, die der Föderalstaat teilweise an die Gemeinschaften weiterleitet (Art. 58octies G1983). Schließlich überweist der Föderalstaat gewisse Summen zur Kofinanzierung von beschäftigungsfördernden Maßnahmen.

---

[42] Vgl. die Artikel 58-58septies G1983;bei der Berechnung des Betrags werden folgende Faktoren ganz oder teilweise berücksichtigt, je nachdem auf welchen Teil der Dotation Bezug genommen wird: Inflationsrate, reales Wachstum des Bruttonationaleinkommens, die Entwicklung der Bevölkerung unter 18 Jahren in der Deutschsprachigen Gemeinschaft sowie die Zahl der in der Deutschsprachigen Gemeinschaft eingeschriebenen Schüler.

[43] Karl-Heinz Lambertz: „Die Geburt eines Bundesstaates“, in: *Etnos-Nation*, 1. Jg., 1993, Heft 2, S. 55.

6.1.3. Die Zuwendungen der Wallonischen Region

Mit der unter Punkt 4.2.2. beschriebenen Befugnisübertragung wurde auch der entsprechende Finanzfluss per Dekret geregelt. Für die drei bisher erfolgten Übertragungen gilt grundsätzlich dasselbe Prinzip: Die Wallonische Region überweist jährlich eine Dotation, die auf der Grundlage ihrer bisher in den übertragenen Angelegenheiten getätigten Ausgaben im deutschen Sprachgebiet berechnet und an die Entwicklung der Inflationsrate beziehungsweise an das Wachstum des Bruttonationaleinkommens gekoppelt ist.

Bisher hat die Wallonische Region darauf verzichtet, der Deutschsprachigen Gemeinschaft auch einen Teil ihrer Schuld zu übertragen, was allgemein als Zeichen der Solidarität zwischen Wallonischer Region und Deutschsprachiger Gemeinschaft gewertet wird[44]. Wahrscheinlich möchte man aber auch der vermeintlichen Benachteiligung der deutschsprachigen Bevölkerung und der damit verbundenen Forderung nach einem zusätzlichen Finanzausgleich begegnen[45]. Seit 1990 greift die Wallonische Region nämlich der Französischen Gemeinschaft in zunehmendem Maße finanziell unter die Arme. So hat sie zwar gewisse Befugnisse der Französischen Gemeinschaft übernommen, dazu aber nur einen Teil der entsprechenden Finanzmittel erhalten. Dieser Mechanismus benachteiligt die Bevölkerung des deutschen Sprachgebiets in zweierlei Hinsicht: Auf der einen Seite muss sie sich steuerlich an der Finanzierung der übertragenen Befugnisse beteiligen; auf der anderen Seite kann sie jedoch nicht von den in diesen Angelegenheiten von der Wallonischen Region ergriffenen Maßnahmen profitieren, da diese sich auf das Territorium der Französischen Gemeinschaft und nicht auf das deutsche Sprachgebiet beziehen. Im Jahre 2000 hat die Wallonische Region vermutlich aus denselben Gründen einer weiteren „Geste der Solidarität“ zugestimmt: In ihrem Haushaltsplan wird nun jährlich ein Betrag in Form einer „Subvention an die Deutschsprachige Gemeinschaft“ eingetragen[46]. Darüber hinaus hat sich die Wallonische Region im Rahmen eines Kooperationsabkommens dazu verpflichtet, verschiedene Projekte in der Deutschsprachigen Gemeinschaft finanziell zu unterstützen[47].

---

[44] Vgl. das Dokument des Wallonischen Regionalrates 514 (1998-1999) Nr. 3, S. 3.

[45] Vgl. die Note des Rates der Deutschsprachigen Gemeinschaft vom 26. Oktober 1998 zur Bewertung der augenblicklichen föderalen Staatsstruktur, Ausführlicher Bericht vom 26. Oktober 1998, S. 87, sowie die Resolution des Rates der Deutschsprachigen Gemeinschaft vom 18. März 2002, Ausführlicher Bericht vom 18. März 2002, S. 891.

[46] Zur fragwürdigen Gesetzmäßigkeit dieser Regelung vgl. Stephan Thomas: „Les relations entre la Communauté germanophone et la Région wallonne“, in: Katrin Stangherlin (Hrsg.): *La Communauté germanophone de Belgique – Die Deutschsprachige Gemeinschaft Belgiens*, Brüssel, 2005, S. 475.

[47] Kooperationsabkommen vom 26. November 1998 zwischen der Wallonischen Region und

6.1.4. Anleihen

Die Deutschsprachige Gemeinschaft hat das Recht, Darlehen aufzunehmen (Art. 56 Nr. 4 und 60 G1983 sowie Art. 49 SG1989). Bei Ausgabe von Privatanleihen oder kurzfristigen Wertpapieren ist der föderale Finanzminister jedoch vorab zu informieren. Bei öffentlichen Anleihen sind die Bedingungen und der Ausgabezeitplan zusätzlich vom föderalen Ministerrat zu billigen. Im Hinblick auf die Einhaltung der EU-Konvergenzkriterien legen die Regierungen im Rahmen einer Konzertierung darüber hinaus die Anleihekapazität der Gliedstaaten fest. Auch die Deutschsprachige Gemeinschaft darf den so festgelegten Rahmen nicht überschreiten.

6.1.5. Sonstige Einkommen

Neben den soeben beschriebenen wichtigsten Einnahmen kann die Gemeinschaft auf einige weitere Finanzquellen zurückgreifen: Teils aufgrund ihrer Einbindung in die Euregio Maas-Rhein und die Großregion Saar-Lor-Lux erhält sie für die Kofinanzierung gewisser Förderprojekte EU-Subventionen (*Interreg-* und *ESF-Programme*). Darüber hinaus beteiligen sich das Großherzogtum Luxemburg und die Stadt Monschau an den Kosten für die Unterbringung ihrer Schüler in den Unterrichtseinrichtungen der Deutschsprachigen Gemeinschaft. Außerdem bezieht die Gemeinschaft Einkünfte aus Immobiliengeschäften, Vermögensanlagen, diversen Gebühren sowie Schenkungen und Legaten (Art. 56 Nr. 1, Art. 60bis G1983 sowie Art. 2 SG1989).

6.2. Die Ausgaben der Deutschsprachigen Gemeinschaft

Im vorangegangenen Kapitel ist festgestellt worden, dass die Gestaltungsmöglichkeiten und damit die Autonomie der Deutschsprachigen Gemeinschaft in Bezug auf die Einnahmen sehr begrenzt sind. Das Gegenteil trifft auf die Ausgaben zu. Die vom Föderalstaat und der Wallonischen Region übertragenen Finanzmittel sind bis auf einige wenige Ausnahmen nicht zweckgebunden. Die Deutschsprachige Gemeinschaft kann sie also dort einsetzen, wo sie dies für richtig hält, ohne dass den „Geldgebern" ein Mitspracherecht eingeräumt wird. Der Haushaltsplan 2010 veranschlagt die Gesamtausgaben auf circa 195,5 Millionen Euro. Davon betreffen 103,5 Millionen Euro den Bereich Unterricht, Beschäftigung und Ausbildung, 26,1 Millionen den Bereich Gesundheit und Soziales, 26 Millionen Euro Parlament, Regierung und Verwaltung, 18,5 Milli-

der Deutschsprachigen Gemeinschaft (Dokument des Parlaments der Deutschsprachigen Gemeinschaft 142 (1998-1999) Nr. 1) und die diesbezügliche Anpassung vom 3. Juli 2008 (Dokument des Parlaments der Deutschsprachige Gemeinschaft 138 (2008-2009) Nr. 1).

onen Euro die Gemeindefinanzierung, 15,5 Millionen Euro den Bereich Kultur und 5,9 Millionen Euro den Schuldendienst[48].

7. Schlussbemerkungen

Der amtierende Ministerpräsident Karl-Heinz Lambertz weist zu Recht darauf hin, dass das Statut der Deutschsprachigen Gemeinschaft „ein Nebenprodukt der gesamten Umwandlung Belgiens in einen Bundesstaat“ ist[49]. Tatsächlich sind die institutionellen Kompromisse zur Lösung des Konflikts zwischen Flamen und Frankophonen relativ großzügig, dafür allerdings ziemlich undifferenziert auf die Deutschsprachige Gemeinschaft übertragen worden. Dies hat den Deutschsprachigen ein herausragendes Autonomiestatut und damit auch gelegentlich den Titel „bestgeschützte Minderheit Europas“ beschert[50].

Diese Vorgehensweise hat allerdings auch einige Nachteile: Das Statut ist in verschiedenen Punkten nicht auf die spezifischen Bedürfnisse der Deutschsprachigen zugeschnitten. Darüber hinaus ist – zumindest aus Sicht der Deutschsprachigen – vor allem das Verhältnis zwischen Wallonischer Region und Deutschsprachiger Gemeinschaft nicht abschließend geklärt. Es mag deshalb nicht verwundern, dass das Parlament in seinen Stellungnahmen zum Autonomiestatut weitere Forderungen formuliert. Was die Befugnisse angeht, wünschen sich die Parlamentarier vor allem „eine progressive Übernahme von regionalen Befugnissen, die langfristig zur Schaffung einer Gemeinschaft-Region führen soll“[51], das heißt „einer Körperschaft, die neben allen Gemeinschaftsbefugnissen verstärkt regionale Befugnisse wahrnimmt“[52]. Mit dieser etwas schwammigen Formulierung wird einerseits die Grundlage für einen weiteren Kompetenzaus-

---

48 Dem stehen Einnahmen in etwa derselben Höhe gegenüber: 137 Millionen Euro werden vom Föderalstaat und 38 Millionen Euro von der Wallonischen Region überwiesen, 14 Millionen Euro stammen aus Anleihen und 6,5 Millionen Euro sind sonstige oder Eigeneinnahmen, vgl. dazu das Dekret vom 3. Dezember 2009 zur Festlegung des Haushaltsplans der Einnahmen und des allgemeinen Ausgabenhaushaltsplans der Deutschsprachigen Gemeinschaft für das Haushaltsjahr 2010, Dokument des Parlaments der Deutschsprachigen Gemeinschaft 4-HH2010 (2009-2010) Nrn. 1 und 4.

49 Karl-Heinz Lambertz: „Einführung in das belgische Bundesstaatsmodell“, in: Anne Begenat-Neuschäfer (Hrsg.): *Belgien im Fokus*, Frankfurt a. M., 2007, S. 71.

50 Van Cauwenberghe Jean-Claude: *Choisir la Wallonie*, Brüssel, 2004, S. 239.

51 Resolution des Rates der Deutschsprachigen Gemeinschaft vom 6. Mai 2002 an die Regierung der Deutschsprachigen Gemeinschaft in Bezug auf die Ausübung von regionalen Zuständigkeiten, deren Übertragung mit der Wallonischen Region verhandelt werden soll, Ausführlicher Bericht vom 6. Mai 2002, S. 1 046.

52 Resolution des Rates der Deutschsprachigen Gemeinschaft vom 17. September 2002 an die Regierung der Deutschsprachigen Gemeinschaft und die Regierung der Wallonischen Region zum Autonomiestatus der Deutschsprachigen Gemeinschaft und dessen weiterem Ausbau, Ausführlicher Bericht vom 17. September 2002, S. 41.

bau gelegt, andererseits aber die Frage offen gelassen, ob am Ende dieser Entwicklung die Schaffung einer eigenen, von der Wallonie losgelösten Region steht.Nicht zur Zufriedenheit der Deutschsprachigen geregelt sind darüber hinaus die Mitwirkungsmöglichkeiten auf föderaler Ebene. Die in den vorangegangenen Kapiteln beschriebenen Instrumente wie die Begutachtungsbefugnis von Gesetzesinitiativen, die Entsendung eines Gemeinschaftssenators in die zweite föderale Kammer (vgl. Punkt 5.1.2.) sowie die Präsenz der Minister im Konzertierungsausschuss und den angegliederten interministeriellen Konferenzen (vgl. Punkt 5.2.2.) sind zwar hilfreich. Sie garantieren aber weder eine effektive Partizipation der Deutschsprachigen Gemeinschaft an den föderalen Entscheidungsprozessen noch bieten sie angemessenen Schutz für die deutschsprachige Minderheit Belgiens[53]. Themen wie die gesicherte Vertretung im föderalen Parlament und die Gleichbehandlung der deutschen Sprache werden daher immer wieder im Parlament der Deutschsprachigen Gemeinschaft aufgegriffen[54].

Die geschilderten Defizite sind vor allem auf den bipolaren Charakter des belgischen Föderalstaats zurückzuführen. Die beiden großen Sprachgruppen dominieren den Föderalisierungsprozess und verleihen ihm gleichzeitig eine zentrifugale Dynamik. Diese Entwicklung wird sich mit größter Wahrscheinlichkeit fortsetzen, ja vielleicht sogar aufgrund der immer heftigeren Konflikte zwischen Flamen und Frankophonen zum Auseinanderbrechen Belgiens führen. In einer am 3. Mai 2010 veröffentlichten Stellungnahme des zuständigen parlamentarischen Ausschusses zur polititschen Krise auf föderaler Ebene äußern alle im Parlament vertretenen Fraktionen die Überzeugung, „dass die Aufrechterhaltung eines in die Europäische Union eingebetteten Bundesstaates auch in Zukunft die beste Lösung für Belgien bleibt.“ Weiter heißt es: „Die Deutschsprachige Gemeinschaft muss als eine auch mit regionalen Zuständigkeiten ausgestattete Gemeinschaft (Gemeinschaft/Region) ein definitiver und gleichberechtigter autonomer Bestandteil des belgischen Bundesstaates bleiben.“[55]

[53] In diesem Sinne KoenMuylle, ibid., S. 250.

[54] Vgl. beispielsweise die Resolution vom 26. März 2007 in Bezug auf die Erklärung der Revision der Verfassung, Dokument des Parlaments der Deutschsprachigen Gemeinschaft 97 (2006-2007) Nr. 1 und 3.

[55] Pressemitteilung vom 3. Mai 2010, abrufbart unter www.dgparlament.be.

Résumé – Samenvatting

Les fondements juridiques de la Communauté germanophone

La Communauté germanophone constitue une des six entités fédérées de l'Etat fédéral belge (3 Communautés et 3 Régions). Elle dispose sur son territoire d'un pouvoir législatif exclusif en ce qui concerne les compétences qui lui sont attribuées. Elle forme donc une entité fédérée à part entière, même si son statut présente quelques particularités. Ainsi la protection juridique de son statut est moins importante que celle des autres entités. Quant à ses compétences, la Communauté germanophone a évolué vers une « Communauté-Région » hybride puisqu'elle exerce, à côté des compétences communautaires (matières culturelles et personnalisables, enseignement), quelques compétences régionales, qui lui ont été transférées directement par la Région wallonne, une autre entité fédérée. A défaut d'une autonomie constitutionnelle propre, le parlement élu directement et le gouvernement ne peuvent eux-mêmes fixer les règles quant à leur composition et leur fonctionnement. L'autonomie financière de la Communauté germanophone se limite à la capacité de déterminer librement les dépenses. En matière de recettes, elle dépend par contre principalement des dotations transférées annuellement par l'Etat fédéral et la Région wallonne. Les représentants politiques de la Communauté germanophone estiment que le statut d'autonomie de leur Communauté est encore perfectible, notamment en matière d'exercice de compétences régionales supplémentaires et par rapport à ses moyens de participation au niveau fédéral.

De juridische basis van de Duitstalige Gemeenschap

De Duitstalige Gemeenschap is één van de zes deelstaten van het federale België (3 gemeenschappen en 3 gewesten). Zij beschikt over een eigen grondgebied en over exclusieve wetgevingsbevoegdheid in de haar toevertrouwde aangelegenheden. De Duitstalige Gemeenschap is aldus een volwaardige deelstaat, alhoewel zij een reeks bijzonderheden vertoont: haar statuut is op grondwettelijk vlak niet zo goed beschermd als dat van de andere deelstaten. De Duitstalige Gemeenschap heeft zich in zekere zin tot een hybride "Gemeenschap-Gewest" ontwikkeld, omdat zij naast de communautaire bevoegdheden (culturele en persoonsgebonden aangelegenheden, onderwijs) ook sommige gewestelijke bevoegdheden uitoefent, die het Waals Gewest haar heeft overgedragen. Het rechtstreeks verkozen parlement en de regering kunnen hun samenstelling en hun werkwijze niet zelf vastleggen, omdat de Duitstalige Gemeenschap niet over een grondwetsautonomie beschikt. In financieel-budgetair opzicht is de autonomie in principe beperkt tot de uitgaven. Op vlak van de ontvangsten is de Duitstalige Gemeenschap hoofdzakelijk aangewezen op dotaties die haar jaarlijks door de federale staat en het Waals Gewest worden overgedragen. De politieke vertegenwoordigers van de Duitstalige Gemeenschap vinden, dat het autonomiestatuut nog voor verbetering vatbaar is, in het bijzonder wat de uitoefening van bijkomende gewestelijke bevoegdheden en de deelnamemogelijkheden op federaal niveau betreft.

Medien in Ostbelgien: Freiheiten, Grenzen, Leistungen

Hubert Jenniges

Einführung

Die Presse soll im öffentlichen und privaten Leben ein Mittel sachlicher Unterrichtung und unabhängiger Meinungsbildung sein, schreibt der aus dem deutschsprachigen Ostbelgien stammende Begründer der modernen Zeitungslehre, Prof. Dr. Emil Dovifat. Die Presse sei ein Organ der Demokratie, „deren Aufstieg sie immer mitbestimmt und deren Niedergang sie immer mitverschuldet"[1].

Dieser zum Gemeinplatz gewordene Lehrspruch fand allerdings in der medienpolitischen Entwicklung des deutschsprachigen Belgiens nicht immer Anwendung. Die Printmedien und die elektronischen audiovisuellen Informationsträger waren in der Vergangenheit selten ein Vehikel unabhängiger Meinungsbildung. Allzu oft waren sie das willige Sprachrohr einer amtlich verordneten Berichterstattung; allzu oft lagen sie zu tief im Schattenwurf nationaler Selbstverherrlichung, ideologischer Prinzipien und parteipolitischer Diktate, um ihre Rolle in voller Unabhängigkeit erfüllen zu können. Es ist nicht nur der fortschreitenden demokratischen Offenheit zu verdanken, dass sich die ostbelgischen Medien aus dieser Umarmung befreien konnten; auch die rasante Einführung neuer elektronischer Informationskanäle blieb nicht ohne heilsamen Effekt auf einen offeneren Kommunikationsfluss im deutschen Sprachgebiet Belgiens.

Zwei Medienunternehmen beherrschen im Wesentlichen Information, Bildung und sozialpolitische Gestaltung: das in Eupen verlegte *Grenz-Echo*, das wichtigste Printmedium der Region, und das *Belgische Rundfunk- und Fernsehzentrum* (*BRF*), das größtenteils den audiovisuellen Bereich abdeckt. Letzteres nimmt zudem als Einrichtung des öffentlichen Rechts eine besonders exponierte Stelle in der ostbelgischen Medienlandschaft ein.

---

[1] Emil Dovifat: *Zeitungslehre: Theoretische und rechtliche Grundlage*. Bd. 1, Sammlung Göschen, Berlin, 1967, S. 6. Emil Dovifat, geb. 1890 in Moresnet, war seit 1928 Ordinarius für Zeitungskunde an der Humboldt-Universität in Berlin. Er war Mitgründer der CDU und der Freien Universität Berlin (1948). Gestorben 1969 in Berlin. Zu seinen Beziehungen zu Ostbelgien vgl. *Im Göhltal: Zeitschrift der Vereinigung für Kultur, Heimatkunde und Geschichte im Göhltal*, 7, 1970, S. 57.

Entwicklung des Zeitungswesens
Einen herausragenden Platz hatte schon immer das Zeitungswesen, das im Eupener und St. Vither Raum, dem offiziell anerkannten Gebiet der deutschsprachigen Gemeinschaft, auf eine lange Tradition zurückblicken kann.

Die ältesten Presseerzeugnisse im deutschsprachigen Altbelgien
Vorab sei festgehalten, dass diese Darstellung unhistorisch und unvollständig wäre, wenn sie sich nur auf den offiziell anerkannten deutschen Sprachraum des heutigen Belgiens beschränken wollte, denn vor der Angliederung Eupen-Malmedys (1920) lebte bereits eine deutsche Minderheit im Königreich Belgien in zwei geografisch unterschiedlichen Gebieten: im Nordosten der Provinz Lüttich („Montzener Land") sowie in und um Arlon (Arel), dem Umland der Hauptstadt der Provinz Luxemburg („Areler Land"). Hier lebten um 1910 schätzungsweise 60 000 Deutschsprachige, mehrheitlich deutsche Dialektsprecher[2].

In diesem ehemals deutschsprachigen altbelgischen Raum[3] spielte die Presse bis in die 20er Jahre des vorigen Jahrhunderts eine erhebliche Rolle als identitätsstiftender Informations- und Kulturträger. Hier entfaltete sich im 19. Jahrhundert ein Zeitungsschrifttum, das in dieser Darstellung der deutschsprachigen Medienwelt in Belgien nicht vergessen werden soll und hier einen kurzen Nachruf verdient.

In diesen beiden, ehemals deutschen Sprachräumen mit ungleichen Kulturwurzeln bestimmten lokale Zeitungen ein volles Jahrhundert lang die politische Willensbildung und das sprachliche Verhalten der deutschsprachigen Leserschaft. Dieser voneinander abweichende kulturelle Unterbau und das unterschiedliche nationale Zugehörigkeitsgefühl haben in den Jahren der belgischen Annexion Eupen-Malmedys und in den beiden Jahrzehnten vor 1940 dazu ge-

---

2 Es besteht eine umfangreiche Literatur zu „Deutsch-Altbelgien". Von der älteren Literatur ist zu nennen: Heinrich Bischoff: *Geschichte der Volksdeutschen in Belgien*,Aachen, 1904. Maßgebend hat Nelde die deutsch-altbelgische Sprachlandschaft in die jüngere Forschung eingeführt: Peter Hans Nelde (Hrsg.): *Deutsch als Muttersprache in Belgien: Forschungsberichte zur Gegenwartslage*,Wiesbaden, 1979 (zitiert als Nelde); Peter Hans Nelde (Hrsg.): „Volkssprache und Kultursprache: Die gegenwärtige Lage des sprachlichen Übergangsgebietes im deutsch-belgisch-luxemburgischen Grenzraum", in: Göschel, Joachim/ Veith, Werner H. (Hrsg.): *Zeitschrift für Dialektologie und Linguistik*, Wiesbaden, 1979. Ferner Hubert Jenniges (et al.): *Deutsch als Umgangs- und Muttersprache in Belgien: Akten des Kolloquiums in Arel vom 17.-18. Januar 1987.* Europäisches Büro für Sprachen mit kleinem Verbreitungsgebiet – Belgisches Komitee: Brüssel – Eupen, 1988, passim.

3 Die Begriffe Altbelgien und Neubelgien entstanden nach 1920. Seit den 60er Jahren sind sie aus dem Sprachgebrauch verschwunden. In der soziolinguistischen Forschung wurden sie von P. H. Nelde 1976 als Benennungselemente wieder aufgegriffen.

führt, dass es nie zu einer „deutschsprachigen Schicksalsgemeinschaft“ zwischen den Alt- und Neubelgiern gekommen ist.

Das meistgelesene Presseerzeugnis war die im Revolutionsjahr 1848 in Aubel gegründete *Fliegende Taube*, die einen eindeutig katholischen und belgisch-nationalen Standpunkt vertrat und zu Beginn des 20. Jahrhunderts im preußischen Landkreis Eupen, im damaligen Ausland, ebenfalls eine interessierte Leserschaft fand[4]. Das Blatt erschien zweimal wöchentlich mit der bildlichen Darstellung einer fliegenden Taube im Titel und wandte sich vor allem an Landwirte, Arbeiter und kleine Geschäftsleute des Montzener Landes. Die Taube als Wappentier der Zeitung sollte das „Symbol für Friedensliebe und die rasche Verbreitung von Nachrichten sein“[5]. Von 1905 bis 1922 nannte sich das Blatt im Untertitel*Katholisches Volksblatt – älteste und billigste Zeitung und größtes Anzeigen-Organ der Deutschen Belgier*. In der Vorkriegszeit erreichte die Auflage etwa 2 500 Exemplare, stieg aber nach der Annexion der deutschen Kreise Eupen-Malmedy (nach 1920) ständig an. Nach 103 Jahren ihres Bestehens stellte die *Fliegende Taube* am 29. Dezember 1951 ihr Erscheinen ein. Das schwache wirtschaftliche Fundament des Zeitungsverlags spielte sicherlich eine wichtige Rolle; ausschlaggebend für den Untergang des Blattes dürfte jedoch die fortschreitende Romanisierung Deutsch-Altbelgiens gewesen sein[6]. Mit der *Fliegenden Taube* verschwand das letzte, periodisch erscheinende deutsche Schrifterzeugnis in Deutsch-Altbelgien.

Die Verlagsinhaber (Familie Willems) traten übrigens im 19. Jahrhundert in Aubel noch mit anderen deutschsprachigen Zeitungen, meistens Wochenblättern, an die Öffentlichkeit, denen allerdings ein kurzes Leben beschieden war.

Zur gleichen Zeit erschien in Arlon die ebenfalls von der Aubeler Verlegerfamilie initiierte *Arloner Zeitung*, ein halbwöchentlich herausgegebenes Blatt, das sich als Sprachrohr der deutschsprachigen Leserschaft im „Areler Land“ auswies und 1860 auch die Bezeichnung *Deutsche Arloner Zeitung* im Titel führte. Dieses Presseorgan erlitt schon früher das gleiche Schicksal wie die*Fliegende Taube*: Es verschwand ebenfalls mit der fortschreitenden, unumkehrbaren Romanisierung der deutsch-luxemburgischen Altbelgier.

---

4 Ulrike Pommée: Die Fliegende Taube: Monographie du premier journal belge de langue allemande, Brüssel, 1984-1985; Klaus Pabst: „Presse zwischen zwei Weltkriegen (1914-1945)“, in: Zwei Jahrhunderte deutschsprachige Zeitung in Ostbelgien, Eupen, 2007, S. 197-199 (weiter zitiert: Zwei Jahrhunderte).

5 Pabst, in: *Zwei Jahrhunderte*, loc. cit.

6 Pommée, op. cit., S. 122.

Ähnlich erging es einem Konkurrenzblatt, das am 3. Januar 1903 in Welkenraedt unter dem Titel *Das Grenz-Echo* erschien. Der Namensvorgänger der heutigen einzigen deutschsprachigen Tageszeitung nannte sich auch *Belgisch-deutscher Generalanzeiger* und empfahl sich als Interessenvertreter der deutschsprachigen belgischen Grenzbevölkerung[7]. Das ebenfalls halbwöchentlich erscheinende Blatt zählte etwa 3 000 Bezieher. Großer Beliebtheit erfreute sich die Sonntagsbeilage unter dem Titel *Illustriertes Unterhaltungsblatt*, die gleichzeitig mit der Zeitung ihr Erscheinen am 3. August 1914 einstellte.

Das Zeitungswesen in Eupen-Malmedy vor 1920

Ein Blick auf die Entwicklung der Presselandschaft im heutigen deutschsprachigen Belgien, Ende des 19. und zu Beginn des 20. Jahrhunderts zeigt zunächst in den beiden Kreisstädten Eupen und Malmedy bzw. in St. Vith eine bemerkenswerte Erscheinungsdichte, die sich wohl aus der geografischen Lage der beiden Gebietsteile erklären lässt. Die Unwegsamkeit des Hohen Venns, die Transporthindernisse des 19. Jahrhunderts und die soziokulturellen Unterschiede zwischen dem Eupener Land und der Westeifel schufen eine regelrechte „Kommunikationsschranke", die selbst heute noch spürbar ist.

Die in beiden Kreisen amtlich dirigierten Blätter präsentierten sich in ihrer äußeren Beschaffenheit in einem gedrängten Schriftbild, das wir auch in den Lokalblättern des Rheinlands vorfinden: Sprache, Stil, Inhalt und Aufmachung hatten bis zum Ersten Weltkrieg nur geringfügige Änderungen erfahren. Illustrationen waren praktisch inexistent.

Die schon wegen der Engräumigkeit der Verbreitungsgebiete in begrenzter Auflage gedruckte Presse genügte offensichtlich dem Informations- und Bildungsbedürfnis der vorwiegend kleinbürgerlichen und ländlichen Bevölkerung der beiden preußischen Kreise Eupen und Malmedy[8].

Vielfach waren die kleinen Presseunternehmen ein Einmannbetrieb. Der Herausgeber war Drucker und Redakteur in einer Person. Erst Ende des 19. Jahrhunderts wurden in Eupen und St. Vith Berufsredakteure eingestellt. In

---

7 Alfred Belleflamme: „Das Grenz-Echo: Belgisch-deutscher Generalanzeiger, 1903 bis 1914 in Welkenraedt", in: *Zwei Jahrhunderte*, S. 172. Der Gründer des *Deutschen Vereins für die Provinz Lüttich*, Prof. Dr. Heinrich Bischoff, benutzte ab 1905 *Das Grenz-Echo* als Vehikel zur Einforderung der sprachpolitischen Rechte für die altbelgischen Deutschsprachigen.

8 K. L. Kaufmann: *Der Kreis Malmedy: Geschichte eines Eifelkreises von 1865 bis 1920*, neu hrsg. von Heinrich Neu, Bonn, 1961, S. 187.

St. Vith trat der Herausgeber des *Kreisblattes* vorübergehend auch als Drucker namhafter heimatgeschichtlicher Bücher in Erscheinung[9].

Die Zeitungen deckten ein kleines Verbreitungsgebiet ab, wo sie vornehmlich den lokalen und regionalen Interessen dienten. So richtete sich das Informationsangebot auch naturgemäß nach den kleinen und großen Ereignissen in dem betreffenden Verbreitungsraum[10]: Lokalnachrichten, Mitteilungen über das Vereinsleben und private Jubiläen, Unglücksfälle, besondere Vorfälle, Nachrichten über Gewerbe und Marktberichte, vor allem amtliche Berichte aus den Kreisstädten und ein Anzeigeteil füllten die Spalten. Selbstredend nahmen die allgemeinen politischen Ereignisse aus dem fernen Berlin sowie aus dem Regierungsbezirk Aachen, vor allem in den Amtsblättern in Eupen, Malmedy und St. Vith, einen entsprechenden Raum ein.

Folgende Zeitungen erschienen in Eupen-Malmedy bis 1920:

In Eupen wurde das 1827 gegründete *Korrespondenzblatt des Kreises Eupen* zunächst in wöchentlicher Auflage, später zweimal (ab 1848), dann dreimal (1908) und zuletzt viermal in der Woche (1917) gedruckt. Es befand sich bis zum Einstellen des Betriebs (1944) im Besitz der Familie Tilgenkamp. Das *Korrespondenzblatt* änderte seinen Namen 1921 in *Eupener Zeitung*. Das Blatt enthielt amtliche Nachrichten und stand somit den preußischen Behörden sehr nahe, öffnete jedoch seine Spalten auch anderen im Eupener Land vertretenen Richtungen[11].

Außerdem erschienen in Eupen die *Eupener Nachrichten – Volkszeitung für Stadt und Land*, ein 1909 gegründetes Blatt, das die Nachfolge der 1902 erstmals erschienenen *Eupener Bürgerzeitung* antrat. Die Publikation stand dem Zentrum nahe und vertrat spezifisch katholische Interessen. Sie kann in unserer heutigen Wertung durchaus als Parteizeitung angesehen werden. Seit 1909 erschien sie dreimal wöchentlich. Während der Kriegsjahre 1914-1918 folgte das Blatt der Linie der nationalen bürgerlich-deutschen Presse.

In St. Vith beherrschte das 1866 gegründete *Kreisblatt für den Kreis Malmedy* jahrzehntelang Information und Kommunikation in dem zum Teil zwei-

---

9 So erschienen im Zeitungsverlag von Joseph Doepgen auch heimatgeschichtliche Abhandlungen in Buchform, die noch heute in der lokalen Geschichtsforschung große Beachtung finden. Dazu gehören u.a. Dr. A. Heckings *Geschichte der Stadt St. Vith* (1875) und seine Monografie über *DieHerren von Schönberg, nebst Beiträgenzur Geschichte der Eifel* (1883).

10 Pabst, in: *Zwei Jahrhunderte*, S. 179.

11 Pabst, in: *Zwei Jahrhunderte*, S. 180.

sprachigen Kreis. Ursprünglich nannte sich das von Joseph Doepgen verlegte Blatt *Wochenblatt für den Kreis Malmedy*. Schon knapp ein halbes Jahr später änderte es seinen Titel in *Kreisblatt für den Kreis Malmedy* und wurde somit zum Sprachrohr regierungstreuer Mitteilungen. Der Herausgeber kam in den Genuss von Regierungssubventionen, was allerdings sein verlegerisches und redaktionelles Feld einengte. Im Zuge der Neuorganisation der preußischen Regierungspresse im Jahre 1882 erhielten die amtlich geführten Blätter redaktionelle Mitteilungen, die im Falle des St. Vither*Kreisblattes* über den Landrat in Malmedy zugestellt wurden; nachträglich von der Verlagsleitung aber teilweise gekürzt oder umgeschrieben werden mussten[12]. 1882 soll sich der Herausgeber Josef Doepgen geweigert haben, diese in Berlin verbreitete „Politische Korrespondenz" des Innenministeriums in seine Spalten aufzunehmen, was jedoch nach jüngsten Recherchen nicht eindeutig belegt werden kann[13]. Dennoch blieb in dieser Hinsicht ein latentes Spannungsfeld bestehen. Später (1905) kündigte Doepgen seinen Vertrag mit der Kreisverwaltung und taufte sein Blatt in einen umständlich langen Namen um, der ein umfangreiches Redaktionsprogramm zu vergegenwärtigen schien: *Malmedy-St. Vither Volkszeitung. Kreisblatt für den Kreis Malmedy. Eifeler Landzeitung. Organ der Zentrumspartei*[14]. Mit diesem Schritt ging ihm eine Kreisunterstützung in Höhe von 200 Mark verloren. Im Kriegsjahr 1917 ließ der St. Vither Verleger aus unbekannten Gründen die Unterbezeichnung *Organ der Zentrumspartei* fallen, betrachtete sich aber weiterhin der katholischen Sache verbunden. So finden sich wie vorher Rubriken zu religiösen Themen und erbauliche Artikel in den Redaktionsteilen des Blattes.

Es ist deutlich, dass das in St. Vith erscheinende *Kreisblatt Malmedy* (bis 1905) eine wirtschaftlich bedingte liberal-gouvernementale Richtung vertreten hatte. Der Verleger des *Kreisblattes des Kreises Eupen* äußerte wohl auch aus diesen Überlegungen deutliche Neigungen zur national-liberalen Partei[15].

---

[12] Fabian Müller-Lutz: „'Den einfachsten Ansprüchen nicht genügend?': Das Kreisblatt für den Kreis Malmedy in der Bismarckzeit (1866-1890)", in: Andreas Fickers (Hrsg.): *Zwischen den Zeilen: Die Geschichte des Kreisblattes für den Kreis Malmedy und der St. Vither Volkszeitung 1866-1940*, Brüssel, 2008, S. 72-73 (weiter zitiert als Fickers); Luise Clemens: „Zwischen den Zeilen: Die Malmedy-St. Vither Volkszeitung und der 'Vaterlandswechsel' Eupen-Malmedys (1919-1925)", in: Fickers, bes. S. 123.

[13] Kaufmann, op. cit., beruft sich für diese Behauptung auf einen Landratsbericht des Jahres 1882 (S. 186 u. ff.), was Müller-Lutz (in: Fickers, S. 73) aber in Zweifel stellt und die Retizenz des St. Vither Herausgebers durch den begrenzten Raum erklärt, der für die überlebensnotwendigen Anzeigen erforderlich schien.

[14] Müller-Lutz, ibid.

[15] Herbert Ruland: Zum Segen für uns alle: Obrigkeit, Arbeiterinnen und Arbeiter im deutsch-belgischen Grenzland (1871-1914), Eupen, 2000, S. 25.

An Stelle des umgeformten *Kreisblattes für den Kreis Malmedy* erschien 1906 dreimal in der Woche die Amtszeitung *Neues Kreisblatt für den Kreis Malmedy*und die Landwirtschaftszeitung *Der Erzähler*. Amtliches Organ für die Kreisverwaltung und die landwirtschaftliche Lokalabteilung St. Vith-Malmedy in einer Auflage von 1 500 Stück. Das Blatt bezog die staatlichen Subventionen und war politisch gouvernemental.

Diese Übersicht wäre unvollständig, wenn wir nicht die wallonische Presse in Malmedy erwähnten[16]. Sie nimmt im sprachlichen und politischen Gefüge der preußischen Kreisstadt einen besonderen Platz ein. Seit 1848 erschien das Wochenblatt *Semaine. Journal de la Ville et du Cercle de Malmedy*, das mit der ursprünglich zweisprachigen, kurzlebigen*La Feuille de correspondance administrative du Cercle de Malmedy* verschmolzen war. Herausgeber war die bekannte Malmedyer Familie Scius; Schriftführer war der aus Frankreich stammende Historiker und „politisch geschulte Schriftsteller" Arsène de Noüe[17]. Die Zeitung vertrat allgemein eine regierungstreue Richtung, widmete sich aber vor allem der Geschichte, dem Brauchtum und der wallonischen Mundart in der so genannten „Preußischen Wallonie". Im Kulturkampf trat *La Semaine* energisch für die Interessen der katholischen Kirche ein[18]. Bemerkenswert ist, dass die in Französisch redigierte *Semaine* trotz der legitimen Verteidigung der Sprach- und Kulturrechte der Wallonen stets eine durchaus deutschtreue Haltung eingenommen hat. Sie sprach sich 1920 auch gegen die Angliederung Eupen-Malmedys an Belgien aus.

Örtliche Bedeutung erreichte das 1881 gegründete Wochenblatt *L'Organe de Malmedy*, das in heftiger Fehde mit der *Semaine* lebte. Es lehnte stark an den wallonisierenden *Club Wallon* an, der 1919-1920 offen für die Annexion eintrat und dann mit belgischer Unterstützung das Propagandablatt *La Warche* herausgab (1920-1925)[19].

---

[16] Kaufmann, op. cit., S. 185-186; Pabst, in: Zwei Jahrhunderte, S. 202; Heidi Christmann: Presse und gesellschaftliche Kommunikation in Eupen-Malmedy zwischen den Weltkriegen, München, 1974.

[17] Kaufmann, op. cit., S. 186. Über Arsène de Noüe siehe Maurice Lang: „Un anniversaire: Arsène de Noüe (1817-1904)", in: *Folklore Stavelot-Malmedy*. Tome XVIII, 1954, S. 147-150.

[18] Pabst, in: *Zwei Jahrhunderte*, S. 202.

[19] Zur Entstehung und Bedeutung des *Club Wallon* siehe Nicolas Pietkin: *La Germanisation de la Wallonie Prussienne*, Brüssel, 1904; Hubert Jenniges: „'Jérôme Savonarole' von Henri Nicolas Bragard: Betrachtungen zum Umfeld eines wallonischen Versepos", in: *Zwischen Venn und Schneifel*, 1, 1999, S. 5-7.

Das Zeitungswesen zwischen beiden Kriegen

Eine grundlegende Richtungsänderung brachte der im *Versailler Vertrag* gegen den Willen der Bevölkerung beschlossene Übergang der beiden Kreise Eupen-Malmedy an Belgien. Nunmehr standen die in der deutschen Tradition lebenden Blätter in deutlicher Opposition zu der neuen herrschenden belgischen Staatsmacht, obgleich ihre meinungsbildende Wirkung in diesem Spannungsfeld nicht überbewertet werden soll. Die Presse verblieb inhaltlich weiterhin ganz in der deutschen Pressetradition. Deutlich wird allerdings eine langsame Festigung des gemeinsamen Identitätsgefühls in der belgisch gewordenen Heimat. In diesem Zusammenhang vollzog sich allmählich auch eine ideelle Annäherung der geografisch durch das Hohe Venn voneinander geschiedenen Kreise Eupen und Malmedy.

Die Zeitungen reagierten 1919-1920 mit deutlicher Ablehnung auf den sich anbahnenden Staatenwechsel, allerdings auch mit großer Verunsicherung, selbst mit Resignation, die sich aus der allgemeinen Überzeugung ergab, das politische Schicksal der beiden Kreise sei ohnehin bereits beschlossene Sache[20]. Die Presse in Eupen-Malmedy verbreitete zu Beginn der 20er Jahre das Gefühl, in einer surrealistischen „nationslosen“ Welt zu leben: Einerseits füllten weiterhin reichsdeutsche Themen die Spalten, wodurch die Angliederung an Belgien möglichst verdrängt wurde; die primären Informationsquellen bildeten weiterhin die reichsdeutschen Zeitungen. Anderseits verstärkte sich aber auch die Notwendigkeit, über den neuen „Herbergsstaat“ und seine Gesetzgebung zu informieren. Clemens spricht von einem „Zwei-Welten-System, innerhalb dessen man sich bewegte“[21].

Übrigens wurde der Presse auch eine eventuelle, offene Informationsbeteiligung an der belgischen Angliederungspolitik erschwert, da der für die Dauer von fünf Jahren ernannte Hohe Kommissar Herman Baltia (1920-1925) selbst die Veröffentlichung der die Annexion betreffenden Bestimmungen des *Versailler Vertrages* in der Lokalpresse verbot[22]. Dennoch entwickelten sich die prodeutschen Zeitungen zu Protestorganen; was auch in so genannten „Stellvertreter-Artikeln“ zum Ausdruck kam, in denen brennende deutsch-nationale Fragen mit deutlichem Seitenblick auf Eupen-Malmedy angesprochen wurden (Rheinlandfrage, Anschluss Deutsch-Österreichs, Elsass-Lothringen usw.)[23]. Bemerkenswert ist die wiederholte Forderung nach der Wiederholung einer fairen und

[20] Monika Röther: „Kollektive Identitätskonstruktion durch autoritative Deutungsangebote: Die Malmedy-St. Vither Volkszeitung und die Bevölkerung Eupen-Malmedy-St. Viths“, in: Fickers, S. 237.

[21] Clemens, in: Fickers, S. 173.

[22] Christmann, op. cit., S. 148.

[23] Clemens, in: Fickers, S. 154.

freien Volksbefragung – wonach die *Malmedy-St. Vither Volkszeitung* vom 25. November bis 8. Dezember 1920 von Baltia verboten wurde.

Doch die „Angliederungsdynamik“ war eigentlich nicht aufzuhalten, was durch den Anzeigenteil der Blätter offensichtlich wird. Belgische Unternehmen, Banken, Kaufhäuser und private Geschäftsleute aus dem Raum Verviers-Lüttich richteten sich direkt an die deutschsprachige Kundschaft in Eupen-Malmedy-St. Vith. Mit ihren Werbeanzeigen begünstigten sie ein Hinwenden nach Belgien, das sich im Endeffekt nicht nur als eine kommerzielle Orientierung erwies.

Unterdessen belebten neue Blätter die Meinungsvielfalt. Einige seien hier erwähnt: das wöchentlich in Eupen erscheinende sozialdemokratische Gewerkschaftsblatt *Die Arbeit*; die kommunistische *Volksstimme*, die Ende 1936 vierzehntäglich erschien, und das seit 1935 ebenfalls vierzehntäglich verbreitete Organ der belgischen Rexisten unter dem Namen *Rex*[24].

Der politische Meinungsstreit erreichte nach der nationalsozialistischen Machtergreifung Hitlers 1933 seinen Höhepunkt. Nach der Gründung der von der *NS*-Propaganda geförderten *Heimattreuen Front* (*HF*) gerieten die traditionellen Heimatblätter stets mehr in den Sog der Nazi-Ideologie. Das galt sicherlich für die *Eupener Nachrichten*, die allerdings den deutschen Einmarsch vom 10. Mai 1940 nicht lange überlebten. Bereits im Juni 1940 stellte die Zeitung ihr Erscheinen ein. Ihre Leser wurden vom *Westdeutschen Beobachter*, dem *NS*-Parteiblatt des Gaues Köln-Aachen, übernommen.

Die politische Radikalität gewann mit dem *Landboten* an Gewicht, dem bereits 1920 gegründeten Pflichtorgan des *Landwirtschaftlichen Verbandes des Kreises Malmedy*, das von dem Exponenten des Grenzrevisionismus und später des Landes verwiesenen *HF*-Führers Josef Dehottay geleitet wurde. Der *Landbote* erschien halbwöchentlich und war weit mehr als ein Fachblatt des Bauernstandes. Die belgischen Behörden begegneten der heimattreuen Zeitung mit größtem Misstrauen und versuchten mehrfach seine Auslieferung mit administrativen Hindernissen zu erschweren. Post und Bahn erließen 1935 ein Beförderungsverbot. 1937 meldete der *Landbote* die Einstellung des Zeitungsbetriebes an.

---

[24] *Rex* war aus der rechts-katholischen Organisation *Christus Rex* hervorgegangen und orientierte sich zu dem Zeitpunkt am Vorbild des italienischen Faschismus. Bei den Wahlen von 1936 konnten sich die ostbelgischen Rexisten mit einem Stimmenanteil von 26,6% ein Direktmandat in der belgischen Kammer durch den Eupener Rechtsanwalt René Wintgens sichern. Siehe Pabst, in: *Zwei Jahrhunderte*, S. 195-196.

Das *Grenz-Echo*: Sonderfall der belgischen Presse (seit 1927)

Über acht Jahrzehnte lang gestaltet, bestimmt und beherrscht das in Eupen erscheinende *Grenz-Echo* die öffentliche und private Meinungsbildung im deutschsprachigen Ostbelgien. Als einzig maßgebendes Printmedium der Region hat die heute in einer Auflage von ca. 15 000 Tagesexemplaren erscheinende Zeitung die Höhen und Tiefen der letzten acht Jahrzehnte in Ostbelgien überlebt. Dies konnte – sicherlich in den Vorkriegsjahren – nur dank der massiven Unterstützung einflussreicher belgischer Kreise aus Politik und Wirtschaft geschehen. Das *Grenz-Echo* war seit seiner Gründung 1927 das Sprachrohr einer integralen „Belgisierung" Eupen-Malmedy-St. Viths und verwendete zu diesem Zweck ein Instrumentarium, das sehr oft an positiver Kritik, Objektivität und Fairness zu wünschen übrig ließ[25].

Das Blatt hat in den beiden letzten Jahrzehnten die geistige Verkrampfung durch die Öffnung nach einer breiteren Meinungsvielfalt überwunden. Dies war sowohl das Ergebnis ökonomischer Zwänge als auch die Folge einer Entideologisierung auf engem Raum. Dennoch bleibt das *Grenz-Echo* bis heute wegen seines Werdegangs und seiner Monopolstellung in Ostbelgien ein Sonderfall innerhalb der belgischen Presse.

Die pro-belgische Stimme vor 1940

Gegründet wurde das *Grenz-Echo* 1927 als „Christliches Organ zur Förderung wirtschaftlicher Interessen der neubelgischen Gebiete" mit einem klar umrissenen Auftrag: Es sollte die ehemaligen Kreise Eupen-Malmedy dem „neuen Vaterland" Belgien näherbringen. Eine Grenzrevision wurde ausgeschlossen; eine Neuauflage der umstrittenen „Volksbefragung" von 1920 kurzerhand abgelehnt.

Die Zeitungsgründung war eine Initiative der Katholischen Partei Belgiens, die aus den Parlamentswahlen 1925 eindeutig als stärkste politische Kraft der „neubelgischen Gebiete" hervorgegangen war; ab 1929 nannte sich die Partei *Katholische Union*. Triebfeder des Presse-Unternehmens waren die beiden katholischen Abgeordneten David und Claessens, sowie der ehemalige Generalsekretär des Baltia-Regimes, Pierre van Werveke. Die Zeitung sollte – nach der Vorstellung ihrer Gründer – ein wirksamer Gegenpol zu den revisionistischen und später „heimattreuen" Blättern werden. Sie konnte mit der finanziellen Unterstützung jener belgischen Kreise in Politik und Wirtschaft rechnen, die die „Belgisierung" des deutschsprachigen Gebietes als unumgängliches Integrati-

[25] Guido Havenith: „Vorliebe für die Katholische Partei: Das frühere Belgienbild in der Berichterstattung", in: *JubiläumsausgabeGrenz-Echo* 1927-2002, Teil 2, S. 4, und Guido Havenith: „'Der Heimat nach besten Kräften dienen': Henri Michel herrschte fast vier Jahrzehnte", in: op. cit., S. 10.

onsinstrument betrachteten[26]. Zunächst erschien das Blatt als Samstagsausgabe, erhöhte aber den Erscheinungsrhythmus bis zur Tagesausgabe im Jahre 1932.

Das *Grenz-Echo* ging entschieden gegen den politischen Gegner vor, wobei die spitze Feder eines Mannes die verschiedenen Register der Polemik rücksichtslos ausspielte: Es war die des Hauptschriftleiters und Herausgebers Henri Michel (1900-1976), die Inhalt und Ton des Blattes bestimmte und zu einer Meinungspolarisierung im deutschsprachigen Belgien führte.

In der Frühe des 10. Mai 1940 verschwand mit dem Einmarsch deutscher Truppen in Belgien die pro-belgische Stimme „Neubelgiens". Die *Grenz-Echo*-Redaktion wurde von den Deutschen beschlagnahmt, das Zeitungsarchiv mitgenommen. Der Hauptschriftleiter Henri Michel setzte sich nach Innerbelgien ab, wurde aber im September 1940 in Brüssel von der Gestapo gefasst und in das Konzentrationslager Oranienburg-Sachsenhausen deportiert, wo er im Mai 1945 befreit wurde und danach wieder an den Redaktionstisch in Eupen zurückkehrte[27].

Katholisch und christlich-sozial

Das *Grenz-Echo* verstand sich jahrzehntelang als monarchistisch-katholisches Blatt, das der Führung der *Christlich-Sozialen Partei* (*CSP*) auch personell nahestand: Henri Michel übte jahrelang ein Vorstandsmandat im höchsten Parteigremium der Schwesterpartei *PSC-CVP* aus, was sicherlich dem politischen Informationsfluss des *Grenz-Echos* dienlich sein konnte. Michel hatte gleich nach seiner Rückkehr aus Oranienburg-Sachsenhausen (1945) die künftige ideologische Marschroute bekräftigt: Die Zeitung sei das Sprachrohr der katholischen Bevölkerung, für die „nur die *CSP* berufen ist, die Gesamtinteressen unserer Heimat zu wahren und zu vertiefen"[28]. Da gab es keine Öffnung zu sozialistischen oder liberalen Auffassungen. Diesem Prinzip ist das *Grenz-Echo* bis in die zweite Hälfte der 1970er Jahre treu geblieben.

Diese parteipolitische Bindung entsprach übrigens der geistigen „Konstruktion" der meisten katholischen Blätter in Französisch-Belgien und Flandern bis Ende der 1960er Jahre, als die zunehmende Säkularisierung eine Wandlung in Bewegung brachte, die schließlich zu einer „Entideologisierung" führte[29].

---

[26] Heinz Warny: „Erste Schritte im Nebel: Grenz-Echo 1926-1940", in: *Zwei Jahrhunderte*, S. 23.

[27] Havenith, op. cit., S. 10.

[28] *Grenz-Echo* 5. Dezember 1945 (Privatarchiv).

[29] Hubert Jenniges: *Die belgischen Medien im Lichte der frankophon-flämischen Spannungen ab 1945.* Referat v. 28. Juni 2007, Belgien-Seminar, Bereich Politikwissenschaften, Philo-

Überdies konnte Michel, der vorübergehend auch die Präsidentschaft im *Belgischen Presseverband* innehatte, ein weitreichendes Beziehungsnetz ausbauen, das jahrzehntelang dem *Grenz-Echo* innerhalb der belgischen Printmedien eine außergewöhnliche Ausstrahlung verlieh, die eigentlich weit die Möglichkeiten einer kleinen Regionalzeitung überstieg. Durch seine Vergangenheit und durch die in gemeinsamen KZ-Jahren gewachsene Verbundenheit zu Journalisten und Politikern konnte der *Grenz-Echo*-Direktor eine privilegierte Stellung nutzen, „sowohl um den ostbelgischen Interessen nachdrücklich Gehör zu verschaffen als auch, um unliebsame Gegner kaltzustellen“[30]. An dieser Stelle sei es erlaubt, trotz der kämpferischen Engstirnigkeit Henri Michels, dessen Kritik und Verurteilung der „über alle Maße der Gerechtigkeit und Vernunft weit hinausgegangenen Säuberungsmaßnahmen der Belgier“, das zumindest verbale Bekenntnis zu den sprachlichen Rechten der deutschsprachigen Minderheit in Belgien, die Bemühungen zur „Heimführung der noch in aller Welt verstreuten unzähligen ostbelgischen Landsleute im Soldatenrock“, sowie den Willen zur „Anknüpfung gutnachbarlicher Beziehungen zu denen von ‘drüben’“[31] als lobenswerte Initiativen hervorzuheben.

Risse im Gebälk des Monopolblattes

Es hat in den Nachkriegsjahrzehnten mehrere Versuche gegeben, die Monopolstellung des *Grenz-Echos* zu brechen. In St. Vith hatte die Familie Doepgen zu Beginn der 1950er Jahre einen Neuanfang gestartet und (ab 1953) mit der Herausgabe der später dreimal wöchentlich erscheinenden *St. Vither Zeitung* an eine fast hundertjährige Zeitungstradition des neu entstandenen Druck- und Verlagshauses angeknüpft. Das St. Vither Presseprodukt beschränkte sich auf die Südvenn-Region mit einem Einzugsgebiet von etwa 30 000 Menschen. Die zuweilen als das „Monokel des deutschen Sprachgebiets“ bezeichnete Zeitung vermittelte, außer internationalen und nationalen Nachrichtenresümees, Lokales in seinen diversen Segmenten, darunter auch lesenswerte Reportagen und feuilletonistische Rubriken schöngeistiger, kultureller und heimatgeschichtlicher Art[32]. Durchdringende regionalpolitischeZeichen sind indessen von der *St. Vither Zeitung* kaum ausgegangen. Das Blatt starb schließlich an der Unwirtschaftlichkeit eines kleinen Verlagshauses: Es wurde am 1. Dezember 1965 vom *Grenz-Echo* übernommen und im Kopf des Eupener Blattes als Untertitel weitergeführt. Die

sophische Fakultät der RWTH, Aachen.

[30] Alfred Minke: „Ein Spiegelbild ostbelgischer Geschichte: Die Rolle des Grenz-Echos in der Vergangenheit und heute“, in: *JubiläumsausgabeGrenz-Echo* 1927-2002, Teil 2, S. 6-7.

[31] Ibid.

[32] Hubert Jenniges: Hinter ostbelgischen Kulissen: Stationen auf dem Weg zur Autonomie des deutschen Sprachgebiets in Belgien (1968-1972), Eupen, 2001. S. 64.

St. Vither Zeitung, die vor ihrem Ende höchstens 3 200 Bezieher zählte, war für das *Grenz-Echo* nie ein echtes Konkurrenzblatt gewesen.

Schon ernsthafter muss der Versuch zur Gründung einer unabhängigen, nicht parteigebundenen christlichen Tageszeitung unter dem Namen *Neue Nachrichten – Eupen-Malmedy-St. Vither Zeitung* im Jahre 1955 gewertet werden. Das Blatt war das Produkt einer Aktiengesellschaft, die von dem aus Burg-Reuland stammenden Arzt Dr. Hubert Funk geführt wurde[33]. Schutz und Pflege der deutschen Sprache und Kultur sowie die Wahrnehmung der politischen Belange der deutschsprachigen Bevölkerung galten als die Hauptanliegen der *Neuen Nachrichten*. Die Zeitung verstand sich vor allem als Sprachrohr jenes Teils der Bevölkerung, der nach der Säuberungswelle in den ersten Nachkriegsjahren den Stempel der „Inciviques" (Unbürgerlichen) erhalten hatte und dem jede Teilnahme am politischen Leben verwehrt blieb. Doch knapp ein Jahr nach ihrer Gründung musste die Zeitung bereits einen Überlebenskampf durchstehen, der von der scharfen Konkurrenz zum *Grenz-Echo* diktiert wurde: „Dieser Kampf spielte sich nicht nur bei der Werbung um Abonnenten oder Anzeigenkunden ab, sondern auch im Bereich der Berichterstattung"[34]. Mit 3 000 Beziehern waren die *Neuen Nachrichten* nicht lebensfähig.

Hinzu kam der psychologische Druck durch die belgische Staatssicherheit. Seit seiner Gründung wurde das Blatt, dem ein „völkischer Wortschatz" nachgesagt wurde, von den Staatssicherheitsdiensten observiert. Jede Ausgabe der Zeitung musste vor der Verteilung an die Abonnenten einem Zensor vorgelegt werden, der sie auf belgienfeindliche Inhalte überprüfte. Zudem schaltete sich regelmäßig die Steuerfahndung ein, um die Geldquellen der Herausgeber aufzudecken. Ende September 1958 sahen sich die Verleger veranlasst, das Erscheinen der *Neuen Nachrichten* einzustellen.

Der Kampf um Ostbelgiens Leser erreichte erst sieben Jahre später einen weiteren Höhepunkt. Am 8. März 1965 trat die *Aachener Volkszeitung* (*AVZ*) mit einer grenzüberschreitenden Initiative an die Öffentlichkeit, die gar zu einem operettenhaften, diplomatischen Intermezzo zwischen Bonn und Brüssel führte[35]. *Aus den belgischen Ostkantonen* war der Titel der ersten Ostbelgien-Ausgabe der *AVZ*, deren Schriftleitung am 1. Dezember 1965 von dem aus der *Grenz-Echo*-Redaktion nach einem Zerwürfnis mit Henri Michel ausgeschiedenen Journalisten Willy Timmermann (TIM) übernommen wurde. Das grenz-

[33] Heinz Godesar: „Neue Nachrichten – Eupen-Malmedy-St. Vither Zeitung: Frischer Wind gegen die eingleisig monopolistische Presse", in: *Zwei Jahrhunderte*, S. 239-246.

[34] Ibid., S. 243.

[35] Freddy Derwahl: „Die ‘Agentur TIM’", in: *Zwei Jahrhunderte*, S. 254.

überschreitende Presseunternehmen – später liebevoll von dem früheren *AVZ*-Redakteur und Eupener Publizisten Freddy Derwahl als „Agentur TIM" bezeichnet – bewirkte einen medien- und parteipolitischen Sturm. Das *Grenz-Echo* sah sich in der Frontlinie einer harten Auseinandersetzung, die seine Monopolstellung ernsthaft bedrohte. Freddy Derwahl äußert sich dazu wie folgt: „Auf die jetzt geforderte Streitkultur um bessere Argumente, packendere Themen und attraktivere Präsentation war man im *Grenz-Echo* nicht vorbereitet"[36]. Auch die parteipolitische Szene geriet in Bewegung. Erstmals seit Kriegsende stand die *CSP* einem meinungsbildenden Medium gegenüber, das ihre Politik kritisch in die Schranken verwies. Ihre Reaktion führte zwar 1970 zu einer vorübergehenden Dienstversetzung Timmermanns, sie konnte aber die alternative Medienentwicklung nicht mehr verhindern, die in den 1970er Jahren den politischen „ostbelgischen Aufbruch" kennzeichnete.

Der letzte Versuch, das Informationsangebot in der Deutschsprachigen Gemeinschaft zu erweitern, vollzog sich teilweise innerhalb der Mauern des *Grenz-Echos*. Es war die Ende 1983 erfolgte Gründung des *Grenzland-Reports für Ostbelgien und das Dreiländereck*, eines vierzehntäglich erscheinenden Magazins unter der Federführung des heutigen *Grenz-Echo*-Chefredakteurs, Gerard Cremer, der einer interessierten Leserschaft kritischen Journalismus bieten wollte. Die Edition des *Grenzland-Reports* zeigt einen wechselvollen Hindernislauf, der im Verlagsgebäude des *Grenz-Echos* begann, wo das Magazin in einer Auflage von 2 000 gedruckt wurde, die gelegentlich auf 3 000 Exemplare anstieg. 1985 beschloss die Leitung des *Grenzland-Reports*, die finanzielle Bindung zum *Grenz-Echo* zu lösen und ihr Informationsprodukt in ein Gratis-Anzeigeblatt mit breiten Inhaltsteilen umzuwandeln, das in 25 000 Haushalten Ostbelgiens verteilt wurde. 1988 kehrte der *Grenzland-Report* in den *Grenz-Echo*-Verlag zurück. Die Redaktionsleitung ging in andere Hände über. Das Magazin, das manch frischen Wind in Ostbelgiens Informationsszene hineingetragen hatte, hatte jedoch seinen Biss verloren. Die letzte Nummer erschien Ende 1994[37].

Das *Grenz-Echo* heute

Heute versteht sich das *Grenz-Echo* als Informationsblatt aller Deutschsprachigen zwischen Kelmis und Ouren. Allmählich hat *die deutschsprachige Tageszeitung in Ostbelgien*, wie sie sich im Untertitel nennt, die parteipolitische Enge verlassen und die Schranken für andere politische Parteien und Meinungsträger geöffnet. Dies geschah bereits im Ansatz unter Michels Nachfolger, Heinrich Toussaint, und wurde in den letzten 20 Jahren von dessen Nachfolger Heinz

---

[36] Derwahl, op. cit., S. 255.

[37] Werner Miessen: „Der Grenzland-Report: Geschichte eines ostbelgischen Medienprojekts", in: *Zwei Jahrhunderte*, S. 267-277.

Warny, der sich zu Meinungsvielfalt und Pluralismus unter Wahrung der christlichen Werte bekannte, konsequent fortgeführt.

Auch betriebswirtschaftlich hat die Zeitung im vergangenen Jahrzehnt neue Wege beschritten. Neben den ostbelgischen Teilnehmern besitzt die Brüsseler Verlagsgruppe Rossel seit 1995 50% der *Grenz-Echo*-Anteile. Gleichzeitig wurde der Buchverlag erweitert und Anschluss an die neuen Medien gefunden. So ist im Internet unter http://www.grenzecho.be die Möglichkeit gegeben, das heimatliche Ostbelgien über die Tageszeitung in aller Welt zu erfassen.

Entwicklung des Rundfunk- und Fernsehmediums

Die zweite wichtige Säule des Informationswesens in der Deutschsprachigen Gemeinschaft ist das eigene Rundfunkwesen, das sich im Zuge einer rasanten technischen Entwicklung als hauptsächlichster Vermittler von Nachrichten, Unterhaltung und Bildung in Wort und Bild entwickelt hat.

Dieses Medium hat im Prozess der kulturellen Modernisierung der mehrheitlich ländlich geprägten Bevölkerung Ostbelgiens eine prominente Rolle eingenommen. Es kann behauptet werden, dass die audiovisuellen Medien – und im Schlepptau ihrer Entwicklung die diversen Online- und Internetangebote – den wohl wichtigsten Beitrag zu einer permanenten Identitätsfindung der minoritären deutschen Sprach- und Kulturgemeinschaft im Königreich Belgien geleistet haben und noch stets leisten. Mediengeschichtlich bedarf diese meinungsbildende Rolle des Rundfunk- und Fernsehwesens, auch im Zusammenspiel mit anderen Informationsvehikeln, noch einer kritischen Aufarbeitung.

Die Anfänge des Rundfunks vor 1940

12 Jahre nach den ersten Rundfunkübertragungen in Deutschland und Belgien[38] gab es mit großer Wahrscheinlichkeit schon deutschsprachige Sendungen für Eupen-Malmedy. Private Rundfunksender in Verviers und Arel strahlten wahrscheinlich schon 1935, mit Sicherheit 1937, mehrmals wöchentlich ein deutsches Rundfunkprogramm aus, über dessen Inhalt und Beschaffenheit wenig bekannt ist[39]. Die bescheidenen Sendungen sollten ein Gegengewicht zu der

---

[38] Am 29. Oktober 1923 wurde aus dem Berliner Sitz der Schallplattenfirma *VOX* die erste öffentliche Rundfunkübertragung ausgestrahlt. In Belgien starteten ebenfalls 1923 die ersten drahtlosen Radiosendungen von privaten Sendern. Erst das Gesetz vom 18. Juni 1930 legte den Grundstock eines nationalen Rundfunkinstituts (*INR-NIR*). Vgl. Klaus Pabst: „Deutsch auf belgischer Welle: Die Anfänge deutschsprachiger Sendungen im belgischen Rundfunk 1935-1940“, in: Jenniges, Wolfgang (Hrsg.): *Gestalten und Entwicklungen: Historische Streifzüge zwischen Rhein und Maas, Hubert Jenniges zum 70. Geburtstag als Festgabe gewidmet,* Löwen – St. Vith, 2004, S. 253-270 (zitiert als *Gestalten*).

[39] Pabst, *Gestalten*, S. 256.

nach der Machtergreifung Hitlers 1933 verbreiteten Rundfunkpropaganda des *Reichssenders Köln* (Langenberg) bilden. Im Mai 1938 wurde ein deutschsprachiger Bezirkssender gegründet, dessen Anlage bei Polleur errichtet wurde.

Zunächst reifte aber auf katholischer Bistumsebene in Lüttich die Idee eines deutschsprachigen Programms heran, das konkret von einer *Deutschsprachigen Rundfunkvereinigung Belgiens* (*DRB*) getragen wurde. Initiator des Vorhabens war der Eupener Dechant Hubert Keufgens, der auch für eine Berücksichtigung der deutsch-altbelgischen Hörerschaft im Funkprogramm plädierte[40]. Am 24. April 1938 ging die erste Sendung in deutscher Sprache in den Äther. Eigentlich kann dieses Datum als Startschuss eines geregelten Rundfunkdienstes für die Deutschsprachigen betrachtet werden. Programmiert waren drei wöchentliche Sendeblöcke (Durchschnittsdauer 90 Minuten), die in einer Eupener Gaststätte produziert und per Kabelleitung zur Ausstrahlung nach Verviers geschaltet wurden. Mit kurzen Nachrichtendiensten, leichter Unterhaltung, bei der auch musikalische „Eigenproduktionen" zu Gehör kamen, und mit heimatkundlichen Beiträgen, Mundartsendungen und Sportresultaten aus der Region legte der *DRB* bereits den Grundstock für einen programmatischen Aufriss des öffentlich-rechtlichen Sendebetriebs nach 1945. Bereits 1939 musste der *DRB* aus finanziellen Gründen das Programm einstellen.

Unterdessen wartete die ostbelgische Hörerschaft auf die Fertigstellung der staatlichen Sendeanlage in Polleur. Erst im Oktober 1939 – nach Beginn der Kriegshandlungen in Polen – konnte dieser Sender seinen Betrieb mit der Ausstrahlung eines Kurzprogramms in deutscher Sprache aufnehmen, das im Wesentlichen aus einem Nachrichtenblock bestand. Dabei handelte es sich um eine gekürzte deutsche Übersetzung des Nachrichtenbulletins des frankophonen Dienstes des *Nationalen Rundfunkinstituts* (*INR*)[41]. Das Programm entsprach in keiner Weise den Informationsansprüchen der deutschsprachigen Hörerschaft. Der Einfluss dieses deutschsprachigen Nachrichtenprogramms kann nicht gemessen werden, da die Empfängerdichte unbekannt ist. Außerdem war der Sender Polleur in den Ortschaften des St. Vither Landes überhaupt nicht zu hören[42]. Erhebungen über Hörerdichte und Einschaltquoten im Eupener Land liegen ebenfalls nicht vor. Sowohl in ihrer inhaltlichen als auch in ihrer personellen Qualität – von ihrem technischen Volumen ganz zu schweigen – waren die deutschsprachigen Rundfunksendungen der Vorkriegsjahre mit Sicherheit nicht

---

[40] Pabst, *Gestalten*, S. 268.

[41] Peter Thomas: „Der *BRF*: Die Rundfunkstimme im Grenzland", in: Nelde, S. 259.

[42] Aufgrund von VDA-Unterlagen berichtet Pabst, *Gestalten*, S. 268, dass die Empfängerdichte in der Malmedyer Wallonie bei 40 bis 45% lag; in der Stadt Malmedy auf der Grundlage der verkauften Radiogeräte bei 60 bis 65%: Diese Zahlen scheinen übertrieben hoch zu liegen.

dazu geeignet, um der massiven, professionellen *NS*-Propaganda im Rundfunk entschieden begegnen zu können.

Die Sendungen in deutscher Sprache (ELA) 1945-1960
Die Geburtsstunde einer geregelten aktuellen Information in Form eines Nachrichtendienstes und eines Serviceprogramms für das deutschsprachige Ostbelgien schlug am 1. Oktober 1945. Die aus Malmedy stammende und mit Sprache und Kultur der Deutschsprachigen bestens vertraute Irene Janetzky wurde mit dem Aufbau und der Leitung einer zunächst auf täglich 20 Minuten begrenzten Sendung betraut. 1949 erfuhren die *Sendungen in deutscher Sprache* (*Émissions en langue allemande – ELA*) eine erste Erweiterung auf 30 Minuten.

Der Auftrag dieser Sendung war klar und durch die herrschenden politischen Umstände vorgegeben: Sie sollte die schnelle Integration der deutschsprachigen Bevölkerung in Belgien durch das Radiomedium fördern und eine regelmäßige Verbindung zwischen den Ostkantonen und dem Inland schaffen. Über den Weg der Integration sollte die schnelle sprachliche Assimilierung des deutschsprachigen Bevölkerungsteils führen. Bezeichnend dürfte in diesem Sachverhalt sein, dass in der knapp bemessenen Zeit von 20 bzw. 30 Minuten noch Platz für einen französischen Sprachkurs blieb, für den ein Drittel der Sendezeit verwendet wurde[43].

Die auf dieses Ziel abgestimmten Sendungen verfügten indessen über bescheidene Mittel. Als Vorlage des Nachrichtendienstes diente ausschließlich das Informationsmaterial des französischsprachigen *Institut National de Radiodiffusion* (*INR*). Eine Sicht der Deutschsprachigen und eine eigene Betrachtungsweise der politischen Vorgänge in Innerbelgien und im Sendegebiet waren unter diesen Umständen praktisch unmöglich.

Bis 1952 unterstanden die*ELA* dem französischsprachigen *INR*; danach wurde das deutschsprachige Programm von der Direktion der *Gemeinsamen kulturellen Dienste* beider Radio-Institute (*INR-NIR*) geleitet.

Belgischer Hörfunk (BHF) 1961-1975
Bestanden selbst in den Anfangsjahren der Sendungen in deutscher Sprache mehrmals Überlegungen, den Sendebetrieb einzustellen, so konnte sich das kleine Rundfunkprogramm dennoch auf der dafür vorgesehenen Mittelwelle mit einer bescheidenen Einschaltquote der ostbelgischen Hörerschaft behaupten.

---

43 Peter Thomas: „Deutsch in den Medien des Eupen-St. Vither Landes“, in: Rudolf Kern: Deutsch als Umgangs- und Muttersprache in der Europäischen Gemeinschaft: Akten des Europäischen Symposiums in Eupen vom 26. bis 29. März 1987, Brüssel, 1989, S. 200.

Eine grundlegende Änderung gab es im Januar 1961, als in Belgien die Ultra-Kurzwelle eingeführt und damit die Möglichkeiten der Übertragungen und der Empfangsqualität wesentlich verbessert wurden. Ein Zweistunden-Programm (19.00-21.00 Uhr), das von zwei Nachrichtenblöcken umrahmt war, und das fast alle Sparten eines modernen Rundfunks umfasste, konnte erstmals in der Geschichte des Mediums eine interessierte Hörerschaft erreichen. Ermöglicht wurde dies durch eine Personalaufstockung und eine Verbesserung der technischen Infrastruktur. Der Name des Senders wurde mit einer gleichzeitig erfolgten Namensänderung des *INR* (in *RTB*) und *NIR* in (*BRT*) in der Bezeichnung *BHF* (*Belgischer Hörfunk*) festgelegt.

In dem neuen Programmaufriss gab es bereits erste Ansätze einer aktuelleren Gestaltungsweise durch eigene Recherchen und durch das Einschalten eigener Korrespondenten im In- und Ausland. Es kann wohl als ein Zeichen jener Zeit angesehen werden, als die ängstliche Abgrenzung zur Bundesrepublik Deutschland noch durch die politischen Räume geisterte, dass der *BHF* bis 1969 über keinen Berichterstatter in Bonn verfügte, wohl aber auf Korrespondenten in Paris und New York zurückgreifen konnte.

Die „Aktualisierung“ des Informationsdienstes erfolgte 1969 nach einer weiteren Aufstockung des Personalbestandes. Am 1. Oktober 1969 schlug die Geburtsstunde des aktuellen Zeitfunkmagazins, das in leicht modifizierter Form bis heute noch immer der wichtigste Informationsvermittler des Senders ist. Die Einführung einer täglich zweistündigen Mittagssendung und der Ausbau eines lokalen Reporterteams führten zu einem organisatorischen und technischen Umdenken.

Auch inhaltlich wurden neue Akzente gesetzt, denn der *Belgische Rundfunk* war Ende der 60er und zu Beginn der 70er Jahre der unermüdliche Motor der Aufbruchwelle, die in der Folge zur kulturellen und sprachpolitischen Autonomie der Deutschsprachigen geführt hat. Der aktive, kommunikative Einstieg der Redaktion in den Prozess der politischen Selbstentscheidung verschlechterte jedoch das Verhältnis des Rundfunks zu den etablierten Parteien und Politikern. Der *BHF* betrachtete sich nach eigener Darstellung als der „Seismograf des deutschen Sprachgebiets“, um seiner Berufung als Vorreiter des Autonomiegedankens nachzukommen und dem wachsenden Informationsbedürfnis der Bevölkerung zu entsprechen[44]. Die Reaktion der politischen Oligarchie blieb nicht aus. Mit der fristlosen Entlassung eines Journalisten erreichten die Spannungen

---

[44] Hubert Jenniges: „Die Anfangsjahre des aktuellen Zeitfunkmagazins: Information auf dem Prüfstand“, in: Rudolf Kremer (Hrsg.): *18.00 Uhr. Hier ist der Belgische Rundfunk. 20 Jahre BRF-Aktuell*, St. Vith, 1990, S. 26 (zit. als *18.00 Uhr*).

einen Höhepunkt; sie stärkten aber erheblich die Position des Rundfunkteams in der Bevölkerung, die den Abschied von einer „verordneten Information“ lebhaft begrüßte[45].

1973 erhielt der *BHF* eine autonome Verwaltungsstruktur unter der Obhut eines vom *Rat der deutschen Kulturgemeinschaft* bestimmten Rundfunk-Ausschusses, der 1977 in einen Verwaltungsrat überging. Zuvor hatte ein parteipolitisch zusammengestellter „Beratender Kulturausschuss“ eine Beobachterfunktion ausgeübt.

***BRF* – Studio Eupen (1976-1995)**

Die Einführung einer Morgensendung von zweieinhalb Stunden und die Festlegung einer Programmstruktur, die erstmals auf der Grundlage wissenschaftlich durchgeführter Hörerumfragen konzipiert war, prägten inhaltlich den *BRF*. Am 1. Oktober 1975 erreichte der Rundfunk mit der Eröffnung des Regionalstudios und der Verlegung eines Teils der Dienste nach Eupen nicht nur eine stärkere, direkte Hörernähe sondern auch eine weitere Professionalisierung des Mediums. 1977 wurde das autonome Rundfunk- und Fernsehzentrum eingesetzt; aus *BHF* wurde *BRF*. Gleichzeitig zog die Mehrzahl der Dienste sukzessiv nach Eupen um. In Brüssel verblieb eine sechsköpfige Inlandsredaktion.

Der *Belgische Rundfunk* war somit die erste autonome Einrichtung des deutschsprachigen Gebiets, noch bevor die erstrebte Kulturautonomie konkrete Formen angenommen hatte. Der *BRF* wurde damit richtungweisend für die künftige teilstaatliche Entwicklung Ostbelgiens. Sein weiterer Ausbau vollzog sich bis 1995, dem Jahr der Eröffnung des neuen Funkhauses in Eupen, nach den Vorgaben der Autonomiearchitektur. Er ist aber auch das Ergebnis einer hochtechnologisierten Entwicklung im audiovisuellen Bereich, die nicht nur Sendemöglichkeiten nach neuestem Standard anbietet, sondern auch höhere Informationsansprüche kreiert.

Die Eröffnung eines Lokalstudios in St. Vith (1983) passte in das Konzept der Dezentralisierung einer hörernahen Präsenz. Geografisch reichten die programmatischen Ziele aber weiter als die belgische Eifel: Der *BRF*, der inzwi-

[45] Zuschriften aus der Hörerschaft, Anfragen von Sendetexten, Leserbriefe und Kommentare vor allem in der *AVZ*. Die Sendereihe *Geschichte der Ostkantone* (1972) wurde innerhalb von gut einer Woche in 1 200 Exemplaren hektografiert und interessierten Hörern zugestellt. Die Entlassung des Journalisten Horst Schröder beherrschte als „Fall Schröder“ monatelang die Aktualität und hat vorübergehend den Aufbruch zu mehr Autonomie mitgeprägt. Die Rolle des Rundfunks bei der Autonomiewerdung der Deutschsprachigen Gemeinschaft, auch im Zusammenspiel mit anderen Informationsträgern ist unumstritten. Allerdings steht eine solche „cross-mediale“ wissenschaftliche Untersuchung noch aus.

schen ein Ganztagsprogramm ausstrahlte, strebte die ehrgeizige, keineswegs aber unumstrittene Position eines „Grenzlandradios“ an. Es ist das Verdienst des Mediums, diesen grenzüberschreitenden Vorstoß in einer Zeit gewagt zu haben, die teilweise noch in einer „Scheuklappen-Kultur“ lebte und wo Animositäten und Ressentiments noch nicht ganz erloschen waren[46]. Die grenzübergreifende Berichterstattung wurde aber auch durch die Entwicklung auf dem audiovisuellen Markt bedingt: Die Entstehung des Lokalfunks im Zuge der Legalisierung so genannter „Freier Sender“ in Belgien führte zu einer lokalen Konkurrenz, die den *BRF* zur Suche nach einem Gleichgewicht zwischen belgischer, euregionaler, ostbelgischer und lokaler Information zwang.

Eine wichtige Komponente dieser Entwicklung war die Liberalisierung der für öffentliche Sende-Institute gültigen Bestimmungen der kommerziellen Werbung, die heute über eine Werbefirma für den *BRF* betrieben wird[47].

Neues Funkhaus – Neue Programme – Internet (ab 1995)
Die Vollendung des Baus eines Funkhauses im Jahre 1995 kann als das sichtbare Zeichen der autonomen Rundfunkentwicklung angesehen werden. Sie bedeutet gleichzeitig eine Diversifizierung des Mediums und den Einstieg in die Informationsgesellschaft.

Folgende Etappen können in diesem Sachverhalt angeführt werden:

1998: Start eines regionalen Unterhaltungs- und Servicesenders mit einem privaten Partner unter der Bezeichnung *100,5: Das Hitradio*. Es ist ein ganztägiges Sendeprojekt in Zusammenarbeit mit dem saarländischen Musiksender *Radio Salü*. *Das Hitradio* wuchs schnell zur Nummer 1 auf dem Regionalmarkt Aachen-Heinsberg heran.

2001: Einführung des zweiten *BRF*-Programms mit einer traditionelleren „Musikfarbe“. Gleichzeitig die Gestaltung eines gemeinsamen Programms von *BRF1* und dem *DLF* (*Deutschlandfunk*) auf der Brüsseler Frequenz, das sich an die deutschsprachige Hörerschaft im Großraum Brüssel richtet.

2004: Die offizielle Homepage des *BRF* macht den ostbelgischen Rundfunk zu einem weltweiten Medium. Via Internet können *BRF1* und *BRF2* gehört werden. Die Online-Redaktion schaltet sich in ständig aktualisierter Form des

---

[46] Peter Thomas: „‘Dem Volk aufs Maul geschaut’ 1975-1990: 15 Jahre Studio Eupen“, in: *18.00 Uhr*, bes. S. 36.

[47] Katrin Hammerschmidt: „Geschichte der Medien in Ostbelgien“, in: Hans Engels (Hrsg.): *60 Jahre Belgischer Rundfunk: 1945-2005: Ostbelgische Zeitgeschichte*, Eupen, 2006, S. 40.

Internetportals mit Nachrichten, Kommentaren und Servicemeldungen ein. http://brf.be/brf: Hier finden die Nutzer alle wichtigen Informationen und Mitteilungen.

Durch seine Multifunktionalität reicht das Funkhaus in Eupen kulturvermittelnd über den üblichen Sendebetrieb hinaus: Vorträge, Lesungen, Ausstellungen, Kleinkunst... Das *BRF*-Haus wird zunehmend zum Mittelpunkt einer kreativen regionalen Kulturausstrahlung, vor allem im nördlichen Gebietsteil der Deutschsprachigen Gemeinschaft und des Grenzlandes.

BRF-Fernsehen

TV-Produkte gehören zum gesetzlich festgelegten Aufgabenbereich des *BRF*. Erste TV-Schritte wurden zu Beginn der 80er Jahre in Zusammenarbeit mit der französischsprachigen *RTBF*, später in eigener Regie als „Pilotprojekt" realisiert. Qualitatives Fernsehen ist kostenaufwändig, sodass als Vehikel die Kabelausstrahlung in Betracht kam. In Zusammenarbeit mit dem Medienzentrum und ab 1995 mit der Anschaffung einer flexiblen Fernsehinfrastruktur konnte eine kleine Programmschiene ausgebaut werden, die 1999 eine eigene Kabelfrequenz (KA3) benutzen konnte. Sie dient der Information, bietet aber auch Platz für breitere TV-Sendungen, die in Zusammenarbeit mit dem Medienzentrum produziert werden (z.B. *Blickpunkt*).

Perspektiven der audiovisuellen Medien

Der *BRF* hat sich die technischen und professionellen Möglichkeiten unserer Informationsgesellschaft zu Nutze machen können. Die neuen Technologien betreffen zurzeit den Ausbau der digitalen Ausstrahlungen („Digital Audio Broadcasting" DAB, bzw. „Digital Video Broadcasting" DVB), die neue Wege der Empfangsverbesserung beschreiten. Hierzu gehört auch das Internet als Ergänzung zu der technischen Ausstattung.

Die Zukunft reicht weiter: „Audio" und „Video" auf Anfrage („Audio and Video on demand") entspricht der Individualisierung des Nutzers, der sein persönliches Programm zusammenstellen und somit selber seine Informations- und Unterhaltungsbedürfnisse befriedigen kann.

In seinem Wesen bleibt aber das *Belgische Rundfunk- und Fernsehzentrum*, trotz einer Vielzahl konkurrierender Angebote, das Mediuminstrument der deutschsprachigen Minderheit. Und darin wird auch in Zukunft seine Stärke liegen.

Ausblick

Die Geschichte der Medien im deutschsprachigen Ostbelgien ist ein Spiegelbild der großen politischen Vorgänge, die das Grenzland in den letzten 200 Jahren berührten, mitunter mit heftigen und kämpferischen Auseinandersetzungen. Heute spielen sie in dem Mikrokosmos des mit konstitutionellen Rechten ausgestatteten 75 000 Seelen zählenden Kleingliedstaats eine vergleichbar wichtige Rolle der Meinungspenetration wie die Informationsvermittler und -träger in größeren Staats-, Kultur- und Sprachräumen.

Die Printmedien und die audiovisuellen Mediendienste sind in der wechselhaften Geschichte der Deutschsprachigen Gemeinschaft mehrmals bis an die Grenzen des Machbaren vorgestoßen, sowohl im materiellen, technischen als auch im ideellen Bereich. Mit dem zur Verfügung stehenden Medienangebot wird heute den wesentlichen Bedingungen für einen politischen und soziokulturellen Freiraum der deutschsprachigen Minderheit in Belgien entsprochen. Die Gemeinschaft besitzt das Instrumentarium, um in offener und vielfältiger Kommunikation in der eigenen Sprache an der internationalen, nationalen und regionalen Nachrichtenvermittlung teilzunehmen und den Informationsaustausch innerhalb der eigenen Sprachgruppe zu pflegen.

Zwar ist der Einfluss der Medien auf die Meinungsbildung, auch in einer kleinen Sprachgemeinschaft nicht messbar, doch hat sich in Ostbelgien gezeigt, wie stark das Informationswesen als Quelle der sprachlich-kulturellen Solidarisierung zu werten ist und zur Stärkung des Bewusstseins der eigenen Identität beitragen kann, wie dies bei anderen europäischen Sprachminderheiten in unterschiedlicher Weise auch der Fall ist. Dies hat sich ausdrücklich am Autonomieprozess der deutschen Sprachgemeinschaft gezeigt.

Indessen bewegt sich das Informations- und Kommunikationswesen zwischen Kelmis und Ouren auf einem schmalen Pfad, was in erster Linie auf die zahlenmäßige Kleinheit der Volksgruppe zurückzuführen ist. Sie kann schneller als große Volksgruppen das Opfer einer Monopolisierung werden, was unmerklich in eine Politisierung der Redaktionen abgleiten kann. Außerdem stellt die Benutzung neuer Technologien für jede Sprachminderheit eine besondere Herausforderung dar, was schon eine besondere Kontrolle der Internetseiten voraussetzt.

Im Begriff „Minderheit“ artikuliert sich übrigens eine sprachlich-kulturelle, soziale und politische Realität, die sich definitionsmäßig von den mehrheitlichen Bevölkerungsgruppen ihres Staates abhebt. Es entwickeln sich innerhalb minoritärer Sprachgemeinschaften eigene Reaktionen. Es reifen Prozesse heran, die anders verlaufen als in der Mehrheitsgesellschaft. Dies äußert sich ganz besonders in der Medienlandschaft, wo die Information Schranken überwinden muss, die nicht in einem größeren Bevölkerungskreis anzutreffen sind; wo sich aber auch Möglichkeiten eröffnen und unerahnte Horizonte offenbaren, die außerhalb der Grenzen nicht wahrgenommen werden.

Von den Meinungsmachern, Journalisten und Kommentatoren der Sprachminderheiten wird daher ein starkes Maß an Selbstdisziplin und Selbstkontrolle gefordert. Für sie liegt die Messlatte höher, als es in großen Informations- und Sprachräumen der Fall ist[48].

---

[48] Hubert Jenniges: „Médias et Minorité: Regards sur la presse en région germanophone", in: *La Revue Générale, 130ème année*, 10, octobre 1995, S. 57-62.

Résumé – Samenvatting

Les médias en Communauté germanophone: Liberté, Frontières, Rendements

L'histoire des médias de la Communauté germanophone reflète les grands événements politiques qu'a connus cette région limitrophe au cours des deux derniers siècles. Actuellement, deux entreprises de médias dominent le secteur de l'information: le quotidien *Grenz-Echo* qui paraît à Eupen et le *Belgisches Rundfunk- und Fernsehzentrum* (*BRF*).
Le *Grenz-Echo* fondé en 1927 peut être considéré comme un cas tout à fait particulier dans le paysage médiatique belge en raison de la mission historique qui lui fut assignée dans le cadre de la Belgisation des anciens cantons d'Eupen etde Malmedy et aussi en raison du monopole qu'a exercé cet organe de presse, dont l'impact est considérable, dans le domaine de l'information depuis 1945.
Les services audiovisuels dont la chaîne publique *BRF* assure en grande partie la responsabilité depuis 1945 ont accompagné et encouragé les Belges germanophones sur le chemin menant à l'autonomie. Ils ont contribué à renforcer leur sentiment identitaire.
Au cours de l'histoire mouvementée de la Communauté germanophone, ces deux organes ont dû à plusieurs reprises gérer des situations extrêmement délicates et complexes en ce qui concerne les conditions matérielles et techniques, mais aussi au niveau idéel. Tous les deux se trouvent confrontés à de nouveaux défis du fait de la rapidité des progrès technologiques, car ils doivent être en mesure à l'avenir de poser les bases politiques et socio-culturelles qui garantissent aux germanophones la liberté d'action qu'ils souhaitent avoir dans ces domaines.
Il est certain que la création de nouveaux canaux d'information électroniques représente pour une minorité linguistique des obstacles et des risques potentiels. Néanmoins, les nouveaux médias vont assurément élargir et enrichir les flux médiatiques dans ces cantons de l'est.

De media in Oostbelgië: vrijheden, grenzen, prestaties

De geschiedenis van de media in het Duitstalige Oost-België weerspiegelt de grote politieke gebeurtenissen die het grensland in de afgelopen 200 jaar onderging. Twee mediabedrijven voeren op dit moment de boventoon met betrekking tot de informatieverstrekking: het in Eupen verschijnende dagblad *Grenz-Echo* en het *Belgische Rundfunk- und Fernsehzentrum* (*BRF*). Het in 1927 opgerichte *Grenz-Echo* kan gezien worden als een bijzonder geval binnen de Belgische pers – op grond van zijn historische missie als instrument van de officiële "verbelgisering" van de vroegere "Kreise" (regio's) Eupen en Malmedy en vanwege het monopolie dat het blad vooral sinds 1945 heeft met betrekking tot de meningsvorming en informatieverstrekking in Oost-België.

De audiovisuele media, die voornamelijk door de publieke omroep *BRF* (sinds 1945) waargenomen worden, hebben in belangrijke mate bijgedragen aan het autonomieproces van de Duitstalige Belgen en bij de versterking van het bewustzijn van hun eigen identiteit.

Deze media zijn beide tijdens de wisselvallige geschiedenis van de Duitstalige gemeenschap meerdere keren tot aan hun grenzen gegaan zowel op materieel, technisch als ook op ideëel gebied. Beide staan gezien de razendsnelle technologische ontwikkelingen voor nieuwe uitdagingen om in de toekomst te kunnen voldoen aan de voorwaarden om een sociaal-culturele ruimte te creëren voor de Duitstaligen in België. Zeker gaat de invoering van nieuwe elektronische informatiekanalen voor een taalkundige minderheid gepaard met extra gevaren en obstakels, maar de nieuwe media zullen beslist de communicatie in het oosten van België verrijken.

Vergangenheitsbewältigung und Identitätssuche in der Literatur Ostbelgiens[1]

Philippe Beck

Schreiben ist immer eine imaginäre Tätigkeit, eine Tätigkeit der Imagination, und es geschieht immer nur, um dem eigenen Leben einen Sinn zu geben, den es in Wirklichkeit nicht hat, von dem aber jeder glaubt, ohne ihn nicht leben zu können.[2]

Hannes Anderer

Die ersten Beiträge dieses Bandes haben die bewegte Geschichte des Gebietes Eupen-Malmedy vorgestellt. Die Literatur gibt nun einen, wenngleich auch subjektiv gefärbten, intimeren Blick in zeitgenössische Probleme der Grenzbevölkerung. Gleichzeitig spiegelt sie in der Konfrontation mit der Vergangenheit des Gebietes die schwierige Suche nach Sinngebung der Ereignisse wider und verweist auf die Konstruiertheit jeglicher kollektiver Identität. Darüber hinaus wird nicht selten die sprachliche Sonderlage Ostbelgiens thematisiert.

1. „Kollektive Identität" – ein Konstrukt

Kollektive Identitäten stehen immer im Verdacht, Konstrukte zu sein. Für Benedict Anderson ist aus diesem Grund nahezu jede Gemeinschaft, die über die Familie oder ein kleines Dorf hinausgeht ein Produkt der Imagination[3]. In seiner Theorie des „kulturellen Gedächtnisses" hat Jan Assmann diesem konstruierten Charakter kollektiver – sowie auch individueller – Identitäten Rechnung getragen: „Identität, auch Ich-Identität, ist immer ein gesellschaftliches Konstrukt und als solches immer kulturelle Identität. […] Naturwüchsige Identität gibt es nicht"[4]. Gleichzeitig macht er aber auch darauf aufmerksam, dass diese Konstrukte von der menschlichen Psyche generell undifferenziert als reale Tatsachen

---

[1] Für einen stellenweise komplementären Überblick über die Literatur deutscher Sprache in Belgien zwischen 1830 und 2006 siehe Philippe Beck: „Die deutschsprachige Literatur", in: Johannes Koll (Hrsg.): *Belgien. Geschichte, Politik, Kultur, Wirtschaft*, Münster, 2007, S. 203-223. Als umfangreiches Nachschlagewerk empfiehlt sich Leo Wintgens: *Grundlegung einer Geschichte der Literatur in Ostbelgien. Bild der sprachlichen Wechselwirkungen im Zwischenland*, Eupen, 1986. Ferner sind in den letzten Jahren mehrere Anthologien im Krautgarten-Verlag (edition krautgarten) erschienen.

[2] Hannes Anderer: *Unterwegs zu Melusine*, Annweiler, 2007, S. 186.

[3] Benedict Anderson: Imagined Communities. Reflections on the origin and spread of nationalism, London, 1991, S. 15.

[4] Jan Assmann: Das kulturelle Gedächtnis: Schrift, Erinnerung und politische Identität in frühen Hochkulturen, München, 1992, S. 132.

wahrgenommen werden; der Unterschied liege lediglich darin, dass kollektive Identität sich nicht auf einen leiblichen Körper beziehe: „Den 'Sozialkörper' gibt es nicht im Sinne sichtbarer, greifbarer Wirklichkeit. Er ist eine Metapher, eine imaginäre Größe, ein soziales Konstrukt. Als solches aber gehört er durchaus der Wirklichkeit an"[5]. Kollektive Identität gibt es nicht an sich, „sondern immer nur in dem Maße, wie sich bestimmte Individuen zu ihr bekennen. Sie ist so stark oder so schwach, wie sie im Denken und Handeln der Gruppenmitglieder lebendig ist und deren Denken und Handeln zu motivieren vermag"[6]. Kollektive Identität kann folglich als „Bild, das eine Gruppe von sich aufbaut und mit dem sich deren Mitglieder identifizieren"[7] definiert werden.

2. Chronologische und stoffliche Abgrenzung

Als historischer Ansatzpunkt soll das Jahr 1920 dienen, in dem die im 19. Jahrhundert gebildeten preußischen Kreise Eupen und Malmedy infolge der Bestimmungen des *Versailler Vertrages* dem Königreich Belgien zugesprochen wurden. Denn bereits in dieser Zeit findet die Sonderlage der Ostbelgier als sprachliche Minderheit Niederschlag in der Literatur.

Im Folgenden wurde ausschließlich hochdeutsche Belletristik berücksichtigt. Mundartdichtung als Ausdruck einer modernen Protesthaltung oder eines literarischen Regionalismus gibt es im Gegensatz zu anderen europäischen Grenzgebieten in Ostbelgien nicht[8]. Zudem sind jegliche Dialektformen mit dem Verschwinden der älteren Generationen heute zur Rarität geworden. Aus diesen Gründen wurde diese Art Literatur hier nicht behandelt und der Schwerpunkt thematisch auf die literarische Bewältigung der Vergangenheit des 20. Jahrhunderts gelegt.

Das Gebiet des heutigen Ostbelgien hatte schon vor 1920 im Zuge politischer Veränderungen mehrmals die Staatszugehörigkeit gewechselt[9]. Nach zwanzigjähriger französischer Herrschaft und rund hundertjähriger Zugehörigkeit zu Preußen entschieden die vertragsschließenden Mächte in Versailles, das Gebiet Eupen-Malmedy als Reparation sowie aus historischen Gründen (es teilte bis 1815 eine gemeinsame Geschichte mit den südlichen Niederlanden, aus denen 1830 das Königreich Belgien hervorging) Belgien zuzuordnen. So entstand

---

5 Ibid.

6 Ibid.

7 Ibid.

8 Ernst Leonardy: „Dichtung und dokumentierte Minderheitenkultur. Die deutschsprachige Literatur im ostbelgischen Raum", in: Alexander Ritter (Hrsg.): *Deutschsprachige Literatur im Ausland*, Göttingen, 1985 (Zeitschrift für Literaturwissenschaft und Linguistik, Beiheft 13), S. 52-68, hier S. 66.

9 S. hierzu ausführlich den Beitrag von Alfred Minke im vorliegenden Band.

der Begriff „cantons rédimés“ – was soviel heißt wie die „erlösten Kantone“. Mit französischer Unterstützung wurde eine umstrittene „Volksbefragung“ in Eupen-Malmedy abgehalten und der Verbleib im Königreich Belgien praktisch von vorneherein gesichert.

Die Integration in den neuen Staat, das Problem der Erinnerung an den Ersten Weltkrieg, der umstrittene Staatenwechsel und das Entstehen antagonistischer Lager in „Neubelgien“, wie das Gebiet in der Zwischenkriegszeit genannt wurde, haben zwei namhafte Schriftsteller aus dem Eupener Land beschäftigt. Exemplarisch spiegeln die Haltungen von Peter Schmitz (1887-1938) und Josef Ponten (1883-1940) die zwei Pole wider, die die öffentliche Meinung damals bestimmten[10].

3. Umstrittener Staatenwechsel und Erinnerung an den Krieg, 1920-1940

3.1. Peter Schmitz: ein vergessener Pazifist

Der Eupener Peter Schmitz ist eine heute weitgehend vergessene Figur der Geschichte. Renommee über sein kleines Heimatgebiet hinaus konnte er nicht erzielen. Lediglich in vereinzelten ostbelgischen Publikationen sind kleinere Beiträge über ihn zu finden[11]. Gründliche, in den letzten Jahren vorgenommene Recherchen haben es ermöglicht, ein genaueres Bild dieses überzeugten Pazifisten zu geben.

Nach dem Inkrafttreten des *Versailler Vertrages* gehörte Schmitz zu denjenigen, die dem Staatenwechsel wohlgesonnen gegenüberstanden. Von Beginn an engagierte er sich innerhalb verschiedener, von offizieller Seite unterstützten Institutionen, die die kulturellen Eigenheiten der „neubelgischen“ Bevölkerung pflegten und gleichzeitig anhand von geschichtlichen Argumenten die Zugehörigkeit zum Königreich Belgien förderten. So war Schmitz 1922 einer der Gründer des „Vereins für Volkskunde von Eupen, Malmedy und St. Vith“. Wie auch in verschiedenen Beiträgen der Vereinszeitschrift, wurde in Schmitz’ Erzählungen *Die Mainacht* (1921) – die erste literarische Publikation in „Neubelgien“ –, *Thomas Salm,der Revolutionär* (1927) oder *Held Höckerlein* (1928) die Limburger Vergangenheit des Eupener Landes und somit die historische Verbundenheit mit dem belgischen Staatsgebiet indirekt betont.

---

[10] Vgl. Philippe Beck: Peter Schmitz und Josef Ponten: zwei Schriftsteller aus dem deutschbelgischen Grenzland, 1918-1940. Eine kulturhistorische Studie unter besonderer Berücksichtigung der komparatistischen Imagologie, Dissertation zur Erlangung des Titels „docteur en langues et lettres“ an der UCL, Louvain-la-Neuve, 2010.

[11] Beispielsweise seien angeführt: Gottfried Loup: „Peter Schmitz in Memoriam“, in: *Geschichtliches Eupen*, Bd. II, Eupen, 1968, S. 111-112; Leo Wintgens: *Grundlegung einer Geschichte der Literatur in Ostbelgien. Bild der sprachlichen Wechselwirkungen im Zwischenland*, Eupen, 1986, S. 170-181.

Auch die von der belgischen Regierung geförderten Zeitungen, die der revisionistischen Presse entgegenwirken sollten, fanden in Peter Schmitz einen treuen Mitarbeiter. Hierbei handelte es sich um die zweisprachige, liberale Wochenzeitung *La Nouvelle Belgique* (1923-1940), um das Organ des Vereins der Kriegsversehrten[12], *L'Invalide* (1925-1940), sowie um das *Grenz-Echo* (1927-1940, 1945-heute). So lobte Schmitz in seinem Artikel *Zehn Jahre neubelgische Geschichte*[13] die liberale Verfassung des belgischen Staates und das Achten der kulturellen Eigenheiten des neuen Gebietes.

Die drei erwähnten Zeitungen traten schon vor 1933 entschieden gegen militaristische Tendenzen und den Nationalsozialismus ein. Schmitz legte somit nicht nur eine pro-belgische, sondern auch eine eindeutig pazifistische Einstellung an den Tag. „Nie wieder Krieg!“ – das Schlagwort der Friedensbewegung – schloss oft seine Artikel ab und zeigt, dass die Fronterlebnisse ihn zum überzeugten Kriegsgegner gemacht hatten. Seine ostbelgische Heimat, ließ er während einer 1937 gehaltenen Rede auf dem Eupener Soldatenfriedhof verlauten, solle nicht Gegenstand des Streites, sondern Symbol des Friedens und der interkulturellen Verständigung sein:

> Leidenschaftlich wollen wir dafür eintreten, dass unsere Heimat nicht Zankapfel, sondern Brücke sei für die Annäherung und Verständigung der benachbarten Länder, auf dass in Erfüllung gehe jene Devise, die auch der Wahlspruch unserer gefallenen Kameraden war: NIE WIEDER KRIEG![14]

Vor allem in *L'Invalide* und im *Grenz-Echo* fanden Antikriegsliteratur und antimilitaristische Stellungnahmen Platz. Als Beispiel sei nur die mit großer Aufmerksamkeit verfolgte Debatte um das Verbot des Films*Im Westen nichts Neues* genannt[15]. Das schon Ende 1930 vorläufig verhängte Verbot wurde begründet mit angeblich deutschfeindlichen Szenen, die in der deutschen Fassung gestrichen worden seien. Dies war „der erste große Sieg der Nationalsozialisten über die Republik und die Demokratie von Weimar“[16]. Noch Ende Januar 1933 ver-

---

[12] Aus ideologischer Sicht war die Vereinigung der neubelgischen Kriegsveteranen das Pendant zum deutschen Friedensbund der Kriegsteilnehmer (FdK) (Vgl. Reinhold Lütgemeier-Davin: „'Nie-wieder-Krieg'-Bewegung“, in: Helmut Donat/ Karl Holl (Hrsg.): *Die Friedensbewegung*, S. 284-288), dem auch Carl von Ossietzky und Kurt Tucholsky angehörten.

[13] Veritas (= Peter Schmitz): „Zehn Jahre neubelgische Geschichte“, in: *Grenz-Echo*, 14.12.1929.

[14] Zitiert nach Anonym: „Wiedersehensfeier RIR29“, in: *Grenz-Echo*, 06.09.1937, [H.i.O.].

[15] Fernand Abinet: „Remarque, wir und die anderen“, in: *L'Invalide*, 01.03.1930; Anonym: „Im Westen nicht[s] Neues”, in: *Grenz-Echo*, 26.10.1929; Radames: „Zwei Bücher... zwei Filme“, in: *Grenz-Echo*, 27.12.1930.

[16] Wolfgang Benz: Pazifismus in Deutschland. Dokumente zur Friedensbewegung 1890-

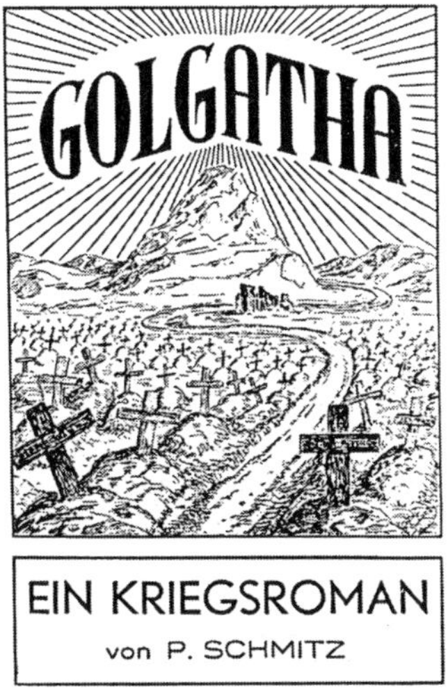

Erinnerung an den Ersten Weltkrieg. 1940 verbrannte die Wehrmacht das Buch.

öffentlichte Peter Schmitz anonym unter dem Titel *Nie wieder Krieg?* warnend seine Eindrücke eines Kinobesuches in Köln. Gezeigt worden war einer der populären Fridericus-Filme (1920-1942), die mit Friedrich dem Großen als Hauptprotagonisten revanchistische Propagandawerke zur Wiedereinsetzung der Monarchie darstellten. In der letzten Szene des Films *Fridericus Rex* (1923) sieht man den König von Preußen auf dem Balkon seines Schlosses Sanssouci der Militärparade zum Truppenaufbruch beiwohnen – „genau jenes Schauspiel, das Patrioten erhebt, die über den verlorenen Krieg, die Abrüstung und diese widerwärtige Verwirrung namens Demokratie“[17] jammerten, wie Siegfried Kracauer später schrieb. Die Kölner Filmaufführung mündete in eine beängstigende patriotische Ausschreitung. Schmitz spricht in seinem Artikel, der von der belgischen Inlandspresse übernommen wurde, von einer „wahren Orgie“ des deutschen Chauvinismus. Nicht das deutsche Volk trage Schuld an dieser „Atmosphäre kriegerischen Wehrwillens, sondern die Verhetzung dieses Volkes durch die Reden einer allmächtigen „Militärclique“ und die „Hassgesänge“ einer *über*patriotischen [alle H.i.O.] Presse“[18], erklärte er.

Sein heute weitgehend vergessener Antikriegsroman *Bataillon Eupen-Malmedy/Golgatha* (1931/1937)[19], der im Zuge der Erfolgswelle der deutschen pazifistischen Kriegsliteratur am Ende der zwanziger Jahre entstand, stellt praktisch das erste literarische Zeugnis Ostbelgiens dar, in dem durch die Kriegsereignisse und die Erfahrung der Grenzverschiebung die nationalen Grenzen in

1939, Frankfurt a. M., 1988, S. 41.

[17] Siegfried Kracauer: Von Caligari zu Hitler. Eine psychologische Geschichte des deutschen Films, Frankfurt a. M., 1984, S. 125.

[18] Anonym (= Peter Schmitz): „Nie wieder Krieg?“, in: *Grenz-Echo*, 24.01.1933. Durch seine entschieden anti-nationalsozialistische Haltung wurde das *Grenz-Echo* bereits am 24. April 1933 auf dem Reichsgebiet verboten. Im gleichen Jahr erhielt es durch die deutsch-jüdischen Emigranten Kurt Grünebaum und Otto Eugen Mayer redaktionelle Verstärkung und war bis zu seinem zeitweiligen Einstellen 1940 eine der freiesten Zeitungen im deutschsprachigen Raum.

[19] Vgl. Philippe Beck: „Das Deutschlandbild in der deutschsprachigen Literatur Belgiens in der Zwischenkriegszeit. Der Fall des ostbelgischen Anti-Kriegsromans *Golgatha* von Peter Schmitz“, in: Marnix Beyen/ Greet Draye/ Hubert Roland (Hrsg.): *Deutschlandbilder in Belgien 1830-1940*, Münster, 2010 (i.E.).

Frage gestellt werden. Das Buch, das Einflüsse von Erich Maria Remarques *Im Westen nichts Neues* (1928/1929) enthält, ist in dieser Hinsicht ein bemerkenswerter Aufruf zur interkulturellen Verständigung.

Nach der Feuilleton-Veröffentlichung in *L'Invalide* (1931), war an eine Buchveröffentlichung in Deutschland schon nicht mehr zu denken. Nach 1933 (!) erhielt Schmitz vom Berliner Ullstein-Verlag die Antwort, die Thematik sei nicht mehr aktuell und sie könnten sich einen solchen Roman nicht mehr leisten. Schließlich erschien das Werk 1937 in leicht abgeänderter Form unter dem Titel *Golgatha* im Eupener Paul Kaiser Verlag. Im Spannungsfeld, das der Kampf um die Erinnerung an den Ersten Weltkrieg damals entstehen ließ, wurde *Golgatha* – wie auch *Im Westen nichts Neues* und zahlreiche andere Romane – als „authentische" Erinnerung vermarktet, obwohl der Verfasser sich eindeutig dichterische Freiheiten genommen hat.

Als einer der wenigen Schriftsteller greift Schmitz auf das angespannte deutsch-französische Verhältnis im ausgehenden 19. Jahrhundert zurück. Die Situation der Soldaten aus dem Grenzgebiet wirft ein besonderes Licht auf den Krieg und schwächt Nationalismen ab. Mit ihrer innigen Hoffnung auf Frieden warnen die Protagonisten letztendlich vor einem zweiten Weltkrieg. Die Tatsache, dass der Roman aus der Sicht eines ehemaligen deutschen Soldaten, der nach dem Krieg die belgische Staatsangehörigkeit annahm, verfasst wurde, sowie das späte Erscheinen und der Publikationsort des Buches, machen das Werk zu einem Sonderfall der pazifistischen Kriegsliteratur.

Zu den wichtigsten Erkenntnissen der letzten Jahre gehört die Entdeckung einer umfangreichen Gestapo-Personalakte über Peter Schmitz, die in Kombination mit anderen Quellen aufzeigt, dass der verbissene Anti-Militarist bis zu seinem Tod im Februar 1938 die Aufrüstung des Dritten Reiches aktiv als Agent für die belgischen, französischen und britischen Geheimdienste bekämpft hat[20].

Die Reaktionen auf seine Tätigkeiten folgten nach dem Beginn des Westfeldzugs: Nach dem Einmarsch der deutschen Wehrmacht in Belgien am 10. Mai 1940 suchte die Gestapo Schmitz' Familienhaus auf. Der pazifistische Roman wurde verbrannt, seine Witwe mehrmals verhört und sein Grab vom Eupener Ehrenfriedhof entfernt. Stattdessen sollte dort der Nazi-Märtyrer Josef Kerres ruhen, der am Morgen des Einmarsches der deutschen Armee mit einer

---

[20] Vgl. Philippe Beck/ Etienne Verhoeyen: „Agents secrets à la frontière belgo-allemande. Des Services de Renseignements alliés et allemands entre 1920 et 1940 dans la région d'Eupen", in: *Cahiers d'histoire du temps présent = Bijdragen tot de eigentijdse geschiedenis*, Bruxelles, CEGES/SOMA, 1, 2009, S. 93-134.

Hakenkreuzfahne auf dem Fahrrad durch Eupen gefahren und an der noch von belgischen Soldaten besetzten Kaserne erschossen worden war.

1.2. Josef Ponten, Thomas Mann und das Dritte Reich

Bild 2: Der SS-Hauptsturmführer Josef Kerres wurde im Mai 1940 nach einem propagandistisch aufgezogenen Trauermarsch im Beisein namhafter Nationalsozialisten auf dem Eupener Ehrenfriedhof beigesetzt, während Bild 3: Peter Schmitz' Ruhestätte kurze Zeit später – nachts! – von selbigem auf Kosten der Angehörigen entfernt wurde. Als „Staatsfeind" befand ihn das 'Dritte Reich' nicht länger für würdig dort zu verweilen. 1945 wurde Schmitz' Ruhestätte auf dem Ehrenfriedhof wiederhergestellt und Kerres Grab verlegt. (Foto links: aus Martin R. Schärer: *Deutsche Annexionspolitik im Westen. Die Wiedereingliederung Eupen-Malmedys im zweiten [sic] Weltkrieg*, Bern, Herbert Lang-Frankfurt, 1975. Foto rechts: Philippe Beck).

Der aus Raeren stammende Dichter Josef Ponten hatte nach begonnenen Studien der Philosophie in Bonn und Genf und der Architektur in Aachen schon früh eine literarische Karriere eingeschlagen. Bereits 1909 konnte er sich einen Vertrag mit der Deutschen Verlagsanstalt, der bis an sein Lebensende laufen würde, sichern. Den Krieg erlebte er dank seiner höheren Ausbildung in einer sicheren Position als Kraftfahrer.

Im Zuge der Beschlagnahmung verschiedener Aachener Wohnungen durch die belgische Armee verließ Ponten 1920 die Stadt, in der er seit seinem siebten Lebensjahr ansässig war, und zog nach München. Dort schloss er Freundschaft mit Thomas Mann, der seinen Roman *Der babylonische Turm* (1918) sehr wohlwollend rezensiert hatte und in Ponten einen ebenbürtigen Dichterkollegen sah. Mit diesem im Stil der *Buddenbrooks* geschriebenen Werk gelang Ponten der große Durchbruch. Die Freundschaft zu Mann geriet jedoch durch Pontens Selbstsucht mehrmals ins Wanken, wie es beispielsweise der *Offene Brief an Thomas Mann* (1924) illustriert[21]. Ständig versuchte Ponten, den bekannteren Freund zu übertrumpfen und stilisierte sich selbst zum mit göttlicher Vorgabe bedachten Dich-

21 Vgl. Hans Wysling (Hrsg.): *Dichter oder Schriftsteller? Der Briefwechsel zwischen Thomas Mann u. Josef Ponten 1919 – 1930*, hrsg. unter Mitwirkung von Werner Pfister, Bern, 1988 (= Thomas-Mann-Studien, Bd.8); Dietmar Lieser: „Zur Ideologie des Naiven und des Erhabenen. Josef Pontens Moderne-Kritik im 'Offenen Brief an Thomas Mann' (1924) und ihre faschistischen Implikationen", in: Dieter Breuer/ Gertrude Cepl-Kaufmann (Hrsg.): *Moderne und Nationalsozialismus im Rheinland. Vorträge des Interdisziplinären Arbeitskreises zur Erforschung der Moderne im Rheinland*, Paderborn, 1997, S. 105-125.

ter hoch, während er in dem Autor des *Zauberbergs* (1924) einen „Nur-Schriftsteller“ sah.

Seine nunmehr belgische Heimat bezeichnete er stets als „Zwangsbelgien“[22]. Im Gegensatz zu Schmitz und anderen belgischen Publizisten, die historisch argumentierten, zog Ponten sprachliche und ethnische Argumente heran, um die „Deutschheit“ des Eupener Landes zu belegen. So ergriff er im Kontext des *Vertrages von Locarno* (1925) im *Berliner Tageblatt*[23]das Wort, um die vertragsschließenden Mächte auf „ein zweites Elsass-Lothringen“, das niemals zu Belgien gehört habe, aufmerksam zu machen. Von der Sichtweise des Elsässers René Schickele war Ponten also weit entfernt. „Gestern deutscher, heute französischer Staatsangehöriger: Ich pfeife darauf“, ließ der Sohn einer französischen Mutter und eines deutschen Vaters 1920 unmissverständlich verlauten[24].

Pontens sprachliche und ethnische Argumente waren die gleichen, die die Westforschung[25] zu pseudo-wissenschaftlichen Zwecken benutzte, um die Definition eines weitreichenden „großdeutschen“ Raumes zu untermauern. In diesem Zusammenhang sind vor allem Pontens mehrmals neu veröffentlichte Auszüge aus dem Roman *Siebenquellen* (1909), der im deutsch-belgischen Grenzland spielt, nicht harmlos. So erschien 1936 unter dem Titel *Aus dem Eupener Land. Bilder und Geschichten* (1936)[26] eine „Feldpostausgabe“, um die Soldaten der Wehrmacht auf eben diesen Landesstreifen aufmerksam zu machen. Eine Publikation aus dem Jahre 1939 trägt schließlich den bezeichnenden Titel *Aus verlorenem Westland.*[27]

Stolz war Ponten auch auf seine rheinische Herkunft. So gehörte er zu den Gründungsmitgliedern und Hauptakteuren des *Bundes rheinischer Dichter*, der vor allem in der Weimarer Republik aktiv Literatur aus dem Rheinland förder-

---

22 Vgl. beispielsweise Josef Ponten: „Aus meiner Kindheit im Eupener Lande“, in: *Landschaft, Liebe, Leben. Novellen*, Berlin, 1934, S. 27-40, hier S. 27.

23 Josef Ponten: „Meine Heimat. Das Land Eupen – Zur Beherzigung in Locarno“, in: *Berliner Tageblatt*, 15.10.1925, S. 1 (!), auszugsweise auch in *EZ*, 26.10.1925.

24 Vgl. Gertrude Cepl-Kaufmann: „Ein Europa der Regionen. Zu Josef Pontens und René Schickeles deutsch-französischem Versöhnungsprojekt", in: *Juni. Magazin für Literatur und Politik*, 1999, 29, S. 21-35, hier S. 28.

25 S. Burkhard Dietz/ Helmut Gabel/ Ulrich Tiedau (Hrsg.): Griff nach dem Westen: die Westforschung der völkisch-nationalen Wissenschaften zum nordwesteuropäischen Raum, 1919-1960, Münster, 2003.

26 Josef Ponten: *Aus dem Eupener Land. Bilder und Geschichten*, Feldpostausgabe, Leipzig, 1936 (= Lebendiges Wort, Bd. 19).

27 Josef Ponten: Aus verlorenem Westland. Schauplätze und Vorgänge im Landschaftsroman Siebenquellen, Berlin/Leipzig, 1939 (Aus deutschem Schrifttum und deutscher Kultur, Bd. 561).

Bild 4: Josef Ponten bezeichnete seine Heimat nach 1920 stets als „Zwangsbelgien". Noch 1939 machte er mit seiner Veröffentlichung *Aus verlorenem Westland* auf die vom Reich getrennten 'Volksdeutschen' aufmerksam. Foto: Nini und Carry Hess, Frankfurt a. M.

te[28]. Thomas Mann verhalf Ponten 1926 zum Eintritt in die *Preußische Akademie der Künste*, wo er sich als landschaftsorientierter Dichter profilierte und ebenfalls durch seinen Eigensinn auffiel[29]. Allmählich gesellte er sich zur Fronde der völkischen Literaten und blieb auch nach der Machtübergabe Mitglied der Akademie. Die politische Wende schien ihm, der Ende der zwanziger Jahre ein mehrbändiges Werk zum Auslandsdeutschtum mit dem Titel *Volk auf dem Wege. Roman der deutschen Unruhe* (1930-1931/1933-1942) in Angriff genommen hatte, sehr gelegen zu kommen. Der Roman *Im Wolgaland* (1933) verkaufte sich sogar über 100 000 Mal und wurde ins Japanische übersetzt. Laut den Worten seines Verlegers befand sich Ponten 1933 auf dem Höhepunkt seines Ruhmes[30].

Volk auf dem Wege eignete sich hervorragend zur ideologischen Schulung der Bevölkerung, indem die Romane nicht nur die französische Erbfeindschaft, sondern auch den deutschen Volksgedanken, die „ungerechte Behandlung" Deutschlands nach dem Ersten Weltkrieg, seine „untergeordnete Bedeutung" in Europa, seinen „Raummangel", die „Diaspora des deutschen Volkes", einen „natürlichen Drang nach Osten" und einen biologisch fundierten Staatsgedanken thematisierte[31].

---

[28] Vgl. Gertrude Cepl-Kaufmann: *Der Bund rheinischer Dichter*, Paderborn/ München/ Wien/ Zürich, 2003.

[29] Vgl. Werner Mittenzwei: Die Mentalität des Ewigen Deutschen. Nationalkonservative Dichter 1918-1947 und der Untergang einer Akademie, Frankfurt a. M., 2003.

[30] „An dichterischen Ehren können Sie kaum noch mehr erlangen", schrieb ihm am 13. Januar 1933 Gustav Kilpper von der DVA. *Brief Gustav Kilpper*, DVA, 13.01.1933 (Stadtbibliothek Aachen, Nachlass Josef Ponten (in der Folge JPAC abgekürzt), *Briefe an JP*, A.8.8b. Verleger: Teil II).

[31] Vgl. Philippe Beck: „Représentations et idéologie: La France vue par Josef Ponten entre 1920 et 1940", in: *Mosaïque. Revue des jeunes chercheurs en Sciences de l'Homme et de la Société de la région Lille-Nord-de-France-Belgique*, 2, Varia: Jeunes Chercheurs dans

Pontens Verhältnis zum Nationalsozialismus bleibt zwiespältig. Offene Geständnisse gibt es keine. Auch gehörte er abgesehen vom Reichsluftschutzbund keiner *NS*-Organisation an. Gleichwohl ließ er sich von verschiedenen *NS*-Instanzen feiern. Angesichts des Themas seiner Romanreihe verwundert es nicht, dass das Deutsche Auslandsinstitut in Stuttgart Ponten als Mitarbeiter anheuerte[32]. 1936 erhielt er für die erste Fassung von *Volk auf dem Wege* (1930-1931) den *Rheinischen Literaturpreis* und 1937 den Dichterpreis der Stadt München. Solche Auszeichnungen machten einen Schriftsteller nicht gezwungenermaßen zum Parteianhänger, da auch innerhalb der *NS*-Behörden nicht immer Einigkeit herrschte und Ponten für manche als umstritten galt. Doch eignete sich der Romanzyklus „vorzüglich zur ideologischen Stabilisierung der nationalsozialistischen Expansionspolitik“[33]. Gertrude Cepl-Kaufmann, die sich umfassend mit dem *Bund rheinischer Dichter* und dem *Rheinischen Literaturpreis* befasst hat, schreibt ferner, dass die Laureaten dieses Preises „unzweifelhaft […] dem faschistischen Unrechtssystem gedient haben“[34]. So schlussfolgerte auch die Reichsschrifttumskammer nach einer Überprüfung Pontens: „Nachteiliges ist nicht bekannt über ihn. Nach seinen Werken, die er verfasste, ist bestimmt anzunehmen, dass er in unserem Sinne Gutes leistet“[35]. Ab 1938 hielt Ponten zunehmend Vorträge in den Grenzlandgebieten und unterstützte so den „großdeutschen Gedanken“[36]. Schließlich ließ er sich dazu hinreißen, den *SS-Leitheften*, einen Aufsatz zur ideologischen Ausbildung der SS-Männer zukommen zu lassen[37].

Durch einen Herzschlag verstarb er am 3. April 1940 und ließ seinen Romanzyklus unvollendet. Den Einmarsch der Wehrmacht ins neutrale Belgien und die darauffolgende Annexion seiner Heimat erlebte er nicht mehr, doch wurden seine Äußerungen in der Presse aufgegriffen, um Eupen-Malmedys „Heimkehr ins Reich“ zu zelebrieren[38].

---

la cité 2008, s.dir. Céline De Potter, online: http://revuemosaique.net/wordpress/wp-content/uploads/2010/01/MOSAIQUE-2.3_Beck.pdf (eingesehen am 15.01.2010).

32 Brief von DAI an Josef Ponten, gez. Dr. Strölin, 19.03.1934, (JPAC, A.6.26. NSDAP).

33 Gertrude Cepl-Kaufmann: *Der Bund rheinischer Dichter*, S. 329.

34 Ibid.

35 Der Ortsgruppenleiter der Ortsgruppe München-Siegestor an die Gauleitung München-Oberbayern, Abteilung Politische Beurteilungen, 04.10.1938 (BArch, R 56, Reichsschrifttumskammer, Personalakte Josef Ponten).

36 Vgl. beispielsweise Brief Reichssender Breslau, 09.05.1938 (JPAC, A. Briefe an JP, A.8.8b, Verleger, Teil I).

37 Brief SS-Hauptamt, 13.03.1939 (JPAC, A. Briefe an JP, A.8.8b. Verleger, Teil I).

38 S. beispielsweise Ludwig Mathar: „‘So selbstverständlich deutsch...’“, in: *Rheinland in Wort und Bild*, 2. Jg., 6, Juni 1940, S. 4-6.

2. Zaghafte Wiederanfänge nach dem Zweiten Weltkrieg

Nach dem Zweiten Weltkrieg haben die besonderen politischen Verhältnisse in Ostbelgien zum Versiegen jeglicher literarischer Impulse geführt. Ein allzu offenes Bekennen zur deutschen Kultur galt als verdächtig, zumal die Entnazifizierung in dem zwischen 1940 und 1945 ans Dritte Reich annektierte Gebiet auf äußerst undifferenzierte Weise vorgenommen wurde. Dies mag der Grund für den wahren „Kahlschlag"[39] bis in die sechziger Jahre hinein sein. Die einzigen literarischen Produktionen (meist historische Aufsätze, Erzählungen und Naturgedichte) fand man in der Tagespresse sowie – in geringerem Maße – in außerregionalen Publikationsorganen. Die Literatur der Nachkriegsjahre behandelte vorzugsweise heimatgebundene und sentimentale Themen in traditionellen, klassischen Formen, wie es beispielsweise bei den Werken von Leonie Wichert-Schmetz (1899-1988), Maria-Theresia Weinert-Mennicken (geb. 1913) oder Peter Emonts-pohl (sic) (1910-1992) der Fall war.

Die gesetzliche Festlegung der Sprachengrenze im belgischen Staat 1962/63 erlaubte es schließlich, den Wert der deutschen Sprache wieder zu erfassen. Erst 1964 kam mit dem im Eigenverlag erschienenen Gedichtband *Aufbruch* des jungen Freddy Derwahl (geb. 1946) die erste literarische Veröffentlichung der Ostkantone seit dem Krieg auf den Markt. Neue Publikationsmöglichkeiten boten schließlich die Zeitschriften *Zwischen Venn und Schneifel* (1965) und *Im Göhltal* (1967), die von zwei ostbelgischen Geschichtsvereinen gegründet worden waren. 1968 fand sogar das „erste ostbelgische Dichtertreffen" in Kelmis statt und lieferte neue Impulse[40].Infolgedessen erschien im Jahre 1971 eine vom Brüsseler Kulturamt für die deutschsprachige Gegend Belgiens herausgegebene Anthologie ostbelgischer Dichter.

3. Aufschwung und Öffnung zu anderen Regionen

Bedeutend für die siebziger Jahre waren die Kontakte, die die jungen Schriftsteller untereinander pflegten. Die künstlerischen Gruppeninitiativen *In Eupen. Mappe I* (1970), *es ist einmal* (1976) und *wo wir uns trafen* (1980) können als Ausdruck eines literarischen Generationsbruchs und eines innergesellschaftlichen Wandels verstanden werden.

---

39 Ernst Leonardy: „Dichtung und dokumentierte Minderheitenkultur. Die deutschsprachige Literatur im ostbelgischen Raum", in: Alexander Ritter (Hrsg.): *Deutschsprachige Literatur im Ausland*, Göttingen, 1985 (*Zeitschrift für Literaturwissenschaft und Linguistik*, Beiheft 13), S. 52-68, hier S. 62.

40 Leo Wintgens: Grundlegung einer Geschichte der Literatur in Ostbelgien. Bild der sprachlichen Wechselwirkungen im Zwischenland, Eupen, 1986, S. 204.

Neben diesen Gruppeninitiativen, die relativ junge Literaten zusammenführten, traten einzelne Autoren wie Bruno Kartheuser (geb. 1947), Leo Wintgens (geb. 1938) oder Gerhard Heuschen (geb. 1934) in den siebziger Jahren erstmals an die Öffentlichkeit. Sie trugen somit zu einem Aufschwung in der ostbelgischen Literatur bei, der eng mit der Entwicklung des belgischen Staates verknüpft ist – gewann doch die deutschsprachige Bevölkerung durch die Staatsreformen von 1970 und 1980 offiziell an Anerkennung, und für kulturelle Angelegenheiten erhielt sie weitgehend Autonomie.

Kriegserinnerungen tauchen vornehmlich in Leonie Wicherts autobiographisch gefärbtem Roman *Galena – nicht wie alle anderen* (1975) auf. In diesem Werk lässt Wichert die Seherin Galena beide Weltkriege vorhersagen. Als Symbol für die Werte des Bürgertums hält die Deseburg, die eine zentrale Rolle spielt, dem Kriegsgeschehen stand. Auch in ihrem *Tagebuch eines Teenagers aus dem Ersten Weltkrieg* (1979) werden zu einem gewissen Teil traumatische Kriegserlebnisse verarbeitet. Emil Gennen (1932-2009) ging seinerseits in *kriegsnarben aus 3 jahrhunderten* (sic), Band 3 von *obelit – die ostbelgischen Literaturhefte*, die zwischen 1976 und 1984 erschienen, auf die Zerstörung St. Viths während der Ardennenoffensive ein und publizierte später den Tatsachenbericht *Wie der Krieg zu Ende ging: Berichte und Dokumente über die Ardennen-Offensive in der Altgemeinde Burg-Reuland* (1985). Das Schicksal eines Eupen-Malmedyer Zwangssoldaten in Russland wurde von Peter Emontspohl in seinem Gedichtzyklus *Eindrücke aus der russischen Steppe* (1969) sowie in der Erzählung *Der Weihnachtsbaum von Ordschonikidse* (1984) thematisiert.

Auch in der seit 1982 von Bruno Kartheuser herausgegebenen Literaturzeitschrift *Krautgarten*, die maßgebend zum Auftrieb der Literatur in Ostbelgien beigetragen hat[41], lassen sich zahlreiche Beiträge zur Problematik Krieg finden. 1988, als Siegfried Lenz mit dem *Friedenspreis des Deutschen Buchhandels* ausgezeichnet worden war, erschien eine thematische Ausgabe mit dem Titel *Stell Dir vor... es ist Krieg* (*Krautgarten*, 13), die u.a. Auszüge einer beachtlichen Rede des Preisträgers enthielt. Ebendort erinnerte Robert Schaus mit seinem Gedicht *Zwischen den Bombentrichtern*an die Zerstörung St. Viths im Winter 1944-45.

41 Vgl. Ernst Leonardy: „La revue Krautgarten, le théâtre AGORA et la littérature de la Communauté germanophone de Belgique“, in: *Textyles. Revue des lettres belges de langue française*, 24, 2004, *Une Europe en miniature ?*, s.dir. Hans-Joachim Lope/ Hubert Roland, S. 90-97.

Bild 5: Die Ausgabe Nr. 13 (1988) von Krautgarten war ausschließlich dem Thema „Krieg“ gewidmet.

In dem zweisprachigen Band *Atemlängen – Respirations* (1999) kommt Kartheusers Vorliebe für Aphorismen zum Ausdruck. „Vaterland, Heimat – / rostüberzogenes / Geländer“[42] spielt zum Beispiel auf die bewegte Vergangenheit Ostbelgiens an und hinterfragt kritisch die Begriffe „Vaterland“ und „Heimat“. Ein Geländer dient gewöhnlich zur Stütze, doch in diesem Fall hat der Zahn der Zeit an ihm genagt und es vielleicht sogar brüchig gemacht. Es kommt die Frage auf, was mit diesem rostüberzogenen Geländer zu tun ist. Dieser Aphorismus reflektiert Kartheusers kritische Haltung gegenüber einem romantischen Heimatbegriff – der zuvor von der nationalsozialistischen Propaganda vereinnahmt worden war – in der ostbelgischen Literatur.

4. Entwicklungsromane mit historischem Hintergrund

Gerade diese bewegte Vergangenheit des Gebietes Eupen-Malmedy-St. Vithhat in den letzten zehn Jahren den Stoff für mehrere Romane geliefert. Zum einen mögen dem die zunehmenden historiographischen Erkenntnisse zu Grunde liegen. Zum anderen handelt es sich in mehreren Fällen jedoch um ältere Autoren, die die eigenen und zum Teil traumatischen Erlebnisse literarisch verarbeiten und für die Nachwelt zugänglich machen wollen. Hierzu gehören vor allem die Romane von Leo Wintgens (*Wege aus Sümpfen*, 2001 und 2006) und Hannes Anderer (*Unterwegs zu Melusine*, 2007 und *Begegnung mit Melusine*, 2008). Auch in Freddy Derwahls Schelmenroman *Bosch in Belgien* (2006) tauchen bisweilen autobiographische Elemente auf, während Maryanne Beckers' *Grenzlandfrau* (2010) das Leben ihrer Mutter zu Grunde zu liegen scheint.

Von großem Interesse ist, wie die Autoren auf die Kriegserlebnisse, die verschiedenen Staatenwechsel sowie auf geographische und sprachliche Besonderheiten des Grenzstreifens Eupen-Malmedy-St. Vith eingehen. Man könnte beinahe mit Clemens Ruthner von „Anti-Heimatromanen“ reden, in denen die Provinz kein malerischer Ort der Idylle, der Naturverbundenheit und des „ursprünglichen“ Lebens ist, sondern ein Ort des Grauens, der Gewalt, gestörter sozialer Beziehungen und verdrängter Vergangenheit[43]. Als Leitfaden findet man die traumatische *NS*-Vergangenheit und die schwierige Integration in den belgischen Staat wieder, während bei jüngeren Autoren, wie Dietmar Sous (geb. 1954) oder Ingo Jacobs (geb. 1969), der Heimatbegriff nicht unbedingt in Verbindung mit dieser schwierigen Vergangenheit gebracht wird. Bei ihnen wird

---

[42] Bruno Kartheuser: *Atemlängen. Respirations*, St. Vith, 1999, S. 16.

[43] Clemens Ruthner: „Unterwegs zu Melusine. Ein St. Vither Roman blickt zurück auf eine verlorene Zeit des Leidens“, in: *Krautgarten*, 50, St. Vith, Juni 2007, S. 78.

vornehmlich „transkulturelle Offenheit und karnevaleske Hybridität" einer Minderheitenkultur aus postmoderner Sichtweise betont[44].

4.1. Die Metapher der Sumpflandschaft

In *Wege aus Sümpfen. Roman einer Grenzlandschaft* verarbeitet Wintgens in sachlicher Schreibweise die Kindheit im Krieg sowie die schweren Nachkriegsjahre. Der erste Teil der geplanten „Grenzlandsaga" (wie der Roman im Einband genannt wird) trägt den Titel *Eine Jugend auf dem Königshof* (2001). Handlungsorte sind hauptsächlich das ländliche altbelgische Montzen sowie das wallonische Dolhain. Hauptgeschehen sind die Kindheits- und Jugenderlebnisse des jungen Pééke, die mitten im Zweiten Weltkrieg beginnen und sich bis 1955 erstrecken. Es sind die Narben des Zweiten Weltkriegs mit seinen Luftangriffen und Bombardements sowie jene der unmittelbaren Nachkriegszeit mit den „Säuberungen" der *Armée Blanche*[45], die hier verarbeitet werden. Dabei spielt der Umstand eine Rolle, dass die Einwohner des Grenzgebietes ständig zwischen zwei Fronten gestanden haben. Während des Krieges lebten „Nationalsozialisten" und „Pro-Belgier" – wenn eine solche grobschlächtige Kategorisierung überhaupt möglich und der historischen Realität angemessen ist – in den Ostkantonen und in den deutschsprachigen Teilen Altbelgiens nebeneinander. Hieraus resultierten Konflikte, die etwa das folgende Zitat verdeutlicht. Als Péékes Mutter russische Gefangene verteidigte, die bei ihnen Essen geholt hatten, entgegnete ihr der Ortsbauernführer:

> Was, Nachbarin?! Ihr wollt uns auch noch Vorschriften machen, wie der Führer sein Reich zu regieren hat! Das werdet ihr büßen! Schämen solltet ihr euch, denn euer ältester Sohn kämpft, genau wie der meine, für unsere Ideen. Den meinen hab ich gestern noch zurück an die Front geschickt. Wartet nur, das bisschen belgisch, das ihr noch im Leib sitzen habt, das kriegt ihr auch noch ausgetrieben[46].

Darüber hinaus geht es Wintgens um die Thematisierung der besonderen sprachlichen Situation, in der er selbst aufwuchs, und die repräsentativ ist für eine ganze Generation von Ostbelgiern, die auf dem Land groß geworden sind. Während daheim Mundart und Hochdeutsch gesprochen wurde, musste Pééke sein Mittelschulstudium im französischsprachigen Dolhain absolvieren. Diese

---

[44] Arvi Sepp: „Refusing to be the Other, 2009", in: *Inter-disciplinary.net*, 10/2009, online: http://www.inter-disciplinary.net/wp-content/uploads/2009/10/sepppaper.pdf (eingesehen am 15.01.2010). Übersetzung PB.

[45] Unter der *Armée Blanche* versteht man belgische Sonderstreitkräfte, die aus dem Widerstand gegen das NS-Regime hervorgingen und nach dem Ende des Zweiten Weltkriegs zur Entnazifizierung eingesetzt wurden.

[46] Leo Wintgens: Wege aus Sümpfen. Roman einer Grenzlandschaft, Teil I: Eine Jugend auf dem Königshof, Aachen, 2001, S. 114.

Zugehörigkeit zu drei Kulturkreisen bringt Wintgens in seinem dreisprachigen Roman zum Ausdruck, wobei die zahlreichen Mundartpassagen und die französischen Aussagen in Klammern übersetzt werden.

In Band II von *Wege aus Sümpfen, Brücken-Schläge* (2006), setzt er diese Darstellung der besonderen sprachlichen Lage des Grenzlandes fort. Wie schon der 1938 verstorbene Eupener Schriftsteller Peter Schmitz sich eine „Brückenfunktion" seiner Heimat erwünscht hatte, lässt Wintgens' Erzähler zu Beginn des Romans verlauten: „Sprachen schlagen Brücken von Mensch zu Mensch – aber diese müssen dann auch begangen werden! Man sei so oftmals Mensch, wie man Sprachen spreche, erklärte einst ein bekannter Monarch"[47]. Doch warnt er ebenfalls: „Aber jegliches Idiom kann auch als Mittel zur Ausgrenzung, als Kainszeichen an der Stirn missbraucht werden." – wie es viele Ostbelgier nach dem Zweiten Weltkrieg erfahren mussten.

4.2. Ein Schelmenroman

Auch für Freddy Derwahls *Bosch in Belgien* ist die Odyssee, die die deutschsprachigen Belgier im 20. Jahrhundert auf der Suche nach Identität zurückgelegt haben, Hauptstoff. Der *Versailler Vertrag*; das fünfjährige Übergangsregime unter dem General Herman Baltia nach dem Ersten Weltkrieg; die umstrittene Volksbefragung von 1920; die geheimen Rückgabeverhandlungen in den Jahren 1925 und 1926; der Einmarsch der Wehrmacht im Mai 1940 und die Befreiung durch die amerikanischen Truppen 1944; der erste Besuch von König Baudouin im Jahre 1956 in Eupen; die Suche nach Anerkennung der deutschsprachigen Bevölkerung innerhalb des Königreichs Belgien – all dies sind wichtige und zum Teil schmerzvolle Kapitel der ostbelgischen Geschichte, die in *Bosch in Belgien* mit spitzer Feder verarbeitet wurden. Bereits im Titel, der auf Ernst von Salomons Roman *Boche in Frankreich* (1950) anspielt, liegt das Wortspiel zwischen Bosch und dem französischen Ausdruck „boche" (seit dem Ersten Weltkrieg ein Schimpfwort für die Deutschen) auf der Hand.

Der Hauptprotagonist Albert Bosch ist ein geborener Verlierer im oft gebeutelten Land zwischen germanischer und romanischer Kultur. Nach Abbruch seines Studiums übernimmt er kleine Handwerkerarbeiten und wird Chauffeur eines gescheiterten Senatskandidaten. Ähnlich wie Günter Grass' Oskarchen aus *Die Blechtrommel*(1959) erlebt Bosch wichtige historische Ereignisse als Randfigur. Dies ermöglicht es ihm, den Leser mit kritischen Kommentaren durch die Geschichte Ostbelgiens zu führen. Zugleich muss er wiederholt erfahren, auf seiner Suche nach Heimat zurückgewiesen zu werden. Diese Erfahrung macht er

[47] Leo Wintgens: Wege aus Sümpfen. Roman einer Grenzlandschaft, Teil II: Brücken-Schläge, Aachen, 2006, S. 3.

bereits als Zehnjähriger beim Königsbesuch im Eupener Rathaus. An der Stelle, an der 1940 ein Spruchband mit der Aufschrift „Führer wir danken dir!" gehangen hatte, das fünf Jahre später durch einen Dankesspruch an die Alliierten ersetzt worden war, stand nun vor einer jubelnden Menschenmenge ein für Albert würdeloser Monarch, der junge König Baudouin. „Nach höchstens zwei Minuten wendete er [der König] sich dem Bürgermeister zu, als sei es genug. Kistemann scheint verlegen zu lächeln: 'Sire, das ist doch ihr Volk'. Der König nickt zweimal, doch dreht er dem Jubel bereits den Rücken zu"[48].Albert glaubte zu wissen, „dass er seine deutschsprachigen Landsleute aus Ostbelgien nicht mochte, dass sie ihm zur Last fielen, ja, dass er sich ihrer etwas schämte. Sie waren seine kleinen nationalen Bastarde, seine unerwünschten und aufdringlichen Ausnahmebelgier"[49]. Ostbelgien selber bezeichnet Albert als „verdammten, gottverlassenen Landstrich zwischen den trügerischen Grenzen"[50]. Auch soziale oder weltanschauliche Grenzen haben für Albert Bosch nur wenig Bedeutung. So gehören zu seinen Freunden sowohl sein nationalsozialistischer Cousin als auch ein jüdischer Wirt aus Eupen.

Die Form des Schelmenromans erlaubt es Freddy Derwahl auf unrühmliche, vergessene und verdrängte Ereignisse und Anekdoten aus der Kultur- und Entstehungsgeschichte der Deutschsprachigen Gemeinschaft einzugehen. So erfährt man über den schon erwähnten Josef Ponten, dass er sich 1934 bei einer Nachfeier zu seinem 50. Geburtstag im Aachener Stadttheater dazu hinreißen ließ, einen ungenannt gebliebenen Schriftsteller, der im Konzentrationslager Oranienburg-Sachsenhausen interniert wurde, als „'Staatsvollpensionär' zu bezeichnen, der sein Leben 'an einem luftigen Ort' friste, 'an dem freilich kein Oranienbaum wächst'"[51]. Mit diesem durch historische Dokumente belegten Kommentar spielte Ponten zweifelsohne auf den Pazifisten Armin T. Wegner an, der zuvor bei Hitler persönlich gegen die erste Judenverfolgung protestiert hatte.

---

48 Freddy Derwahl: *Bosch in Belgien*, Eupen, 2006, S. 22.
49 Ibid., S. 19.
50 Ibid., 2006, S. 12.
51 Freddy Derwahl: *Bosch in Belgien*, Eupen, 2006, S. 167.

Bild 6: Vor allem im letzten Jahrzehnt sind Romane erschienen, die verschiedene Aspekte der bewegten Vergangenheit Ostbelgiens literarisch verarbeiten (Fotomontage: Philippe Beck).

Die zentrale Frage von *Bosch in Belgien* lautet: Wann und wo ist Heimat? Bei einem philosophischen Thekengespräch in Lüttich stellen Albert und sein wallonischer Freund Antoine nationale Grenzen in Frage. Die beiden sind sich einig, „dass 'Heimat' nichts Nationales sei, sondern von der warmen Zuflucht einer Frau gewährt werde“[52]. So entwickelt sich die Handlung des Romans auch zu einer Gralssuche. Für Albert Bosch wird Heimat durch die von Kirmes zu Kirmes ziehende Frittenfrau Jeanne verkörpert, in die er sich verliebt. Der Roman birgt schließlich die Botschaft, dass eine kleine Kulturgemeinschaft wie die Deutschsprachige Gemeinschaft Belgiens sich öffnen muss, um zu überleben.

4.3. Eine Abrechnung mit dem erzkatholischen Milieu

Auf einer Suche befindet sich auch Hannes Anderers Protagonist Jean-Pierre in *Unterwegs nach Melusine*, ein Werk, das an die Tradition des Bildungsromans, wie beispielsweise Hermann Hesses *Demian* (1919) oder Robert Musils *Die Verwirrungen des Zöglings Törleß* (1906), anknüpft. Hannes Anderer ist ein programmatisches Pseudonym für Jean Firges (geb. 1934), das durch Rimbauds eingangs angeführte Worte „Il est un autre. Ich ist ein anderer“[53] sowie durch die

---

52 Ibid, S. 53.

53 Hannes Anderer: *Unterwegs zu Melusine*, Annweiler, 2007, S. 5.

philosophische Einleitung des Romans Bedeutung gewinnt. Anderer lehnt sich an Denis Diderots *Jacques der Fatalist und sein Herr* (1778-1780) an, um die Handlung gelegentlich metaleptisch zu unterbrechen und zu kommentieren. Er sieht sich nämlich als Autor, der sich im Schreibprozess seine Geschichte selbst erzählt.

Der Roman ist eine schonungslose Abrechnung mit dem erzkatholischen Milieu der Mitte des 20. Jahrhunderts, das durch die Familie und vor allem das Internat, das der Ich-Erzähler nach dem Zweiten Weltkrieg besucht, verkörpert wird. Die politischen Ereignisse nehmen zwar weniger Bedeutung als bei *Bosch in Belgien* ein, doch treten stellenweise deutlich die Spannungen zwischen Befürwortern des Nationalsozialismus und pro-belgisch eingestellten Einwohnern hervor. Dabei wird auch ein Einblick in die subtile *NS*-Propaganda in den Schulen gegeben. Als Jean-Pierre voller Begeisterung der *Hitlerjugend* beitreten möchte, sieht sein empörter Vater keine andere Möglichkeit, als ihn zu verprügeln und in die Dorfschule seines Onkels zu versetzen. Als überzeugter Pazifist versucht er, dem Sohn jegliches Kriegsspielzeug zu verbieten. Am Rande der Erzählung werden in Stalingrad gefallene Eupen-Malmedyer Soldaten und die Landung der Alliierten in der Normandie erwähnt, während die vollständige Zerstörung der Stadt St. Vith Weihnachten 1944 und deren Folgen für die Einwohner eine zentrale Stellung einnehmen. Als Jean-Pierre und seine Familie auf einem Bauernhof um ihr Leben bangen, zischt draußen „eine Artilleriesalve nach der anderen über das Haus und erinnerte daran, dass wir zwischen zwei Fronten lagen“[54].

Die „Säuberungen“ der *Armée Blanche*, das Klima der Rache und Denunziation sowie die sozialen Probleme nach dem Krieg bilden den historischen Hintergrund für die Folge der Handlung, die auf Jean-Pierres neues Leben im Internat fokussiert. Dort wurde er zuerst mit sprachlichen Schwierigkeiten konfrontiert. So lässt der Direktor verlauten: „Meine Herren, schreibt euch das hinter die Ohren, wir sind Belgier und die Landessprache ist Französisch.“ (Das Flämische zog Herr Lefort nicht in Betracht) „Wer in diesem Jahr nicht Französisch reden und schreiben kann, muss diese Schule verlassen“[55].

Nebst diesen sprachlichen Problemen plagten die durch verschiedene Lehrer und Priester eingebläuten Schuldgefühle den heranwachsenden Jugendlichen. Sexuelle Aufklärung erfährt er erst durch die Künstlerin Eva, die ihn in einer von Erotik geballten Szene ihren Körper entdecken lässt. Andererseits werden die pädophilen Neigungen des Lehrers Prosper angedeutet, der die Knaben, die

---

[54] Ibid., S. 149.
[55] Ibid., S. 220.

den Sessel des Pädagogen den „elektrischen Stuhl" nannten, regelmäßig verhört und alles über ihre aufkommenden Gelüste erfahren will. Die Melusine des Titels, die am Ende durch die Lektüre von Theodor Fontanes Roman *Der Stechlin* (1899) Form annimmt, tritt im Laufe der Erzählung als Tina, Sophie oder Eva auf, die in Jean-Pierre fetischistische Triebe wecken.

4.4. Der Krieg aus der Sicht einer Frau

Aus der Sicht einer Frau aus dem Eupener Land, deren Mann als deutscher Zwangssoldat an die Ostfront entsandt wurde, schildert Maryanne Becker (geb. 1952) in ihrem Roman *Grenzlandfrau* (2010) die Kriegszeit. Um die Zerrissenheit zwischen Belgien und Deutschland in der Zwischenkriegszeit herauszustellen, setzt die Erzählung mit dem Ende des Ersten Weltkrieges ein. Wie schon bei Hannes Anderer wird auch in Beckers Beschreibungen das Alltagsleben im Dorfe durch die ärmlichen Verhältnisse, durch ein konservativ-katholisches Milieu, aber auch durch den Staatenwechsel bestimmt. Für die Kinder macht sich dieser durch die Französisierung der Namen und das Einstellen altbelgischer Lehrkräfte bemerkbar.

Der Roman thematisiert wie *Wege aus Sümpfen* und *Bosch in Belgien* die Lage Eupen-Malmedys als sprachliches Zwischenland und zeigt wie Jackis Familie durch die zunehmende Radikalisierung zweier Meinungsgruppen in Eupen-Malmedy gekennzeichnet wurde. Während ihr Vater ein überzeugter Pazifist und Hitler-Gegner war und ihr Bruder Scheng/Jean in die belgische Armee eingezogen wurde, traten ihr Vetter Werner und sein Vater der *NSDAP* und später der *SS* bei. Sie sahen in Hitler denjenigen, der wirtschaftlichen Aufschwung bringen und die Heimat aus der „Versailler Knechtschaft"[56] befreien würde.

Wurden in *Unterwegs zu Melusine* die Protagonisten Zeugen der Zerstörung St. Viths, so kommt in *Grenzlandfrau* ein junger Student bei der Bombardierung der Universitätsstadt Löwen durch die Wehrmacht um: „Mit Familie Meulen trauerte das ganze Dorf, die latente Abneigung gegen alles Deutsche schlug um in Wut und abgrundtiefen Hass gegen die Besatzer"[57] Kurz darauf erhielt Familie Bergmann Besuch von der Gestapo, die Jackis Vater, der jedoch im Vorjahr verstorben war, verhaften wollte, weil er in seiner Gastwirtschaft „mehrfach feindlichen Elementen [Sozialdemokraten]" die Möglichkeit zu „konspirativen Treffen" gegeben hatte. „Beihilfe zum Landesverrat war das!"[58] Solche Ereignisse geben eine Erklärung für den langwährenden Hass gegen alles

---

[56] Maryanne Becker: *Grenzlandfrau*, Eupen, 2010, S. 33.

[57] Ibid., S. 52.

[58] Ibid., S. 56.

Deutsche, der das Kriegsende um Jahrzehnte überdauerte, wie es beispielsweise der junge Albert Bosch in Freddy Derwahls Roman*Bosch in Belgien* beim Fußballspielen erfahren muss. Obwohl deutschsprachiger Belgier, wird er von der gegnerischen frankophonen Mannschaft als „boche" beschimpft.

Eine wahre Tragödie trifft schließlich Jacki und ihre Schwiegermutter. Walter und Jakob Lammers sterben den „Heldentod für Führer und Vaterland", Jul, Jackis Ehemann, wird vermisst. Die Autorin nutzt die Heimkehr eines desertierten Soldaten, um einen Einblick in die mögliche Teilnahme ostbelgischer Zwangssoldaten an Kriegsgräueln an der Ostfront zu geben:

> Ich habe gesehen, wie die SS, aber auch Wehrmachtsangehörige Häuser in Brand gesetzt, Frauen vergewaltigt und Kinder erschossen haben. [...] Juden haben sie aus den Dörfern zusammengetrieben, sie gezwungen, ihr eigenes Grab zu schaufeln, und dann mussten wir uns in eine Reihe stellen und schießen[59].

Bemerkenswert differenziert sind die Äußerungen eines französischen Résistance-Kämpfers, der einen KZ-Aufenthalt überlebte. Für ihn waren nicht „die Deutschen" der Feind, sondern „die Nazis" (unter denen es allerdings ebenfalls Unterschiede gab): „Die deutschen Gefangenen – man sagte uns, es seien Verbrecher – wurden nicht besser behandelt als wir. Sie waren in der gleichen Lage wie wir, nicht zu beneiden. Wir unterschieden immer zwischen den deutschen Mitgefangenen und den Nazis"[60].

Über den Verbleib ihres vermissten Mannes wird Jacki ihr Leben lang im Ungewissen bleiben. Aus pragmatischen Gründen lässt sie ihn schließlich mehrere Jahre nach Kriegsende für tot erklären. Ihr Schicksal steht exemplarisch für die Angehörigen der rund 8 700 Männer aus den 1940 annektierten ostbelgischen Gebieten, die zur Wehrmacht eingezogen wurden, und von denen 2 000 ihr Leben ließen[61]. Aus Jackis Dorf, das etwa 600 Einwohner zählte, waren 19 Männer gefallen, 22 wurden vermisst[62].

4.5. Sozio-politisches Engagement im Theater

Die Kriegsereignisse haben auch die 1977 von Marcel Cremer (1955-2009) gegründete Theatertruppe der Deutschsprachigen Gemeinschaft, AGORA, beschäftigt. Cremer ging es stets darum, den Zuschauer durch Diskussion oder

---

59 Ibid., S. 96.

60 Ibid., S. 99f.

61 Peter M. Quadflieg: „Zwangssoldaten" und „Ons Jongen". Eupen-Malmedy und Luxemburg als Rekrutierungsgebiet der deutschen Wehrmacht im Zweiten Weltkrieg, Aachen, 2008 (= Aachener Studien zur Wirtschafts- und Sozialgeschichte Bd. 5), S. 6.

62 Maryanne Becker: *Grenzlandfrau*, Eupen, 2010, S. 171.

Provokation „wachzurütteln“. Auf diese Weise gehören sozio-politisches und moralisches Engagement zur Arbeit des AGORA-Theaters. Das Stück *Die Kreuzritter/Les croisés*, das 2005 und 2006 bedeutende überregionale Erfolge bei den Theater Festivals in Huy (B) und Avignon (F) verbuchen konnte, weist mit Bildern von entstellten Soldaten, so genannten „gueules cassées“, in gleicher Weise wie Ernst Friedrichs[63] Buch *Krieg dem Kriege* (1924) auf die Gräuel des Krieges hin. Die Tatsache, dass das Stück von den gleichen Schauspielern sowohl auf Deutsch als auch auf Französisch aufgeführt wird, steht für das kosmopolitische Bewusstsein eines Großteils der ostbelgischen Künstler. In seiner Sammlung von Kurztexten *Der unsichtbare Zuschauer* (2006), die 2010 mit dem Preis des Parlaments der Deutschsprachigen Gemeinschaft ausgezeichnet wurde, und in der sich die Geschichte seiner Person, der AGORA und der Grenzregion verstricken, tritt Cremers Interesse für die Kriegserlebnisse im Rahmen der Theaterarbeit hervor. Dies ist beispielsweise der Fall in der Episode der Soldatenverbrüderung an der Front zu Weihnachten 1914[64] oder für die Tragödie der „gueules cassées“[65].

Die Grenzlage seiner Region betreffend konfrontiert er mit feiner Ironie die Narben der ursprünglich zur neuen Heimat gezwungenen „Neubelgier“ mit der Einfalt eines französischsprachigen Führers im Brüsseler *Musée Royal de l'Armée*, der bei einem Schulausflug der Deutschsprachigen erklärt hatte, „dass Belgien ein junges Land sei, dass es zweimal besetzt wurde von den Deutschen, dass es eine eigene Kolonie hat und noch keinen Krieg verloren“[66] habe. Aus der Sicht der ostbelgischen Bürger, die im 20. Jahrhundert die Nation dreimal wechseln mussten, klingt die Sinnlosigkeit des Kriegstreibens besonders scharf.

Der sozialkritischen Auffassung seiner Theatertruppe getreu, wird in den Texten auf zeitgenössische Kriege sowie auf die langfristigen Wirkungen der Kriegsschäden aufmerksam gemacht.

---

[63] Zu dem rührigen Pazifisten und Gründer des Berliner Anti-Kriegsmuseums s. Tommy Spree: *„Ich kenne keine 'Feinde'“. Der Pazifist Ernst Friedrich. Ein Lebensbild*, Anti-Kriegsmuseum, Berlin, 2000.

[64] Marcel Cremer: *Der unsichtbare Zuschauer*. St. Vith, AGORA-Theater, 2006, S. 104-105.

[65] Ibid., S. 215-216.

[66] Ibid., S. 19.

Bild 7: In *Die Kreuzritter/Les Croisés* erinnert de AGORA-Theatertruppe u.a. an die „gueules cassées" (Foto: Willi Filz).

5. Gemeinsame Geschichte und Mehrsprachigkeit

Die Auseinandersetzung mit der Vergangenheit zieht sich wie ein roter Faden durch die Literatur Ostbelgiens. Als Träger des „kulturellen Gedächtnisses"[67] werden in der Literatur jene Elemente gespeichert, die der Konstruktion einer kollektiven Identität dienlich sind.

Die Sinngebung der Ereignisse wird in Ostbelgien auf besondere Art und Weise vorgenommen, weil die Autoren von den Erlebnissen der Grenze geprägt sind und dadurch nicht in einen ethnisch- oder sprachlich-essentialistischen Nationalismus verfallen. Die Grenze wird vielmehr zum integralen Bestandteil des kulturellen Gedächtnisses. In diesem Zusammenhang ist ebenfalls die Zugehörigkeit zum belgischen Staat, dessen Nationalismus ein Sonderfall ist, signifikant. Die Erfolge der flämischen und der wallonischen Bewegung und die damit einhergehende Föderalisierung Belgiens haben den im 19. Jahrhundert geschaffenen belgischen Nationalismus nahezu versiegen lassen. Doch die Radikalisierung eines Teiles der flämischen Bewegung einerseits und der Wunsch nach interkultureller Verständigung innerhalb eines Landes andererseits haben in

[67] S. Jan Assmann: Das kulturelle Gedächtnis: Schrift, Erinnerung und politische Identität in frühen Hochkulturen, München, 2007.

gewissen Kreisen die Pflege einer neuen „Belgitude“ hervorgerufen, die dem Auseinanderstreben der beiden großen Landesteile entgegenzuwirken versucht[68].

Schon Peter Schmitz’ Anti-Kriegsroman *Golgatha* birgt eine besondere Perspektive auf den Ersten Weltkrieg und stellt einen von wenigen belgisch-deutsch-französischen Erinnerungsorten dar. Mit dem Wunsch nach einer Brükkenfunktion seiner Heimat zwischen den Ländern, Regionen und Kulturen war er seiner Zeit weit voraus. Vor ihm hatte sich bereits der aus Maldingen bei Burg-Reuland stammende Paul Gérardy (1870-1933), der hier nur am Rande erwähnt sei, als Kulturmittler zwischen Belgien und Deutschland profiliert[69]. Ihr deutscher Zeitgenosse Josef Ponten bevorzugte die im Reich gängige ethnisch-sprachliche Argumentation, um den 1920 vollzogenen Staatswechsel als unrechtmäßig zu brandmarken. Auch wenn in seinem Geburtsort Raeren eine Straße seinen Namen trägt, bleibt er durch seine zwiespältige Haltung gegenüber dem Nationalsozialismus eine umstrittene Person, wie es beispielsweise Derwahls *Bosch in Belgien* nicht zu Unrecht deutlich macht.

Nach dem Krieg entwickelte sich erst in den sechziger Jahren wieder eine literarische Aktivität in Ostbelgien. Mit Peter Emonts-pohl, Leonie Wichert und Emil Gennen tauchen im Laufe der Jahre nur vereinzelte Gedichte, Erzählungen und Berichte zu den Kriegserlebnissen auf. Überraschend ist, dass erst nach der Jahrtausendwende eine Reihe von Romanen, die sich intensiv mit der Vergangenheit auseinandersetzen, erschienen ist. Gerade die Narben der Geschichte bilden Grundelemente im kulturellen Gedächtnis Ostbelgiens.

Ein weiterer Aspekt, der konstitutiv für die „ostbelgische Identität“ bleibt, ist die Offenheit zu interkulturellem Dialog, wie es schon die Beispiele Peter Schmitz’ und Paul Gérardys zeigen. Auch wenn die späteren Literaten sich nicht auf diese Tradition berufen, hat sich dieses Element in den letzten Jahrzehnten als ein Kernpunkt herauskristallisiert, wie es die Autoren des *Krautgartens*, das AGORA-Theater oder Leo Wintgens mit seinen Romanen illustrieren.

Beinahe ohne Ausnahme charakterisiert sich die deutschsprachige Literatur Belgiens durch eine kritische Distanz zu ethnischem Nationalismus und engstirnigem Regionalismus sowie durch das Festhalten an der Idee der „Belgitude“ als emanzipatorisches Prinzip interkultureller Toleranz und kosmopolitischer Of-

---

68 Vgl. Tom Verschaffel: „Belgium“, in: Manfred Beller/ Joep Leerssen (Hrsg.): *Imagology. The cultural construction and literary representation of national characters. A critical survey*, Amsterdam – New York, 2007 (= Studia Imagologica 13), S. 108-113, insbes. S. 111f.

69 Vgl. Leo Wintgens: Grundlegung einer Geschichte der Literatur in Ostbelgien, S. 127-143.

fenheit, wie Arvi Sepp schreibt[70]. Dass die Mehrsprachigkeit der Bevölkerung auch innerhalb des Landes als konstitutiv für Ostbelgien betrachtet wird, bestätigte noch vor einigen Jahren eine Artikelreihe in der Tageszeitung *Le Soir*, die den bezeichnenden Titel *Le pays polyglotte* trug[71].

---

[70] Arvi Sepp: *Refusing to be the Other*, Übersetzung PB.
[71] *Le Soir*, Bruxelles, juin/juillet 2005.

Résumé – Samenvatting

Emprise du passé et quête d'identité dans la littérature de la Belgique germanophone

La présente contribution est consacrée au traitement du passé mouvementé de la Belgique germanophone dans la littérature de ladite région entre 1920 et 2010. Ce sont surtout les deux guerres mondiales et les changements de nationalité de 1920, 1940 et 1945 qui ont marqué son histoire. Ces évènements et la longue quête de reconnaissance au sein de l'État belge sont intimement liés au problème du caractère construit d'une 'identité collective'.
Les souvenirs parfois douloureux des deux guerres et une sensibilité particulière pour l'arbitraire des frontières politiques représentent un fil rouge de la littérature de la région germanophone de la Belgique. Surtout la dernière décennie a vu paraître une série de romans historiques ou de romans de formation à fond historique.
La littérature germanophone de Belgique en tant que support de la « mémoire culturelle » (Assmann) de cette région fournit des éléments utiles à la construction d'une identité collective. Ainsi les œuvres évoquées montrent que la situation frontalière et le multilinguisme sont devenus des composantes identitaires pour les belges germanophones.

Afrekenen met het verleden en identiteitsqueeste in de Duitstalige Belgische literatuur

Deze bijdrage over de Oost-Belgische literatuur gaat over de verwerking van het bewogen verleden van de regio in literaire teksten uit de periode 1920-2010. De twee wereldoorlogen en de veranderingen van nationaliteit van 1920, 1940 en 1945 behoren ongetwijfeld tot de meest markante gebeurtenissen van die jaren. Deze, evenals de lange zoektocht naar erkenning binnen de Belgische Staat zijn nauw verbonden met het probleem van de construeerdheid van 'collectieve identiteit'.
De pijnlijke oorlogsherinneringen en een bijzondere gevoeligheid voor de willekeur van politieke grenzen lopen als een rode draad door de Duitstalige Belgische literatuur. Vooral de laatste tien jaar zijn er meer historische romans of ontwikkelingsromans met een historische achtergrond verschenen.
De literatuur die als drager van het 'cultureel geheugen' (Assmann) van de Duitstalige Belgen beschouwd kan worden, brengt elementen aan het licht die nuttig zijn voor de constructie van een collectieve identiteit. Zo kan op grond van de bestudeerde werken worden vastgesteld, dat de ligging aan de grens en de meertaligheid een identiteitsstichtende rol hebben voor de bevolking.

Schule, Ausbildung und Hochschule in der DG

Joseph Dries

> Die Zuständigkeit für Unterricht und Ausbildung ist ein zentraler Bestandteil der Autonomie der Deutschsprachigen Gemeinschaft. Sie stellt darüber hinaus einen wichtigen Hebel für die regionale Entwicklung und die Qualität des Standortes DG dar[1].

Dieses Zitat aus dem im Jahr 2009 erstellten Regionalenentwicklungskonzept macht deutlich, welcher Stellenwert Unterricht und Ausbildung beigemessen wird. Im vorliegenden Beitrag wird auf die großen Linien der Entwicklung während des vergangenen Jahrhunderts eingegangen. Dabei werden einige charakteristische Merkmale besonders Erwähnung finden, die bis heute in ihrer Wirkung spürbar sind. In einem zweiten Abschnitt wird das heutige Unterrichts- und Ausbildungswesen dargestellt. In diesem Zusammenhang wird die *Autonome Hochschule* in der Deutschsprachigen Gemeinschaft und ihre Schlüsselstellung für das Bildungswesen besonders hervorgehoben, ebenso wie die Bedeutung, die der Mehrsprachigkeit und der qualitativen Schulentwicklung beigemessen wird. Zum Abschluss werden einige Punkte aus dem bildungspolitischen Gesamtkonzept, das als Masterplan für die bedeutsamen Entscheidungen konzipiert worden ist, und die nächsten Schritte, so wie sie von der Regierung vorgesehen sind, angesprochen.

Von Preußen nach Belgien

Als die preußischen Kreise Eupen und Malmedy nach dem Ersten Weltkrieg unter belgische Hoheit kamen, hatten sich Schule und Ausbildung während eines Jahrhunderts entsprechend den Vorgaben des preußischen Staates entwickelt. Die Schulpolitik im Königreich Belgien hatte während des gleichen Zeitraums zum Teil andere Voraussetzungen gekannt. Mit der Einführung der allgemeinen Schulpflicht im Jahre 1825 setzte dieautoritäre preußische Monarchie eine breite Schulentwicklung in Gang, die mit der allgemeinen Volksschule ein Instrument schuf, fromme, treue und funktionstüchtige Untertanen heranzuziehen, die in den Kulturtechniken Lesen, Schreiben und Rechnen eine elementare Ausbildung erhalten hatten. Es dauerte allerdings bis in die 1840er Jahre bis der „Schulzwang" durchgesetzt werden konnte. In vielen Fällen fand der Volksschulunterricht nur halbtags statt und noch 1880 beklagte man sich im Eupener Stadtrat, dass „viele Kinder sich danach auf der Straße herumtrieben"[2]. In den

---

[1] Norbert Heukemes (Hrsg.): DG – Ostbelgien leben 2025. Regionales Entwicklungskonzept der Deutschsprachigen Gemeinschaft. Bd. 1, Eupen, 2009, S. 57.

[2] Alfred Minke: Eupen. Fahrplan durch seine Vergangenheit, Eupen, 1980, S. 59.

Ortschaften der Eifel war der Unterricht ohnehin im Sommerhalbjahr auf wenige Stunden pro Tag begrenzt, da die Kinder von klein auf von April bis Oktober das Vieh auf den Weiden hüten mussten.

Von Anfang an war es in der preußischen Monarchie so, dass die maßgeblichen Impulse der Bildungspolitik von der staatlichen Behörde ausgingen. Die kirchlichen Autoritäten hatten als begleitende Aufsichtsbehörden ein bedeutendes Wort in diesem Prozess mitzureden, ohne letzten Endes entscheidend zu sein. In den siebziger Jahren des 19. Jahrhunderts verlor die Kirche im Zuge der Auseinandersetzungen des Kulturkampfes das Inspektionsrecht in den öffentlichen Volksschulen. Diese waren praktisch ausschließlich in der Hand der Gemeinden, von denen sie auch weitgehend finanziert wurden.

Im Königreich Belgien wurde die Unterrichtspflicht[3] erst 1914 eingeführt. So kam es, dass in diesem hochentwickelten, reichen Land unmittelbar vor dem Ersten Weltkrieg noch immer ein Viertel der Bevölkerung des Lesens und Schreibens unkundig war. Im Gegensatz zu Preußen war in Belgien das Unterrichtswesen während des 19. Jahrhunderts zu wesentlichen Teilen in Händen von katholischen Einrichtungen, wie Pfarren, Diözesen und Ordensgemeinschaften geblieben. Daraus entwickelten sich heftige Auseinandersetzungen zwischen den antiklerikalen, meist liberalen oder sozialistischen Befürwortern eines öffentlich organisierten und den ultramontanen Verteidigern des katholischen Unterrichtswesens.

In den damaligen preußischen Landkreisen Eupen und Malmedy wurden im ausgehenden 19. und im beginnenden 20. Jahrhundert mit der Gründung von „gewerblichen Fortbildungsschulen“ in Eupen und St. Vith die Grundlagen für eine solide handwerkliche Ausbildung in Zusammenarbeit zwischen Betrieb und Schule gelegt. In diesem dualen System war die praktische Ausbildung Sache der Lehrmeister, die Schule versuchte dagegen, bei den Lehrlingen die allgemeinen Bildungsinhalte in Deutsch, Rechnen und Naturkunde zu festigen.

In Belgien entstand in der zweiten Hälfte des 19. Jahrhunderts eine berufliche Ausbildung, die eher auf schulischer Grundlage fußte. Auf Initiative verschiedener Städte im wallonischen Industriegebiet entstandendie „écoles indust-

---

3 Art. 17 der Verfassung (1831) legte fest: „Der Unterricht ist frei; jede diese Freiheit hemmende Maßregel ist verboten […].“ Bis zum heutigen Tag gibt es in Belgien keine Schulpflicht, sondern Unterrichtspflicht, der man auch im Privatunterricht unter öffentlicher Aufsicht Genüge leisten kann.

rielles", deren vorrangiges Ziel es war, „intelligente Arbeiter und gute Vorarbeiter heranzuziehen"[4].

Auf Ebene der weiterführenden Schulen entstanden in den beiden Kreisstädten Eupen und Malmedy Progymnasien, die im Allgemeinen bis zur zehnten Klasse führten und danach den Besuch eines auswärtigen Gymnasiums notwendig machten. In Eupen wurde die genannte Schule im Jahr 1913 zum Realgymnasium ausgebaut.

In der Zeit zwischen 1814 und 1870 war die französische Sprache in den Volksschulen der Malmedyer Wallonie Unterrichtssprache gewesen. Dies änderte sich in den Jahren nach der Gründung des Deutschen Reiches. Deutsch sollte im Sinne der Nationalstaatlichkeit von Malmedy im Westen bis Memel[5] im Osten der preußischen Monarchie die einzige offiziell zugelassene Sprache sein. Ein Rückgang der Französischkenntnisse in den wallonischen Dörfern um Malmedy war die Folge.

Mit der Angliederung an Belgien unterlag auch das Unterrichtswesen grundlegenden Veränderungen organisatorischer und insbesondere auch personeller Art: Die preußische Halbtagsschulewurde zur Ganztagsschule erweitert. Die „Hüteschulen"[6] in den Eifelgemeinden wurden verboten. In Eupen wurde die „Französische Schule"[7] gegründet, die bis zum heutigen Tag als *Ecole française de la Ville d'Eupen* fortbesteht. Belgische Lehrpläne und belgische Schulbücher wurden eingeführt. In den Lesefibelnersetzten die Heldentaten des belgischen Königshauses diejenigen der Hohenzollern-Dynastie. In den eigens für hiesige Schulen verfassten Geschichtsbüchern wurde die ununterbrochene gerade Linie gezeichnet, die scheinbar von den „Belgiern" als den „tapfersten aller Gallier"[8] bis zu den wackeren belgischen Weltkriegssoldaten führte. Ganz besonders drastisch fiel der Austausch der bisherigen Lehrkräfte aus: Fast alle bisher tätigen Lehrer wurden, wenn sie nicht schon vor 1914 in den beiden Kreisen gelebt hatten, des Landes verwiesen und durch Personen ersetzt, die zwar

---

4 „Le but premier est de 'former des travailleurs intelligents et de bons contre-maîtres'." Dominique Grootaers: „L'émergence des différents types d'institutions scolaires à but professionnel", in: Dominique Grootaers (Hrsg.): *Histoire de l'enseignement en Belgique*, Bruxelles, 1998, S. 379.

5 Heute Klaipeda in Litauen.

6 Von Mai bis Oktober gingen die älteren Kinder nur während höchstens drei Stunden pro Tag zur Schule, während der übrigen Zeit hüteten sie das Vieh auf den nicht eingezäunten Dorfweiden.

7 Alfred Minke (1980), S. 66.

8 Julius Caesar: *De Bello Gallico*, Liber I.I: „Gallia est omnis divisa inpartes tres, quarum unam incolunt Belgae [...] Horum omnium fortissimi sunt Belgae."

häufig einen deutschen Dialekt sprachen, ihre Ausbildung aber an Lehrerseminaren in Belgien und in französischer Sprache erhalten hatten. Die Kenntnisse der deutschen Hochsprache ließen häufig zu wünschen übrig. Dem Französischen wurde große Bedeutung beigemessen, da dessen Kenntnis unerlässlich war, um sich im Innern des Landes zurechtzufinden und Karriere zu machen.

Um dem Mangel an deutschsprachigen Lehrern beizukommen, wurde 1921 an der staatlichen „Ecole Normale“[9] in Verviers eine deutschsprachige Abteilung ins Leben gerufen. Zahlreiche zukünftige Lehrerinnen und Lehrer zogen es aber vor, ihre Ausbildung an einer katholischen Lehranstalt zu absolvieren. Besonders beliebt war für männliche Bewerber das Lehrerseminar in Carlsbourg (Provinz Luxemburg), das von den *Frères des Ecoles Chrétiennes*geführt wurde. Die *Ecole Normale primaire* der *Sœurs de Notre-Dame des bonnes études* in Bastogne bildete so manche deutschsprachige Lehrerin aus. Auch nach dem Ende des Zweiten Weltkriegs blieben Verviers, Carlsbourg und Bastogne bis in die sechziger Jahre des vorigen Jahrhunderts wichtige Ausbildungsstätten für Lehrkräfte in den Primarschulen des deutschen Sprachgebiets. Die Tatsache, dass alle Lehrerinnen und Lehrer ihre Ausbildung ausschließlich in französischer Sprache absolvierten, blieb nicht ohne Rückwirkung auf die Qualität der in den Schulen verwandten Hoch- und Unterrichtssprache.

Das höhere Schulwesen erlebte nach der Angliederung an Belgien einen bedeutenden Aufschwung: In Eupen wurde das preußische staatliche Realgymnasium in ein katholisches „Collège Patronné“ unter der Oberaufsicht des Bischofs von Lüttich umgewandelt. Die Stadt Eupen schloss mit dem Bistum einen „Patronats- oder Adoptionsvertrag“ ab, der die finanzielle Unterstützung der katholischen Schule durch die zivile Gemeinde möglich machte[10]. Das Heidberg-Lyzeum wurde unter der Obhut von Ordensschwestern als freie katholische Schule nach belgischen Lehrplänen weitergeführt. Beide genannten freien Schulen blieben bis zu ihrer Zusammenlegung im Jahre 1995 im Sinne der Geschlechtertrennung jeweils Knaben- oder Mädchenschulen. Das Malmedyer Progymnasium wurde 1921 in ein staatliches Athenäum umgewandelt. Um auch für Schüler aus den deutschsprachigen Gemeinden des ehemaligen Kreises als Ausbildungsstätte zur Verfügung zu stehen, wurden deutschsprachige Übergangsklassen eingerichtet und das Athenäum war die einzige höhere Bildungsanstalt in der Eifel – wenn man von dem gescheitertenExperiment der „Städti-

---

[9] „Ecole Normale“, übersetzt „Normalschule“, manchmal auch „Lehrerseminar“ genannt: Bildungsanstalt für Primarschullehrer.

[10] Durch das „organische Gesetz über das Mittelschulwesen“ vom 1. Juni 1850 waren die so genannten Collèges Patronnés geschaffen worden. Jeffrey Tyssens: „L’Enseignement moyen jusqu’au Pacte scolaire: structuration, expansion, conflits“, in: Grootaers, a. a. O., S. 226-227.

schen Höheren Knabenschule St. Vith" zwischen 1926 und 1931 einmal absieht. Im Jahr 1931 erfolgte nach dem Ende der vorgenannten Einrichtung die Gründung einer „höheren bischöflichen Knabenschule in St. Vith". Anlässlich der bevorstehenden Eröffnung beschrieb der Lütticher Generalvikar Petersin einem Rundschreiben vom 1. August 1931 an die Pfarrer der St. Vither Gegend die programmatischen und pädagogischen Schwerpunkte: „Dank des lobenswerten Eifers des Seelsorgeklerus lässt sich bei der Bevölkerung [...] ein steigender Drang nach Allgemeinbildung und vor allem praktischem Wissen feststellen. Daher wurde in St. Vith eine Mittelschule eröffnet, die sich eben zur Aufgabe gesetzt hatte, der schulentlassenen männlichen Jugend die Möglichkeit einer weiteren Fortbildung zu bieten [...]." Besondere Bedeutung wurde der Kenntnis der deutschen und der französischen Sprache beigemessen, wobei die Muttersprache „selbstverständlich die Haupt- und Umgangssprache" sein werde[11]. In allen vorgenannten höheren Schulen war die Latein-Griechisch-Abteilung die einzige, die zu einem vollwertigen Abitur führte. Mädchen blieben in der Eifel vorerst von höheren Studien ausgeschlossen.

Nach der Annexion der Ostkantone durch das Deutsche Reich wurden die bischöflichen Schulen in Eupen und St. Vith sowie das Athenäum in Malmedy 1940 in staatliche Gymnasien bzw. in Oberschulen umgewandelt und auch für Schülerinnen geöffnet. Der Lehrbetrieb in den Volks- und in den höheren Schulen konnte nur während des ersten Jahres vom Kriegsgeschehen ungestört stattfinden. Viele Lehrinnen und Lehrer, insbesondere diejenigen, die nicht aus dem Gebiet selber stammten, hatten nach dem Anschluss die Gegend verlassen, während die aus dem Gebiet stammenden Lehrkräfte ihren Dienst meistens auch unter nationalsozialistischer Herrschaft weiter versahen. Nach dem Ende des Weltkriegs sollte ihnen dies zum Verhängnis werden.

Neuanfang unter schwierigen Voraussetzungen

Für die Bevölkerung in den Kantonen Eupen, Malmedy und St. Vith waren die direkten und indirekten Konsequenzen von Naziherrschaft, Krieg und Nachkriegszeit verheerend und in ihrer längerfristigen Wirkung gerade auch für Unterricht und Ausbildung katastrophal. Noch Jahrzehnte später waren die direkten und indirekten Schäden im Unterrichtswesen der DG sichtbar.

Die einschneidendsten Maßnahmen trafen die Lehrkräfte, die während des Krieges den Schuldienst im annektierten Gebiet weiter versehen hatten. Sie wurden fast alle aus dem Dienst entfernt und später in den fünfziger und sechziger Jahren wieder eingestellt. Nun kam ein Teil der Lehrerinnen und Lehrer in das Gebiet zurück, die es in den Tagen und Stunden vor dem Einmarsch der

---

[11] B. Kartheuser/ H. Jenniges/ J. Dries: *Eine Schule in ihrer Zeit. St. Vith*, 1981, S. 41.

Deutschen am 10. Mai 1940 verlassen hatten. Es wurden aber auch zahlreiche Lehrpersonen in den Schulen eingesetzt, welche die deutsche Sprache nur unzulänglich oder überhaupt nicht beherrschten. Manche wägten sich in dem Glauben, einen zivilisatorischen Auftrag zu erfüllen, dessen Ziel letztendlich die weitgehende Verdrängung des Deutschen aus dem öffentlichen Leben war. Der Schule kam bei diesem Vorhaben eine Hebelfunktion zu. In dem grundlegenden Werk über die politische Säuberung beschrieb der Historiker Carlo Lejeune die „Assimilation als politisches Fernziel". „Klar formuliert: der weitgehenden Angleichung an die französische Sprache, die wallonische Kultur, Politik und Wirtschaft, die im südlichen Landesteil noch immer die *'belgische Nation'* repräsentierten"[12].

Von den weiterführenden Schulen in den Ostkantonen konnten das *Collège Patronné* und das *Heidberg-Institut* in Eupen sowie das *Königliche Athenäum* in Malmedy ihre Arbeit im September 1945 wiederaufnehmen. Das *Königliche Athenäum Eupen* als Sekundarschule des Staates fand im konservativ-katholischen Eupen keine ungeteilte Zustimmung, vielmehr wurde es seitens des Klerus als unerwünschte, nicht kirchlich gebundene Einrichtung angesehen. In der kriegszerstörten Eifel musste die Bischöfliche Schule während fünf Jahren provisorisch Quartier im Kloster der Steyler Missionare in Montenau beziehen, ehe sie im Frühjahr 1951, um eine landwirtschaftlich-technische Abteilung erweitert, nach St. Vith zurückkehrte. Im noch kriegszerstörten St. Vith eröffnete der Staat 1948 eine *Ecole moyenne de l'Etat pour jeunes et filles*. Diese Mittelschule ermöglichte höhere Bildung bis zum Mittelschuldiplom. Das Abitur konnte hier noch nicht erworben werden. Der tonangebende und meinungsbildende katholische Klerus und die örtliche Presse standen auch in St. Vith den staatlichen Schulen grundsätzlich ablehnend gegenüber. Bis zur Übertragung der Unterrichtsbefugnisse an die Deutschsprachige Gemeinschaft hatten die staatlichen Schulen mit einer weiteren Schwierigkeit zu kämpfen: Für viele deutschsprachige Eltern blieben sie bis in die 1970er Jahre Fremdkörper, weil sowohl Direktion als auch Lehrkörper sich meistens aus Personen zusammensetzten, die nicht aus dem Gebiet stammten, häufig über keine oder nur unzulängliche Deutschkenntnisse verfügten und wenig Verständnis für die Besonderheiten der Menschen und ihrer Geschichte aufbrachten, ja z.T. ausgesprochen ungeschickt freidenkerische Bekenntnisse vor sich her trugen. Abgesehen vom Deutschunterricht wurden an diesen Schulen alle anderen Fächer in Französisch erteilt. Manche Schüler scheiterten an dieser sprachlichen Barriere.

---

[12] Carlo Lejeune: „Die Säuberung. Band 2: Hysterie, Wiedereingliederung, Assimilierung (1945-1952)", in: ZVS-Reihe: *Auf dem Weg zur Deutschsprachigen Gemeinschaft*, 2. Büllingen, 2007, S. 217.

Vom Schulkampf zum Schulpakt

Die Schulentwicklung der fünfziger Jahre des vorigen Jahrhunderts war ebenso wie im übrigen Belgien in den deutschsprachigen Gemeinden vom „Schulkampf“ gekennzeichnet. Nach dem Sieg der antiklerikalen Sozialisten und Liberalen im Jahr 1954 wurde eine Schulpolitik in die Wege geleitet, die von der katholischen Hierarchie und auch von der katholischen Bevölkerung als Provokation, ja als eine Art Kriegserklärung aufgefasst wurde. Neben Gesetzesvorlagen, die eine Abänderung der günstigen Gesetzgebung für die katholischen Schulen vorsahen, wurden die bisher an das katholische Unterrichtswesen bezahlten Subsidien so drastisch gekürzt, dass dieses um seine Existenz bangen musste. Außerdem erhielt der Staat das Recht, überall dort, wo er es für nötig erachtete, neue Schulen zu errichten.Der belgische Episkopat war auch nach der Verabschiedung der nach dem sozialistischen Unterrichtsminister Collard genannten Gesetze nicht gewillt, diese Maßnahmen hinzunehmen. Die Bischöfe erklärten: „Die Schulpolitik der Regierung [...] ist ein verdecktes, aber wohl erwogenes Manöver, um über die Schule dem Einfluss der katholischen Religion auf unsere Bevölkerung entgegenzuwirken“[13]. Die Tageszeitung *Grenz-Echo*, Sprachorgan der katholischen Seite, führte den „[...] Kampf und Widerstand bis zum letzten gegen die Unglücksgesetze Collard und [die] Verteidigung der katholischen Schule bis zum Endsieg [sic]!“ an. Die „Minister der heutigen Linksregierung Van Acker“ wurden als „brutale und rücksichtslose Religionsfeinde des eigenen Volkes“ bezeichnet[14]. Die Parlamentswahlen vom 1. Juni 1958 brachten für die sozialistisch-liberale Regierung den Verlust ihrer Mehrheit zu Gunsten der Christlich-Sozialen, die sich in den vergangenen vier Jahren für die katholischen Schulen stark gemacht hatten. Um den Konflikt zu beenden, handelten die Vorsitzenden der drei traditionellen Parteien einen Kompromiss aus, der als „Schulpakt“[15] in die belgische Geschichte einging. Ziel war es, „dem Schulkampf ein Ende zu bereiten, der zwischen den Anhängern des christlichen und des laizistischen Milieus in den 1950er Jahren entbrannt war“[16]. Bis zum heutigen Tag – auch nach der Übertragung des Unterrichtswesens an die Gemeinschaften – bilden die im Schulpakt festgelegten Regeln die Leitplanken für die Organisation des Bildungswesens auch in der Deutschsprachigen Gemeinschaft. Verschiedene Bestimmungen des Paktes wurden im Jahr 1988 zu Verfassungsrecht. Folgende Grundsätze wurden festgehalten: Schulfriede und Rege-

---

[13] „De Schoolpolitiek van de Regering [...] is een bedekt, maar weloverwogen manoeuvre om, langs de school om, de invloed van de katholieke godsdienst op onze bevolking tegen te werken.“ Theo Luykx/ Marc Platel: *Politieke Geschiedenis van België van 1944 tot 1985*, Antwerpen, 1985, S. 485, Fußnote 13.

[14] *Grenz-Echo*, 53, 05.03.1955.

[15] Der Schulpakt wurde durch das Gesetz vom 29. März 1959 zur Abänderung gewisser Bestimmungen der Unterrichtsgesetzgebung offizialisiert.

[16] http://www.crisp.be/vocpol_imprim.asp?terme=pacte%20scolaire (16.02.2010)

lung der Beziehungen zwischen den Schulnetzen, Schutz der weltanschaulichen Auffassungen, elterliche Freiheit der Schulwahl, in den öffentlichen Schulen verpflichtender Ethik- oder Religionsunterricht[17], der für jede anerkannte Religionsgemeinschaft angeboten werden muss, Schulgeldfreiheit in allen Grund- und Sekundarschulen und Demokratisierung des Unterrichtswesens. Der Staat erhielt das Recht überall dort, wo er es im Sinne der freien Schulwahl für notwendig erachtete, neue Schulen zu errichten; die Finanzierung der bezuschussten freien Schulen wurde abgesichert, der Staat übernahm die Bezahlung der Gehälter der Lehrpersonen der subventionierten Schulen. Der Schulpakt führte in den sechziger Jahren wegen der zahlreichen Schulneugründungen und der Steigerung der Zuwendungen für die freien Schulen zu einem überproportionalen Anwachsen der Budgetmittel für das Unterrichtswesen[18].

Bei der Regierungsbildung im Jahr 1961 zeichneten sich deutliche Spannungen in der Bildungspolitik ab, die eine sprachliche Aufteilung des zuständigen Ministeriums nach sich zogen. Aus der französischsprachigen und der niederländischsprachigen Abteilung entstanden kurz danach zwei selbständige Ministerien. Seitdem unterstanden die Schulen in den deutschsprachigen Gemeinden dem frankophonen Unterrichtsminister und machten die gleichen Entwicklungen und Reformen wie die Schulen im französischen Sprachgebiet mit.

Übrigens wurden im Jahr 1963 die Grenzen der verschiedenen Sprachgebiete – so auch des deutschen Sprachgebietes – durch die Sprachengesetze festgelegt. Dem Deutschen wurde der Vorrang als Unterrichtssprache eingeräumt. Ebenso wurden aber auch die französischsprachigen Grundschulen legalisiert. Ihre Aufgabe sollte darin bestehen, für die Kinder aus der französischsprachigen Minderheit Unterricht in ihrer Muttersprache möglich zu machen.

Im Sekundarunterricht entstand während der 1960er Jahre eine mit äußerster Schärfe geführte Diskussion um den Sprachengebrauch im Unterrichtswesen. Während die eine Seite auf die Tatsache hinwies, dass der fast ausschließlich in Französisch erteilte Unterricht vielen Kindern den Zugang zu höherer Bildung versperrte, beschwor die andere, im Falle dass sich im Fachunterricht der deutschen Sprache bedientwürde, die Gefahr der Isolierung gegenüber dem frankophonen Belgien herauf. Auch wurde das Gespenst an die Wand gemalt, die Abiturienten würden unfähig sein, an einer französischsprachigen Hochschule oder

---

[17] Im Augenblick besteht in den Schulen des GUW und des OSU das Recht, Unterrichtung in Ethik oder in katholischer, evangelischer, jüdischer, muslimischer, anglikanischer, orthodoxer, hinduistischer oder buddhistischer Religion zu verlangen.

[18] Paul Wynants: „Ecoles et clivages aux XIXe et XXe siècles“, in: Dominique Grootaers: *Histoire de l'enseigenement en Belgique*, Bruxelles, 1998, S. 45-46.

Universität zu studieren. Manche malten die alten revisionistischen Heim-ins-Reich-Gespenster an die Wand.

Auf dem Gebiet der heutigen Deutschsprachigen Gemeinschaft kam es in den 1960er Jahren aus ideologischen Gründen zu einer Multiplizierung von Grundschulen: Der Staat errichtete neben den Volksschulen der Gemeinden, die als „katholisch" eingestuft wurden, in verschiedenen Ortschaften neue Grundschulen. Dies führte oft zu jahrelangen erbitterten Auseinandersetzungen zwischen den Verteidigern der einen oder der anderen Schule. Nach der Übertragung des Unterrichtswesens wurden, entsprechend einem einstimmigen Votum im Parlament der DG[19], sechs der neun ehemaligen staatlichen Grundschulen mit den örtlichen kommunalen Schulen zusammengelegt. Auch im Sekundarschulbereich kam es in Folge des Schulpakts zur Neugründung eines staatlichen Lyzeums (Mittelschulen ohne Abiturstufe) in Burg Reuland sowie von zwei Athenäen in Bütgenbach und Kelmis. Das Bistum konterte mit der Gründung eines Bischöflichen Instituts in Büllingen. Die Mittelschule in Burg Reuland und das *Athenäum Bütgenbach* wurden mittlerweile wegen nicht mehr ausreichenden Schülerzahlen geschlossen. Auf dem Gebiet der Stadt Eupen wurden die staatliche und die städtische technische Schule zusammengelegt. Die größte Schule in der DG entstand 1995 durch den Zusammenschluss der katholischen Mädchen- und der katholischen Jungenschule in Eupen zur *Pater-Damian-Sekundarschule*.

Im Jahrzehnt nach Verabschiedung des Schulpaktes wurden in Eupen je eine „staatliche" und eine „katholische Normalschule" (später *Pädagogische Hochschulen* genannt) mit dem Auftrag ins Leben gerufen, die Ausbildung von deutschsprachigen Primarschullehrerinnen und -lehrern sowie Kindergärtnerinnen in deutscher Sprache zu gewährleisten.

„Demokratisierung" des Unterrichtswesens und Schulreform

Die Jahrzehnte vor der Übertragung der Zuständigkeit für das Unterrichtswesen an die Gemeinschaften im Jahr 1988 waren, wie übrigens in ganz Europa, durch Diskussionen über grundlegende Erneuerungen in Schule undUnterricht geprägt. Im Oktober 1968 verabschiedete der in Düsseldorf tagende Europarat eine Resolution mit dem Titel „Demokratisierung des Bildungswesens". In einem ersten Punkt befasste sich diese Entschließung mit den Schulstrukturen und setzte zwei immer wiederkehrende Themen auf die Tagesordnung: Chancengleichheit und Vielfalt der Entfaltungsmöglichkeiten für unterschiedliche natürliche Begabung[20]. Ebenso wurden heftige, oft mit klassenkämpferischen Tönen unterlegte

---

[19] http://www.dgparlament.be/PortalData/4/Resources/Datenbank/1999_2004/23312.pdf (02.04.2010).

[20] Jacqueline Beckers: „Les politiques scolaires de l'égalité des chances et de l'égalité de

Diskussionen über neue pädagogische und didaktische Konzepte und Methoden vor allem im politischen Raum geführt. Das Lehrpersonal stand häufig außerhalb der Diskussion oder erlebte diese eher aus der Zuschauerperspektive. Auch die bis zu diesem Zeitpunkt äußerst mangelhafte pädagogische Ausbildung der Lehramtskandidaten an den Universitäten bereitete nur unzulänglich oder überhaupt nicht auf die Neuerungen vor. Die gesetzliche Grundlage für die tiefgreifenden Reformen wurde 1971 gelegt. Es dauerte aber noch zehn Jahre, ehe die große Mehrheit der Schulen im französischsprachigen und im deutschsprachigen Gebiet den Schritt vom traditionellen zum „renovierten" oder „erneuerten" Unterricht gemacht hatte. Auf die damals geschaffene Struktur wird weiter unten eingegangen werden. Nach der allgemeinen Einführung der organisatorischen und pädagogischen Neuerungen kam das Unterrichtswesen nicht zur Ruhe. Die Gegner, vor allem auch im akademischen Milieu, ließen kein gutes Haar an den Reformen, beschworen die Bildungskatastrophe herauf und drängten darauf, vieles wieder rückgängig zu machen. „Errare humanum est, perseverare diabolicum", hieß es in einem 1981 unter dem Titel *Faut-il rénover le renové?*erschienenen Pamphlet einiger Lütticher Universitätsprofessoren[21]. Verschiedene Politiker, die der Reform ablehnend gegenüberstanden, vertraten die Ansicht, die gewaltigen Steigerungen der Budgetmittel für das Bildungswesen fänden weder im angestrebten Zweck noch in den erreichten Zielen eine Entsprechung. Die Verteidiger der Reformen warfen dem damaligen Unterrichtsminister, der verschiedene günstige Normen und Arbeitsbedingungen einschränkte, vor, seine Motive seien nicht nur budgetärer Art gewesen, vielmehr habe es gegolten, „aus ideologischen Motiven, den erneuerten Unterricht zur Strecke zu bringen"[22]. In den darauffolgenden Jahren wurden eine ganze Reihe günstiger personeller und organisatorischer Voraussetzungen im Zuge von Haushaltssanierungsmaßnahmen abgeschafft, z.B. günstige Klassenaufteilungsnormen, zusätzliche Stunden zur individuellen Unterstützung schwächerer oder zur sozialpädagogischen Begleitung schwieriger Schüler. Totaler Frust bei den Lehrpersonen und monatelange Streikaktionen sorgten zusätzlich für eine Verschlechterung der Situation im Unterrichtswesen, insbesondere in der Französischen Gemeinschaft. In dieser wurde seitdem die Diskussion um die grundsätzlichen Ausrichtungen und die Qualität des Bildungswesens auf Ebene der Grund- und Sekundarschulen zum politischen Dauerbrenner.

Noch vor der Übertragung des Unterrichtswesens an die Gemeinschaften wurde im Jahr 1983 die Dauer des Pflichtunterrichts bis zum 18. Lebensjahr verlängert. Als Nebeneffekt „trug es gleichsam dazu bei, die ständig ansteigende

---

l'acquis dans l'enseignement secondaire (après 1945)", in: Grootaers, S. 310-311.

21 Ibid., S. 343.

22 Ibid., S. 349: „[…] idéologiquement, l'enseignement rénové est à abattre."

Zahl junger Arbeitsloser zu verringern"[23]. Gleichzeitig wurde festgehalten, dass auch in der alternierenden oder dualen Ausbildung – im Teilzeitunterricht oder in den Zentren der mittelständischen Ausbildung – der Unterrichtsverpflichtung entsprochen werden konnte. Nach wie vor gilt aber noch der im Artikel 24 der Verfassung angeführte Grundsatz: „Der Unterricht ist frei." Demnach darf Unterrichtspflicht nicht mit Schulpflicht verwechselt werden. Auch privater Hausunterricht ist unter bestimmten Voraussetzungen, wie der Einhaltung der Rahmenpläne und der positiven Begutachtung durch die Schulaufsicht, möglich.

Die „Vergemeinschaftung" des Unterrichtswesens

Mit der Verfassungsänderung des Jahres 1988 und der Übertragung der Gestaltungs- und Entscheidungsbefugnisse im Unterrichtswesen endete auch *de jure* am 1. Januar 1989 die gemeinsame Bildungspolitik innerhalb Belgiens. Die drei Gemeinschaften – die Flämische, die Französische und die Deutschsprachige – gingen von nun an z.T. recht unterschiedliche Wege. Gemeinsam bliebennur die Bereiche, die ausdrücklich im Artikel 24 der Verfassung erwähnt wurden: die Freiheit, Unterricht zu organisieren, die Wahlfreiheit der Eltern, die „philosophische, ideologische und religiöse Neutralität" des Unterrichts, der durch die Gemeinschaft organisiert wird, der verpflichtende Ethik- oder konfessionelle Religionsunterricht in allen von öffentlichen Behörden organisierten Schulen, der unentgeltliche Zugang zum Unterricht, die Gleichbehandlung der Schulen der verschiedenen Schulnetze und die Verpflichtung, „die Organisation, die Anerkennung oder die Bezuschussung des Unterrichtswesens durch die Gemeinschaft […] durch Gesetz oder Dekret"[24] zu regeln. Letztere Bestimmung wurde eingeführt, um willkürliches Handeln der Gemeinschaftsregierungen gegenüber der jeweiligen ideologischen Minderheit – der katholischen in der Französischen und der laizistischen in der Flämischen Gemeinschaft – zu verhindern.

Eine Vielzahl von Schulen unterschiedlichster Größenordnung

Kleine Dorfschulen sind in der Deutschsprachigen Gemeinschaft keineswegs eine historische Reminiszenz. Im Grundschulwesen werden im Schuljahr 2009/2010 insgesamt 7 681 Kindergartenkinder und Primarschülerinnen und -schüler in 58 Schulniederlassungen betreut und unterrichtet. Die Niederlassung mit der kleinsten Schülerzahl wird im Kindergarten von acht und in der Primarschule von elf Kindern besucht. Die Verteidiger der kleinen Dorfschulen verbuchten im Jahr 1998 einen großen Erfolg,als der damalige Rat der Deutschsprachigen Gemeinschaft einstimmig außerordentlich günstige Erhaltungsnormen für die Dorfschulen festlegte. Im Kindergarten müssen mindestens sechs

---

[23] Verena Greten: Unterricht und Ausbildung in der Deutschsprachigen Gemeinschaft Belgiens. Schriftenreihe des Ministeriums der DG, Bd. 3, Eupen, 2008 (Neuauflage), S. 15.

[24] Nach dem koordinierten Verfassungstext vom 17.02.1994.

Kinder und in der Primarschule zwölf Kinder eingetragen sein. Werden diese Zahlen unterschritten, durchläuft man ein Gnadenjahr. Wenn darauf wieder die Minimumzahl nicht erreicht wird, zieht dies die Schließung nach sich. Es ist auch zu bemerken, dass ein Kindergarten nur in Verbindung mit einer Primarschule bestehen kann. In einigen dieser kleinen Dorfschulen werden die Kinder aus sechs Jahrgängen gemeinsam von einem Klassenlehrer unterrichtet. Neben diesen kleinen Schulen, von denen einige in ihrer Existenz gefährdet sind, gibt es auch mittelgroße und große Grundschulen, wobei die größte von 510 Kindern besucht wird.

Auch die neun Regelsekundarschulen sind sehr unterschiedlicher Größenordnung: In der größten Sekundarschule werden 1 212 und in der kleinsten 308 Schülerinnen und Schüler unterrichtet.

Schulträger und Schulnetze

Die Vielzahl von Schulträgern und Schulnetzen auf engem Raum ist ein hervorstechendes Merkmal in der Organisation des Unterrichtswesens in der Deutschsprachigen Gemeinschaft. Sie spiegelt sowohl die belgische Wirklichkeit als auch geschichtliche Grundlagen wider, die aus der preußischen Vergangenheit herrühren.

	GUW	OSU	FSU	Gesamt
Kindergarten	267	1 914	188	2 369
Primar	692	4 134	486	5 312
Grundschule	959	6 048	674	7 681
Prozentanteil	12,5	78,7	8,8	100
Sekundar	2 162	29	3 161	5 352
Prozentanteil	40,4	0,5	59,1	100

Tabelle 1: Anteil der Netze an den Schülerzahlen (Schuljahr 2009/2010)[25]

Auffallend ist der hohe Anteil des Offiziellen subventionierten Unterrichtswesens (OSU) an den Schülerzahlen im Grundschulbereich. Es handelt sich um die Schulen, die sich in der Trägerschaft der Gemeinden befinden. Durch verschiedene Schulfusionen ist dieser Anteil in den vergangenen Jahren konsequent angestiegen. Dadurch unterscheidet sich die DG deutlich von der Flämischen und der Französischen Gemeinschaft, in denen jeweils ca. 20 bzw. 50% der

---

[25] Ministerium der Deutschsprachigen Gemeinschaft – Jahrbuch September 2009. Abkürzungen: GUW – das Gemeinschaftsunterrichtswesenwird von der DG als Schulträger direkt organisiert und verwaltet; OSU – das Offizielle subventionierte Unterrichtswesen wird von den Gemeinden organisiert; FSU – das Freie subventionierte Unterrichtswesen wird durch eine Vereinigung ohne Gewinnabsicht geführt.

Grundschüler das Offizielle subventionierte Unterrichtswesen (OSU) besuchen. In Flandern besuchen mehr als zwei Drittel aller Grundschüler eine Schule des Freien subventionierten Unterrichtswesens (FSU)im Vergleich zu 40% in den französischsprachigen Schulen. In der heißen Schulkampfphase der 1880er Jahre entstanden in Belgien zahlreiche katholische Schulen oderwurden Schulen von den Gemeinden – insbesondere in Flandern – einem katholischen Schulträger übertragen. In den zu Preußen gehörenden Landkreisen Eupen und Malmedy blieben die Volksschulen auch infolge des Kulturkampfes in der Hand der Gemeinden. Daran änderte sich auch nichts, nachdem das Gebiet belgisch geworden war. Erst der Schulkampf in den 1950er Jahren führte zu einigen Grundschulgründungen seitens des Staates und seitens der katholischen Kirche. Mittlerweile wurden aufgrund eines einstimmigen Beschlusses des Parlaments der DG zur Rationalisierung der Schullandschaft[26] eine ganze Reihe von Grundschulen des GUW und des FSU wieder in die Trägerschaft der Gemeinden übertragen. Kurios und anachronistisch anmutende Situationen bleiben aber auch weiterhin bestehen: „In […] St. Vith [der Ort hat ca. 3 000 Einwohner: JD] teilen sich drei Grundschulen […] insgesamt knapp 500 Kinder. Die drei Schulgebäude liegen knapp 500 m von einander entfernt“[27].

Im Bereich der Sekundarschulen sind die Unterschiede der Schülerzahlen zwischen Flämischer, Französischer und Deutschsprachiger Gemeinschaft signifikant: In Flandern besucht mit Dreiviertel aller Sekundarschüler die große Mehrheit katholische Schulen, in der Französischen und der Deutschsprachigen Gemeinschaft ist der Anteil des FSU mit annähernd 60% fast gleich. Während in der Flämischen und in der Französischen Gemeinschaft jeweils 8 bzw. 16% der Sekundarschüler in kommunalen oder provinzialen Sekundarschulen – es handelt sich vor allem um Schulen mit einer technischen und berufsbildenden Ausrichtung – unterrichtet werden, sind es in der DG nur die Schülerinnen und Schüler des bei der *Autonomen Hochschule* in der Deutschsprachigen Gemeinschaft (*AHS*) ergänzenden berufsbildenden „Sekundarunterrichts – Krankenpfleger“, die dem OSU zugerechnet werden.

Für die beiden Schulnetze GUW und FSU sind jeweilige Schulträger einerseits der für den Unterricht zuständige Minister und andererseits die privatrechtliche Vereinigung ohne Erwerbszweck „Bischöfliche Schulen in der Deutschsprachigen Gemeinschaft“. Die AHS ist ihr eigener selbständiger Schulträger, der durch einen Verwaltungsrat geführt wird. Die Gemeindegrundschulen unter-

---

[26] Resolution des Rates der Deutschsprachigen Gemeinschaft vom 26.06.2000.

[27] Joseph Dries: „Schule als Spiegel politisch-gesellschaftlicher Entwicklungen. Anmerkungen zum Unterrichtswesen in Belgien,“ in: Anne Begenat-Neuschäfer: *Belgien im Blick: Interkulturelle Bestandsaufnahmen*, Frankfurt/Main, 2007, S. 341.

stehen ihrem jeweiligen kommunalen Schulträger, der durch das Gemeindekollegium vertreten wird. Während die Bezeichnungen und Ernennungen des Personals im GUW durch den Minister erfolgen, geschieht dies für das OSU und FSU durch den jeweiligen Schulträger. Bisher ist es noch nicht vollends gelungen für alle Schulnetze ein einheitliches Dienstrecht durchzusetzen. Deshalb sind auch Wechsel des Personals von einem Schulnetz oder einem Schulträger zum anderen keineswegs üblich und selbstverständlich; vor allem weil es keine Verpflichtung gibt, bei einem anderen Träger geleistete Dienstjahre zu berücksichtigen.

Im Bereich des Sekundarunterrichts gab es in den vergangenen Jahren, ähnlich wie im Grundschulwesen, ebenfalls einige Rationalisierungen. So wurden auf dem Gebiet der Stadt Eupen eine kommunale und eine staatliche technische Schule unter dem Namen *Robert-Schuman-Institut* in der Trägerschaft der Gemeinschaft zusammengeführt. Aufgrund sinkender Schülerzahlen beschloss die DG die Schließung der zwei Sekundarschulstandorte Burg-Reuland und Bütgenbach.

Grundsätzlich haben die Eltern das Recht, ihre Kinder in der Schule ihrer freien Wahl einzuschreiben. Dabei unterscheidet das Gesetz zwischen konfessionellen, nicht konfessionellen und pluralistischen Schulen. Die nicht konfessionellen Schulen nehmen grundsätzlich alle Schüler auf, wobei die Schulen in Trägerschaft der Gemeinden nur verpflichtet sind, die Kinder aus der eigenen Gemeinde einzuschreiben und in den privatrechtlich organisierten freien subventionierten Schulen, die Zustimmung zum Schul- und Erziehungsprojekt Voraussetzung für die Einschreibung ist.

Schulebenen und Schulformen

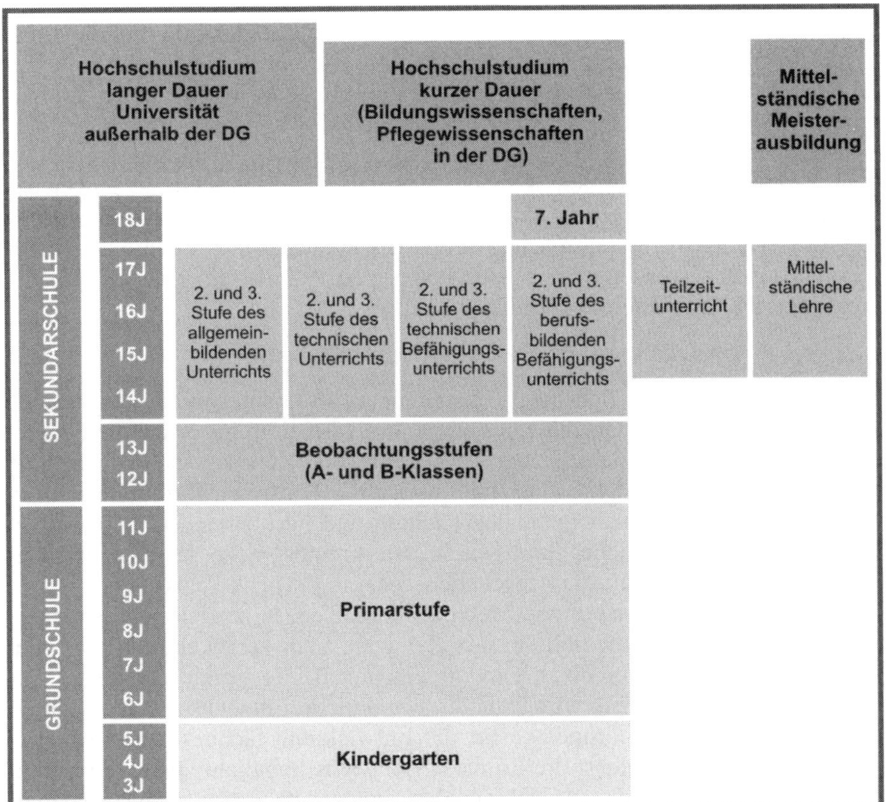

Nach: http://www.bildungsserver.be/desktopdefault.aspx/tabid-2189//4268_read-31599/ (31.05.2010).

1. Der Kindergarten

Im Gegensatz zu vielen anderen europäischen Ländern ist der Kindergarten in Belgien fester Bestandteil des Unterrichtswesens. Die dreijährige Ausbildung der Kindergärtnerinnen ist auf Bachelorebene angesiedelt. Alle Kinder haben ein uneingeschränktes Recht auf einen kostenlosen Kindergartenplatz. Zum Kindergarten zugelassen werden die Kinder, die mindestens 3 Jahre alt sind oder dieses Alter bis zum 31. Dezember des laufenden Schuljahres erreichen. Obwohl keine Schulpflicht für diese Kinder besteht, geht aus statistischen Erhebungen hervor, dass rund 98% der drei- bis sechsjährigen Kinder in der DG regelmäßig den Kindergarten besuchen.

Sprachförderung, Sozialisation und Persönlichkeitsentfaltung des Kindes stehen im Mittelpunkt der erzieherischen Arbeit im Kindergarten. Eine ausgewogene geistige, körperliche und psychomotorische Entwicklung und die Kreativität der Kinder sollen gefördert werden. Mit Hilfe der vorbereitenden Arbeit im Kindergarten sollen die grundlegenden Lernprozesse zu Beginn der Primarschule erleichtert und die sozialen Fertigkeiten der Kinder gefördert werden. Inhaltlich richtet sich die Arbeit in den Kindergärten an Entwicklungszielen, die vom Parlament der DG verabschiedet wurden, aus. Der Aktivitätenplan des Kindergartens muss folgende Aktivitäten umfassen: mutter- und fremdsprachliche Aktivitäten: psychomotorische Aktivitäten, kreative Aktivitäten; mathematische und naturwissenschaftliche Aktivitäten, Aktivitäten zum Erlernen lebenspraktischer Fähigkeiten und sozialen Verhaltens.

2. Die Primarschule
Die Schüler, die am 31. Dezember des laufenden Schuljahres mindestens 6 Jahre alt sind, dürfen die Primarschule besuchen. Im Normalfall besuchen die Schüler die Primarschule sechs Jahre lang. Die wesentlichen Ziele für die Primarschule und die erste Stufe der Sekundarschule wurden in Form von Kernkompetenzen und Rahmenplänen in den folgenden Fächern und Fachbereichen festgehalten: Deutsch Unterrichtssprache, Französisch erste Fremdsprache, Mathematik, Geschichte/Geografie, Naturwissenschaften/Technik, Musik/Kunst und Sport. Überfachliche Kompetenzen wie Methodenkompetenzen, soziale und personale Kompetenzen wurden ebenfalls in den Rahmenplänen verankert. Sie sind zum einen eine Grundlage zur Erreichung allgemeiner Bildungsziele und zum anderen eine wichtige Voraussetzung für die persönliche Entwicklung der Schüler. Sie bilden zudem eine Grundlage für die Entwicklung fachbezogener Kompetenzen.In der Regel umfasst die Primarschule sechs Schuljahrgänge, die formal in drei Stufen von jeweils zwei Jahren, aber auch aus pädagogischen Gründen in zwei Stufen von drei Jahren eingeteilt sein können. Für Eltern, die zur französischsprachigen Minderheit in der DG gehören, besteht die Möglichkeit, ihre Kinder in eine französischsprachige Grundschule (Kindergarten oder Primarschule) einzuschulen. Hier ist die Unterrichtssprache Französisch und Deutsch die erste Fremdsprache.

3. Die Sekundarschulen
Die Sekundarschulen in der DG sind entweder dem Gemeinschaftsunterrichtswesen oder dem freien subventionierten Unterrichtswesen zugeordnet. Neben dem normalen Ganztagsunterricht gibt es auch die Möglichkeit, der Schulpflicht bis zum 18. Lebensjahr in einer dualen Ausbildungsform Genüge zu leisten. Die duale Ausbildung in den Zentren für Aus- und Weiterbildung des Mittelstandes wird weiter unten behandelt. Der Teilzeitunterricht, in dem Schülerinnen und Schüler betreut werden, deren schulische Entwicklung gravierend gestört ist,

stellt eine Mischung zwischen betrieblichen Praktika und Schulunterricht dar.Es wird versucht, die Jugendlichen wieder an geregelte Tagesabläufe zu gewöhnen und die Möglichkeit zu eröffnen, auch schulische Abschlüsse nachzuholen.

Die schulische Sekundarausbildung ist administrativ in drei Stufen mit je zwei Jahrgängen gegliedert. Alle Schülerinnen und Schüler, die den Grundschulabschluss erhalten haben, besuchen die gemeinsame 1. Stufe des allgemeinbildenden Unterrichts. Diejenigen, die den Grundschulabschluss nicht erreicht haben, besuchen das erste Anpassungsjahr der differenzierten Stufe.Die gemeinsame erste Stufe, auch Beobachtungsstufe genannt, umfasst die beiden ersten Sekundarschuljahre und verfolgt das Ziel, allen Schülern eine möglichst breitgefächerte Grundbildung zu gewährleisten. In dieser Stufe können die Lehrer die Jugendlichen beobachten, um ihre besonderen Fähigkeiten zu entdecken und zu fördern. Die Beobachtungsstufe soll zu einer bestmöglichen Orientierung der Schüler auf ihrem weiteren schulischen Weg führen.

In der differenzierten ersten Stufe wird versucht, mit individueller Förderung die Schülerinnen und Schüler so weit zu bringen, dass sie eine Ausbildung beginnen können.In der zweiten Stufe, auch Orientierungsstufe genannt, und in der dritten Stufe, der so genannten Bestimmungsstufe, wird zwischen dem allgemeinbildenden, technischen und berufsbildenden Unterricht unterschieden.Der Übergangsunterricht wird in der allgemeinbildenden und technischen Unterrichtsform angeboten und bereitet in erster Linie auf ein Hochschulstudium vor. Der Befähigungsunterricht wird in der technischen und berufsbildenden Unterrichtsform angeboten und bereitet in erster Linie auf den Einstieg in das Berufsleben vor, eröffnet aber auch über ein zusätzliches 7. Jahr den Zugang zu einem Hochschulstudium.

Sekundarunterricht: verhältnismäßige Verteilung der Schüler

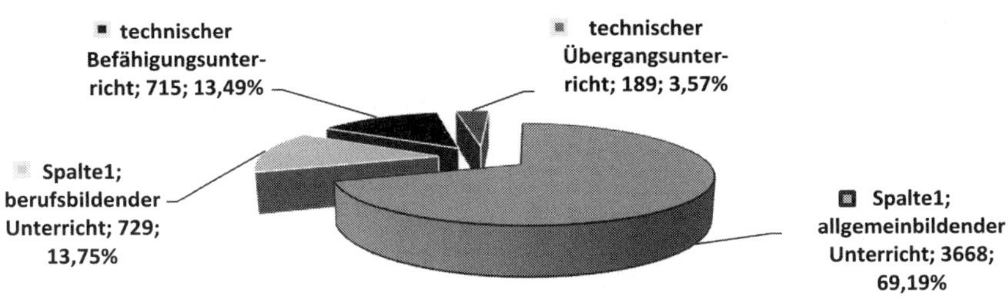

Die deutsche Unterrichtssprache

Die Feststellung, dass die deutsche Unterrichtssprache in der DG für die große Mehrheit der Schülerinnen und Schüler auch die Haus- und Muttersprache ist, dürfte auf den ersten Blick eher banal erscheinen. Jedoch sollte auch diese Feststellung hinterfragt werden: Wegen der geographischen Lage, an der Grenze zwischen dem deutschen und französischen Sprachraum gibt es manche Familie, in der zwei Sprachen Verwendung finden. Auch gibt es, vornehmlich im Süden der DG, zahlreiche Familien, in denen in der häuslichen Kommunikation der örtliche Dialekt gesprochen wird. Es sollte auch nochmals erwähnt werden, dass die große Mehrzahl der Sekundarschullehrkräfte ihr Studium an französischsprachigen Hochschulen und Universitäten absolviert hat und sich mit der deutschen wissenschaftlichen Sprache manchmal schwer tut.

Da man den eigenen Leistungsstand wohl am besten im Vergleich mit anderen sichtbar machen kann, nahm die DG in den vergangenen Jahren an mehreren internationalen Vergleichstests, wie den *PISA*-Erhebungen der Jahre 2000, 2003, 2006 und 2009 und an der *Internationalen Grundschul-Lese-Untersuchung* (*IGLU*) 2006 teil. Letztere testete im Rahmen einer Vollerhebung 871 Schülerinnen und Schüler des vierten Grundschuljahres. Mit der wissenschaftlichen Auswertung wurde das *Institut für Schulentwicklungsforschung* (*IFS*) der *Technischen Universität Dortmund* beauftragt. Dieses legte 2008 einen umfassenden Bericht vor und formulierte Schlussfolgerungen und Handlungshinweise[28]. Zu den erfreulichen Ergebnissen zählt die Tatsache, dass die DG mit 531 Punkten „signifikant oberhalb des internationalen Mittelwerts von 506 Punkten" liegt und sich damit im innerbelgischen Vergleich zwischen der Flämischen (547 Punkte) und der Französischsprachigen Gemeinschaft (500 Punkte) befindet. Positiv bewertet wird auch die Tatsache, dass die DG „nicht nur eine geringe Leistungsstreuung […], sondern auch eine vergleichsweise geringe Koppelung zwischen sozialer Herkunft und erreichter Lesekompetenz"[29] aufweist. Auch gelinge es in der DG, „die in vielen Bildungssystemen vorhandene Ungleichheit zwischen den Lesekompetenzen von Mädchen und Jungen auszugleichen"[30]. Einige gravierende Schwächen der Viertklässlerinnen und Viertklässler der DG dürften aber nicht aus den Augen verloren werden. An einer besseren Gesamtleistung müsse gearbeitet werden, vor allem auch weil neben

---

[28] Wilfried Bos/ Sabrina Sereni/ Tobias C. Stubbe (Hrsg.): *IGLU Belgien. Lese- und Orthografiekompetenzen von Grundschulkindern in der Deutschsprachigen Gemeinschaft*, Münster/New York, München/Berlin, 2008, S. 158.

[29] Ibid., S. 148.

[30] Ibid., S. 149.

Flandern auch die Nachbarn Luxemburg (557 Punkte), Deutschland (548 Punkte) und die Niederlande (547 Punkte) besser abgeschnitten hätten[31].

Die *PISA*-Erhebung des Jahres 2006, in der flächendeckend die gesamte Alterskohorte getestet wurde, musste feststellen, dass 42% der Fünfzehnjährigen einen Schulrückstand aufweisen. Während die durchschnittlichen Ergebnisse der Tests im oberen Mittelfeld anzusiedeln waren, musste man aber auch eine starke Diskrepanz zwischen dem jeweils relativ hohen Anteil an starken bzw. schwachen Schülerleistungen feststellen:17,6% der Fünfzehnjährigen müssten als „funktionale Analphabeten", die nicht in der Lage seien einen Text verstehend zu lesen, bezeichnet werden.

Neben dem essentiellen Beitrag des Deutschunterrichts bei der Vermittlung von Lesetechnik und Lesestrategien sollten aber auch die anderen Unterrichtsfächer dazu beitragen, die Lesefähigkeit zu fördern[32]. Dies sehen auch die „Empfehlungen für die Qualität der Unterrichtsgestaltung" des Rahmenplans für das Fach Deutsch Unterrichtssprache vor: „Die Lesefähigkeit zu entwickeln ist die Aufgabe aller Unterrichtsfächer. Mit ihren vielfältigen und unterschiedlichen Inhalten, spezifischen Aufgabenstellungen in der mündlichen wie schriftlichen Kommunikation leisten sie einen wichtigen Beitrag zur Lesefähigkeit"[33].

Die historisch bedingte Tatsache, dass in Sekundarschulen nicht wenige Fachlehrer Unterricht in deutscher Sprache erteilen, die für sie eine Fremdsprache ist, trägt nicht unbedingt zur sprachlichen Qualität der mündlichen Kommunikation und z.T. auch der schriftlichen Kursvorlagen bei. Die grundlegende Bedeutung einer qualitativ hochstehenden Unterrichtssprache wird in den Augen einer breiten Öffentlichkeit manchmal nicht ausreichend wahrgenommen. In den Diskursen vieler Politiker in der DG spielt das Streben nach einer größtmöglichen Qualität des Unterrichts in deutscher Sprache eine weitaus geringere Rolle als die „Zweisprachigkeit" bzw. das vorrangige Erlernen der französischen Sprache, auf das man die größeren Anstrengungen hin gerichtet wissen möchte. Manche sind sich nicht immer der Tatsache bewusst, dass es neben den Besonderheiten der Geschichte vor allem die deutsche Sprache ist, die unser wesentlichstes Alleinstellungsmerkmal ist.

---

[31] Ibid., S. 149.

[32] Ibid., S. 149.

[33] Ministerium der Deutschsprachigen Gemeinschaft: *Rahmenplan. Fach Deutsch Unterrichtssprache*, Eupen, 2008, S. 21.

Mehrsprachigkeit – lebensnotwendig
Grundsätzlich wird der Unterricht in deutscher Sprache erteilt. Seit der Verabschiedung der Gesetzgebung über den Sprachengebrauch im Unterrichtswesen konnten achtzehn französischsprachige Eltern die Eröffnung einer Grundschule beantragen, in der Französisch Unterrichtssprache war. Auch niederländischsprachige, in der DG wohnende Eltern konnten entsprechend dem vorher erwähnten Gesetz theoretisch die gleichen Minderheitenrechte geltend machen. Faktisch wurde dieses Recht allerdings bisher nie in Anspruch genommen. Die Existenz der bestehenden französischsprachigen Schulen ihrerseits wurde gesichert. In Eupen, Herbesthal und Kelmis bestehen diefranzösischsprachigen Grundschulabteilungen bis zum heutigen Tag weiter. Im Schuljahr 2009/2010 werden diesevon 694 Kindergartenkindern und Primarschülern, d.h. 8,9% aller Grundschüler, besucht. Dies dürfte ein höherer Prozentsatz sein als der Anteil der Frankophonen an der Gesamtbevölkerung, da auch deutschsprachige Eltern ihre Kinder in diese Abteilungen einschreiben. Bemerkenswert ist auch die Tatsache, dass in den Gemeinden im Süden der Deutschsprachigen Gemeinschaft die letzte französischsprachige Abteilung voraussichtlich im September 2010 nicht mehr weiterbestehen kann, da im laufenden Schuljahr nur mehr neun Schüler eingeschrieben sind und der anhängende Kindergarten bereits vor einigen Jahren geschlossen worden ist.

Dem möglichst frühen Erlernen einer Fremdsprache wird in der DG große Bedeutung beigemessen. Einstimmig verabschiedete das Parlament der DG im Jahr 2004 ein Dekret, das den Sprachengebrauch im Unterricht neu regelte[34]. Schon im Kindergarten ist es verpflichtend, die Kinder auf spielerische Art an die erste Fremdsprache (Französisch respektive Deutsch je nach Sprachabteilung) heranzuführen. In der Primarschule wird die Wochenstundenzahl, die dem Unterricht der ersten Fremdsprache gewidmet ist, vom ersten bis zum sechsten Schuljahr progressiv erhöht. Es ist ebenfalls erlaubt, einen Teil der „Sachunterrichte", wie Sport, Musik und Kunst, in der jeweils anderen Sprache als der Unterrichtssprache zu erteilen. In den Jahren 2007 und 2009 führte das *Institut Supérieur des Langues Vivantes* der Universität Lüttich repräsentative Sprachstandserhebungen in Schulen der DG durch[35]. Daraus konnte geschlussfolgert werden, dass die Leistungen der Schüler des fünften Primarschuljahres im Verhältnis zur Anzahl der Französischstunden unzureichend sind. Zwischen den Sprachkenntnissen der Schüler im Norden und im Süden der DG besteht ein deutliches Gefälle. Die in der Primarschule beobachteten Leistungsunterschiede

[34] Dekret über die Vermittlung und den Gebrauch der Sprachen im Unterrichtswesen vom 19.04.2004.

[35] Institut Supérieur des Langues Vivantes: *Testing de maîtrise du français en Communauté germanophone*. Décembre 2008 et mars 2009. Commentaires des résultats. Liège, 2009.

nehmen in der Sekundarschule ab und sind im letzten Jahr der Sekundarschule fast vollständig verschwunden.Am Ende der Schullaufbahn genügt die Mehrzahl den Ansprüchen des B2-Niveaus des *Gemeinsamen Europäischen Referenzrahmens für Sprachen*. Insgesamt wurde geschlussfolgert, dass in der DG weitere Anstrengungen erforderlich seien, um die Qualität der Französischkenntnisse zu verbessern. Insbesondere müsse daran gearbeitet werden, die Motivation für das Erlernen der französischen Sprache zu stärken und den Schülern Fortschritte besser bewusst zu machen. Um die Qualität des Unterrichts der ersten Fremdsprache zu verbessern, sollen in zunehmendem Maße „native speaker" auch in der Grundschule eingesetzt werden. Um dies zu gewährleisten wurden mit der Französischsprachigen Gemeinschaft Abkommen unterzeichnet, die es Lehrkräften erleichtern sollen, von einer Gemeinschaft zur anderen zu wechseln.

In der Sekundarschule werden dem Fach Französisch ebenso viele Stunden vorbehalten wie dem Fach Deutsch. In einigen Sekundarschulen wird die Möglichkeit eines bilingualen Unterrichts angeboten. Dabei werden bis zu 50% des Fachunterrichts in französischer Sprache erteilt.

Förderschulen und Integration in den Regelschulen

In den sechziger Jahren des vorigen Jahrhunderts begann die Entwicklung des Sonder- bzw. Förderschulwesens in der heutigen Deutschsprachigen Gemeinschaft. Es entstanden mehrere schulische Einrichtungen, die sich der Erziehung und Bildung beeinträchtigter Kinder und Jugendlicher widmeten. In Eupen wurde der staatlichen Sonderschule ein Internat angegliedert, damit die Sekundarschüler aus den südlichen Gemeinden der DG die Schule besuchen konnten. Per Gesetz wurde der Zugang zu den Förder- und Sonderschulen über vorgängige Gutachten pluridisziplinär arbeitender Dienste (der Psycho-Medizinisch-Sozialen Zentren) geregelt. Im Sinne einer typischen Feststellungs- und Zuteilungsdiagnostik legten diese Gutachten ebenfalls fest, in welche von acht im Gesetz vorgesehenen Behinderungskategorien ein Kind einzuordnen sei. Gleichzeitig wurden somit auch die Art und der Umfang der zugesprochenen personellen Mittel arithmetisch festgelegt. Das Mitspracherecht der Eltern war in diesem Verfahren noch relativ begrenzt[36].

In der Deutschsprachigen Gemeinschaft begann man, einem internationalen Trend folgend, in der zweiten Hälfte der 1990er Jahre zunehmend Schülerinnen

[36] Die Bemerkungen zur Förderung in den Schulen sind weitgehend der Begründung der im Parlament der DG im März 2009 hinterlegten Vorlage für das Dekret über das *Zentrum für Förderpädagogik* zur Verbesserung der sonderpädagogischen Förderung in den Regel- und Förderschulen sowie zur Unterstützung der Förderung von Schülern mit Beeinträchtigung, Anpassungs- oder Lernschwierigkeiten in den Regel- und Förderschulen entnommen. Parlamentsdokument 148 Nr. 1 (2008-2009).

und Schüler, für die eine Sonderschulbescheinigung ausgestellt worden war, in Regelschulklassen zu integrieren. Um dies zu ermöglichen, wurden personelle Mittel aus dem Stundenkapital der Förder- und Sonderschulen für die Regelschulen, die Integrationskinder aufnahmen, bereitgestellt. Die Anzahl der Integrationsprojekte stieg rasant an, während die Zahl der Sonderschüler nicht im gleichen Umfang zurückging.

Am 11. Mai 2009 verabschiedet das Parlament der DG einstimmig das *Dekret über das Zentrum für Förderpädagogik, zur Verbesserung der sonderpädagogischen Förderung in den Regel- und Förderschulen sowie zur Unterstützung der Förderung von Schülern mit Beeinträchtigung, Anpassungs- oder Lernschwierigkeiten in den Regel- und Förderschulen*. Neu ist, dass Integrationsstunden nur dann zugesprochen werden, wenn vorher der sonderpädagogische Förderbedarf durch ein anerkanntes Psycho-Medizinisch-Soziales-Zentrum festgestellt worden ist, die Erziehungsberechtigtenzusammen mit den Vertretern der Regel- und Förderschule Förderziele undFördermaßnahmen abgesprochen haben sowie eine Einigung über die personellen Fördermittel und den Förderort erzielt worden ist. Mit diesem Verfahren sollte dafür Sorge getragen werden, dass die zur Verfügung gestellten Integrationsstunden auch tatsächlich den Kindern und Jugendlichen zugute kommen, die sie am dringendsten brauchen.

Das Dekret verfolgt zusammengefasst drei Ziele:

1. Lernschwierigkeiten sollen möglichst früh festgestellt und durch eine differenzierte und individuelle Förderung behoben werden. Um dieses Ziel zu erreichen, muss in allen Schulen das notwendige Fachwissen vorhanden sein. Da der Themenbereich „Förderpädagogik" jahrzehntelang in der Grundausbildung von Lehrpersonen kaum eine Rolle gespielt hat und erst seit 2005 im Zuge der Hochschulreform als Pflichtfach an der *Autonomen Hochschule* eingeführt wurde, wird ein umfassendes Weiterbildungskonzept angelegt, um möglichst vielen Lehrerinnen und Lehrern die Gelegenheit zu geben, sich das notwendige förderpädagogische Wissen anzueignen.

2. Gemäß den Zielsetzungen der *UN-Konvention über die Rechte der Menschen mit einer Behinderung* wird angestrebt, möglichst viele Kinder und Jugendliche mit einer Beeinträchtigung im Regelschulwesen zu integrieren.

3. Alle auf dem Gebiet der DG im Bereich der Förderpädagogik tätigen Einrichtungen sind verpflichtet, zum Wohl der Kinder und Jugendlichen eng zusammenzuarbeiten. Neben der Erteilung von Förderschulunterricht auf Fördergrundschul- und Fördersekundarschulebene ist das *Zentrum für Förderpädagogik* mit folgenden Aufgaben betraut: Koordinierung der sonderpädagogischen

Fördermaßnahmen in den Integrationsprojekten, Bereitstellung von Fachpersonal für sonderpädagogische Förderung in den Regelschulen, Beratung und Begleitung der Regelschulen in förderpädagogischen Fragen, Hilfestellung bei der methodisch-didaktischen, pädagogischen und psychologischen Kompetenzerweiterung der Regelschulen auf Ebene der sonderpädagogischen Förderung, Hilfestellung bei der beruflichen Integration der Schüler und Gewährleistung integrativer Praktika in den Betrieben.

Die Realisierung einer möglichst großen Bildungsgerechtigkeitist eines der vorrangigen Ziele des „Förderdekrets", wie es überhaupt einen strategischen Schwerpunkt der gesamten Unterrichtspolitik darstellt. Damit die Schule ihrem Auftrag gerecht werden kann, allen Kindern und Jugendlichen Zugang zu Bildung und Ausbildung zu gewährleisten und letztendlich die Grundlage zu schaffen, dass jeder soweit wie möglich ein selbstbestimmtes Leben führen kann, wird von allen am Bildungsprozess Beteiligten – Lehrern, Erziehern und Fachkräften der schulischen Beratungsdienste – ein hohes Maß an Professionalität und Kompetenz verlangt. Eine breite Qualifizierung im förderpädagogischen Bereich und eine größere professionelle Sicherheit soll die Tragfähigkeit der Schulgemeinschaften stärken und damit für Kinder und Jugendliche mit unterschiedlichen Lernvoraussetzungen und Begabungen einenqualitativ hochstehenden gemeinsamen Unterricht ermöglichen. Diese Feststellungen wurden in einer von der Regierung in Auftrag gegebenen Situationsanalyse zweier Schweizer Experten voll bestätigt: „Das im Moment größte Problem ist, dass auch jene Lehrpersonen, welche in Förderschulen und in den integrativen Settings unterrichten, bisher keine spezifische Ausbildung in Förderpädagogik haben"[37].Um die Zielsetzungen des erwähnten Förderdekrets zu verwirklichen, ist es unerlässlich, dass nicht nur Einzelpersonen oder Sonderpädagogen sich der gemeinsamen Beschulung und der individuellen Förderung verpflichtet fühlen, sondern dass alle den gemeinsamen Auftrag mit Engagement erfüllen. Haltung und Einstellung der im Team arbeitenden Lehrpersonen werden als wesentliche Erfolgsfaktoren für gute und wirksame förderpädagogische Arbeit angesehen. Schulentwicklung und Stärkung der Tragfähigkeit der Regelschulen setzt förderpädagogische Kompetenzerweiterung bei den mit der Bildung und Erziehung beauftragten Personen voraus. Zur Qualitätssicherung im Bereich der Förderpädagogik gehört die ständige Evaluation des eigenen Handelns. Die reflexive, kritische und wissenschaftsgestützte Betrachtung seines Tuns sollte für jeden Pädagogen selbstverständlich sein. Auch sollen alle Fördermaßnahmen, sowohl in den Regel- als auch in den Förderschulen regelmäßig im Rahmen einer Kombination

---

[37] MarkusBorn/ ChrisPiller: Situationsanalyse vor Ort und Vorschläge für die kurz-, mittel- und langfristige Entwicklung, Juni 2009.

aus interner und externer Evaluation auf Effektivität und Effizienz überprüft werden.

Mittelständische Aus- und Weiterbildung

Der mittelständischen Ausbildung kommt in der DG eine ganz besondere Bedeutung zu. Während in der Französischen und Flämischen Gemeinschaft die Schüler in der schulischen beruflichen Ausbildung gegenüber den Lehrlingen die große Mehrheit darstellen, ist dies in der DG traditionsgemäß anders gelagert. In den vergangenen Jahren war die Zahl der Lehrlinge in der dualen Ausbildung meist doppelt so hoch wie die der Schüler in den beruflichen Abteilungen der technischen Schulen. Rund 800 Lehrlinge erhalten ihre Ausbildung im Zusammenspiel zwischen der praktischen Ausbildung im Lehrbetrieb und der theoretischen in den *Zentren für Aus- und Weiterbildung des Mittelstands* (*ZAWM* in Eupen und St. Vith). Das *Institut für Aus- und Weiterbildung des Mittelstandes* (*IAWM*), eine Einrichtung öffentlichen Interesses der Deutschsprachigen Gemeinschaft Belgiens, geschaffen per Dekret vom 16.12.1991, koordiniert, begleitet und beaufsichtigt im Auftrag der Regierung die pädagogische Arbeit der Ausbildungszentren. Es erkennt die Ausbildungsbetriebe an und überprüft deren Arbeit. Ebenso ist es beauftragt, die abgeschlossenen Lehrverträge zu genehmigen[38]. Der Verwaltungsrat setzt sich vornehmlich aus Vertretern verschiedener Berufsvereinigungen und der Arbeitgeber- und Arbeitnehmerorganisationen zusammen.

Auf die lange Tradition der dualen beruflichen Ausbildung in Eupen und St. Vith wurde bereits hingewiesen. Gestern wie heute engagieren sich die handwerklichen und kaufmännischen Berufsvereinigungen in den beiden Zentren von Eupen und St. Vith, weil sie sich der Bedeutung der Ausbildung ihrer Mitarbeiter für den Erfolg ihrer Betriebe im In- und Ausland bewusst waren und sind[39]. Es ist der ausdrückliche politische Wille der Regierung und aller Parteien in der DG, die Qualität der dualen Ausbildung in enger Zusammenarbeit mit den Betrieben aufrechtzuerhalten und ständig zu verbessern. Es zeigt sich, dass es bisher gelungen ist, mit den sich ständig verändernden Anforderungen der Wirtschaft durch kontinuierliche Anpassung und Erweiterung der Ausbildungsprogramme um die neuen Technologien Schritt zu halten. Auch in den Unterrichts- und Ausbildungsmethoden werden neue Wege beschritten, um auch „praktisch und berufsfachlich begabten Schülern zu einer Qualifikation zu verhelfen, die sie aus Gründen von Schwächen in der Allgemeinkunde sonst nicht erhalten würden“[40]. Den Lehrlingen, die den Beweis erbracht haben, dass sie über alle

---

[38] http://www.iawm.be/ (02.04.2010).
[39] http://www.zawm.be/ (02.04.2010).
[40] http://www.zawm-st-vith.be/index.php?id=48 (02.04.2010).

fachbezogenen und praktischen Kenntnisse eines Gesellen verfügen, erhalten das „Praktikerdiplom". Lediglich der Zugang zur Meisterausbildung bleibt ihnen verwehrt.

Die Lehrlinge, die sowohl in den allgemeinbildenden als auch fachberuflichen Fächern mit Erfolg bestanden haben, erhalten das Gesellenzeugnis, das ihnen erlaubt in die Meisterbildung einzusteigen. Seit 2010 steht den Gesellen, die das 4. Jahr der beruflichen Abteilung einer technischen Schule bestanden haben, der Weg zum Fachabitur offen und damit auch der Zugang zur Fachhochschule.

Neben der Lehrlings- und Meisterausbildung spielt die Weiterbildung eine immer größere Rolle. Auch hier werden in enger Abstimmung mit den Betrieben in der DG Weiterbildungsprogramme sowohl inner- als auch überbetrieblich organisiert.

In der DG als Grenzregion ist auch in der mittelständischen beruflichen Aus- und Weiterbildung die Kooperation mit den Nachbarn unerlässlich. In den vergangenen Jahren ist es gelungen Über die Grenzen hinweg gemeinsame Ausbildungsgänge zu konzipieren. Als Beispiel sei die Tridiplomierung von Mechatronikern erwähnt, die ihre Praktika in Belgien, Deutschland und den Niederlanden absolvieren und ihre Prüfungen vor den jeweils zuständigen Prüfungsjurys und Handwerkskammern ablegen und deren Abschluss in drei Ländern Anerkennung findet.

Hochschule[41]

„Das *Parlament der Deutschsprachigen Gemeinschaft* (*PDG*) hat gestern Abend [21.02.2005: JD] das Sonderdekret zur Schaffung einer autonomen Hochschule verabschiedet. Die aus verfassungsrechtlichen Gründen notwendige Zweidrittelmehrheit wurde erwartungsgemäß erreicht, da neben der *PFF-SP-PJU/PDB*-Mehrheit auch *CSP*, *Ecolo* und *Vivant* zustimmten"[42]. Fünf Jahre zäher Verhandlungen zwischen der Regierung der Deutschsprachigen Gemeinschaft und zwei katholischen Schulträgern wurden mit der Verabschiedung des Sondergesetzes erfolgreich abgeschlossen. Hierzu führte das *Grenz-Echo* weiter aus: „Erstmals in der Deutschsprachigen Gemeinschaft, ja erstmals in der Geschichte Belgiens werden Bildungseinrichtungen aus dem freien katholischen Netz und aus dem offiziellen Netz zusammengeführt. Schlüssel für dieses beinahe schon revolutionäre Konzept ist die so genannte artikulierte Pluralität, die 'bedeutet,

---

[41] Stephan Boemer: Tätigkeitsbericht der Autonomen Hochschule in der Deutschsprachigen Gemeinschaft. Studienjahre 2005-2008, Eupen, 2009.

[42] *Grenz-Echo*, 43, 22.02.2005.

dass jedes Personalmitglied das Recht hat zu artikulieren, was es als Person innerhalb des Bildungsauftrags und innerhalb seiner Funktion verantworten kann'."

Dieser Zusammenschluss war demnach alles andere als einfach. Wie schon oben erwähnt, begleitet die Auseinandersetzung um die „Freiheit des Unterrichts" seit der Staatsgründung die belgische Geschichte und beschränkte sich nicht auf die Primar- und Sekundarschulen, die ideologische Versäulung setzte sich ebenfalls in Hochschulen und Universitäten fort. Um daraus auszubrechen, wurde die Hochschule als eine autonome Einrichtung geschaffen, deren Schulträger ein Verwaltungsrat ist. Dieser entscheidet im Rahmen, der durch das Gründungsdekret vorgegeben ist, in den maßgeblichen organisatorischen, finanziellen und personellen Fragen.

Das Parlament der DG beauftragte die *Autonome Hochschule* (*AHS*) mit Aufgaben, die bisher von drei Minihochschulen wahrgenommen wurden. Dies umfasste in erster Linie die Erstausbildung auf Bachelorniveau in den Fachbereichen Bildungswissenschaften und Gesundheits- und Krankenpflegewissenschaften. Die erste Abteilung bereitet entweder auf den Beruf als Kindergärtner/in oder als Primarschullehrer/in vor, die zweite Abteilung auf den Beruf als Krankenpfleger/in. Alle Kurse liegen in modularisierter Form vor, sind den Anforderungen des europäischen Hochschulraumes entsprechend ausführlich beschrieben und mit ECTS-Punkten versehen. Dies ist umso wichtiger geworden, als die Studenten der Hochschule nicht notwendigerweise nach ihrem Studienabschluss in der DG arbeiten. Auch schreiben sich in jedem Jahr ausländische Studenten, in der Mehrzahl aus Luxemburg, an der Hochschule ein.

Ein weiterer Auftrag der Hochschule besteht darin, für die beiden Fachbereiche Fort-, Weiter- und Zusatzausbildungen anzubieten und zu organisieren. Mittels eines Zusatzstudiums (60 ECTS) können Kindergärtner/innen die Berechtigung erhalten, auch in der Primarschule zu unterrichten. In Kooperation mit belgischen Universitäten wird es quereinsteigenden Masterabsolventen, die nicht über eine Lehrbefähigung verfügen, ermöglicht, diese zu erwerben. In Zusammenarbeit mit der Hochschule für Heilpädagogik Zürich wird eine Ausbildung für Sonder- und Heilpädagogik konzipiert.

Empirische Forschung im Bereich der Bildungswissenschaften gehört auch zum Auftrag der *AHS*. In Zusammenarbeit mit dem Institut für Schulentwicklungsforschung der *Technischen Universität Dortmund* wurde der *IGLU*-Bericht über die Lesekompetenz der Viertklässler in der DG erstellt. Die Auswertung der *PISA*-Tests 2009 geschieht in Kooperation mit den Universitäten Wien und Lüttich.

Seit dem Jahr 2009 ist auch die externe Evaluation bei der *AHS* angesiedelt. Diese wurde in den vergangenen Jahren mit Unterstützung der Flämischen Gemeinschaft aufgebaut. Diese stellte im Rahmen des Kooperationsabkommens zwischen der DG und der Flämischen Gemeinschaft ihre fast zwei jahrzehntelange Erfahrung mit diesem Instrument der Schulentwicklung zur Verfügung. Die schulische Evaluation stellt einen wichtigen Baustein im bildungspolitischen Gesamtkonzept der Regierung dar. Der Maßstab für Qualität im Bildungsbereich sind die Lern- und Lebenschancen für Kinder, Jugendliche und Erwachsene in der demokratischen Gesellschaft. Jede und jeder muss durch Bildung die Chance haben, sich selbst zu entfalten, sich in die Gemeinschaft produktiv einzubringen und die Gesellschaft mitzugestalten. Hier sei am Rande bemerkt, dass die DG im Herbst 2009 dem Länderkonsortium *SEIS Deutschland* als Partnerbeigetreten ist und nunmehr die zur Verfügung gestellten Instrumente auch für die „Selbstevaluation in Schulen" in der DG zur Verfügung stehen[43].

Die Einrichtung bearbeitet also ein sehr breites Feld. Nun könnte sich die Frage aufdrängen, ob es Sinn macht für insgesamt 177 Studenten(im Studienjahr 2009/2010 studierten in den Bildungswissenschaften 93 und in den Krankenpflegewissenschaften 84 Studenten) eine eigene Hochschule zu unterhalten. Angesicht der vorgegebenen besonderen sprachlichen und kulturellen Situation verteidigen alle politisch und gesellschaftlich relevanten Kräfte die Existenz der Ausbildungseinrichtung. Sie ist ohne Alternative, da in Belgien keine Hochschule Lehrkräfte, Kindergärtner/innen und Krankenpfleger/innen in deutscher Sprache ausbildet. Es ist aber ohne jeden Zweifel nur möglich, an einer kleinen Hochschule eine hochstehende Ausbildung zu gewährleisten, wenn in ständiger enger Zusammenarbeit mit in- und ausländischen Partnern die Lehre auf den neuesten Stand gebracht wird.

Ausblick

> Wir wollen bis zum Jahre 2025 in der DG die Bildungsgerechtigkeit, die hohe Bildungs- und Ausbildungsqualität sowie die Vielfalt nicht-formaler Bildungsangebote zu einem selbstverständlichen und nachgefragten Standortvorteil ausbauen. Dabei werden wir lebenslange Qualifizierungsangebote und unsere Mehrsprachigkeit mit Französisch als erster Fremdsprache sowie Englisch und Niederländisch als weitere Regelangebote zur Absicherung unserer Alleinstellung als Grenzregion nutzen und ausbauen[44].

Um den hohen Ansprüchen, die im vorerwähnten Auszug aus der gemeinschaftspolitischen Erklärung vom 15. September 2009 angesprochen sind, ge-

43 http://www.seis-deutschland.de/ (02.04.2010).

44 Gemeinschaftspolitische Erkärung vom 15.09.2009, S. 10, in: http://www.dglive.be (02.04.2010).

recht zu werden, sind die Akzente der Regierungspolitik in Form von prioritären Zukunftsprojekten definiert worden. Ein erstesprioritäres Zukunftsprojekt mit dem Titel *Gerechter Zugang zur Bildung* bezieht sich auf die Förderung der Bildungsgerechtigkeit im Unterrichtswesen der DG. Schulischer Erfolg dürfe nicht von der sozialen Herkunft abhängen. Strategisch wichtig sei es deshalb, die Schaffung einer einheitlichen Grundausbildung bis zur achten Klasse in heterogenen Klassenverbänden zu gewährleisten.

Bei dem zweiten prioritären Zukunftsprojekt *Bildungsstandards etablieren* geht es um die Erreichung kompetenzorientierter Ziele im Unterrichtswesen. Auch soll eine Vergleichbarkeit der Schulabschlüsse auf objektiver Grundlage ermöglicht werden. Angesichts der besonderen Lage der DG bleibt die Erziehung zur Mehrsprachigkeit ein zentrales Anliegen der Bildungspolitik ebenso wie der Prozess des lebenslangen Lernens insbesondere für alle Akteure, die im Schul- und Ausbildungsbereich tätig sind.

Das dritte prioritäre Zukunftsprojekt in diesem Themenbereich,*Learning by doing* betrifft die gezielte Weiterentwicklung einerpraxisnahen Berufsausbildung. Strategisches Ziel ist es, dieDurchlässigkeit zwischen schulischer und mittelständischerBerufsausbildung in beide Richtungen zu erhöhen und einegrößtmögliche Kooperation zwischen beiden Systemen herbeizuführen[45].

In allen heutigen Gesellschaften schaffen Bildung und Ausbildung die wesentlichen Grundlagen aller kulturellen, sozialen und wirtschaftlichen Entwicklungen. Am Beispiel der Deutschsprachigen Gemeinschaft zeigt sich, dass angepasste, flexible Verhaltensweisen, Denkeinstellungen, Strukturen und Regelungen notwendig sind, um die Kleinheit des Gebietes und die geringe Bevölkerungszahl nicht zu einem Hemmschuh für gegenwärtige und zukünftige Entwicklungen werden zu lassen. In den vergangenen zwanzig Jahren nach der Übertragung des Unterrichtswesens in die Verantwortung der DG scheint es gelungen zu sein, trotz verschiedener Schwachpunkte Bildung und Ausbildung auch im Vergleich mit den Nachbarregionen auf ein gutes Niveau zu bringen. Die Zusammenarbeit mit nachweislich leistungsfähigen Partnern im näheren und weiteren Umkreis ist eine unerlässliche Voraussetzung, um den kommenden Herausforderungen gut gewappnet zu begegnen. In der näheren Zukunft wird es aber auch notwendig sein, sich an eine Vereinfachung ererbter Strukturen, insbesondere bei der Vielzahl der Schulträger und der schulischen Begleitdienste, sowie an eine Reform und Flexibilisierung veralterter Dienstrecht heranzuwagen. Stärkung der schulischen Autonomie und Förderung der Attraktivität der Arbeit im Unterrichtswesen der DG sind dabei wesentlich, um auch in Zukunft

[45] Ibid., S. 13-14.

für die Kinder und Jugendlichen ein leistungsfähiges Bildungs- und Ausbildungssystem bereitzustellen. Die Möglichkeit, dass dies gelingt, liegt maßgeblich in den Händen der Bildungsverantwortlichen der Deutschsprachigen Gemeinschaft.

Résumé – Samenvatting

Enseignement, formation et haute Ecole en Communauté germanophone

En 1988, l'enseignement est entré dans les compétences de la Communauté germanophone. Depuis, la formation y a également été transférée par la Région wallonne. L'importance de ces deux domaines s'explique par le fait qu'à eux deux, ils monopolisent plus de la moitié de tous les moyens budgétaires.

L'enseignement et la formation en Communauté germanophone, tels qu'ils se présentent aujourd'hui, sont l'aboutissement d'un processus de développement qui s'est opéré au cours de l'histoire des ces 150 dernières années.

Une courte présentation est consacrée à l'une ou l'autre chose relevant aujourd'hui de caractéristiques particulières.

Parmi celles-ci, on mentionnera particulièrement l'exiguïté du territoire ainsi que le nombre peu élevé de sa population.

Ceci ne diminue en rien les besoins et les défis auxquels le pouvoir politique et l'administration doivent faire face dans le domaine de l'enseignement.

Pour une région au contexte difficile et aux moyens limités tant en matière de personnel que de finances, la nécessité de trouver des ressources nouvelles se transforme en atout quand elle se tourne résolument vers l'extérieur pour chercher des coopérations avec de nombreux partenaires venant d'horizons proches ou lointains.

Afin de trouver des solutions adaptées, on cherche à s'orienter vers les exemples qui ont le mieux réussi et à transformer en avantages les inconvénients structurels liés à cette petite taille grâce à une grande flexibilité et à une grande ouverture.

En concertation avec la population, le Gouvernement a élaboré un concept de développement régional qui confère une importance stratégique à l'enseignement et à la formation afin d'assurer dès aujourd'hui à sa jeunesse un avenir au sein même de son terroir.

Algemeen Vormend Onderwijs, Beroepsonderwijs en Universiteit

Sinds 1988 behoort Onderwijs tot de competentie van de Duitstalige Gemeenschap. Sindsdien heeft de Waalse Regio haar ook de verantwoordelijkheid voor het beroepsonderwijs overgedragen.

De betekenis van beide terreinen wordt reeds duidelijk, doordat zij op zich al meer dan de helft van alle budgettaire middelen in beslag nemen.

Het stelsel van AVO en Beroepsonderwijs zoals dat momenteel in de Duitstalige Gemeenschap bestaat, is het resultaat van ontwikkelingen die zich in de loop van de geschiedenis van de laatste 150 jaar hebben voorgedaan.

Aan enkele aspecten die tot de bijzondere kenmerken behoren, wordt hier een korte uiteenzetting gewijd.

Dat zijn vooral de kleine omvang van het gebied en het lage bevolkingscijfer, wat echter geenszins de beperkingen en de uitdagingen geringer maakt, waarvoor politiek en bestuur zich op het terrein van het onderwijs geplaatst zien.

Als grensregio in een gecompliceerde context, met beperkte personele en financiële middelen, wordt van de nood een deugd gemaakt door de blik consequent naar elders te richten en de samenwerking met partners in de nabije en verdere omgeving te zoeken.

Om aangepaste oplossingen te vinden neemt men succesvolle voorbeelden als richtsnoer en tracht men door grote flexibiliteit en zich open op te stellen de structurele nadelen die aan de geringe grootte kleven in voordelen om te zetten.

De regering heeft in een brede maatschappelijke discussie een regionaal onderwijsconcept uitgewerkt dat aan de algemene vorming en de beroepsopleiding een strategische betekenis toekent om de kansen van onze kinderen en jongeren in de Duitstalige Gemeenschap in de nabije en verdere toekomst veilig te stellen.

WIRTSCHAFTSSTANDORT UND WIRTSCHAFTSGEOGRAPHIE DG

Franz Palm, Marc Langohr, Christiane Lentz, Anne-Marie Veithen

„Ich kann nicht voraussehen, aber ich kann zu etwas den Grund legen.Denn die Zukunft baut man.“

Antoine de Saint-Exupéry

1. Einleitung

Wer die Zukunft bauen und gestalten möchte, ist gut beraten, Wissen über die gegenwärtige Lage und über Entwicklungen in der Vergangenheit zur Kenntnis zu nehmen und darauf zu bauen. In diesem Beitrag möchten wir den interessierten Lesern die Wirtschaftsgeographie und den Wirtschaftsstandort der Deutschsprachigen Gemeinschaft (DG) in Belgien näher bringen. Wir möchten das Bild, das die Leser anderer Kapitel dieses Bandes sich bislang von der DG haben machen können, mit Fakten zur heutigen wirtschaftlichen Lage und deren Entwicklung in der DG in der jüngsten Vergangenheit ergänzen. Wir möchten den Lesern, die erwägen, wirtschaftliche Beziehungen zu Ostbelgien aufzunehmen, entscheidungsrelevante Informationen geben.

Unser Ziel ist es, ein Bild der Potenziale der Wirtschaft der DG zu vermitteln und dieses mit einigen Zahlen zu untermauern. Wir werden auch Schwächen aufzeigen, damit der Leser sich ein klares Bild des Wirtschaftsstandortes Ostbelgien machen kann. Viele der hier vermittelten Informationen wurden im Rahmen einer umfassenden Standortanalyse zwecks Erstellung eines regionalen Entwicklungskonzeptes im Auftrag der Regierung der DG zusammengetragen.

In diesem Beitrag gehen wir zunächst näher auf die geographische Lage der DG ein. Anschließend werden wir ausführlich auf die Themen Verkehrsinfrastruktur, Bevölkerung, Beschäftigung, Produktivität, Branchenstruktur und Technologiestand sowie Raumordnung und Gewerbeflächen eingehen. Abschließend werden wir einige Schlussfolgerungen zur Lage und den Zukunftsperspektiven für den Wirtschaftsstandort DG ziehen.

2. Geografische Lage und Landschaften der DG

Die Deutschsprachige Gemeinschaft, die sich aus neun Gemeinden zusammensetzt, liegt im Osten Belgiens und grenzt von Norden nach Süden an die Niederlande – (Gemeinde Kelmis), Deutschland – (Gemeinden: Kelmis, Raeren, Eupen, Bütgenbach, Büllingen, St. Vith und Burg-Reuland) und an das Großherzogtum Luxemburg – (Gemeinde Burg-Reuland), d. h., dass sieben von neun Gemeinden an einer Staatsgrenze liegen. Die Nord-Süd-Ausdehnung der

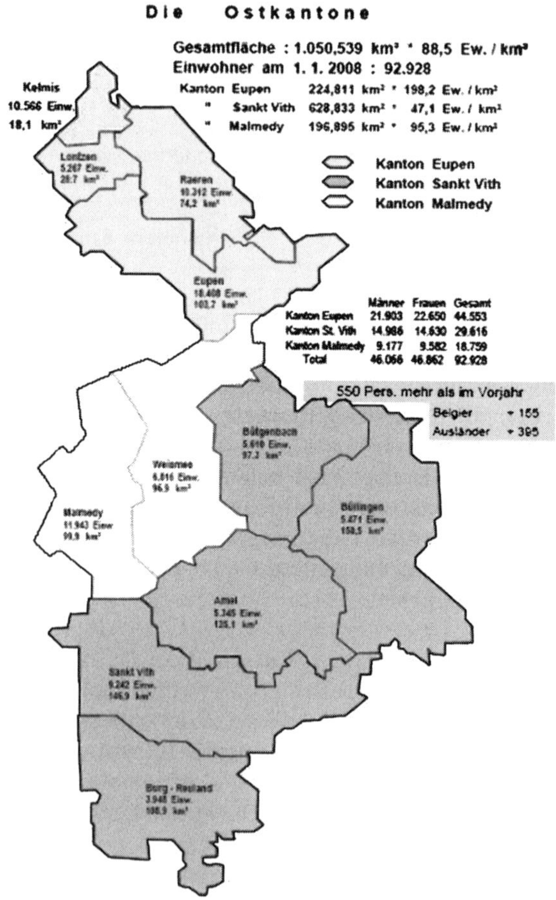

Die Kantone Eupen und St. Vith bilden die Deutschsprachige Gemeinschaft.

Quelle: Arbeitsmarktbeobachtungsstelle Ostbelgien (ABEO) 2009.

Region von Kelmis im Norden bis Ouren im Süden beträgt 81 km. Dem stehen lediglich 12 km zwischen Eupen im Westen und Petergensfeld im Osten gegenüber und etwa 25 km zwischen St. Vith im Westen und Büllingen im Osten.

Die Fläche der Deutschsprachigen Gemeinschaft beträgt 854 km^2. Die Region besteht aus zwei räumlich durch die Gemeinde Waimes getrennten Gebieten: der Kanton Eupen im Norden (mit den Gemeinden Kelmis, Lontzen, Raeren und Eupen) und der Kanton St. Vith im Süden, auch belgische Eifel genannt, (mit den Gemeinden Amel, Büllingen, Burg-Reuland, Bütgenbach und St. Vith). Die zwischen den nördlichen und südlichen Teilgebieten der DG gelegenen Gemeinden Malmedy und Waimes gehören zum frankophonen Landesteil Belgiens. Sie bilden mit den neun deutschsprachigen Gemeinden der DG die Ostkantone, die von 1815 bis 1919 zu Preußen bzw. zum deutschen Reich gehört haben.

Bis zum Ende des 18. Jahrhunderts haben diese beiden Gebiete eine sehr unterschiedliche geschichtliche Entwicklung durchlebt. Auch heute unterscheiden sie sich nicht nur durch die vorhandenen Kulturlandschaften, sondern auch durch die gesprochenen Dialekte.

Das Gebiet im Norden ist relativ dicht besiedelt (198,2 Einw./km^2). Es gliedert sich in drei landschaftliche Einheiten. Von Norden nach Süden kann unterschieden werden zwischen:

- dem Waldbogen von Kelmis, wo eine Mischung aus Grünland, verstädterten Flächen und Wäldern den Landschaftsraum prägt. Die historischen Siedlungskerne haben sich in den letzten Jahrzehnten stark erweitert, unter anderem aufgrund der Grenzlage zu Aachen. Dort befindet sich auch das Dreiländereck auf dem bewaldeten Vaalserberg (B/D/NL).

- der Ebene von Welkenraedt, die sich durch ein eher ruhiges Relief, weite Horizonte, viel Grünland mit weit auseinander liegenden Dörfern und vereinzelten Hofanlagen auszeichnet. Die alten Dorfkerne sind trotz der Zersiedlung noch erkennbar und teilweise von historischem Interesse.

- dem Gebiet von Eupen-Welkenraedt, das das Wesertal mit der Ebene von Welkenraedt verbindet und durch eine starke Verstädterung samt ausgedehnter Gewerbegebiete und Transportinfrastruktur gekennzeichnet ist.

Der Süden ist durch ein anderes Landschaftsbild geprägt: Die Ebene von Bütgenbach und St. Vith zeichnet sich durch eine noch relativ gut erhaltene Heckenlandschaft und Grünland aus. Weiter in südlicher Richtung sind Hecken und Grünland weniger präsent. Größere Ackerflächen prägen nun das Landschaftsbild. Im Süden der Deutschsprachigen Gemeinschaft sind 40% der Fläche bewaldet. Das Ourtal im Osten schneidet die Ebene ein und wird durch die dadurch entstandenen Steilhänge geprägt.

Die Siedlungsdichte ist mit weniger als 50 Einw./km^2 sehr gering. Die Anzahl der Dörfer und Weiler beläuft sich auf etwa 100, deren Größe von einigen bis mehr als 1 700 Einwohner variiert.

Im äußeren Südosten der DG gibt es ebenfalls ein *Dreiländereck* (B/D/L), an dem ein Europadenkmal steht.

Die nördlichen und südlichen Gebietseinheiten werden durch das Hohe Venn mit seinen typischen Hochmoor- und Heidelandschaften getrennt. Es ist mit 4 300 ha das größte staatliche Naturschutzgebiet Belgiens; etwa 1 517 ha gehören zu dem Gebiet der Deutschsprachigen Gemeinschaft.

Das Hohe Venn ist das Kerngebiet des grenzüberschreitenden Naturparks *Hohes Venn-Eifel*, der mit seinen 72 000 ha (davon 55% auf DG-Gebiet) Teile von sieben der neun deutschsprachigen Gemeinden umfasst. Manche Gemeinden liegen bis zu 86% im Naturpark, andere nur zu 32%. Im Norden umfasst der Naturpark einzig bewaldete Flächen, im Süden liegen viele Ortschaften auf dem Gebiet des Naturparks.

3. Verkehrsinfrastruktur

Von der Deutschsprachigen Gemeinschaft sind die europäischen Zentren wie das Ruhrgebiet, Köln/Bonn, Amsterdam, Brüssel, Luxemburg, Paris usw. über ausgezeichnete Straßen-, Schienen- und Luftverbindungen schnell erreichbar.

3.1. Straßennetz

Neben 320 km Regionalstraßen und 2 000 km Gemeindestraßen verfügt die Deutschsprachige Gemeinschaft über zwei Autobahnverbindungen, die jeweils den Norden sowie den Süden der Deutschsprachigen Gemeinschaft durchqueren: die Autobahn E40 (Brüssel-Lüttich-Eupen-Köln) und die Autobahn E42 (Verviers-St. Vith-Trier). Beide Autobahnen sind dank der Regionalstraßen von den Ortschaften der Deutschsprachigen Gemeinschaft aus leicht erreichbar.

Zusätzlich sei vermerkt, dass die Autobahnen E25 (Lüttich-Luxemburg) und die deutsche Autobahn A1 (Köln-Euskirchen) in unmittelbarer Nähe zur Deutschsprachigen Gemeinschaft verlaufen.

Die Deutschsprachige Gemeinschaft liegt im Schnittpunkt des europäischen Autobahnnetzes. Eine der Hauptverbindungen ist die Autobahn E40 (Brüssel-Köln). Dank dieser Verbindung und dank der zentralen Lage der DG können die Entfernungen zu den europäischen Ballungszentren in geringen Zeitspannen zurückgelegt werden. Innerhalb von acht bis zwölf Fahrtstunden sind 60% des europäischen Marktes von London bis Berlin und Barcelona mit 370 Millionen Menschen zugänglich.

3.2. Schienennetz

Im Personenverkehr ist die DG an die Eisenbahnlinie London-Brüssel-Köln sowie an die Intercity-Strecke Ostende-Eupen angebunden. Die Haltestellen sind entweder Welkenraedt oder Eupen. Für den Regionalverkehr gibt es seit Kurzem auch eine Haltestelle in Hergenrath.

Ebenfalls durchquert das europäische Hochgeschwindigkeitsnetz mit den Haltepunkten Aachen und Lüttich die DG. Die gute Anbindung des Nordens an das europäische Schienenverkehrssystem sichert komfortable Verbindungen nach ganz Europa. Thalys bietet täglich bis zu 25 Verbindungen von Brüssel nach Paris (ca. 85 Minuten). In Richtung Niederlande verkehrt der Thalys bis zu siebenmal und in Richtung Deutschland sechs Mal täglich.

Der Norden der Deutschsprachigen Gemeinschaft liegt in der Nähe der Eisenbahnlinie Lüttich-Aachen, die auch für den Güterverkehr von Bedeutung ist. In der Nähe der DG liegt der Güterbahnhof Montzen an der Eisenbahnstrecke Antwerpen-Visé-Aachen.

Der Bahnhof von Gouvy (Provinz Luxemburg) ist für den Personenverkehr und Güterverkehr von größter Bedeutung, da er auf der Verbindungsachse zwischen der Wallonie und dem Großherzogtum Luxemburg liegt. Er befindet sich in unmittelbarer Nähe zu den südlichen Gemeinden der DG. Die Anbindung des Südens an das Eisenbahnnetz ist allerdings schlechter als die des Nordens, da der Süden nicht direkt von einer Eisenbahnlinie durchquert wird.

3.3. Wasserstraßen

In der DG selbst gibt es keine Wasserstraßen. Von Bedeutung für den Norden der DG ist jedoch der etwa 30 km entfernt gelegene Hafen von Lüttich (Port Autonome de Liège), der als drittgrößter Binnenhafen Europas fungiert und die Region um Lüttich an die großen Seehäfen Antwerpen und Rotterdam bindet.

Der Autonome Hafen Lüttich hat drei Zugänge zur Nordsee:

- über den Albertkanal und den Hafen Antwerpen;
- über die Maas, den Julianakanal und den Hafen Rotterdam;
- über eine Vielzahl von Schleusen über die Ost-West-Verbindung nach Dunkerque.

Im Lütticher Hafen wurden im Jahre 2008 16 031 031 Tonnen Fracht umgeschlagen. Die wichtigsten Warenkategorien waren Baumaterialien, Ölprodukte, Metallprodukte, feste Brennstoffe und Erze.

3.4. Flughäfen

Internationale sowie regionale Flughäfen liegen in unmittelbarer Nähe der DG: Düsseldorf, Köln/Bonn, Maastricht/Aachen, Amsterdam, Brüssel, Brussels South Charleroi Airport, Liège Airport sowie Luxemburg sichern beste Verbindungen weltweit.

Zu vermerken sei, dass der Flughafen Liège Airport im Güterverkehr über internationale Bekanntheit verfügt. Als einer der ersten Flughäfen hat er den Warentransport zum Schwerpunkt seiner Entwicklungsstrategie gemacht. Das Frachtaufkommen liegt überwiegend im Bereich der Kurierdienste und erreichte im Jahr 2008 518 750 Tonnen. Somit belegt Lüttich den achten Platz im europäischen Ranking der Frachtflughäfen.

4. Demographie

Am 1. Januar 2008 zählte die Deutschsprachige Gemeinschaft 74 169 Einwohner. Somit leben rund 2,1% der Bevölkerung der Wallonischen Region in der Deutschsprachigen Gemeinschaft. Dies entspricht 0,7% der Bevölkerung Belgiens. Die Bevölkerungsdichte liegt im Durchschnitt bei 86,9 Einw./km^2, weist aber einen sehr großen Unterschied zwischen Süden und Norden auf. Büllingen und Burg-Reuland gehören zu den 30 geringst besiedelten Gemeinden Belgiens. Die Städte St. Vith (3 289 Einwohner, 2008) und Eupen (15 046 Einwohner, 2008) sind bevölkerungsmäßig jeweils die bedeutendsten Zentren im Süden und Norden. In der Deutschsprachigen Gemeinschaft leben mehr als 75% der Bevölkerung auf dem Land. Ein Großteil der Bevölkerung ist zweisprachig (Deutsch, Französisch).

Die demographische Entwicklung in der Deutschsprachigen Gemeinschaft ist gekennzeichnet durch einen stetigen Bevölkerungszuwachs in den letzten Jahren (stärker als im Landesdurchschnitt), der aber mittlerweile ausschließlich auf Zuwanderung überwiegend aus Deutschland zurückzuführen ist. Die landesinternen Wanderbewegungen führten in den 90er Jahren zu einer Verringerung der Bevölkerung in der DG. Durch den Zuzug von Ausländern verzeichnet die DG seit 1999 ein Bevölkerungswachstum während die belgische Bevölkerung in der DG abnimmt[1]. Der natürliche Saldo (Geburten minus Sterbefälle) war im letzten Jahrzehnt stark rückläufig.

Der Anteil der Ausländer ist von 8 859 im Jahr 1989 auf 14 759 im Jahr 2008 angestiegen, wohingegen die belgische Bevölkerung im gleichen Zeitraum lediglich einen Zuwachs von 1 527 Einheiten aufwies. Somit besaßen 2008 etwa acht von zehn Einwohnern der DG die belgische Nationalität. Die meisten Ausländer besitzen die deutsche Staatsangehörigkeit, was sich durch die Grenzlage zu Deutschland und insbesondere zum Raum Aachen sowie die im Vergleich zu Aachen relativ günstigen Immobilienpreise in der Deutschsprachigen Gemeinschaft erklärt.

[1] Die Analyse nach Nationalität wird jedoch dadurch erschwert, dass Ausländer die belgische Nationalität annehmen. Diese Zahl hat sich seit 2000 auf knapp 200 Personen pro Jahr in etwa verdoppelt.

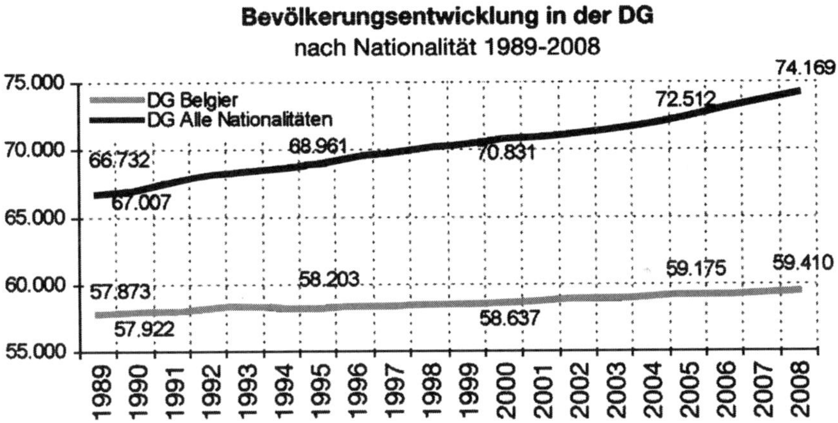

Quelle: Ecodata, Föderaler Öffentlicher Dienst (FÖD) Wirtschaft, KMU, Mittelstand und Energie, 2008, Bearbeitung: Wirtschafts- und Sozialrat (WSR).

Der Altersschwerpunkt der Bevölkerung verlagert sich stets weiter nach oben. Während zum einen die Erwerbsbevölkerung im Durchschnitt immer älter wird, ist zum anderen ein äußerst starker Zuwachs bei den Personen, die nicht mehr im aktiven Erwerbsleben stehen, zu beobachten. Die Zahl der über 65-Jährigen ist zwischen 1995 und 2005 um rund 25% angestiegen, ihr Bevölkerungsanteil liegt inzwischen bei ca. 17%.

Betrachtet man die Entwicklung in den drei Altersgruppen von 0-17 Jahren, von 18-55 Jahren und über 55 Jahre, so stellt man in der DG im Zeitraum 1991 bis 2005 einen überdurchschnittlichen Anstieg der schulpflichtigen Bevölkerung und bei den über 55-Jährigen fest, während die Bevölkerung im Haupterwerbsalter (18-55 Jahre) weniger stark gestiegen ist als im Landesdurchschnitt.

Die Bevölkerungsprognose geht von einem weiterhin positiven Trend mit einem Bevölkerungszuwachs von 19,1% bis 2030 aus. Ab 2030 soll sich die Zahl der Einwohner stabilisieren, eventuell sogar leicht rückläufig werden.

Bevölkerungsentwicklung 1991-2005	0-17 Jahre	18-55 Jahre	über 55	Gesamt
Belgien	-0,6%	+3,1%	+11,9%	+4,6%
Brüssel	+9,6%	+9,9%	-7,8%	+4,8%
Flandern	-3,3%	+1,7%	+17,7%	+4,8%
Wallonie	+1,2%	+3,6%	+7,9%	+4,2%
DG	+8,5%	+0,6%	+20,5%	+7,3%

Quelle: Institut National de Statistique (INS)

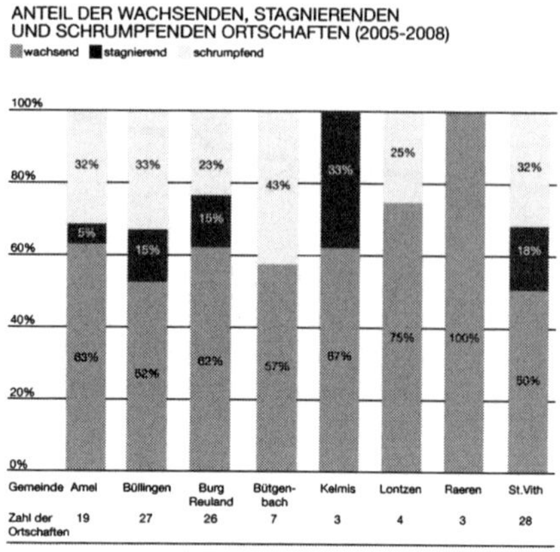

Trotz des allgemeinen Bevölkerungszuwachses wird in manchen Ortschaften, besonders im Süden der Deutschsprachigen Gemeinschaft, die Bevölkerungszahl rückläufig sein so z. B. in den Gemeinden Amel, Büllingen oder St. Vith. Diese Entwicklung lässt sich durch die Siedlungsstruktur dieser Gemeinden mit meist über 20 Ortschaften erklären: Die Dorfkerne leeren sich zugunsten außerhalb liegender Baugebiete.

Quelle: Regionales Entwicklungskonzept (REK) Band 1, S. 17, Ministerium der DG 2008

5. Beschäftigung

5.1. Sozialversicherungspflichtige Beschäftigung

2007 zählte die Deutschsprachige Gemeinschaft 21 715 Arbeitsplätze (Arbeitnehmer/innen) verteilt auf 2 157 Betriebssitze. Dies entspricht einem Durchschnitt von 10 Arbeitnehmer/innen pro Betrieb (N. B.: Betrachtet man nur die Betriebe des Privatsektors, kommt man auf einen Schnitt von 7,9 Arbeitnehmer/innen pro Betrieb). In der Tat weisen 82% der Betriebe weniger als zehn und 17% zwischen zehn und 99 Beschäftigte auf. Die Kleinstbetriebe beschäftigen fast 24% der Arbeitnehmer/innen; die 33 großen Betriebe beschäftigen 30% der Arbeitnehmer/innen.

Der Anzahl der Arbeitnehmer/innen zufolge sind die beschäftigungsintensivsten Sektoren in der Deutschsprachigen Gemeinschaft 2007 die verarbeitende Industrie (23%), Handel und Reparatur (15%), die öffentliche Verwaltung (12%), das Gesundheitswesen (12%) und das Unterrichtswesen (10%). Dies sind auch in den anderen Regionen Belgiens die wichtigsten Sektoren (in unterschiedlicher Reihenfolge), mit Ausnahme Flanderns, wo die Dienstleistungen für Unternehmen noch wesentlich mehr Beschäftigte zählen als die öffentliche Verwaltung und das Unterrichtswesen.

Arbeitgeber/innen und Arbeitnehmer/innen nach Kantonen und Sektoren

Sektor – 30.6.2007	Arbeitgeber	Arbeitnehmer/innen			
		Kanton Eupen	Kanton St. Vith	DG	Anteil an Gesamt
Land- und Forstwirtschaft	44	76	108	184	1%
Primärsektor	44	76	108	184	1%
Steine und Erden	3	7		7	0%
Verarbeit. Industrie	225	3 631	1 322	4 953	23%
Energie und Wasservers.	3	48	1	49	0%
Baugewerbe	242	629	697	1 326	6%
Sekundärsektor	473	4 315	2 020	6 335	29%
Handel und Reparatur	588	1 991	1 184	3 175	15%
Gastgewerbe	178	365	330	695	3%
Verkehr & Kommunikation	128	1 089	290	1 379	6%
Kredit-/Versicherungsgew.	83	277	141	418	2%
Dienstleist. f.Unternehmen	153	935	330	1 265	6%
Öffentliche Verwaltung	69	1 405	1 177	2 582	12%
Erziehung und Unterricht	62	1 365	853	2 218	10%
Gesundheits- & Sozialwesen	140	1 789	798	2 587	12%
Persönl. Dienstleistungen	239	553	324	877	4%
Tertiärsektor	1 640	9 769	5 427	15 196	70%
Gesamt	2 157	14 160	7 555	21 715	100%

Quelle: Landesamt für Soziale Sicherheit (LSS).

Entwicklung der Arbeitnehmer/innen nach Sektoren						
Sektor	1990	1995	2000	2005	2007	Entw. 1990-2007
Land- und Forstwirtschaft	147	147	150	160	184	+25%
Primärsektor	147	147	150	160	184	+25%
Steine und Erden	14	9	8	4	7	-50%
Verarbeit. Industrie	4 755	4 961	5 018	4 866	4 953	+4%
Energie und Wasservers.	48	80	97	55	49	+2%
Baugewerbe	1 589	1 591	1 537	1 212	1 326	-17%
Sekundärsektor	6 406	6 641	6 660	6 137	6 335	-1%
Handel und Reparatur	2 730	2 601	2 757	2 988	3 175	+16%
Gastgewerbe	516	671	767	751	695	+35%
Verkehr & Kommunikation	1 951	1 767	1 888	1 464	1 379	-29%
Kredit-/Versicherungsgew.	279	378	340	338	418	+50%
Dienstleist. f.Unternehmen	353	686	916	1 069	1 265	+258%
Öffentliche Verwaltung	1 970	2 048	2 354	2 368	2 582	+31%
Erziehung und Unterricht	2 050	2 335	2 165	2 429	2 218	+8%
Gesundheits- & Sozialwesen	1 419	1 594	1 853	2 498	2 587	+82%
Persönl. Dienstleistungen	688	698	799	919	877	+27%
Tertiärsektor	11 956	12 778	13 839	14 824	15 196	+27%
Sonstige		161	176			
Gesamt	18 509	19 727	20 825	21 121	21 715	+17%

Quelle: Landesamt für Soziale Sicherheit (LSS).

Bei näherer Betrachtung wird ersichtlich, dass eine positive Entwicklung bei der Beschäftigung stattgefunden hat, da die Anzahl der Beschäftigen von 18 509 im Jahr 1990 um ca. 17,5% gestiegen ist. Der Sekundärsektor, insbesondere das Baugewerbe, hat einen Rückgang bei den Arbeitsplätzen zu verzeichnen, im Gegensatz zum Tertiärsektor, der einen 27-prozentigen Anstieg erzielen konnte. Auffallend ist der Anstieg der Anzahl der Arbeitnehmer/innen von 353 auf 1 265 im Bereich Dienstleistungen für Unternehmen.

5.2. Selbständige Beschäftigung

Ende 2007 zählte die Deutschsprachige Gemeinschaft 6 563 Selbständige, davon 70% hauptberuflich, 20% nebenberuflich und 10%, die einer Aktivität im Rentenalter nachgingen. Der Anteil der Frauen lag bei 33%. Der Anteil der Selbständigen entsprach etwa 23% der Gesamtbeschäftigung im Jahre 2007.

Die Aufteilung nach Sektoren zeigt, dass der Anteil der Landwirtschaft noch sehr hoch ist (1/5 der Selbständigen sind Landwirte), wenngleich dieser Sektor in den letzten 20 Jahren einen erheblichen Rückgang erfahren hat. So sank die

Zahl der landwirtschaftlichen Betriebe von 2 158 im Jahr 1990 auf 1 424 im Jahr 2007 (-34%).

Industrie und Handwerk sowie Handel, Banken und Gastgewerbe sind die beiden anderen wichtigen Sektoren mit 1 553 bzw. 1 805 Selbständigen.

Seit 1990 ist die Zahl der Selbständigen um 6% angestiegen. Wird der Bereich der Landwirtschaft außer Betracht gelassen, steigt die Zahl der Selbständigen um 27%, besonders dank der starken Zunahme der Freiberufler (352 im Jahr 1990, 1 130 im Jahr 2007).

Die Altersstruktur der Selbständigen zeigt, dass 55% zwischen 35 und 55 Jahren alt sind. Relativ wenige Jugendliche wagen den Schritt in die Selbständigkeit (18% der Selbständigen sind jünger als 35, während es bei den Arbeitnehmern etwa 40% sind). Der intersektorielle Vergleich zeigt, dass die Jugendlichen eher die Selbständigkeit im Dienstleistungsbereich suchen (27%), und weniger in den anderen Bereichen. Dies gilt insbesondere für die Landwirtschaft (16%) sowie den Handel und das Gastgewerbe (14%). Auffallend ist der hohe Anteil an über 55-Jährigen in der Landwirtschaft (39%).

Insgesamt sind rund 26% der Selbständigen älter als 55, während es bei den Arbeitnehmer/innen (noch) nur 8% sind.

Entwicklung der Selbständigenzahl nach Sektoren

Sektor (DG)	1990	1994	1998	2002	2006	2007	Entw. 1990-2007
Land- & Forstwirtschaft	2 158	1 940	1 647	1 476	1 486	1 424	-34%
Industrie & Handwerk	1 293	1 407	1 535	1 522	1 625	1 553	+20%
Handel, Banken, Gastgewerbe	1 744	1 749	1 856	1 751	1 835	1 805	+3%
Freie Berufe	453	558	743	857	1 072	1 130	+149%
Dienstleistungen	352	458	606	600	665	651	+85%
GESAMT	6 194	6 222	6 410	6 206	6 683	6 563	+6%
Gesamt ohne Landwirtschaft	4 036	4 282	4 763	4 730	5 197	5 139	+27%

Quelle: Institut National des Assurances Sociales pour Travailleurs Indépendants (INASTI)[2].

[2] N. B.: 2003 erfolgte in allen Sektoren ein starker Anstieg (der im Haupterwerb Selbständigen) zum Vorjahr aufgrund der Änderung des Statuts des mithelfenden Partners.

Selbständige nach Sektor und Kanton

Tätigkeitssektor - 2007	Kanton Eupen		Kanton St. Vith		DG	
	Selbst.	Anteil	Selbst.	Anteil	Selbst.	Anteil
Landwirtschaft	342	12%	1 082	30%	1 424	22%
Industrie, Handwerk	661	22%	892	25%	1 553	24%
Handel, Horeca	961	32%	844	23%	1 805	28%
Freie Berufe	690	23%	440	12%	1 130	17%
Dienstleistungen	294	10%	340	9%	634	10%
Sonstiges	9	0%	8	0%	17	0%
Gesamt	2 957	100%	3 606	100%	6 563	100%

Quelle: Institut National des Assurances Sociales pour Travailleurs Indépendants (INASTI).

5.3. Pendlerströme

5.3.1. Innerbelgische Pendlerströme

Die Deutschsprachige Gemeinschaft ist nicht zuletzt aufgrund ihrer Grenzlage eine Region mit starkem Pendelverkehr zwischen Wohn- und Arbeitsort der Bevölkerung.

Von den 15 466 Arbeitnehmern, die in der DG wohnen und in Belgien arbeiten[3], sind 11 706 (76%) in der DG beschäftigt. Weitere 2 925 (19%) arbeiten im frankophonen Landesteil, 488 (3%) in Flandern und 347 (2%) in Brüssel.

Wohnort \ Arbeitsort	Flandern	Brüssel	Wallonie	DG	Gesamt
Flandern	1 751 261	220 938	36 850	527	2 009 576
Brüssel	39 679	180 154	18 603	58	238 494
Wallonie	57 529	118 277	627 444	4 863	808 113
DG	488	347	2 925	11 706	15 466
Gesamt	1 848 957	519 716	685 822	17 154	3 071 649

Quelle: Landesamt für Soziale Sicherheit (LSS), Stand 31.12.06, Bearbeitung: Arbeitsamt der DG (ADG).

Vergleicht man diesen Anteil mit denen der anderen Regionen, so stellt sich heraus, dass auch in Brüssel und der Wallonie jeweils 76% bzw. 78% der inländischen Arbeitnehmer in der eigenen Region arbeiten, während dies in Flandern 87% sind. Flandern verfügt demnach über die höchste „Arbeitsplatzautonomie“. Während 11% der Flamen in Brüssel arbeiten, sind dies 15% der Wallonen.

[3] Diese Zahlen sind unvollständig, da für ca. 10% der Arbeitnehmer die Verbindung Arbeitsort-Wohnort nicht erfasst ist und die Beschäftigten der lokalen Behörden auch nicht inbegriffen sind. Es handelt sich also um eine gute Annäherung der Gesamtzahl.

Umgekehrt 7% der in der Wallonie wohnhaften Personen in Flandern, aber nur 2% der in Flandern wohnenden Arbeitnehmer arbeiten in der Wallonie[4].

Wohnort \ Arbeitsort	Flandern	Brüssel	Wallonie	DG	Gesamt
Flandern	87%	11%	2%	0,0%	100%
Brüssel	17%	76%	8%	0,0%	100%
Wallonie	7%	15%	78%	1%	100%
DG	3%	2%	19%	76%	100%
Gesamt	60%	17%	22%	1%	100%

Quelle: LSS, Stand 31.12.06, Bearbeitung: Arbeitsamt der DG (ADG).

Von den 17 154 in der DG beschäftigten Personen wohnen 11 706 (68%) auch in der DG. In der Wallonie und Flandern wohnen 91% bzw. 95% der dort beschäftigten Personen auch in der jeweiligen Region, während die in Brüssel arbeitende Bevölkerung nur zu 35% auch dort wohnt. Die DG „importiert" 28% ihrer Arbeitskräfte aus dem wallonischen Landesteil, 3% aus Flandern und 0,3% aus Brüssel. Auf der anderen Seite bezieht Brüssel 43% seiner Arbeitskräfte aus Flandern und 23% aus der Wallonie.

Wohnort \ Arbeitsort	Flandern	Brüssel	Wallonie	DG	Gesamt
Flandern	95%	43%	5%	3%	65%
Brüssel	2%	35%	3%	0,3%	8%
Wallonie	3%	23%	91%	28%	26%
DG	0,0%	0,1%	0,4%	68%	0,5%
Gesamt	100%	100%	100%	100%	100%

Quelle: Landesamt für Soziale Sicherheit (LSS), Stand 31.12.06, Bearbeitung: Arbeitsamt der DG (ADG).

4 Für die interregionalen Pendlerzahlen zwischen Wallonie, Brüssel und Flandern werden in vielen Dokumenten die Ergebnisse der Arbeitskräfteerhebung herangezogen. Diese weichen naturgemäß von den hier analysierten Daten ab, da die Erhebungsmethode und -grundlage eine andere ist (Stichprobenbefragung, die auf die Gesamtbevölkerung hochgerechnet wird). Die Größenordnungen bzw. Verhältnisse und Richtungen der Ströme decken sich aber weitestgehend mit den vorliegenden Zahlen.

ONSS 31.12.2006	Arbeitsgemeinde											
Wohngemeinde	Amel	Büllingen	Burg-Reul.	Bütg.	St Vith	K. SV	Eupen	Kelmis	Lontzen	Raeren	Kanton Eupen	DG
Amel	301	70	21	56	445	893	132	10	2	9	153	1 046
Büll.	91	369	4	159	221	844	132	3	1	5	141	985
B. Reul.	18	9	125	7	210	369	43	0	0	0	43	412
Bütgenb.	79	120	7	456	173	835	207	3	7	15	232	1 067
St. Vith	125	94	49	42	1 180	1 490	172	3	3	4	182	1 672
K. SV	614	662	206	720	2 229	4 431	686	19	13	33	751	5 182
Eupen	11	12	3	33	98	157	2 853	86	97	306	3 342	3 499
Kelmis	3	5	1	7	26	42	579	377	65	166	1 187	1 229
Lontzen	1	3	3	6	15	28	486	44	97	89	716	744
Raeren	6	5	1	9	28	49	543	34	32	394	1 003	1 052
K. Eupen	21	25	8	55	167	276	4 461	541	291	955	6 248	6 524
DG	635	687	214	775	2 396	4 707	5 147	560	304	988	6 999	11 706

Quelle: Office National de Sécurité Sociale (ONSS), Landesamt für Soziale Sicherheit (LSS), Bearbeitung: Arbeitsamt der DG (ADG).

Im Kanton St. Vith arbeiten 86% der Bevölkerung im eigenen Kanton und 14% arbeiten im Kanton Eupen. Etwa 22% der Beschäftigten aus der Gemeinde Bütgenbach arbeiten im Norden der DG, aus der Gemeinde Burg-Reuland nur 10%. Im Süden hat St. Vith verständlicherweise die größte „Arbeitsplatzautonomie": 71% der in der Gemeinde wohnenden Arbeitnehmer sind auch dort beschäftigt, während dies z. B. in Amel nur 29% sind.

Im Kanton Eupen sind 96% der wohnhaften Arbeitnehmer auch dort beschäftigt und nur 4% pendeln in die belgische Eifel. Während die Gemeinde Eupen Arbeitsplätze für 82% ihrer dort wohnhaften Arbeitnehmer hat, ist dies in Lontzen nur für 13% der Fall.

5.3.2. Pendlerströme ins Ausland

Daten zu den Pendlern ins Ausland stehen jährlich zur Verfügung, beziehen sich für die Pendler nach Deutschland jedoch nicht ausschließlich auf die Bewohner der Deutschsprachigen Gemeinschaft. Laut dieser Quellen ist die Zahl der Pendler aus Belgien nach Deutschland zwischen 1990 und 2001 stark angestiegen und stagniert seitdem bei etwa 6 750 Personen. Hiervon sind allerdings mittlerweile rund 2/3 so genannte „atypische Grenzgänger", d. h. deutsche Staatsbürger, die sich in Belgien niedergelassen haben und weiter in Deutschland arbeiten. Tatsächlich weist die Zahl der Belgier, die in Deutschland arbeiten, seit dem Jahr 2000 eher eine sinkende Tendenz auf.

Die Zahl der Pendler ins Großherzogtum ist von rund 1 000 Personen im Jahr 1994 auf mittlerweile 3 048 Personen gestiegen. Der Anstieg hat sich nach 2001 sogar noch verstärkt.

Während Baufach und Handel die wichtigsten Beschäftigungszweige für die Pendler nach Luxemburg sind, sind es für die Pendler nach Deutschland die Industrie (allerdings mit abnehmender Tendenz), das Gesundheits- und Sozialwesen, Handel & Reparatur sowie die Dienstleistungen für Unternehmen.

5.4. Arbeitslosigkeit

In der Deutschsprachigen Gemeinschaft waren 2009 im Schnitt 2 644 Vollarbeitslose gemeldet. Dabei handelt es sich um Personen, die ohne Beschäftigung sind, dem Arbeitsmarkt unmittelbar zur Verfügung stehen und aktiv eine Beschäftigung suchen. Dies entspricht einer Arbeitslosenquote von 8,2%. Etwa 51% der Arbeitslosen sind Frauen, 20% sind jünger als 25 Jahre und etwa 43% haben nur mittlere Reife oder Primarschulabschluss. 46% suchen seit mehr als einem Jahr nach Arbeit.

Im Vergleich zu 1997 ist die Zahl der Erwerbslosen stark angestiegen (von 1 773 auf 2 644). Nach einem leichten Rückgang der Arbeitslosigkeit in den Jahren 2007 und 2008 ist die Arbeitslosigkeit 2009 – sicherlich nicht zuletzt bedingt durch die Wirtschaftskrise – wieder deutlich angestiegen.

Dieser starke Anstieg der Arbeitslosigkeit ist auf verschiedene Faktoren zurückzuführen, z. B. auf:

- den Anstieg der aktiven Bevölkerung, insbesondere in den älteren Altersgruppen;

- den Einbruch der Konjunktur nach 2001 und damit einhergehend die eher negative Beschäftigungsentwicklung in den Jahren 2002-2005 in der DG; sowie 2009 durch die Wirtschaftskrise;

- die Verschlechterung der Arbeitsmarktchancen für gering Qualifizierte;

- die demographische Verschiebung in Ostbelgien und die Anhebung der Altersgrenze für die Freistellung von der Arbeitsuche von 50 auf 58 Jahre (seit Juli 2002).

Nach wie vor war die Arbeitslosenquote im Süden der Gemeinschaft mit 4,6% nur halb so hoch wie im Norden der DG, wo sie 10,8% betrug. Im Süden herrschte über Jahre bei den Männern nahezu Vollbeschäftigung (Schnitt 2009:

3,4%). Aufgrund der starken Inanspruchnahme der Kurzarbeit hält sich der Anstieg der Arbeitslosigkeit in der DG, aber auch in Belgien insgesamt, derzeit jedoch noch in Grenzen.

6. Einige Wirtschaftsparameter

6.1. Wertschöpfung und Produktivität

6.1.1. Wertschöpfung

Die in der DG angesiedelten Betriebe und Selbständigen erzielten laut ICN (Institut des Comptes Nationaux) im Jahr 2006 eine Bruttowertschöpfung in Höhe von rund 1 434 Mio. Euro. Dies entspricht einem Anteil von 0,51% der belgischen Wirtschaftsleistung. Nach Volumen betrachtet sind das verarbeitende Gewerbe, die Dienstleistungen für Unternehmen, Handel, Kraftfahrzeug und Reparaturen, die öffentliche Verwaltung, der Transportsektor und das Baugewerbe die wichtigsten Sektoren. Verglichen mit der Wallonie oder Belgien fällt die überproportionale Bedeutung des verarbeitenden Gewerbes sowie des Baugewerbes auf.

2006	DG	Wallonie	Belgien
Land- und Forstwirtschaft	2,5%	1,0%	0,8%
Verarbeitendes Gewerbe	21,1%	16,7%	17,1%
Elektrizität, Gas, Wasser	0,9%	2,6%	2,2%
Baugewerbe	7,3%	5,5%	5,1%
Handel, KFZ und Reparatur	13,0%	11,0%	12,8%
Horeca	1,8%	1,4%	1,6%
Transport & Kommunikation	7,4%	7,5%	8,4%
Banken, Versicherungen	2,7%	3,0%	5,7%
Dienstl. für Unternehmen	19,3%	22,4%	22,9%
Öffentl. Verwaltung	8,8%	9,1%	7,3%
Unterrichtswesen	6,8%	8,8%	6,5%
Gesundheit & Soziales	6,3%	8,6%	6,9%
Personenbez. Dienstl.K.	1,8%	2,2%	2,4%
Haushaltsdienstleistungen	0,4%	0,4%	0,3%
Gesamt	100%	100%	100%

Quelle: Institut des Comptes Nationaux (ICN), Bearbeitung: Arbeitsamt der DG (ADG).

Die Bruttowertschöpfung in der DG ist zwischen 2000 und 2006 um 17,8% angestiegen, während sie im Landesdurchschnitt um 26,5% angestiegen ist. Der Grund für den Unterschied liegt hauptsächlich darin, dass in der DG im verarbeitenden Gewerbe die Wertschöpfung um -0,9% gesunken ist, belgienweit aber um 11,2% gestiegen ist, der Bausektor in der DG nur um 16,2% zugelegt hat, im Landesdurchschnitt aber um 29,2%, und der Transportsektor in der DG um -6,9% geschrumpft, landesweit aber um 33,3% gewachsen ist.

Bruttowertschöpfung (Mio. €) Sektor	DG 2000	2001	2002	2003	2004	2005	2006	Entw. 05-06	Entw. 00-06
Land- und Forstwirtschaft	43	39	35	39	41	34	36	+6,3%	-16,2%
Verarbeitendes Gewerbe	305	302	289	294	313	302	302	-0,2%	-0,9%
Elektrizität, Gas, Wasser	18	17	15	14	13	12	12	+4,3%	-33,3%
Baugewerbe	91	91	96	92	100	102	105	+3,3%	+16,2%
Handel, KFZ und Reparatur	129	134	162	165	167	173	186	+7,7%	+43,6%
Horeca	21	22	23	24	25	25	25	+1,2%	+20,4%
Transport & Kommunikation	115	132	128	114	105	98	107	+8,6%	-6,9%
Banken, Versicherungen	31	30	31	31	29	32	39	+24,7%	+28,3%
Dienstl. Für Unternehmen	208	219	228	229	238	252	276	+9,7%	+32,5%
Öffentl. Verwaltung	91	97	106	104	109	116	126	+8,9%	+38,6%
Unterrichtswesen	75	81	86	89	90	94	98	+3,5%	+29,4%
Gesundheit & Soziales	62	84	69	77	79	84	91	+7,5%	+46,9%
Personenbez. Dienstl.	21	22	22	24	26	26	25	-4,2%	+23,4%
Haushaltsdienstleistungen	8	8	8	7	7	6	6	-9,5%	-30,5%
Gesamt	1 217	1 276	1 297	1 303	1 343	1 356	1 434	+5,7%	+17,8%
Bruttowertschöpfung pro Einwohner, aktuelle Preise (EUR)	17 157	17 932	18 154	18 157	18 594	18 620	19 534		
Bruttowertschöpfung, verkettet (Referenzjahr 2006)	1 366	1 391	1 387	1 394	1 403	1 387	1 434		
Wirtschaftswachstum					+0,6%	-1,1%	+3,3%		

Quelle: Institut des Comptes Nationaux (ICN), Bearbeitung: Arbeitsamt der DG (ADG).

Der leichte Rückgang im verarbeitenden Gewerbe ist vorwiegend auf eine Verringerung der Lebensmittelverarbeitung und der Elektromaterialherstellung zurückzuführen. Doch auch der Maschinenbau und die Holzverarbeitung weisen Einbußen auf.

6.1.2. Produktivität

Die Arbeitsproduktivität entspricht dem Verhältnis zwischen der Wertschöpfung und der Beschäftigung (Zahl der Arbeitnehmer/innen und Selbständigen).

2006 (€)	DG	Wallonie	Flandern	Belgien	DG/Bel (Bel=100)
Land- und Forstwirtschaft	30 532	25 063	27 110	26 483	115,3
Verarb. Gewerbe & Steine, Erde	60 203	76 191	80 242	80 699	74,6
Elektrizität, Gas, Wasser	283 721	215 247	215 374	243 816	116,4
Baugewerbe	53 401	47 696	61 501	57 829	92,3
Handel, KFZ und Reparatur	47 133	44 931	64 273	60 233	78,3
Horeca	22 418	24 778	29 872	30 273	74,1
Transport & Kommunikation	63 647	67 435	76 869	81 493	78,1
Banken, Versicherungen	87 168	96 692	102 004	116 839	74,6
Dienstl. für Unternehmen	108 833	98 291	90 860	94 522	115,1
Öffentl. Verwaltung	48 318	45 426	47 163	48 723	99,2
Unterrichtswesen	47 471	52 603	53 036	53 479	88,8
Gesundheit & Soziales	36 243	38 844	41 648	41 232	87,9
Personenbez. Dienstl.	23 535	32 972	40 302	43 052	54,7
Haushaltsdienstleistungen	13 349	13 291	14 051	13 925	95,9
Gesamt	53 890	57 567	65 683	66 019	81,6

Quelle: Institut des Comptes Nationaux (ICN).

Laut ICN betrug die Produktivität im Jahre 2006 53 890 € pro Arbeitnehmer/in, während sie in der Wallonischen Region bei 57 567 € sowie in Belgien bei 66 019 € pro Arbeitnehmer/in lag. Eine umfassende Erklärung für den globalen Produktivitätsrückstand der Wirtschaft in der DG liegt noch nicht vor. Eine Begründung dafür mag darin liegen, dass Sektoren mit vergleichsweise geringer Arbeitsproduktivität und Entwicklungsdynamik in der DG besonders stark gewichtet sind (etwa die Landwirtschaft, das Gastgewerbe und die personenbezogenen Dienstleistungen), während Sektoren mit hoher Produktivität und höherer Entwicklungsdynamik (etwa die Dienstleistungen für Unternehmen) ein geringes Gewicht haben. Auch sind gewisse hochproduktive Wirtschaftszweige in der DG erst gar nicht vertreten (Pharmaindustrie, Mineralölverarbeitung, ...). Andere Erklärungsansätze ergeben sich aus der unterschiedlichen Größenstruktur der Betriebe (viele Kleinstbetriebe in der DG, Hauptsitze der Konzerne meist außerhalb der DG), aus der Lohnstruktur (höherer Arbeiter- und geringerer Angestelltenanteil, etwas höherer Anteil an Niedrigverdienern) und aus dem höheren Anteil an Teilzeitbeschäftigten in der DG (dem in dieser Berechnung der Produktivität nicht Rechnung getragen wird).

6.2. Branchenstruktur

Die künftige Beschäftigungsentwicklung in einem Gebiet wird nicht zuletzt auch durch die Wachstumsperspektiven der dort ansässigen Betriebe bestimmt. Eine Region mit einem hohen Anteil an Betrieben in Wachstumsbranchen hat dabei meist eine bessere Ausgangsposition. Für die künftige Entwicklung sind Faktoren wie Technologiestand, Innovationsgrad (Produkt- und Prozessinnovation), Marktposition (Einbindung in internationale Märkte, Position in der Wertschöpfungskette, Spezialisierungsgrad), lokale Verankerung und finanzielle Gesundheit der Betriebe von hoher Bedeutung.

Das Wissen über die Lage in diesen Bereichen in den Unternehmen in der DG ist unzureichend. Statistische Daten und Untersuchungen, die sich speziell auf die DG beziehen, fehlen häufig.

6.2.1. Wachstumsbranchen

In den vorherigen Kapiteln wurde bereits auf die Bedeutung und Entwicklung der einzelnen Sektoren für Beschäftigung und Wertschöpfung eingegangen. Nachfolgend werden beide Größen miteinander verknüpft. Ihre Bedeutung und Entwicklung für die DG werden mit den entsprechenden landesweiten Größen verglichen.

Die beiden Grafiken sollen verdeutlichen, wie die DG positioniert ist, d. h., ob Sektoren, die allgemein als Wachstumsbranchen anzusehen sind, in der DG besonders stark oder eher schwach vertreten sind. Umgekehrt kann die besonders hohe Bedeutung eines Sektors in der DG, der allgemein eine rückläufige Entwicklung aufweist, auch ein Risiko für die künftige Beschäftigung in der DG darstellen.

Aufgrund der geringen Zahl an Betrieben in manchen Sektoren in der DG, die teilweise eine hohe Spezialisierung und eine gute Marktposition innerhalb ihres Sektors aufweisen, kann durchaus eine gegenläufige Tendenz hier vor Ort in manchen Bereichen festgestellt werden (Bsp. Fahrzeugbau oder Textilsektor). Voreilige Schlussfolgerungen sollten nicht gezogen werden.

Branchenstruktur – Aspekt Wertschöpfung

Branchenanteil in DG
über Branchenanteil in Belgien

Branchen mit negativem Wachstumseffekt in Belgien;
Anteil in DG über Anteil in Belgien

Wachstum B -/ Anteil DG +	Entw. DG	Anteil	Abw.
Elektrisches und elektron. Material	-10.1%	4.7%	+3.5
Textilindustrie	+13.1%	1.7%	+1.0
Land- und Forstwirtschaft	-16.2%	2.5%	+1.7

unterdurchschnittl. Wachstum B / Anteil DG +	Entw. DG	Anteil	Abw.
Chemieindustrie	+25.3%	4.3%	+0.1
Gaststättengewerbe	+20.4%	1.8%	+0.2
Metallverarbeitung	+4.4%	3.3%	+0.8
Haushaltsdienstleistungen	-30.5%	0.4%	+0.1
Sonstig Verarbeitung (inkl. Holz)	+1.5%	0.9%	+0.4

Branchen mit positivem Wachstumseffekt in Belgien;
Anteil in DG über Anteil in Belgien

Wachstum B +/ Anteil DG +	Entw. DG	Anteil	Abw.
Handel & Reparatur	+43.6%	13.0%	+0.1
Holzverarbeitung	+5.3%	1.3%	+0.9
Öffentliche Verwaltung	+38.6%	8.8%	+1.5
Baugewerbe	+16.2%	7.3%	+2.3
Unterrichtswesen	+29.4%	6.8%	+0.3

Wertschöpfungsrückgang in Belgien (2000-2006) ← → **Wertschöpfungswachstum in Belgien (2000-2006)**

Wachstum B -/ Anteil DG -	Entw. DG	Anteil	Abw.
Druck und Papier	+7.6%	0.7%	-0.5

Branchen mit negativem Wachstumseffekt in Belgien;
Anteil in DG unter Anteil in Belgien

unterdurchschnittl. Wachstum B / Anteil DG -	Entw. DG	Anteil	Abw.
Finanzaktivitäten	+28.3%	2.7%	-3.0
Maschinenbau	-24.2%	0.5%	-0.7
Nahrungsmittelverarbeitung	-32.7%	2.0%	-0.2
Fahrzeugbau	-7.9%	1.1%	-0.5
Glas, Keramik, Zement, ...	+52.4%	0.7%	-0.2
Elektrizität, Gas, Wasser	-33.3%	0.9%	-1.3
Steine und Erden	-40.0%	0.0%	-0.1

Wachstum B +/ Anteil DG -	Entw. DG	Anteil	Abw.
Gesundheit und Soziales	+46.9%	6.3%	-0.6
Transport & Kommunikation	-6.9%	7.4%	-0.9
Immobilien & Dienstl. Für Unternehmen	+32.5%	19.3%	-3.7
Personenbez. Dienstleistungen	+23.4%	1.8%	-0.7

Branchen mit positivem Wachstumseffekt in Belgien;
Anteil in DG unter Anteil in Belgien

Branchenanteil in DG
unter Branchenanteil in Belgien

Legende

Entw. = Entwicklung der Wertschöpfung in DG
Anteil = Anteil des Sektors an Wertschöpfung in DG
Abw.= Unterschied in Prozentpunkten zwischen Anteil in Belgien und DG

Quelle: Institut des Comptes Nationaux (ICN), Bearbeitung: Arbeitsamt der DG (ADG).

Brancheneffekte – Aspekt Beschäftigung

Branchenanteil in DG über Branchenanteil in Belgien

Branchen mit negativem Wachstumseffekt in Belgien; Anteil in DG über Anteil in Belgien

Wachstum B -/ Anteil DG +	Entw.	Anteil	Abw.
Holzgewerbe (ohne Möbel)	+2.1%	1.1%	+0.8
Metallerzeugung und -verarbeitung	-5.0%	3.5%	+1.0
Gummi- und Kunststoffwaren	+11.8%	2.5%	+1.8
Land- und Forstwirtschaft	+22.0%	0.8%	+0.1
Sonst. Herstellung (ink. Möbel)	-3.2%	1.0%	+0.1
Elektrisches und elektron. Material	-17.0%	5.1%	+4.0
Textil- und Bekleidungsgewerbe, Leder	-1.5%	1.8%	+0.8

Branchen mit positivem Wachstumseffekt in Belgien; Anteil in DG über Anteil in Belgien

Wachstum B +/ Anteil DG +	Entw.	Anteil	Abw.
Handel und Reparatur	+15.2%	14.6%	+1.6
Baugewerbe	-13.7%	6.1%	+0.5
Erziehung und Unterricht	+2.4%	10.2%	+0.2
Öffentliche Verwaltung	+9.7%	11.9%	+1.6
Ernährungsgewerbe	+9.0%	3.7%	+1.3

Beschäftigungsrückgang in Belgien (2000-2007)

Fahrzeugbau	+34.7%	1.6%	0.0

Beschäftigungswachstum in Belgien (2000-2007)

Persönliche Dienstleistungen	+9.8%	4.0%	+0.0
Gastgewerbe	-9.4%	3.2%	-0.0

Wachstum B -/ Anteil DG -	Entw.	Anteil	Abw.
Chemische Industrie	-26.8%	0.5%	-1.5
Kredit- und Versicherungsgewerbe	+22.9%	1.9%	-1.6
Energie und Wasserversorgung	-49.5%	0.2%	-0.5
Glasgewerbe, Keramik	+15.3%	0.7%	-0.1
Papier-, Verlags- und Druckgewerbe	+10.8%	0.8%	-0.3
Steine und Erden	-12.5%	0.0%	-0.1

Branchen mit negativem Wachstumseffekt in Belgien; Anteil in DG unter Anteil in Belgien

Wachstum B +/ Anteil DG -	Entw.	Anteil	Abw.
Gesundheits- & Sozialwesen	+39.6%	11.9%	-1.6
Dienstleistungen für Unternehmen	+38.1%	5.8%	-6.9
Verkehr & Kommunikation	-27.0%	6.4%	-0.7
Maschinenbau	-3.8%	0.5%	-0.7

Branchen mit positivem Wachstumseffekt in Belgien; Anteil in DG unter Anteil in Belgien

Branchenanteil in DG unter Branchenanteil in Belgien

Legende

Entw. = Beschäftigungsentwicklung in DG (LSS)
Anteil = Anteil des Sektors an Beschäftigung in DG
Abw.= Unterschied in Prozentpunkten zwischen Anteil in Belgien und DG

Quelle: Landesamt für Soziale Sicherheit (LSS), Bearbeitung: Arbeitsamt der DG (ADG).

6.2.2. Technologiestand

Hochtechnologie, Forschungseinrichtungen und Technologietransfer nehmen eine stets größere Bedeutung in der Regionalentwicklung ein. Sie tragen nicht nur zur Erzielung einer höheren Wertschöpfung bei, sondern sind oft ausschlaggebend für in- und ausländische Investitionen in einer Region. Die Vernetzung von Universitäten, Hochschulen, Forschungszentren, Unternehmen, Wirtschaftsförderungsorganisationen sowie politischen Entscheidungsträgern bildet in vielen Regionen weltweit den Grundstein für eine erfolgreiche regionale Entwicklung im Hochtechnologiebereich.

In der DG sind – gemäß einer von EUROSTAT definierten Einteilung der Wirtschaftszweige – lediglich 13 Betriebe im Bereich der Hochtechnologie tätig, in Geschäftsfeldern wie IT, Elektronik, Automation und Medizintechnik. Im Vergleich zu ihren direkten Nachbarn liegt die DG somit im Hintertreffen, d. h. mit 0,3% der Gesamtbeschäftigung erreicht sie ein leicht niedrigeres Niveau als die Wallonie und das Großherzogtum Luxemburg, liegt jedoch weit hinter Belgien (0,8%) und Deutschland (1,7%) zurück.

Mit etwa 50 Betrieben in Bereichen wie Maschinenbau, Fahrzeugbau und Chemie zeichnet sich die DG in der Mittel-Hochtechnologie im Vergleich zu ihren Nachbarn besonders aus. Mit 7,3% der Gesamtbeschäftigung liegt die DG über dem Landesdurchschnitt (5,5%) sowie dem der Wallonischen Region (WR) (4,3%) und dem des Großherzogtums Luxemburg (Lux.) (0,7%). Deutschland (Dtld.) nimmt mit 9,0% europaweit den Spitzenplatz ein (NRW 7,5% und Rheinland-Pfalz (RlP) 9,1%).

2007	Belgien	Flandern	WR	Pr. Lüttich	Dtld.	NRW	RlP	Lux.	DG
Industrie									
Hochtechnologie	0,8%	1,0%	0,5%		1,7%	1,3%	1,3%	0,3%	0,3%
Mittel-Hochtech.	5,5%	6,6%	4,3%	3,7%	9,0%	7,5%	9,1%	0,7%	7,3%
Hoch-Mittelhoch	6,3%	7,6%	4,8%		10,7%	8,8%	10,4%	1,1%	7,7%
Mittleres Techn.	4,2%	4,6%	4,3%	5,1%	5,4%	7,4%	6,2%	4,6%	6,7%
Niedrigtechn.	6,1%	7,2%	4,5%	5,0%	6,5%	6,3%	6,8%	2,2%	8,4%
Dienstleistungen									
wissensbasiert	38,2%	36,6%	39,0%	39,2%	34,8%	36,3%	31,8%	43,0%	32,9%
wenig wissensbas.	35,4%	34,4%	36,4%	35,5%	32,8%	32,7%	34,3%	38,2%	37,1%

Quelle: EUROSTAT, Landesamt für Soziale Sicherheit (LSS), Arbeitsamt der DG (ADG).

Der Gesamtanteil von 7,6% der Beschäftigten in Hoch- bzw. Mittel-Hochtechnologiebranchen in der DG ist beachtlich. Der Durchschnitt liegt bei 6,3% in Belgien und bei 10,7% in Deutschland, dem europäischen Spitzenreiter.

Allerdings ist dieser Anteil in den letzten Jahren in der DG (und in Belgien insgesamt) leicht rückläufig. Im Dienstleistungsbereich ist der Anteil der Beschäftigten, die in stark wissensbasierten Branchen in der DG arbeiten, mit knapp 32,9% deutlich niedriger als in Belgien insgesamt (38,2%) und etwas niedriger als in Deutschland (34,8%). Dieser Anteil ist jedoch in den letzten Jahren kontinuierlich gestiegen. Zu den stark wissensbasierten Dienstleistungen zählen laut EUROSTAT insbesondere das Gesundheitswesen, das Finanzwesen, das Versicherungswesen sowie Forschung & Entwicklung.

Einer der Parameter, der oftmals etwas über den Technologiestand einer Region aussagt, ist die Anzahl gemeldeter Patente. Information zu diesem Thema findet man beim Belgischen Amt für Geistiges Eigentum (OPRI) innerhalb des Föderalen Öffentlichen Dienstes Wirtschaft, KMU, Mittelstand und Energie. Dieses Amt veröffentlicht im Internet eine Datenbank mit der Auflistung der gültigen und abgelaufenen Patente. Auffallend für die DG ist, dass relativ viele Patente von Privatpersonen hinterlegt werden. Diese führen allerdings selten zur Entwicklung und Vermarktung von neuen Gütern.

Keines der Unternehmen, welche noch gültige Patente angemeldet haben, gehört zur Hochtechnologie. Sie fallen in die Kategorie der Mittel-Hochtechnologie (Kabelwerk), der mittleren Technologie (nmc) und der niedrigen Technologie (Asten).

7. Gewerbeflächen

Ausschlaggebend auf gesetzlicher Ebene für die Ausweisung von Gewerbeflächen ist das wallonische Gesetzbuch über die Raumordnung, den Städtebau, das Kulturerbe und die Energie. In diesem Gesetzbuch werden die Ziele und die Mittel der Raumordnung sowie Pläne, Regelungen und gesetzliche Bestimmungen zu Raumordnung und Städtebau festgehalten. In den Plänen ist die Thematik der Gewerbeflächen geregelt. Wurde vor einigen Jahren noch zwischen Industrie-, Handwerks- und Dienstleistungszonen unterschieden, so spricht man in der Raumordnungsgesetzgebung auf Ebene der Wallonischen Region mittlerweile von Gewerbegebieten und von spezifischen Gewerbegebieten. Für die Ausrüstung der Gewerbefläche trägt in der DG die Interkommunale *SPI+* (Wirtschaftsförderungsgesellschaft der Provinz (Pr.) Lüttich) oder die betreffende Gemeinde in Eigenregie die Verantwortung.

In der Deutschsprachigen Gemeinschaft gibt es sowohl gemischte Gewerbegebiete, industrielle Gewerbegebiete als auch ein Gewerbegebiet für Großvertriebsaktivitäten sowie ein Gewerbegebiet für agrarwirtschaftliche Zwecke und die Holz verarbeitenden Unternehmen. Sie decken das Gebiet der gesamten Deutschsprachigen Gemeinschaft ab. Die Gemeinden Büllingen, Bütgenbach,

Burg-Reuland und Kelmis verfügen kaum über freie Flächen in den Gewerbezonen, sodass es Engpässe gibt. Erweiterungsmöglichkeiten für bestehende Gewerbezonen sowie die Schaffung neuer Zonen sind im Sektorenplan nur für die Gemeinden Amel, St. Vith, Lontzen und Eupen vorgesehen. In der Gemeinde Raeren besteht noch Freiraum in der vorhandenen Gewerbezone. Eine Ausdehnung dieser Zone ist allerdings nicht vorgesehen. Diese Situation kann nicht als zufriedenstellend bezeichnet werden, da insbesondere für die hiesigen Betriebe und das lokale Unternehmertum zu wenig Perspektiven für beispielsweise Betriebserweiterungen vor Ort geboten werden. Ein Großteil dieser Unternehmer kann nicht auf andere Gewerbeflächen in der DG zurückgreifen. Dies bedeutet, dass das Wachstum dieser Betriebe vor Ort eingeschränkt ist und die Gemeinden nicht ausreichend auf Anfragen für Neuansiedlungen eingehen können. In folgender Tabelle sind die bestehenden Gewerbezonen und die geplanten Erweiterungen aufgelistet.

Gemeinde	Gewerbezone	Gesamtfläche (ha)	Freie Fläche (ha)	Geplante Erweiterung (ha)
Amel	Montenau	2,66	0	0
	Schoppen	10,5	0	0
	Kaiserbaracke	43,80	3,85	0
Büllingen	Morsheck	12	0	0
	Merlscheid	2,11	0	0
	Schwarzenbach	8	0	0
Bütgenbach	Domäne	18	0,99	0
Burg-Reuland	Schirm	10	0	0
St. Vith	St. Vith I	11,11	0	0
	St. Vith II	84,99	0,62	43,2
	Kaiserbaracke	8	0	0
Eupen-Baelen-Welkenraedt-Lontzen	East Belgium Park	203,46	15,67	129,9
Lontzen	Walhorn	2,4	0	0
Kelmis	Hochheid	2	0	0
	Tülje	7	0	0
Raeren	Rovert	65,06	14,90	0
	Lichtenbusch	4,8	0	0
	Hydro	4,2	0	0

Quellen: Umfrage Wirtschaftsförderungsgesellschaft Ostbelgiens VoG (WFG), 2009 / Annuaire SPI+, 2009-2010.

Die Ausstattung der Gewerbeflächen kann als Standardausrüstung bezeichnet werden. Beim Ankauf sind die Zonen erschlossen. Strom, Wasser (im Norden der DG auch Gas), Straßenbeleuchtung, Telefonanschlüsse und Kanalisation sind vorhanden. Lediglich die Gewerbezone Eupen verfügt über eine Glasfaseranbindung. Für die anderen Gewerbezonen muss diese Infrastruktur noch geschaffen werden.

Als Besonderheit in der Deutschsprachigen Gemeinschaft ist sicherlich die Gewerbezone Kaiserbaracke hervorzuheben, da sie die erste auf den Holz- und Lebensmittelsektor spezialisierte Gewerbefläche in der Region ist. Die Verkaufspreise liegen in der Deutschsprachigen Gemeinschaft je nach Lage zwischen 5 €/m^2 und 31 €/m^2. Die preisgünstigste Gewerbefläche liegt in der Gemeinde Burg-Reuland, den höchsten Preis pro m^2 verlangt die Stadt Eupen.

Im Preisvergleich zu nahe gelegenen Zonen in Deutschland und in der Provinz Lüttich ist das Angebot in der DG absolut konkurrenzfähig. Wie die folgende Tabelle zeigt, liegt lediglich in der Gewerbezone Eupen der Preis mit 31 €/m^2 leicht über den Preisen, die in Monschau, Herstal oder Thimister-Clermont verlangt werden.

Ort	Name	Preis/m^2
Thimister-Clermont	Les Plenesses	30 €
Herstal	Hauts-Sarts	30 €
Aachen	Avantis	82 € - 150 €
Oberforstbach	Pascalstraße	95 €
Monschau	Imgenbroich	25 €
Herzogenrath	Am Wasserturm	51 €
Würselen	Aachener Kreuz	110 €

Quellen: SPI+, Aachener Gesellschaft für Innovation und Technologietransfer (AGIT), 2009.

Außer den Gewerbeflächen gibt es noch gewerbliche Immobilien. Allerdings ist es schwierig, konkrete Zahlen zu diesen Immobilien aufzuführen, da sie sich teilweise in Privatbesitz befinden und keine zuverlässigen Statistiken hierzu vorliegen. Sowohl im Norden als auch im Süden der Deutschsprachigen Gemeinschaft stehen noch freie Hallen zum Ankauf oder zum Anmieten zur Verfügung. Hierbei ist das Angebot im Norden der DG höher. Auch die Verfügbarkeit von Büros ist im Norden etwas größer als im Süden, wobei zu bemerken ist, dass großflächige Büroeinheiten kaum zu finden sind.

Die monatlichen Kaltmieten liegen in der DG bei ca. 6 €/m^2 für Büroflächen und bei 4 €/m^2 für Hallen. Kleinere Objekte, die sich als Geschäftslokal oder Restaurant eignen, sind sowohl im Norden als auch im Süden der Deutschsprachigen Gemeinschaft noch zu finden. Aufgrund fehlender Angaben seitens der Eigentümer kann allerdings kein Mietpreis genannt werden.

Die öffentliche Hand bietet über die *SPI+* ebenfalls Gebäude für junge Unternehmen an, in Form von Betriebszentren (Büroeinrichtungen) oder in Form von so genannten Relais-Gebäuden (Lagerhalle und Büroeinheit). In einem Betriebszentrum stehen neben den Büroräumlichkeiten auch Gemeinschaftsdienste wie beispielsweise Rezeption, Fotokopiermaschine, Versammlungsräume usw. zur Verfügung. Derzeit gibt es in der Deutschsprachigen Gemeinschaft fünf Einheiten von Relais-Gebäuden (zwei in Eupen, eins in Kelmis und zwei in St. Vith) sowie ein Betriebszentrum in Lichtenbusch mit 24 Büroräumen, wovon vier Großraumbüros sind.

Des Weiteren gibt es noch zwei Betriebszentren in privater Trägerschaft im Raum Eupen. Hier stehen einerseits sechs Großraumbüros zur Verfügung und andererseits frei gestaltbare Büroflächen zwischen 20 und 300 m^2.

Es sei noch erwähnt, dass in der Gemeinde Burg-Reuland auch ein Betriebsgebäude, das über die ländliche Entwicklung ausgestattet worden ist, zur Verfügung steht.

Allerdings muss darauf hingewiesen werden, dass in der Deutschsprachigen Gemeinschaft ein Großteil der Betriebe außerhalb von Gewerbezonen angesiedelt ist.

8. Betrachtungen zum Schluss

Die Darstellung des Wirtschaftsstandortes DG in diesem Beitrag lässt sich wie folgt zusammenfassen: Das Gebiet der DG liegt in der Peripherie Belgiens, jedoch in zentraler Lage in der Euregio Maas-Rhein und in Europa, an der Schnittstelle zwischen dem romanischen und dem germanischen Kulturraum Europas. Aus der Mehrsprachigkeit ihrer Bevölkerung, ihrer politischen und wirtschaftlichen Vernetzung mit Nachbarregionen, ihrer ausgedehnten Verkehrsinfrastruktur und Verkehrsanbindung an diese Nachbarregionen ergeben sich offenkundige Standortvorteile für die DG, die diese nützt, deren Potenzial jedoch bei weitem nicht erschöpft ist. Geographisch besteht das Gebiet der DG aus zwei Teilgebieten, deren Arbeitsmärkte unterschiedliche Strukturen verzeichnen und nur teilweise integriert sind.

Weitere Trümpfe des Wirtschaftsstandortes DG sind der Ausbildungsstand der Arbeitskräfte, die Nähe zu mehreren Universitäten, Hochschulen und Forschungszentren, die Verfügbarkeit von freien Gewerbeflächen zu wettbewerbsfähigen Preisen sowie die angenehme Wohnumgebung in touristisch attraktivem

Umfeld, das sich in der Nähe eines Naturparks befindet und über ein breites Angebot an öffentlichen Dienstleistungen verfügt.

Kennzeichnend für die Wirtschaftsstruktur der DG ist die überwiegende Präsenz von kleinen und mittleren Unternehmen, mit vergleichsweise beachtlichem Anteil in den Mittel-Hochtechnologiebranchen. Es sind überwiegend Familienunternehmen im ausgeprägten Branchenmix, die häufig Spitzengüter herstellen und somit überregional ausbaufähige Nischenmärkte besetzen.

Risiken ergeben sich aus der starken Abhängigkeit der Beschäftigung der vielen Pendler in der DG von der wirtschaftlichen Entwicklung in den Nachbarregionen. Die genannten Pendlerströme von Beschäftigten verzeichnen negative Salden im Norden und Süden der DG. Ein weiteres längerfristiges Risiko für den Wohlstand der DG ergibt sich aus der erwarteten Überalterung der Bevölkerung, wodurch in Zukunft weniger Menschen dem regionalen Arbeitsmarkt zur Verfügung stehen werden und wodurch der bereits bestehende Fachkräftemangel, insbesondere in kritischen Berufen wie Ingenieur und Techniker, sich noch verschärfen könnte. Auch könnte die Übergabe und Fortführung der vielen Familienbetriebe, deren Geschäftsführung in den kommenden Jahren in den Ruhestand geht, sich dadurch als besonders schwierig erweisen.

Résumé – Samenvatting

Espace et géographie économiques Communauté germanophone

Cet article décrit le potentiel économique dans la région de la Communauté germanophone (CG) de Belgique. La région comprend une étroite bande d'un peu plus de 800 km^2, qui est située à la frontière entre la Belgique et l'Allemagne. La CG se compose des communes d'Eupen, de La Calamine, de Lontzen et de Raeren au nord ainsi que des communes d'Amblève, de Bullange, de Burg-Reuland, de Bütgenbach et de St. Vith au sud. Elle compte au total près de 75 000 habitants, dont la plupart sont germanophones. Une importante partie de la région se trouve dans le Parc naturel Hautes-Fagnes-Eifel.

La région dispose d'une vaste infrastructure routière avec les autoroutes E40 Ostende-Berlin et E42, qui relie la E40 à Trèves et Sarrebruck. Avec la liaison Inter City Eupen-Bruxelles-Ostende, l'accessibilité de la région par transports en commun est assurée.

En 2007, on comptait, dans les entreprises et l'administration publique, 21 700 emplois. Environ 6 600 personnes sont indépendantes. Un nombre semblable de personnes en CG est employé en République fédérale d'Allemagne, en tant que frontalier, et quelque 3 000 navetteurs font presque quotidiennement le voyage vers le Grand-Duché de Luxembourg. Le taux de chômage en CG s'élève à 8,2%. En 2006, la valeur ajoutée brute des entreprises et indépendants en CG était de 1 434 millions d'euros. Les principaux secteurs d'activité, d'après la valeur ajoutée brute, sont l'industrie, les services aux entreprises, le commerce, les transports et l'administration publique.

Seules 13 entreprises en CG font partie, selon la classification EUROSTAT, du secteur de la haute technologie. 50 entreprises dans les secteurs industriels de la chimie et du métal appartiennent au niveau intermédiaire des technologies de pointe. Les deux groupes ensemble représentent environ 7,6% de l'emploi en CG.

De grande importance pour la poursuite de la croissance de l'activité économique en CG est la disponibilité de terrains dans les zones d'activités économiques de la CG à des prix avantageux en comparaison avec les prix dans les zones d'activités économiques avoisinantes.

Economie en economische geografie Duitstalige Gemeenschap

Deze bijdrage geeft een beschrijving van de potentie van de economie in het gebied van de Duitstalige Gemeenschap (DG) in België. Het gebied omvat een smalle strook van 800 km^2 gelegen aan de grens tussen België en Duitsland. De DG omvat de gemeenten Eupen, Kelmis, Lontzen en Raeren in het Noorden en Amel, Büllingen, Burg-Reuland, Bütgenbach en St. Vith in het Zuiden met in totaal 75 000 inwoners waarvan de meerderheid duitstalig is. Een belangrijk deel van het gebied is gelegen in het Natuurpark Hoge-Venen-Eifel.

Het gebied beschikt over een uitgebreide verkeersinfrastructuur met de snelwegen E40 Oostende-Berlijn en E42 die de E40 verbindt met Trier en Saarbrücken. Met de Intercity-verbinding Eupen-Brussel-Oostende is de bereikbaarheid van het gebied met het openbaar vervoer verzekerd.

In 2007 bedroeg de werkgelegenheid in bedrijven en bij de overheid 21 700 arbeidsplaatsen. Ongeveer 6 600 mensen werkten als zelfstandige. Een vergelijkbaar aantal mensen in de DG is als grensarbeider tewerk gesteld in de Bondsrepubliek terwijl 3 000 pendelaars vrijwel dagelijks naar het Groothertogdom Luxemburg reizen. De werkloosheid in de DG bedraagt 8,2%. De bruto toegevoegde waarde van bedrijven en zelfstandigen in de DG bedroeg in 2006 1 434 miljoen €. De voornaamste sectoren naar bruto toegevoegde waarde zijn de nijverheid, diensten voor ondernemingen, handel, vervoer en de overheid.

Slechts 13 ondernemingen in de DG behoren volgens de classificatie van EUROSTAT tot de sector van de hoge technologie. 50 bedrijven in de bedrijfstakken chemie en metaal behoren tot de middengroep van de geavanceerde technologie. Beide groepen samen zijn goed voor ongeveer 7,6% van de werkgelegenheid in de DG.

Van grote betekenis voor de verdere groei van de economische bedrijvigheid in de DG is de beschikbaarheid van percelen in de bedrijvenparken in de DG tegen gunstige prijzen vergeleken met de prijzen in naburige bedrijvenparken.

GRENZÜBERSCHREITENDE WIRTSCHAFTSBEZIEHUNGEN: VON DER DG ÜBER DIE *WFG* OSTBELGIEN *VoG* BIS ZUR *AWEX* AACHEN

Jacqui Meessen

1 Einleitung

In einer Welt der zunehmenden Globalisierung gehören Exportaktivitäten zum täglichen Brot vieler Firmen. Auch die Unternehmen der Deutschsprachigen Gemeinschaft streben nach grenzüberschreitenden Wirtschaftsbeziehungen und möchten ihr Potenzial auf ausländischen Märkten entfalten.

Ich möchte Ihnen die beiden Institutionen näher bringen, die eine wesentliche Rolle bei der Unterstützung der Exportaktivitäten spielen: die *Wirtschaftsförderungsgesellschaft OstbelgienVoG* (*WFG*) und die *Wallonische Exportförderungs- und Auslandsinvestitionsagentur Belgiens* (*AWEX*).

2 Institutioneller Rahmen

Am 13. Dezember 1954 riefen Industrielle, Bürgermeister und Sozialpartner aus Ostbelgien den *Wirtschaftsausschuss Ostbelgiens* (*WAO*) ins Leben. Fast vier Jahrzehnte später wurde der *WAO* dann in die *Wirtschaftsförderungsgesellschaft OstbelgienVoG* umbenannt, die laut Satzung für die aktive Förderung wirtschaftlicher Tätigkeiten in Ostbelgien und für Ostbelgien verantwortlich ist.

Am 8. August 1988 wurde den Regionen, sprich Brüssel-Hauptstadt, Flandern und der Wallonie, unter anderem die Kompetenz für den Außenhandel ohne Beeinträchtigung einer nationalen Koordinations-, Förderungs- und Kooperationspolitik in diesem Bereich übertragen. Anfang der 90er Jahre wurden dann die regionalen Organismen für die Außenhandelsförderung gegründet. Die *AWEX* wurde im Februar 1990 ins Leben gerufen und untersteht direkt dem *Wallonischen Wirtschaftsministerium*.

3 Wirtschaftsförderungsgesellschaft Ostbelgien VoG

Die *WFG* ist eine Vereinigung ohne Gewinnerzielungsabsicht mit einer Generalversammlung und einem Verwaltungsrat. In beiden Gremien sind alle sozio-wirtschaftlichen und politischen Partner aus Ostbelgien vertreten, so die Regierung der DG, die ostbelgischen Gemeinden, die Gewerkschaften, die Arbeitgeberverbände und Vertreter des Mittelstands, der Landwirtschaft, des Arbeitsamts usw. Die vier Hauptträger der *WFG* sind die Regierung der DG, die ostbelgischen Gemeinden, die Risikokapitalgesellschaft *Ostbelgieninvest AG* und die *IHK Eupen-Malmedy-St. Vith.*Die *WFG* ist die zentrale Anlaufstelle für Anliegen und Fragen rund um das Thema Wirtschaft in Ostbelgien.Ihr Leistungsspektrum erstreckt sich über drei große Bereiche:

1. Service für Betriebe
Die *WFG* unterstützt Existenzgründer und fördert hiesige Unternehmen bei der Verwirklichung ihrer Projekte (Export, Erweiterungen, Genehmigungen, Beihilfen usw.). Sie berät Betriebe aus der Solidarwirtschaft und hilft auswärtigen Unternehmen bei einer Ansiedlung.

2. Land- und Stadtentwicklung
Die *WFG* unterstützt die Entwicklung des ländlichen Raums, die sowohl wirtschaftliche, soziale, kulturelle als auch ökologische Aspekte integriert. Die Anliegen der Gemeinden werden stets mit Priorität behandelt. Projekte wie die Erstellung eines Gewerbeflächenkonzeptes für Ostbelgien, die ländliche Entwicklung in den Gemeinden, die Förderung des Holzsektors durch das Kompetenzzentrum Holz oder die Mobilitätsplanungen werden für und mit den Gemeinden in Angriff genommen.

3. Standortmarketing
Die *WFG* verfolgt zusammen mit ihren Partnern das Ziel, den Wirtschaftsstandort Ostbelgien zu stärken und zu sichern. Neben dem Standortmarketing sind auch die Anwerbung und Betreuung von ausländischen Investoren ein fester Bestandteil der täglichen Arbeit der *WFG*.

Die *WFG* ist auch ein wichtiges Relais und Bindeglied der Wallonischen Region und der Provinz Lüttich zu den deutschsprachigen Ländern Deutschland, Österreich und der Schweiz. So bestehen bereits seit Jahren Kooperationsabkommen mit der *SPI+* und der *AWEX*, um Exportprojekte in die deutschsprachigen Länder zu unterstützen und deutschsprachige Investoren anzuwerben. Die *AWEX* ist sogar noch einen Schritt weitergegangen. Dank einer Ergänzung des bestehenden Kooperationsabkommens kann die *WFG* nun auch ostbelgische Betriebe mit ihren weltweiten Exportprojekten unterstützen, worauf wir später genauer eingehen werden.

4 Wallonische Exportförderungs- und AuslandsinvestitionsagenturBelgiens

Die *AWEX* ist der öffentliche Dienst der Wallonischen Region Belgiens, der sich um die Förderung des Außenhandels und die Ansiedlung ausländischer Investoren kümmert. Neben der Hauptzentrale in Brüssel und den sieben Regionalzentren auf Provinzebene beschäftigt die *AWEX* ein Wirtschafts- und Handelsnetz, das mehr als 100 Außenhandelsposten weltweit zählt. Die vor Ort agierenden Wirtschafts- und Handelsattachés unterstützen die wallonischen Firmen in deren Exportbemühungen innerhalb der ihnen anvertrauten geographischen Zonen.

4.1 Weltweites Wirtschafts- und Handelsnetz

Als erster Ansprechpartner der Wallonie im Ausland spielen die Attachés eine wichtige repräsentative Rolle, insbesondere für die wallonischen Wirtschaftsinteressen, im Rahmen von kommerziellen Veranstaltungen (Missionen, Messen, usw.) sowie bei den lokalen Wirtschaftsträgern und Institutionen, was auch die Beziehungen zu den Medien einschließt. Durch ihre Präsenz an Ort und Stelle sind sie eine unumgängliche Informationsquelle über ausländische Märkte und ermöglichen es den wallonischen Unternehmen, deren Möglichkeiten besser zu nutzen. Die Attachés nutzen ihre informative Funktion und leisten dadurch Hilfestellung bei der Erstellung von Marktanalysen sowie von Importeur-, Einkäufer- oder Zwischenhändlerlisten. Die Außenhandelsposten erfüllen auch eine wichtige Mission bezüglich der Entfaltung des wallonischen Exportpotenzials durch das Verschicken von dokumentierten Mailings an Wirtschaftsträger des privaten und öffentlichen Bereiches, durch die Kommunikation von wallonischen Exporteurlisten, durch die Teilnahme an Messen und anderen Veranstaltungen. Des Weiteren unterstützen sie wallonische Betriebe, die sich im Ausland niederlassen wollen.

AWEX in Deutschland

In Deutschland ist die *AWEX* durch sechs Außenhandelsposten vertreten: Aachen, Berlin, Hamburg, Köln, München und Stuttgart. In ihrer täglichen Arbeit unterstützen die Mitarbeiter der *AWEX* die exportierenden Unternehmen auf mannigfaltige Weise:

- allgemeine Auskünfte und Wirtschaftsinformationen über ausländische Märkte;
- individuelle Marktanalysen;
- Organisation von PR- und Marketing-Events (Teilnahme an internationalen Messen, Organisation von geschäftlichen Delegationsreisen, branchenspezifischen Kontakttagen usw.);
- Kontaktaufnahme und -pflege zu internationalen Organisationen;
- Förderung Walloniens und seiner potenziellen Exporteure im Ausland;
- finanzielle Förderung und Finanzierung von Exportprojekten;
- Sensibilisierung für und Ausbildung in exportbezogene(n) Berufe(n).

AWEX Aachen als individueller Begleiter und Berater

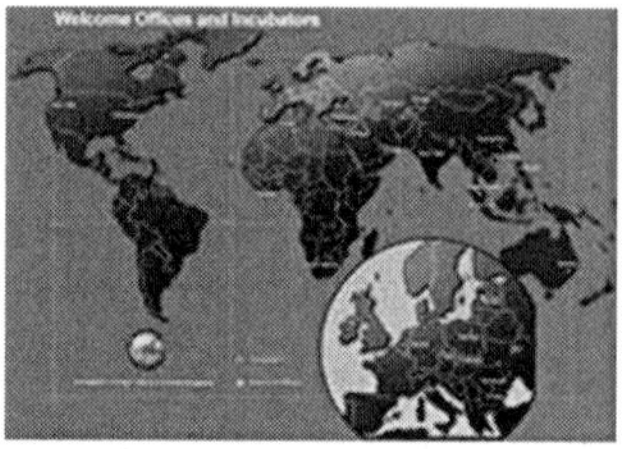

1999 eröffnete die *AWEX* erstmals einen Außenhandelsposten in Aachen. Nahe der belgisch-deutschen Grenze sollte das Team dieses Büros eine besondere Aufgabe übernehmen: die individuelle Begleitung und Beratung wallonischer Unternehmen auf dem deutschen Markt. Die *AWEX* wollte und will auch noch heute den wallonischen Unternehmen den Weg zum deutschen Markt und seinem großen Potential ebnen. Aufgrund sprachlicher und kultureller Hemmnisse hat sie als wichtig erachtet, den Betrieben eine Art „Personal Trainer" für Deutschland an die Seite zu stellen.

Neben dem üblichem Dienstleitungspaket von Adressrecherchen, Geschäftspartnervermittlung, Marktanalysen, Übersetzungen, usw. bedeutet dies konkret, dass der begleitende Wirtschafts- und Handelsattaché der Aachener Niederlassung bei ersten Gesprächen und Informationssitzungen zwischen wallonischen und deutschen Betrieben anwesend ist, sei es im Rahmen von Veranstaltungen oder vor Ort bei den potentiellen Geschäftspartnern. Er betreut und berät die wallonischen Exporteure. Er arbeitet vorab mit dem wallonischen Unternehmen eine Export-Strategie aus, interveniert während des Gesprächs je nach Bedarf als einfacher Zuhörer oder Übersetzer und analysiert hinterher mit der belgischen Firma den Verlauf des Treffens, um die weitere Vorgehensweise festzulegen.

AWEX Aachen als Welcome Office

Um die Dienstleistung der individuellen Begleitung für wallonische Unternehmen zu fördern und auszubauen, hat die *AWEX* 2008 entschieden, den Aachener Außenhandelsposten zu einem so genannten „Welcome Office" auszuweiten. Den wallonischen Firmen stehen zwei Büros, ausgestattet mit dem notwendigen Informatik- und Technikmaterial, zur Verfügung, um den deutschen Markt von Aachen aus zu bearbeiten. Betreut durch das *AWEX*-Team vor Ort, können sie sich ganz der Kundenakquise hingeben sowie auf die Datenbänke und das vielseitige und reiche Informationsmaterial des Außenhandelspostens zurückgreifen. Darüberhinaus sind auch noch ein kleines Versammlungszimmer, ein größerer Konferenzraum sowie eine offene Ausstellungshalle vorhanden, die sich zur Ausrichtung von Versammlungen und Veranstaltungen eignen.

Praktisch war dies mit einem Umzug ins Technologiezentrum Aachen am Europaplatz verbunden, geographisch zentral gelegen und im Herzen der wirtschaftlichen Impulse Aachens und seiner Umgebung.

AWEX Aachen und *RWTH*
Zwischen der Rheinisch-Westfälischen Technischen Hochschule Aachen und dem Aachener Außenhandelsposten ist durch das *Zentrum für französische Sprache und Literatur Belgiens* (*CLFB*) ein enges Band geknüpft worden. Eine Annährung von Wirtschaft und Kultur, von Belgien und Deutschland ist Sinn und Zweck dieser Partnerschaft.

Konkret sieht die Zusammenarbeit einen Austausch von Informationen sowie die Organisation von gemeinsamen Veranstaltungen vor. Im Rahmen dieser Partnerschaft hat sich das *CLFB* in einem der Räume der *AWEX* Aachen niedergelassen und diesen mit einer Bibliothek von ausgewählten Literaturwerken ausgestattet. Die Präsenz einer Kontaktperson in der Zweigstelle selbst garantiert eine direkte Verbindung zwischen der *AWEX* und der *RWTH.*

Leiterin des *CLFB* und somit direkter Ansprechpartner innerhalb der *RWTH* ist Prof. Dr. Dr. (Paris) Anne Begenat-Neuschäfer, Professorin für Romanische Philologie an der *RWTH.*

Kooperationsabkommen zwischen *WFGOstbelgien VoG&AWEX*
Im Jahr 1999 bestimmte der Verwaltungsrat der *AWEX* Deutschland zum Zielmarkt. Daraufhin entschlossen sich die Regierungen der Wallonischen Region und der Deutschsprachigen Gemeinschaft ein Abkommen abzuschließen, um die Zusammenarbeit zwischen den zwei Wirtschaftsinstitutionen zu regeln. Ursprünglich ging es bei der Kooperation darum, wallonische Unternehmen bei ihren Exportbemühungen nach Deutschland zu unterstützen. Am 23. Juni 1999 wurde dann das erste Abkommen vom Wallonischen Ministerpräsidenten unterzeichnet. Fünf Jahre später wurde der Kooperationsvertrag um die Regionalarbeit erweitert, um die in der DG ansässigen Unternehmen besser über die Dienstleistungen und finanziellen Beihilfen der *AWEX* zu informieren.

Résumé – Samenvatting

Relations commerciales transfrontalières: de la Communauté germanophone via la *WFG* Ostbelgien VoG à l'*AWEX* d'Aix-la-Chapelle

Les activités d'exportation font partie intégrante du quotidien de la plupart des sociétés dans un monde de plus en plus globalisé. Afin que les firmes wallonnes et donc aussi celles de la Communauté germanophone puissentdévelopper leur potentiel sur les marchés étrangers, deux institutionsles assistent pour tout ce qui est développement économique régional et projet d'exportation: *Wirtschaftsförderungsgesellschaft OstbelgienVoG* (*WFG*) et l'*Agence wallonne à l'Exportation et aux Investissements étrangers* (*AWEX*).

Wirtschaftsförderungsgesellschaft OstbelgienVoG
La *WFG* prend en charge toutes les demandes et questions relatives à l'économie au sein de la Communauté germanophone. Les prestations de service concernent principalement trois domaines:

- services aux entreprises (création d'entreprise, économie sociale, expansion, aides, permis etc.)
- développement rural et urbanisme
- marketing local

La *WFG* est un relais essentiel entre la Région wallonne et la Province de Liège d'une part et les pays germanophones (Allemagne, Autriche, Suisse) d'autre part. Ainsi deux conventions de coopération ont-elles été signées il y a plusieurs années déjà avec la *SPI+* et l'*AWEX* afin de soutenir les projets d'exportation vers les marchés germanophones et d'attirer des investisseurs étrangers.

Agence wallonne à l'Exportation et aux Investissements étrangersAWEX
L'*AWEX* est le service public de la Région wallonne qui se charge de la promotion du commerce extérieur et de l'implantation d'investisseurs étrangers. En Allemagne, six bureaux économiques et commerciaux représentent l'*AWEX*: Aix-la-Chapelle, Berlin, Cologne, Hambourg, Munich et Stuttgart. Leurs collaborateurssecondent les sociétés exportatrices par de nombreuses prestations de service (informations générales et économiques, études de marché individuelles, organisation d'événements et relations publiques).
Le bureau d'Aix-la-Chapelle, fondé en 1999, offre, en plus de l'éventail de prestations basique, assistance et conseil adaptés de façon individuelle aux besoins des sociétés désireuses de s'implanter sur le marché allemand. Compte tenu des éventuelles barrières linguistiques ou culturelles, l'attaché économique et commercial d'Aix-la-Chapelle se tient à la disposition des sociétés wallonnes pour ainsi dire en tant que « coach » pour les assister lors des rencontres avec des clients potentiellementintéressants ou lors des foires-expositions. Par ailleurs, les entreprises peuvent utiliser deux « Welcome Offices », deux bureaux dotés d'un équipement informatique adéquat, ce qui leur permet d'explorer et d'exploiter le marché allemand à partir d'Aix-la-Chapelle. Encadrées sur place par l'équipe de l'*AWEX*, celles-ci

peuvent s'adonner à la recherche de clients allemands et disposer des bases de données existantes et de l'abondant matériel d'information de l'agence.
Un lien étroit entre l'Université d'Aix-la-Chapelle (*RWTH*) et le bureau économique et commercial de l'*AWEX* à Aix-la-Chapelle s'est établi grâce à la création du *Centre de langue et de littérature française de Belgique* (*CLFB*). L'objectif de cette coopération est le rapprochement de l'économie et de la culture belge avec celles de son voisin allemand.

Grensoverschrijdende economische betrekkingen: van de DG via de *WFG* – Ostbelgiens naar het *AWEX* te Aken

In een wereld waarin de globalisering steeds meer toeneemt, behoren exportactiviteiten tot het dagelijks brood van vele firma's. Opdat ondernemingen uit Wallonië en eveneens uit de Duitstalige Gemeenschap hun mogelijkheden op buitenlandse markten kunnen ontplooien, bieden twee instanties aan hen bij hun regionale economische ontwikkelingen en bij hun exportprojecten hulp aan:

- De *Wirtschaftsförderungsgesellschaft Ostbelgiens* (*WFG*)
- Het *Waals Agentschap voor Export en Buitenlandse Investeringen* (*AWEX*)

De *WFG*-Ostbelgiens

Dit is de Instelling ter Bevordering van de Economie in Oost-België.

De *WFG* is het centrale aanspreekpunt voor zaken en vragen die het onderwerp "economie in Oost-België" betreffen. Zij biedt op drie grote terreinen haar diensten aan:

- Service voor bedrijven: ondersteuning bij het opstarten van een onderneming; informatie over duurzaam,c.q. maatschappelijk verantwoord ondernemen; hulp bij uitbreidingen, aanvragen vergunningen, steun, enz.
- Ontwikkeling van het landelijk gebied en de stad
- Marketing t.b.v. Oost-België als vestigingsplaats

De *WFG* is ook een belangrijke schakel tussen het Waals Gewest en de Provincie Luik enerzijds en de Duitstalige landen Duitsland, Oostenrijk en Zwitserland anderzijds. Zo bestaan er al jaren verdragen tot samenwerking tussen de *SPI+* en het *AWEX* om exportprojecten naar de Duitstalige landen te ondersteunen en Duitstalige investeerders aan te trekken.

Opm.: *SPI+* is de afkorting van Société Provinciale d'Industrialisation; de instantie die de industrialisatie van de provincie Luik promoot.

Het *Waals Agentschap voor Export en Buitenlandse InvesteringenAWEX*

Het *AWEX* is de publieke dienst van het Waalse Gewest van België die zich richt op de bevordering van de export en de vestiging van buitenlandse investeerders.

In Duitsland is het *AWEX* met zes exportagentschappen vertegenwoordigd: Aken, Berlijn, Hamburg, Keulen, München en Stuttgart.

In hun dagelijks werk ondersteunen de medewerkers van het *AWEX* de exporterende bedrijven op velerlei manieren (algemene en economische inlichtingen; individuele marktanalyses; de organisatie van PR- en marketingevenementen, enz.).

Het Akense exportagentschap van *AWEX* (gevestigd in 1999) biedt naast het gebruikelijke servicepakket individuele begeleiding van en advies aan firma's aan die op de Duitse markt actief (willen) zijn.

Bij problemen op het gebied van de taal of de cultuur staat de economische en handelsattaché van Aken de Waalse ondernemingen bij als een soort "Personal Trainer", met begeleiding en advies in geval van ontmoetingen met potentieel interessante klanten en (jaar-)beurzen.

Bovendien kunnen ondernemingen van twee "Welcome Offices" gebruik maken. De Waalse ondernemingen staan dus twee kantoren ter beschikking met de nodige voorzieningenqua informatica en techniek, om vanuit Aken de Duitse markt te bewerken. Door het *AWEX*-team ter plaatse begeleid kunnen zij zich geheel op het werven van klanten toeleggen, en op de databanken en het veelzijdige en rijke informatiemateriaal een beroep doen.

Tussen de *Rheinisch-Westfälische Technische Hochschule Aachen* en het *AWEX Aken* is door het *Centrum voor Franse Taal en Literatuur* (*CLFB*) een nauwe band geknoopt. Toenadering van Economie en Cultuur, van België en Duitsland is de zin en het doel van dit partnerschap.

DAS GESUNDHEITSSYSTEM IN DER DG

Heinz Begenat

1. Allgemeine Aufgaben des Gesundheitssystems

Mit kaum einem anderen System kann das wohlfahrtsstaatliche Engagement eines Landes besser beurteilt werden als mit dem Gesundheitssystem. Spätestens mit dem Weltgesundheitsbericht der WHO im Jahre 2000 ist die Forderung an die Verantwortlichen im Gesundheitswesen eines Landes verankert, neben Qualität, Zugang und finanzieller Fairness auch für die Erwartungen der Bevölkerung „empfänglicher“ zu sein und sogar die Güte der Gesundheitsversorgung an diesem Ziel zu messen. Hierfür hat die WHO den Begriff „Responsiveness“ (Kundenorientierung) eingeführt, mit dem beschrieben wird, wie ein Gesundheitssystem auf unterschiedliche Bevölkerungsgruppen, deren Erwartungen und Wünsche reagiert. Die „Responsiveness“ eines Systems und deren Gesundheitsparameter hängen der WHO zufolge eng zusammen[1]. Für die europäischen Gesundheitssysteme besteht weiterhin Konsens darüber, dass fünf Ziele verfolgt werden müssen um fair, wirtschaftlich und effektiv zu sein. Diese Ziele sind: universeller Zugang für die gesamte Bevölkerung, effektive Versorgung für bessere Gesundheit, effiziente Nutzung von Ressourcen, hohe Versorgungsqualität und Empfänglichkeit für die Erwartungen und Wünsche der Patienten („Responsiveness“). Die Steuerungsmechanismen um diese Ziele zu erreichen sind in den einzelnen Ländern jedoch unterschiedlich. Dabei gewinnen einerseits Steuerungsmechanismen zur Kostendämpfung mit kritischer Bewertung des Preis-Leistungsverhältnisses in Anbetracht der Kostensteigerung im Gesundheitswesen zunehmend an Bedeutung. Andererseits kommt dem Gesundheitssektor eine wesentliche wirtschaftliche Bedeutung zu, von dem gegenwärtig sogar ein Wachstum erwartet wird.

2. Gesundheitssysteme: Grundmodelle im internationalen Vergleich

Die Gesundheitssysteme orientieren sich international an drei Grundmodellen: das Sozialversicherungsmodell, das staatliche Modell und das marktwirtschaftliche Modell (siehe Tab. 2-1).

Das **Sozialversicherungsmodell**, auch als Bismarck-Modell bekannt, ist eine Reaktion auf die wachsenden ökonomischen und sozialen Probleme der industriellen Revolution im Deutschland des 19. Jh.s. Der damalige Reichskanzler Otto von Bismarck führte im Zuge der Sozialgesetze 1883 erstmals eine

---

[1] Sophia Schlette/ Kerstin Blum/ Reinhard Busse (Hrsg.): *Gesundheitspolitik in Industrieländern 12*, Gütersloh, 2009.

Krankenversicherung als Pflichtversicherung für Arbeiter ein. Die Krankenkassen sind seitdem das zentrale Organisationsmerkmal der sozialen Krankenversicherung. Die Beiträge zur Krankenversicherung werden anteilig von den Arbeitnehmern und den Arbeitgebern gezahlt. Somit ist die Finanzierung der Leistungen überwiegend durch Sozialversicherungsbeiträge gesichert und die gesetzliche Krankenversicherung wichtigster Vertragspartner der Leistungserbringer, zu denen sowohl öffentliche als auch private Einrichtungen (z.B. karitative und freigemeinnützige Anbieter) gehören. Um die Versorgung der Versicherten zu gewährleisten schließen die Krankenversicherungen Versorgungsverträge mit den Leistungserbringern und vergüten ihnen die erbrachten Leistungen. Neben einer begrenzten Eigenständigkeit (Selbstverwaltung) der Krankenkassen, gestützt auf ein Netzwerk von Akteuren und Interessenvertretern innerhalb des jeweiligen Landes, gibt der Staat beim Sozialversicherungsmodell die Rahmenbedingungen vor und greift mittlerweile auch verstärkt in die Finanzierung ein (z.B. osteuropäische Staaten, die Finanzierung der gesetzlichen Krankenkassen aus einem Gesundheitsfond ab 1. Januar 2009 in Deutschland).

Diesem Gesundheitsmodell können viele west- und mitteleuropäischen Staaten wie Deutschland, die Niederlande, Frankreich und Belgien, aber z.B. auch Japan und Korea sowie seit den 90er Jahren fast alle osteuropäischen Staaten zugeordnet werden. Innerhalb der überwiegend beitragsfinanzierten Versicherungssysteme wird zwischen dem Kostenerstattungsprinzip, das vor allem in Frankreich, Belgien und Luxemburg gängig ist, und dem Sachleistungsprinzip, das in Deutschland, den Niederlanden und Österreich üblich ist, unterschieden. Der Anteil der abgesicherten Bevölkerung ist in den beitragsfinanzierten Systemen unterschiedlich. In der Regel sind Arbeitnehmer, Arbeitslose, Rentner sowie die Familienangehörigen dieser Bevölkerungsgruppen versichert. In manchen Ländern wie Österreich, Belgien, Frankreich und Luxemburg besteht eine Zwangsmitgliedschaft in der gesetzlichen Sozialversicherung für nahezu die gesamte Bevölkerung[2]. In Deutschland besteht seit dem 01.01.2010 eine Krankenversicherungspflicht für alle Bürger.

Das **staatliche Gesundheitssystem**, somit überwiegend steuerfinanziert, ist idealtypisch als Beveridge-Modell bekannt. Der englische Ökonom William Beveridge machte 1941 auf Veranlassung der damaligen Regierung in seinem Bericht Vorschläge für eine grundlegende Reformierung der sozialen Systeme Englands. Diese Vorschläge wurden zur Grundlage des Aufbaus des Wohlfahrtssystems im Großbritannien der Nachkriegszeit, dessen Kern der steuerfinanzierte National Health Service (NHS) bildet und vom Staat verantwortet

---

[2] Vanessa Elisabeth Schaub: *Grenzüberschreitende Gesundheitsversorgung in der Europäischen Union. Die gesetzlichen Gesundheitssysteme im Wettbewerb*, Baden-Baden, 2001.

wird. Finanzierung und Leistungserbringung bleiben damit in einer Hand, mit der Einschränkung, dass beispielsweise die Allgemeinärzte ebenso wie in Deutschland selbständig sind und auf eigene Rechnung tätig werden.

Hervorzuheben ist bei diesem System im Vergleich zum Krankenversicherungsmodell die universelle Absicherung der gesamten Bevölkerung durch den Zugang zu einem allgemein gültigen Leistungskatalog medizinischer Güter und Dienstleistungen.

Das steuerfinanzierte System wird in Ländern wie Dänemark, Schweden, Finnland, Norwegen, Irland, Italien, Portugal und Spanien angewendet.

Allerdings haben z.B. lange Wartelisten und Rationierungen in einzelnen Ländern zu einem Anstieg privater Zusatzversicherungen geführt.

Das **marktwirtschaftliche Gesundheitssystem** weist ein geringes Maß an staatlicher Regulierung auf und die Finanzierung der Leistungen erfolgt in einem überproportionalen Anteil durch Beiträge zu privaten Krankenversicherungen und Selbstzahlungen. Dieses Modell entspricht im Wesentlichen dem Gesundheitssystem der USA, wenn man vom regionalen Versicherungsgesetz des Bundesstaates Massachusetts (2007 in Kraft getreten) einmal absieht und die Gesundheitsreform der Obama-Regierung noch nicht in die Betrachtung einbezieht. Durch die staatliche Finanzierung gesonderter Sicherungssysteme aus Steuermitteln für Arme und Bedürftige ist auch dieses Modell nicht idealtypisch. So ist die Leistungserbringung nicht nur durch For-Profit-Organisationen, sondern zu einem erheblichen Teil durch öffentliche und Not-For-Profit-Organisationen gewährleistet.

Zusammenfassend kann festgestellt werden, dass bei genauer Betrachtung keines der gegenwärtigen Gesundheitssysteme den genannten Grundmodellen in Reinform entspricht. Vielmehr ist es ein Zusammenspiel aller Modelle mit unterschiedlichen Schwerpunktsetzungen.

Tab. 2-1: Grundmodelle der Gesundheitssysteme

	Sozialversicherungsmodell (Bismarck-Modell)	staatliches Gesundheitssystem (Beveridge-Modell)	marktwirtschaftliches Gesundheitssystem
Finanzierung	Sozialversicherung Beiträge	Staatsbudget Steuern	Private Prämien, Zuzahlungen, Selbstzahlungen
Absicherung	Arbeitnehmer, Arbeitslose, Rentner, Familienangehörige dieser Versicherungsgruppen	gesamte Bevölkerung	Dem Einzelnen und freien Spiel von Angebot und Nachfrage überlassen
Leistungserbringung	öffentliche und private Einrichtungen (karitativ, freigemeinnützig) Versorgungsverträge mit Leistungserbringern	staatliche oder öffentliche Einrichtungen	private Anbieter
Sachleistungen	Kostenerstattung durch Versicherung	kostenlos (Bereitstellung durch staatlichen Gesundheitsdienst)	Kostenerstattung bei Versicherung, Selbstfinanzierung
Geldleistungen	Bemessung auf der Grundlage der ausgefallenen Löhne	einheitliche Pauschalleistungen	soweit über private Krankenkassen versichert
Regulierung/ Verwaltung	Selbstverwaltung häufig paritätisch (Arbeitnehmer/Arbeitgeber) (staatliche Rahmenbedingungen)	öffentlich (direkte staatliche Steuerung und Kontrolle)	privat (sehr allgemeine staatliche Rahmenbedingungen)

3. Das belgische Gesundheitssystem

Das belgische Gesundheitssystem entspricht im Grundprinzip dem Sozialversicherungsmodell, auch als Bismarck-Modell bekannt (siehe hierzu Tab. 2-1). Die Sozialversicherung wurde am 28. Dezember 1944 als Pflichtversicherung in Belgien eingeführt. Nachfolgende gesetzliche Regelungen legitimieren die Krankenkassen als Träger der gesetzlichen Kranken- und Invaliditätsversicherung zunächst für Arbeitnehmer und später auch für Selbständige, Beamten und Behinderte. Obwohl sie ihre Tätigkeit ohne Gewinnerzielungsabsicht ausüben, sind sie gehalten, zusätzliche Leistungen zur Deckung ihrer Kosten anzubieten, die sich aus der Prävention und der Behandlung von Krankheit und Invalidität ergeben (Zusatzversicherung). Die Überwachung der Finanzen und Buchführung der Krankenkassen (sowohl der Pflicht- als auch der freiwilligen Zusatzversicherung) obliegt per Gesetz der „Aufsichtbehörde der Krankenkassen und der nationalen Krankenkassenverbände". Seit 1990 ist mit einem Gesetz die innere Demokratie mit der Wahl der Entscheidungsgremien durch die Mitglieder gestärkt. Die gesamte Gesetzgebung ist seit Juli 1994 in das so genannte koordinierte Gesetz über die Gesundheitspflege- und Entschädigungspflichtversicherung zusammengefasst, das noch heute Gültigkeit hat. Mit dem 1. Januar 2008 ist auch die Gleichsetzung von Arbeitnehmern und Selbständigen eingeführt worden.

3.1 Der Versicherungsschutz im belgischen Gesundheitssystem

Der Versicherungsschutz schließt sowohl die soziale Sicherheit als auch die Sozialfürsorge ein. Er wird durch die gesetzliche Sozialversicherung garantiert, die durch das Solidarprinzip geprägt wird. Es sorgt für einen Ausgleich z.B. zwischen Arbeitern und Arbeitslosen, Arbeitenden und Rentnern, gesunden und kranken Menschen, den Menschen mit Einkommen und denen ohne Einkommen, Familien ohne und denen mit Kindern. Solidarität äußert sich u.a. dadurch, dass Arbeitende Beiträge zur Sozialversicherung proportional zu ihren Einkünften zahlen, die Finanzierung durch die Gesamtheit der Bürger sichergestellt wird und Gewerkschaften, Zusatzkassen und Arbeitgeberverbände gemeinsam über die verschiedenen Modalitäten des Systems entscheiden.

Die soziale Sicherheit ist als Teil des Versicherungsschutzes eine Absicherung für Menschen, die bei Verlust ihres Einkommens oder bei unzureichendem Erwerbseinkommen wirksam wird. Zweck der Sozialfürsorge ist es, den Bürgern eine einkommensunabhängige Hilfe zu gewähren.

Abb. 3-1: Das soziale Sicherungssystem in Belgien

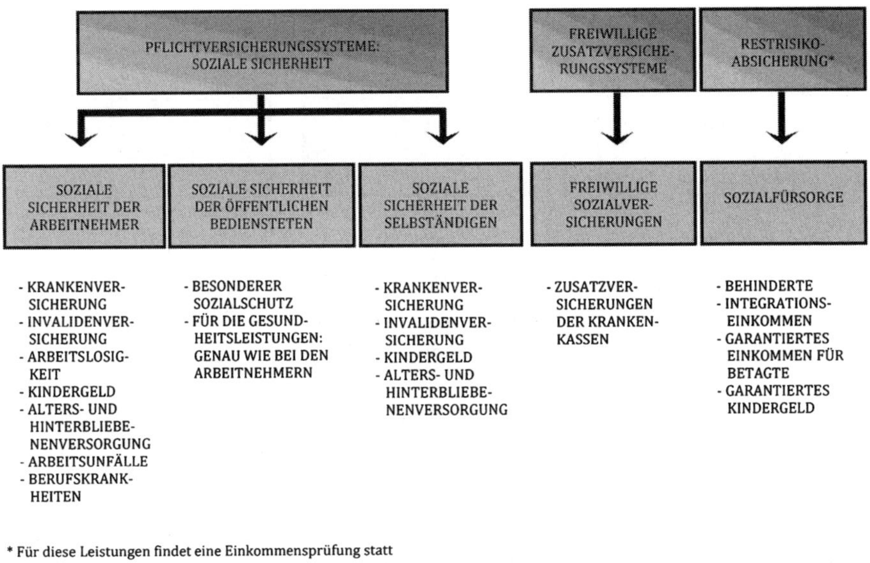

Quelle: Marc Justaert: Christliche Krankenkasse und die Kranken- und Invalidenversicherung, Löwen, 2008, S. 19.

In der Abbildung 3-1 ist das soziale Sicherungssystem in Belgien wiedergegeben. Schematisch dargestellt umfasst der Sozialschutz die Systeme der sozialen Sicherheit (gesetzliche Sozialversicherung) und die Systeme der freiwilligen (sozialen) Zusatzversicherungen.

Die Restabsicherung, die unter die Sozialfürsorge (Sozialhilfe) fällt, garantiert Mindestbeihilfen nach einer Prüfung der Einkommenslage. Hierzu zählen die Behindertenhilfe, garantiertes Kindergeld, soziales Integrationseinkommen und garantiertes Einkommen für Betagte.

3.2 Aufbau des belgischen Sozialversicherungssystems

Der Aufbau des belgischen Sozialversicherungssystems unterscheidet drei wichtige Versicherungsgruppen, die ihre Sicherungssysteme eigenständig je nach Berufsgruppe und sozialen, politischen und wirtschaftlichen Möglichkeiten entwickelt haben.

Für die **Arbeitnehmer** – die größte der drei – ist das LSS (Landesamt für soziale Sicherheit) das zentrale Organ für die Erhebung der Sozialversicherungsbeiträge. Das LSS ist für die Gesamtverwaltung zuständig: es verwaltet die Beiträge für die Arbeitgeber und Arbeitnehmer, die staatlichen Subventionen aus Steuergeldern, Anteile aus der alternativen Finanzierung über die Mehrwertsteuer bzw. anderen Versicherungen und verteilt die Mittel nach Bedarf über die einzelnen Bereiche (siehe Abbildung 3-2).

Abb. 3-2: Finanzierungsquellen der sozialen Sicherheit – allgemeines System

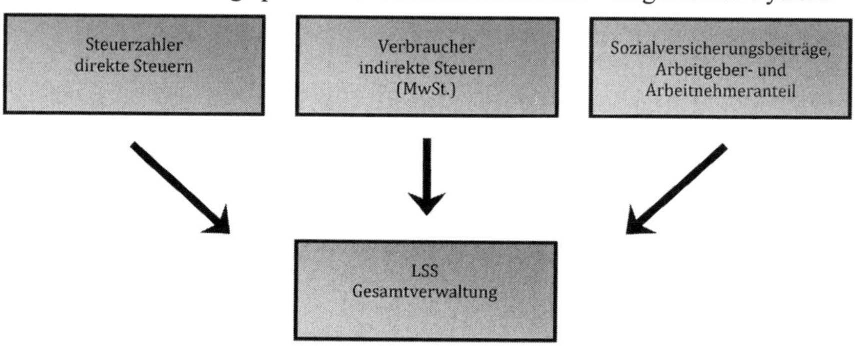

Quelle: Marc Justaert: *Christliche Krankenkasse und die Kranken- und Invalidenversicherung*, Löwen, 2008, S. 20.

Die Sozialversicherungsbeiträge für die Arbeitnehmer richten sich nach deren Einkommen und werden vom Bruttoarbeitslohn abgezogen. Damit werden die geltenden Leistungsansprüche (Gesundheitsleistungen, Altersversorgung, Arbeitslosenunterstützung, Krankengeld, Invalidengeld, Kindergeld, Entschädigung bei Berufskrankheit, Entschädigung bei Arbeitsunfall) begründet (siehe Abbildung 3-3), die über die einzelnen Versorgungseinrichtungen finanziert werden.

Abb. 3-3: Finanzierung des Systems der Arbeitnehmer

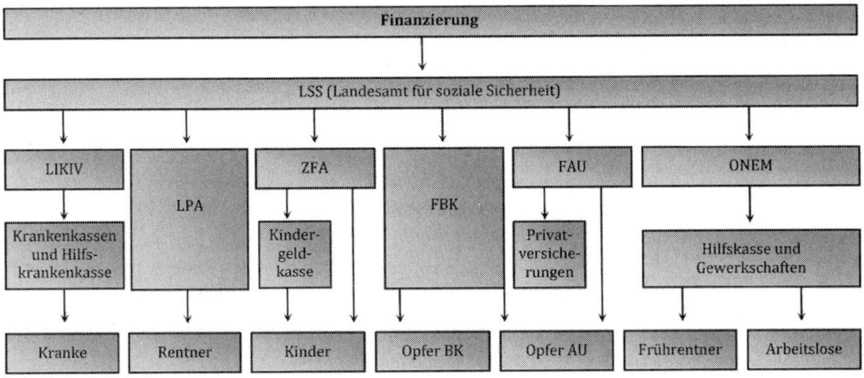

Erklärungen
LSS: Landesamt für soziale Sicherheit
LIKIV: Landesinstitut für Kranken- und Invalidenversicherung
LPA: Landespensionsamt
ZFA: Zentralanstalt für Familienbeihilfen für Arbeitnehmer
FBK: Fonds für Berufskrankheiten
FAU: Fonds für Arbeitsunfälle
LfA: Landesamt für Arbeitsbeschaffung

Quelle: Marc Justaert: *Christliche Krankenkasse und die Kranken- und Invalidenversicherung*, Löwen, 2008, S. 19.

Denn jeder Zweig des Sozialversicherungssystems verfügt über eigene Versicherungseinrichtungen (die insgesamt 7 Versicherungen sind in Tabelle 3-1 aufgeführt) mit jeweils einer Anzahl von Versicherungskassen.

Tab. 3-1: Versicherungseinrichtungen nach Leistungszuständigkeit
Landespensionsamt (LPA)
Landesinstitut für Kranken- und Invalidenversicherung (LIKIV)*
Landesamt für Arbeitsbeschaffung (LfA)
Zentralanstalt für Familienhilfen für Arbeitnehmer (ZFA)
Landesamt für Jahresurlaub (Urlaubskasse für Arbeiter)
Fonds für Arbeitsunfälle (FAU)
Fonds für Berufskrankheiten (FBK)

* frz. INAMI (L'Institut national d'assurance maladie-invalidité)

Die Auszahlung der Leistungen erfolgt über verschiedene Zahlstellen (staatliche Hilfskasse und Krankenkassen).

Die **Selbständigen** können in fünf Zweigen der Sozialversicherung (Gesundheitsversorgung, Arbeitsunfähigkeit oder Invalidität, Mutterschutz, Familienhilfe, Renten und Konkurs) Mitglied werden; in jedem Falle besteht Versicherungspflicht für die großen Gesundheitsrisiken (Krankenhausaufenthalt, teure Untersuchungen). Sie schließen sich einer Sozialversicherungskasse oder der nationalen Hilfskasse für Selbständige an, die vom Landesversicherungsinstitut für Selbständige (LISVS) verwaltet wird. Aufgabe der Sozialversicherungskassen ist es auch, den Selbständigen bestimmte Leistungen zu gewähren (Familienhilfen, Mutterschaftshilfe, Schutz bei Konkurs, Pensionen).

Das LISVS ist seinerseits zuständig für die Erhebung aller Beiträge und für die Koordinierung der Vergütung der Leistungen (außer bei Krankheit und Invalidität, für die die Krankenkassen zuständig sind). Abbildung 3-4 gibt eine schematische Darstellung der Finanzierung des Systems für Selbständige wieder. Sie kann insoweit ergänzt werden, als die Leistungsempfänger neben Gesundheitsleistungen auch Geldleistungen bei Arbeitsunfähigkeit und Mutterschaft erhalten und das Kindergeld über die Sozialversicherungsfonds ausgezahlt wird.

Abb. 3-4: Finanzierung des Systems für Selbständige

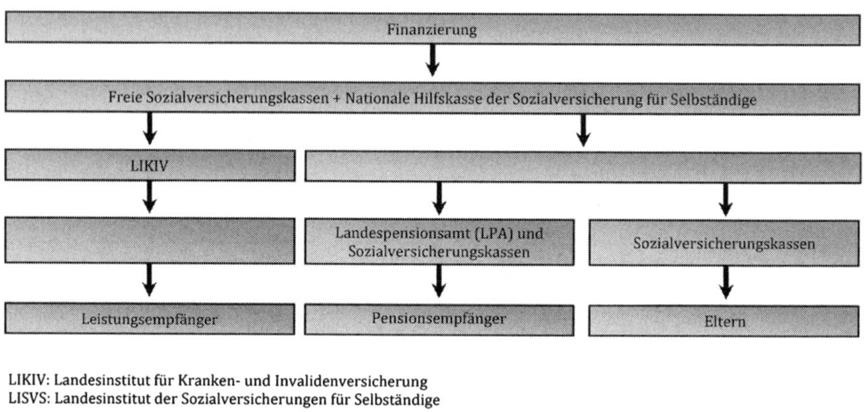

Quelle: Marc Justaert: *Christliche Krankenkasse und die Kranken- und Invalidenversicherung*, Löwen, 2008, S. 23.

Generell werden die **Beamten** (öffentlicher Dienst) zwei Gruppen zugeordnet. Das Personal örtlicher (kommunaler) und provinzialer Gebietskörperschaften und die übrigen Beamten für die restlichen Bereiche. Für die Beamten der ersten

Gruppe ist das Landesamt für soziale Sicherheit der provinzialen und lokalen Verwaltungen (LASSPLV) zuständig, das auch die Beiträge einzieht. Für alle übrigen Beamten ist die Behörde als Arbeitgeber für die Leistungs- und Beitragszahlung selbst verantwortlich. Eine Ausnahme bilden die Beiträge für die Krankenversicherung, die zusammen mit dem Arbeitgeberanteil an das LSS gezahlt werden und somit dem gesamten Krankenversicherungssystem zugute kommen.

3.3 Die Finanzierung

Die Finanzierung der Versicherung in den drei Versicherungsgruppen ist unterschiedlich. In der Gruppe der **Arbeitnehmer** führen die Arbeitnehmer und Arbeitgeber die Beiträge an das LSS ab, wobei der Arbeitgeberanteil stets höher liegt (Gesamtbetrag für Arbeitnehmer 37,94%, davon 13,07% Arbeitnehmeranteil und 24,87% Arbeitgeberanteil). Darüber hinaus haben Arbeitgeber noch andere Zahlungen an die staatliche Sozialversicherungsanstalt zu leisten (z.B. Beiträge zur Kostendämpfung, zum Fonds für Unternehmensschließungen, für die Kinderbetreuung und für Risikogruppen).

Auch der Föderalstaat zahlt jährlich eine feste Summe an das LSS. Seit einigen Jahren gibt es in Belgien ein alternatives Finanzierungssystem für die Sozialversicherung. Neben der klassischen besteht eine Finanzierung, die sich aus einem prozentualen Anteil der Mehrwertsteuereinnahmen, Autoversicherungen (5-10%), Abgaben der Pharmaindustrie bzw. Abgaben von privaten Krankenversicherungsprämien rekrutiert. Hiermit wird eine Begrenzung der staatlichen Zuschüsse und eine Senkung der Arbeitgeberanteile verfolgt. Der Beitrag für Staatsangestellte liegt bei 3,55% des Bruttoeinkommens und wird mit 3,85% vom Staat aufgestockt. Rentner zahlen für die Gesundheitsversorgung 3,55% ihrer Rente, sofern sie dadurch nicht unter 1 295,28 € sinkt. Das LSS finanziert die Sozialversicherungssparten je nach dem Finanzbedarf.

Die **Selbständigen** zahlen ihre Sozialversicherungsbeiträge quartalsmäßig an ihre Sozialversicherungskassen. Die Beitragssätze für ein Jahr errechnen sich aus den Bruttoerwerbseinkünften abzüglich der beruflichen Auslagen, die drei Jahre (Bezugsjahr) zurückliegen, und sind nach oben hin begrenzt. Selbständige, die noch kein Bezugsjahr haben, zahlen einen provisorisch berechneten Betrag.

3.4 Verwaltung der Kranken- und Invalidenversicherung (KIV)

Das Landesinstitut für Kranken- und Invalidenversicherung (LIKIV) ist eine öffentliche föderale Institution der Sozialversicherung, die dem Sozialministerium untersteht. Das LIKIV verwaltet und kontrolliert die Pflichtversicherung für die Gesundheits- und Geldleistungen. Es ist damit die wichtigste zentrale Einrichtung im belgischen Gesundheitssystem. Es umfasst folgende Abteilungen mit eigenen Geschäftsführungsorganen: Gesundheitsleistungen, Geldleistungen, ärztliche Beurteilung und Kontrolle, Verwaltungskontrolle. Alle Partner des Gesundheitswesens sind in den Verwaltungsorganen des LIKIV vertreten: Die Regierung, die Krankenkassen, die Leistungserbringer (Ärzte, Zahnärzte, ärztliche Hilfsberufe, usw.), die Sozialpartner (Gewerkschaften, Arbeitgeber, Organisationen des Mittelstandes). Sie sind somit in die Entscheidung über die Zuweisung und die Verteilung der finanziellen Mittel eingebunden. Insoweit beruht das Gesundheitsversorgungssystem auf dem Prinzip der Absprache zwischen allen beteiligten Partnern.

Die Pflichtversicherung für die Gesundheits- und Geldleistungen bezieht zu 75% ihre Gelder über die Sozialversicherungsbeiträge. Die Beiträge werden von den Arbeitnehmern, Arbeitgebern und Selbständigen aufgebracht. Das LIKIV verteilt die Gelder über die verschiedenen Nationalverbände der Krankenkassen und die Hilfskasse. Dieser Bereich hat einen direkten Einfluss auf das tägliche Leben der Menschen, da er die anteilige Rückerstattung der medizinischen Ausgaben (mit Ausnahme bei Arbeitsunfällen und Berufskrankheiten) und die Zahlungen bei Berufsunfähigkeit, Mutterschaft, Vaterschaft oder Adoption vornimmt. Bei jährlich begrenztem Budget entscheidet ein Gremium aus ärztlichen Direktoren der Krankenkassen (oder deren Vertreter), Krankenkassen und Ärzten des LIKIV über den Leistungsumfang und die Kosten. Als Reaktion auf die steigenden Ausgaben im Gesundheitswesen gilt ein Richtwert für den jährlichen Budgetzuwachs von 2,5%. Das LIKIV trifft außerdem Einzelentscheidungen über Geldleistungen. Die Kontrolle der Kassen durch das Institut sorgt für die Gleichbehandlung der Versicherten. Die Aufgaben und Zuständigkeiten sind im Einzelnen in Tabelle 3-2 zusammengefasst.

Tab. 3-2: Aufgaben des Landesinstituts für Kranken- und Invalidenversicherung (LIKIV)
Allgemeine Verwaltung der Kranken- und Invalidenversicherung
Organisation der Krankheitskostenrückerstattung
Gewährleistung eines angemessenen „Ersatzeinkommens" (Arbeitsunfähigkeit, Invalidität, Mutterschaft, Vaterschaft, Adoption)
Regulierung der Gesundheits- und Geldleistungen in Verbindung mit Sozialministerium und anderen Partnern
Überwachung einer korrekten Finanzierung der Leistungserbringer (Ärzte, Zahnärzte, Physiotherapeuten, Pflegepersonal, Krankenhäuser, Sanatorien, etc.) und der Kassen
Information, Evaluation und Kontrolle der Leistungserbringer, der Kassen und in gewissen Fällen der sozialversicherten Patienten
Erstellung der Nomenklatur und der Gebührenordnung für ärztliche Leistungen (Leistungskatalog und Erstattungstarife)
Anerkennung der Leistungserbringer und Versorgungseinrichtungen
Abschluss von Verträgen zwischen den Ärzten und Krankenkassen (z.B. Vereinbarungen)
Verwaltung des Solidaritätsfonds, aus dem nicht rückerstattbare Leistungen bei sehr schweren Erkrankungen abgedeckt werden
Anerkennung der Invalidität (bei Arbeitsunfähigkeit über ein Jahr wird eine Invaliditätsakte angelegt; evtl. auch Kontrolluntersuchungen)
Vollzug der finanziellen Eigenverantwortung der Krankenkassen

3.5 Die Rolle der Krankenkassen im System der Gesundheitspflege- und Entschädigungspflichtversicherung

Im Alltag sind es die Krankenkassen, die die Rückerstattung von Auslagen für Krankheitskosten und die Geldleistungen vornehmen.

Die Leistungsempfänger der Pflichtversicherung für Gesundheits- und Geldleistungen müssen Versicherungsträger (Kassen) wählen, um die Leistungen nutzen zu können.

Zur Auswahl der Versicherungskasse kann zwischen drei Möglichkeiten gewählt werden:

1. Den Beitritt zu einer Versicherungskasse. Sie sind Vereinigungen ohne Gewinnabsicht, basierend auf dem Solidarprinzip durch wechselseitige Unterstützung der beitragszahlenden Mitglieder. Sie sind zusammengeschlossen in fünf nationalen Verbänden.

2. Den Beitritt zu einer regionalen Niederlassung der Hilfskasse für Kranken- und Invalidenversicherung (HKIV)

3. Den Beitritt zu einer Gesundheitsversorgungskasse der belgischen Eisenbahngesellschaft.

In der nachfolgenden Tabelle 3-3 sind die Kassenverbände im Einzelnen aufgeführt.

Tab. 3-3: Kassenverbände mit Kassen und Marktanteilen (Stand 2008)

Kassenverband	Anzahl der Kassen	Marktanteil
Landesbund der Christlichen Krankenkassen	20	42,21%
Nationalunion der Sozialistischen Krankenkassen	14	29,46%
Nationalverband der Freien Krankenkassen	9	16,86%
Nationalunion der Liberalen Krankenkassen	11	5,34%
Nationalunion der Neutralen Krankenkassen	8	4,11%
Gesundheitspflegekasse der Nationalen Eisenbahngesellschaft	6	1,26%
Hilfskasse der Kranken- und Invalidenversicherung	13	0,75%

Die Hilfskasse der Kranken- und Invalidenversicherung ist eine staatliche Gründung, die mit der ebenfalls staatlichen Gesundheitspflegekasse der Nationalen Eisenbahngesellschaft die gleichen Aufgaben wie die übrigen Kassen übernimmt, darf jedoch keine Zusatzversicherungen abschließen. Die Leistungserbringer versorgen die Patienten nach festgelegten Regeln (Leistungskatalog mit 23 Kategorien von erstattungsfähigen Gesundheitsleistungen) und sichern dadurch die Rückerstattung der Kosten durch die Krankenkassen. Entsprechend dem Kostenerstattungsprinzip sind die Behandlungsbescheinigungen der Leistungserbringer bei der Kasse einzureichen.

Besonders teure Leistungen oder solche, die nicht im Leistungskatalog enthalten sind, müssen vorher mit der Kasse abgestimmt werden. Jede Regionalkasse kann über ihren Vertrauensarzt medizinische Überprüfungen bei den Versicherten vornehmen, z.B. im Falle von Krankmeldungen, Wiederaufnahme der Erwerbstätigkeit während der Arbeitsunfähigkeit. Die Krankenkassen können durch ihre Mitarbeit in den Ausschüssen des LIKIV und den dadurch gegebenen Kontakt mit dem Sozialministerium Einfluss auf die Gesundheitspolitik des Landes nehmen und am Umfang des Leistungskatalogs sowie der Ausgestaltung der Verträge zwischen den Kassen und Leistungserbringern (z.B. Ärzte) mitarbeiten. Die Honorare werden zwischen den Berufsverbänden, Ärzten und Zahnärzten und den Versicherungsträgern ausgehandelt und haben i.A. eine Laufzeit von zwei Jahren.

Neben der Durchführung der Pflichtversicherung, zu der sie gesetzlich verpflichtet sind, bieten sie zusätzliche Leistungen wie Zusatzversicherungen (zum Angebot ebenfalls gesetzlich verpflichtet) zur Deckung ihrer Kosten an, die sich aus der Prävention und der Behandlung von Krankheit und Invalidität ergeben.

3.6 Politische Zuständigkeiten im belgischen Gesundheitssystem

Belgien hat eine komplexe Staatsstruktur, die Kompetenzen sind zwischen der föderalen Regierung, den Gemeinschaften und Regionen aufgeteilt. In Sachen Gesundheit sind die Gemeinschaften im Prinzip zuständig für die Gesundheitspolitik, die Organisation der ambulanten und stationären Gesundheitsversorgung, die Gesundheitserziehung und Gesundheitsvorsorge.

In Tabelle 3-4 sind die Zuständigkeiten zwischen dem Föderalstaat und den Gemeinschaften aufgeteilt.

Tab. 3-4: Kompetenzverteilung zwischen Föderalstaat und Gemeinschaften

Föderale Regierung	Gemeinschaften
Festlegung des allgemeinen Gesundheitsbudgets	Organisation der Gesundheitsversorgung
Gesetzliche Rahmenbedingungen für das LIKIV (INAMI)	Koordinierung der Altenpflege
Krankenhausgesetze (Kriterien und Finanzierung)	Anwendung der Krankenhausnormen
Berufliche Qualifikation des Personals und Vergütung	Vorbeugung von Infektionskrankheiten einschließlich Impfung
Regulierung und Festlegung der Medikamentenpreise	Vorbeugung nichtinfektiöser Krankheiten
Überwachung der technischen Einrichtungen	Gesundheitsvorsorge

4. Gesundheits- und Geldleistungen im belgischen Gesundheitssystem

Man kann sagen, dass die gesamte belgische Bevölkerung – von einigen Ausnahmen abgesehen – Zugang zu den Gesundheitsleistungen hat. Es besteht das Prinzip der Pflichtversicherung. Der versicherte Personenkreis ist in der Tabelle 4-1 zusammengestellt.

Tab. 4-1: Pflichtkrankenversicherter Personenkreis

Versicherungszugang	versicherte Personen
Erwerbseinkommen	Arbeitnehmer: Arbeiter Angestellte Beamte Selbständige/Mitglieder der Ordensgemeinschaften
Ersatzeinkommen	Bezieher von: Krankengeld Invalidenrente Altersrente Arbeitslosengeld Berufsunfallrente Arbeitsunfallrente usw.
Rentenanspruch	bei körperlich und geistig Behinderten
privater Pflichtbeitrag	Studenten ab 25. Lebensjahr (direkter Beitrag an die Krankenkasse)
legal in Belgien ansässige Personen (Ausländer)	
Integrationseinkommen (Minimex)	Personen ohne Einkommen
Sozialhilfezentren der Gemeinden	z.B. Asylanten, politische Flüchtlinge
private Beiträge (direkt an die Kassen)	vermögende Personen (Ausländer)
Familienangehörige (alle Personen, die mit Versichertem unter einem Dach leben) ohne eigenes Einkommen sind jeweils mitversichert	

4.1 Gesundheitsleistungen

Alle erstattungsfähigen Leistungen (ganz oder teilweise) sind in einem Katalog (Nomenklatur) aufgeführt, d.h. in einer Gebührenordnung, die nicht nur den relativen Wert der Versorgung, sondern auch spezifische Regeln der Anwendung und die Kriterien der Zuständigkeit der Leistungserbringer enthält. Beim Arzt oder einer anderen medizinischen Versorgung außerhalb stationärer Versorgungseinrichtungen muss der Patient die Kosten generell vorstrecken (Kostenerstattungsprinzip) und kann die Behandlungsbescheinigung bei der Versicherungskasse einreichen. Die Kostenbeteiligung (gesetzlicher Eigenanteil) kann je nach Art der Leistungen, nach dem Status des Versicherten und der Qualifikation des Leistungserbringers variieren. Meistens verbleibt eine Eigenbeteiligung von 25% und mehr (im Durchschnitt 30%) bei dem Versicherten. Der Gesetzgeber will hiermit ein Auswuchern der Gesundheitsleistungen verhindern und bewusst machen, dass die Gesundheitsversorgung kostspielig ist[3].

3 Auf Französisch heißt der gesetzliche Eigenanteil „ticket modérateur“, was so viel bedeutet wie „Mäßigungsschein“. Im Niederländischen ist die Rede von „Remgeld“, was wörtlich „Brems-Geld“ heißt, also auf „Mäßigung“ hindeutet.

Krankenhäuser und andere stationäre Einrichtungen sowie meist auch Apotheken rechnen mit den Kassen direkt ab. Bei den stationären Leistungen zahlt der Patient den gesetzlichen Eigenanteil für den Tagespflegesatz, die Arzneimittel und für technische Einrichtungen (Röntgen, Blutuntersuchung). Das gilt auch für Leistungen, die Ärzte, Zahnärzte, ärztliche Hilfsberufe in stationären Einrichtungen erbracht haben. Für die Arzneimittel sind die Zuzahlungen recht hoch. Die Kosten selber sind festgelegt und werden über eine Positivliste erstattet. Man unterscheidet fünf Arzneimittelgruppen (A, B, C, Cs, Cx,) für die die Krankenkassen gestaffelt die Kosten übernehmen (Gruppe A: alle Kosten, B: 75%, C: 50%, Cs: 40%, Cx: 20%). Für Medikamente, die keinen dieser Buchstaben tragen, muss der Patient die Kosten alleine aufbringen. Tabelle 4-2 gibt eine Übersicht über die rückerstattbaren Gesundheitsleistungen und die vom Leistungserbringer direkt abrechenbaren Leistungen.

Tab. 4-2: Gesundheitsleistungen der Pflichtkrankenversicherung

von Kassen rückerstattbare Leistungen	vom Leistungserbringer direkt abrechenbare Leistungen (Drittzahlersystem)
ambulante Leistungen:	stationäre Leistungen:
Hausarzt: Beratungen,	Krankenhaus
Facharzt: Hausbesuche,	Alten- und Pflegeheim
Gutachten	psychiatrische Einrichtungen
Zahnarzt: Beratung	Arzneimittel (Apotheken)
Bewegungstherapie	teure technische Leistungen (z.B. Kernspintomographie)
Krankenpflegeleistungen	
Logopädie	
usw.	
Ausnahme bei Bedürftigkeit: direkte Abrechnung durch den Leistungserbringer	

Obwohl ca. 80% der Kosten von der Pflichtversicherung getragen werden verbleiben dem Patienten durch den gesetzlichen Eigenanteil noch erhebliche finanzielle Belastungen, die er nur durch Zusatzversicherungen abfedern kann. Es besteht auch die Möglichkeit, dass definierte Patientengruppen eine höhere Rückerstattung von den Kassen erhalten können. So können Versicherte bei bestimmter sozialer Kategorie (z.B. Rentner) mit Einkünften unter einer Höchstgrenze (festgesetzter Betrag) Anspruch auf eine erhöhte Kostenerstattung (EKE) bei Gesundheitsleistungen erhalten. Darüber hinaus haben sie geringere gesetzliche Eigenanteile bei Arzneimitteln und stationären Leistungen zu zahlen und Anspruch auf die Sozial-MAGER sowie die unmittelbare Kostenabrechnung für ambulante ärztliche und zahnärztliche Leistungen (Drittzahlersystem).

Die maximale Gesundheitsrechnung – oder MAGER – ist ein System gegen „katastrophale“ persönliche Gesundheitsausgaben. Man unterscheidet zwei MAGER-Arten: die so genannte Sozial-MAGER, die sich nach der Sozialkategorie des Leistungsberechtigten richtet und die Einkommens-MAGER, die sich an den Einkommensverhältnissen des Leistungsberechtigten orientiert. Das OMNIO-Statut erweitert seit dem ersten April 2007 den Grundsatz der erhöhten Kostenerstattung auf alle Versicherten und deren Familienangehörigen mit geringem Einkommen, unabhängig von der Sozialkategorie. Die Einkommensregelung entspricht der für die EKE. Der Versicherte kommt bei Anspruch auf erhöhte Kostenerstattung (EKE) oder OMNIO auf Erstattungssätze zwischen 80 und 100%, bzw. ohne diese Vergünstigungen auf Erstattungssätze zwischen 45 und 95%. Chronisch kranken Patienten wird ein Festbetrag zur Bestreitung der Gesundheitskosten in Abhängigkeit von bestimmten Kriterien (Pflegebedürftigkeit, Eigenanteile, Inkontinenz) gewährt.

Im Haushalt für die Gesundheitsleistungen sind 80% der Ausgaben für die Finanzierung der Arzthonorare, der Erstattung von Arzneimitteln und Zahlung des Tagespflegsatzes der Krankenhäuser sowie der Altenpflegeheime veranschlagt.

4.2 Geldleistungen

Geldleistungen fallen im Rahmen der sozialen Sicherheit und auch Sozialfürsorge an. Die gesetzlichen Voraussetzungen sind im koordinierten Gesetz über die Gesundheitspflege- und Entschädigungspflichtversicherung seit 1994 festgelegt. Die unter den Begriff der Entschädigungsversicherung fallenden Geldleistungen sind Zahlungen, die der Versicherte erhält, wenn er aus gesundheitlichen Gründen nicht mehr arbeiten kann. Sie können als Krankengeld, Invalidengeld sowie Mutterschafts- bzw. Vaterschaftsgeld zum Tragen kommen und werden von der jeweiligen Krankenkasse ausgezahlt. Hiervon profitieren Arbeitslose genauso, wie Arbeitnehmer (Arbeiter und Angestellte) und Selbständige. Es müssen bestimmte Voraussetzungen für die Geldleistungen bei Arbeitsunfähigkeit erfüllt sein. Sie sind für die Arbeitnehmer bzw. kontrollierte Arbeitsuchende und Selbständige in Tabelle 4-3 mit den wesentlichen Punkten zusammengestellt.

Tab. 4-3: Voraussetzungen für die Anerkennung der Arbeitsunfähigkeit (AU)

Arbeitnehmer, kontrollierte Arbeitssuchende	• Versicherung im System der Arbeitnehmer • Wartezeit: Mindestzahl von Arbeitstagen oder Mindestbeitragssatz • keine Erwerbstätigkeit (Nachweis des Einkommensverlusts) • 66% Erwerbsminderung (Vergleich eigene Tätigkeit oder Berufsgruppe)
Selbständige	• Wartezeit: in der Regel 6 Monate • regelmäßige Beiträge oder befreit

Die Arbeitsunfähigkeit ist dem Krankenversicherungsträger anhand einer ärztlichen Bescheinigung, aus welcher der Grund der Arbeitsunfähigkeit ersichtlich ist, zu melden. Auch für die Anerkennung der Arbeitsunfähigkeit, die die Kasse durch einen eigenen Vertrauensarzt überprüfen kann, gelten bestimmte Voraussetzungen. Es müssen z.B. Schäden oder Funktionsstörungen nachzuweisen sein, die die Erwerbstätigkeit um mindestens 66% im Vergleich zur eigenen beruflichen Tätigkeit oder der Berufsgruppe, mindern. Bei Selbständigen wird die Arbeitsunfähigkeit anerkannt, wenn die Erwerbstätigkeit eingestellt werden muss. Die Höhe der Geldleistungen hängt in beiden Gruppen im Wesentlichen ab vom Familienstand (Haushaltsvorstand, Alleinstehender oder im Haushalt einer anderen Person mit eigenem Einkommen), der Dauer der Arbeitsunfähigkeit bzw. beim Selbständigen davon, ob eine Betriebseinstellung erfolgt oder nicht. Der Arbeitnehmer erhält nach einer kurzen Zeit der Lohnfortzahlung (Arbeiter in der Regel 14 Tage, Angestellte einen Monat) Krankengeld bis zu einem Jahr, meist 66% seines Bruttoarbeitslohnes. Die Selbständigen kommen erst in den Genuss von Krankengeld nach einem Monat. Für den Arbeitslosen entsprechen die Geldleistungen, die er in den ersten sechs Monaten seiner primären Arbeitsunfähigkeit bezieht, der Arbeitslosenunterstützung. Wie die Arbeitnehmer können die Selbständigen und auch ihre arbeitsunfähig krankgeschriebenen Ehepartner (als Gehilfen geführt) bei Bedarf zusätzliche Geldmittel für Hilfspersonen erhalten. Sofern der Wunsch bei Versicherten besteht während der Arbeitsunfähigkeit eine dem Gesundheitszustand angepasste Erwerbstätigkeit aufzunehmen, ist vorher eine Genehmigung des Vertrauensarztes einzuholen. Invalidität tritt nach einem Jahr bei durchgehender Arbeitsunfähigkeit sowohl bei Arbeitnehmern als auch Selbständigen ein. Das Krankengeld wird in eine Invalidenrente umgewandelt und bei Arbeitnehmern entsprechend dem Familienstand gestaffelt (siehe Tabelle 4-4). Die Invalidität wird vom ärztlichen Invaliditätsrat des LIKIV auf der Grundlage eines vertrauensärztlichen Gutachtens der Krankenkasse festgestellt. Entschädigungen bei Arbeits- und Berufsunfällen werden dem Fonds für Arbeitsunfälle bzw. dem Fonds für Berufskrankheiten entnommen.

Tab. 4-4: Geldleistungen der Pflichtkrankenversicherung (Entschädigungsversicherung)

Leistungssparten	Höhe der Entschädigung	
	Arbeitnehmer	Selbständige
primäre AU: Krankengeld	• abhängig vom Familienstand (Haushaltsvorstand, Alleinstehender oder im Haushalt von Personen mit eigenem Einkommen) • Dauer der AU • 66% (Bruttoarbeitslohn*)	• abhängig vom Familienstand • Betriebseinstellung • 1. Monat: keine Geldleistungen • 11 Monate Krankengeld (Festbetrag)
	Geldleistung für Hilfsperson möglich	
Invalidität: Invalidengeld	nach einem Jahr durchgehender AU (Invalidenakte)	
	Anteil Bruttoarbeitslohn • 65%: Haushaltsvorstand • 53%: Alleinstehende • 40%: im Haushalt von Personen mit eigenem Einkommen oder Anspruch auf Mindesttagessatz	Festbetrag
	berufliche Rehabilitation? Wiederaufnahme der Erwerbstätigkeit?	
Mutterschafts-Vaterschaftsgeld		

* begrenzter Höchstbetrag

4.3 Die Zusatzkrankenversicherung

Jeder Bürger hat die Möglichkeit mit einer Zusatzversicherung spezielle Leistungen gemäß dem Versicherer und dem Typ des abgeschlossenen Vertrages zusätzlich zu erwerben.

Die meisten Krankenkassen fordern für die Zusatzkrankenversicherung einen Beitrag vom Hauptversicherten und von den Mitversicherten Familienangehörigen. Die Beiträge werden von jeder Krankenkasse selbst festgelegt. Bei Zahlungsunwilligkeit sichert die weitere Mitgliedschaft einen so genannte Verwaltungsbeitrag, der lediglich dazu berechtigt, den Service der Krankenkasse (Pflichtkrankenversicherung und Beratung) in Anspruch zu nehmen.

Genau wie bei der Pflichtkrankenversicherung gibt es Sachleistungen und Geldleistungen. Damit werden die Kosten abgedeckt, die nicht oder nur unzureichend von der Pflichtversicherung erstattet werden. Trotz unterschiedlicher Angebote wird von allen Kassen eine Anzahl gleicher Leistungen vorgehalten (siehe Tabelle 4-5).

Tab. 4-5: Leistungsangebote der Zusatzkrankenversicherung

Krankentransport (in Belgien nicht Teil der Pflichtversicherung, nur bei Notfällen)	häusliche Krankenpflege
Impfungen	Logopädie
Sehhilfen (Brillen)	Kieferorthopädie
Krankenhausversicherung gegen zusätzliche Beiträge	

Krankenhausversicherungen sind in der Regel freiwillig und können auch bei einer privaten Versicherungsgesellschaft abgeschlossen werden, die früher meist teurer, aber im Angebot kompletter waren. Heute bestehen nach einer Beurteilung der Verbraucherschutzorganisation Test Achats kaum noch Unterschiede zwischen den Versicherungen. Bei vorbestehenden Erkrankungen des Versicherungsnehmers kann dies eine Einschränkung der Versicherung bedeuten, zumal bei einem Alter von über 64 oder gar 74 Jahren.

Seitdem das so genannte Verwilghen-Gesetz (im Jahre 2007) in Kraft getreten ist, ist der Versicherungsnehmer verpflichtet, sämtliche Symptome aufzuzählen, bevor er den Vertrag unterzeichnet.

Mittlerweile haben mehr als 8 Millionen Belgier einen solchen Vertrag entweder bei einem Privatversicherer oder bei der Krankenkasse abgeschlossen. Allerdings hat sich die Krankenhausaufenthaltsversicherung in den letzten Jahren enorm verteuert (besonders DKV bis zu 8% für Einzelzimmer).

Von den früheren Prämien (z.B. Geburtstags-, Heirats-, Goldhochzeitsprämien), die praktisch alle von der Aufsichtsbehörde untersagt wurden, ist lediglich die Geburtsprämie geblieben. Sofern ein gesundheitlicher Nutzen besteht, werden einige Beihilfen wie z.B. für die regelmäßige Ausübung des Sports gezahlt. Die Zusatzversicherung der Kassen kommt auch für verschiedene Dienstleistungen auf. Hierzu zählen der Jugenddienst, Behinderten- und Seniorendienst, die Sozial- und Pensionsberatung, die nicht ausschließlich den Mitgliedern vorbehalten ist. Der gewollte Wettbewerb zwischen den Krankenkassen spielt sich überwiegend auf dem Gebiet der Zusatzversicherung und der Krankenhausversicherung ab, denn die Pflichtkrankenversicherung hat hierfür keinen Spielraum.

5. Krankenversorgung im belgischen Gesundheitssystem

Die Krankenversorgung ist, abgesehen von den finanziellen Voraussetzungen, weitgehend abhängig von den Leistungserbringern und einer hochwertigen medizinischen Technik. Die Leistungserbringer sind z.T. hoch spezialisiertes ärztliches, pflegerisches, medizintechnisches, physiotherapeutisches und anderes medizinisches Hilfspersonal, das in privaten (z.B. Praxen, Instituten) oder öffentlichen Einrichtungen (z.B. Krankenhäuser, Reha-Kliniken, Sanatorien) tätig ist. Die Gesundheitseinrichtungen (zu der auch die Verwaltungen zählen) sind insgesamt sehr personalintensiv und damit ein wesentlicher Kostenfaktor im Gesundheitssystem. In Belgien standen im Jahre 2005 mehr als 42 000 Ärzte für die gesundheitliche Versorgung von mehr als 10 Millionen Einwohner zur Verfügung (4,2 Ärzte/1 000 Einwohner). Die Statistik des Jahres 2008 weist 4,36 Ärzte pro 1 000 Einwohner aus (im OECD-Durchschnitt kommen 3,1 Ärzte auf 1 000 Einwohner). Ein stärkerer Anstieg der Ärztezahl ist seit den 70er Jahren des 20. Jh. zu verzeichnen, seit 1980 hat sich deren Zahl annähernd verdoppelt. Im europäischen Vergleich liegt Belgien mit der Arztdichte nach Griechenland an der Spitze der Länder[4]. In Zukunft rechnen Fachkreise mit einem Mangel an Fachärzten, als Folge des Numerus clausus im Lehrfach Medizin, der den Zugang zu einer fachlichen Spezialisierung begrenzt. Die Beschäftigten im belgischen Gesundheitswesen im Jahre 2007 werden mit 108 843 Personen angegeben und sind in den letzten Jahren eher noch gestiegen. Bei der Betrachtung der Gesundheitsausgaben ist auch ein arbeits- und marktpolitischer Faktor mit Rückwirkung auf die Gesamtwirtschaft zu berücksichtigen.

5.1 Gesundheitsausgaben

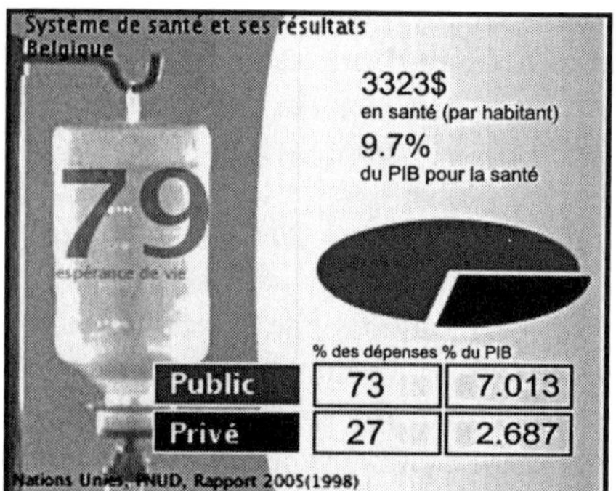

In der Abbildung 5-1 sind die Gesundheitsausgaben und die mittlere Lebenserwartung für das Jahr 2005 dargestellt[5].

Nach einer Statistik aus dem Jahre 2008 belaufen sich die Ausgaben auf 4 440 US $ pro Einwohner. Gemessen am Bruttoinlandsprodukt sind das für die gesamten Ausgaben 9,8%, dabei entfallen auf den öffentlichen Dienst 7,14% BIP und auf den privaten Sektor 2,66% BIP. Abgesehen von zwischenzeitlichen Schwankungen errechnet sich von 2002 bis 2008 eine Steigerung um 0,30% BIP[6]. Nach Angaben des Versicherungsverbandes Assuralin sind die Ausgaben für die Gesundheitsversorgung unter Berücksichtigung der absoluten Zahlen zwischen 2001 und 2008 um 51% gestiegen (von 23 auf 35 Milliarden Euro), was einer jährlichen Erhöhung um durchschnittlich 6,2% entspricht. Nach Abzug der staatlichen Rückerstattung (soziale Sicherheit) blieben im Jahr 2008

[4] Euro Health Consumer Index 2009 report.
[5] Nations Unies, PNUD, Rapport 2005 (1998).
[6] http://perspective.usherbrooke.ca/bilan/servlet/BMTTendanceStatPays?langue=fr&code.

Restkosten in Höhe von 8,4 Milliarden Euro, die vom Patienten und Versicherer getragen werden mussten. Das waren 2008 2,25 Milliarden Euro mehr als 2001.

Die Gesundheitsausgaben liegen in Belgien in den letzten Jahren auch oberhalb des OECD-Durchschnitts von 8,9% BIP nach den Vereinigten Staaten, Frankreich, der Schweiz und Deutschland. Die Kostensteigerungen sind wie in allen OECD-Ländern vorrangig auf die erhöhten technischen Standards, insbesondere Großgeräte (Computertomographie und Kernspintomographie), Personalkosten, demographische Entwicklung mit zunehmender Alterung der Bevölkerung und Zunahme der chronischen Erkrankungen zurückzuführen.

5.2 Ambulante Krankenversorgung

Die Arztwahl ist, wie in Frankreich auch, völlig frei; das gilt auch für die Wahl des Facharztes und des Krankenhauses. Die meisten belgischen Ärzte sind Alleinunternehmer (Selbständige), die alles selbst erledigen und kaum Mitarbeiter (Arzthelferinnen) beschäftigen. Sie werden je Leistung bezahlt und genießen diagnostische und therapeutische Freiheit. In Belgien sind 30 ärztliche Fachdisziplinen anerkannt, z.B. Kardiologie, Pädiatrie, Gastro-Enterologie, Neurologie, Psychiatrie, Allgemeinmedizin. In jeder Disziplin gibt es verschiedene Kategorien von Ärzten mit unterschiedlichen Honoraren. Man unterscheidet Ärzte in Ausbildung, Ärzte mit abgeschlossener Ausbildung und staatlicher Anerkennung, zugelassene Ärzte in Weiterbildung.

Die Praxisausübung des Facharztes kann in den Räumen einer Klinik und/ oder außerhalb davon erfolgen. In der Klinik, in der er auch konsuliarisch tätig ist und Patienten seines Faches stationär behandeln kann, rechnet die Verwaltung die Einzelleistungen des Arztes mit den Kostenträgern ab. Das Krankenhaus fordert vom Arzt Honorarabgaben ein. Für alle Ärzte in der freien Praxis gilt zunächst das Kostenerstattungsprinzip der Patienten.

Die Honorare regeln sich nach dem Stand der Ausbildung und werden von der Kasse zurückerstattet. Man unterscheidet weiterhin Ärzte, die die vom Landesinstitut für Kranken- und Invalidenversicherung (LIKIV) festgelegten Tarife anwenden und solche, die einen freien Tarif wählen. Für diese Gruppe werden die erhöhten Kosten von den Kassen nicht zurückerstattet.

Die Höhe der erstattungsfähigen Kosten ist identisch, unabhängig davon, ob der Arzt die Versicherungstarife anerkennt oder nicht. Das bedeutet, dass die Mehrkosten bei freier Rechnungsstellung vom Patienten übernommen werden müssen. Jeder Arzt ist dazu angehalten, die Patienten über sein Abrechnungsverfahren, z.B. in Form eines Aushangs im Wartezimmer zu informieren. Einige Ärzte halten sich gänzlich an die Tarifabsprache, andere nur teilweise: an bestimmten Tagen und Uhrzeiten befolgen sie die festgesetzten Tarife (z.B. Konsultation in der Klinik) während sie frei über ihre Honorare zu anderen Zeiten entscheiden (z.B. Hausbesuche).

5.3 Stationäre Krankenversorgung

In Belgien wird die Gesundheitsversorgung im stationären Bereich von sechs verschiedenen Krankenhaustypen sichergestellt. Sie sind in der Tabelle 5-1 mit der jeweiligen Anzahl von Krankenhäusern aufgeführt.

Tab. 5-1: Krankenhaustypen in Belgien (Stand: Juni 2010)

Krankenhaustypen	Anzahl
Allgemeinkrankenhaus	161
Allgemeinkrankenhaus mit Universitätscharakter	23
Geriatrisches Krankenhaus	19
Psychiatrisches Krankenhaus	69
Spezialklinik	30
Universitätsklinik	7
Krankenhäuser insgesamt	309

Quelle: http://www.hospitals.be/francais/hopitaux.html

Den größten Anteil von den insgesamt 309 stationären Versorgungseinrichtungen stellen mit 161 die Allgemeinkrankenhäuser. Im Jahre 2006 waren 215 reine Krankenhäuser vom öffentlichen föderalen Gesundheitsdienst, Nahrungssicherheit und Umwelt – DG1 zugelassen und repräsentierten 70 520 Betten. Es stehen davon 35% in öffentlicher und 65% in privater Trägerschaft. Die Gesamtbettenzahl ist für 2008 mit 4,07 Betten pro 1 000 Einwohner berechnet[7]. Wie in den Nachbarländern ist auch in Belgien ein deutlicher Bettenabbau in den letzten Jahren zu verzeichnen. Er geht parallel mit einer verkürzten Verweildauer in den Krankenhäusern und der Zunahme ambulanter Operationen. Zusätzlich gibt es für alte und pflegebedürftige Menschen Einrichtungen für Tages- und Kurzzeitpflege, die meist in geriatrischen Einheiten bzw. Alten- und Pflegeheimen vorgehalten werden.

Die Krankenhäuser sind in ihrer unterschiedlichen Typisierung in den Regionen bzw. Provinzen flächendeckend verteilt, wobei die sieben Universitätskliniken nur an den Standorten Brüssel (3 Kliniken), Lüttich (1 Klinik), Antwerpen (1 Klinik), Gent (1 Klinik) und Löwen (1 Klinik) zu finden sind.

---

7 http://perspective.usherbrooke.ca/bilan/servlet/BMTTendanceStatPays?langue=fr&code.

Im Hinblick auf die Zuständigkeiten von Föderalstaat und Sprachgemeinschaften im Gesundheitsbereich sei auf den Abschnitt 3.6 (Politische Zuständigkeiten im belgischen Gesundheitssystem) verwiesen.

Die Vergütung der Ärzte in großen Kliniken (z.B. Universitätskliniken) ist mit dem Angestelltenverhältnis geregelt, ihre Leistungen werden aber im Einzelnen von der Klinik erfasst und mit den Krankenkassen abgerechnet. Bei Klinikpraxen erfolgt die Abrechnung der Einzelleistung des Arztes ebenfalls über die Klinik. Das Krankenhaus rechnet dann mit dem Arzt nach Abzug der Krankenhausabgaben (Benutzerentgeld) ab.

6. Die Gesundheitsversorgung in der Deutschsprachigen Gemeinschaft

Entsprechend der föderalen Ordnung Belgiens sind auch die Kompetenzen im Gesundheitssystem zwischen Föderalstaat und Gemeinschaften bzw. Regionen aufgeteilt (siehe Tabelle 3-4). Die zentralstaatlichen Zuständigkeiten insbesondere für die Finanzierung der Gesundheitseinrichtungen und Preisgestaltung der Gesundheitsleistungen einschließlich der Medikamentenpreise ist die Garantie für das wettbewerbsorientierte Funktionieren der belgischen Gesundheitsversorgung. Die mehr personenbezogenen „bürgernahen" Kompetenzen der Gemeinschaften sind eine sinnvolle Ergänzung im System der regionalen Gesundheitsversorgung. Somit steht auch für die Regierung der Deutschsprachigen Gemeinschaft die Betreuungspolitik innerhalb und außerhalb von Pflegeeinrichtungen (Krankenhäuser, Altenheime), die Gesundheitserziehung und Gesundheitsförderung und die vorbeugende Medizin (präventive Maßnahmen) im Mittelpunkt ihres gesundheitspolitischen Engagements. Die im Gesundheitsbereich neben dem medizinischen und paramedizinischen Fachpersonal tätigen Organisationen und Dienste werden von der DG bezuschusst und fallen z.T. in den Zuständigkeitsbereich des Ministeriums. Das Ministerium der DG ist unter anderem zuständig für die Überwachung meldepflichtiger Krankheiten sowie die Anordnung eventuell notwendiger medizinischer Maßnahmen (z.B. bei Meningitis, Tuberkulose etc.). Ferner plant und realisiert das Ministerium eigene Kampagnen im Sinne der Volksgesundheit. Der weitaus größte Teil der im Haushalt für Gesundheit vorgesehenen Mittel geht in die Bezuschussung der beiden Krankenhäuser im Gebiet deutscher Sprache.

6.1 Stationäre Krankenhausversorgung in der DG

Für die stationäre Krankenhausversorgung stehen im Gebiet der DG zwei Allgemeinkrankenhäuser zur Verfügung: Das St. Nikolaus Hospital in Eupen mit 192 Betten im Norden und die Klinik St. Josef in St. Vith mit bisher 156 (nach Abschluss der Sanierungs- und Anbaumaßnahmen 150 Betten) im Süden der DG. Beide Krankenhäuser liegen etwa 50km voneinander entfernt und bieten dem jeweiligen Einzugsbereich eine wohnortnahe Versorgung, was auch für die angrenzenden Landesteile von Deutschland, den Niederlanden und Luxemburg sowie für die französischsprachige Wallonie gilt. Die Lage im „Mehrländereck" hat zur Folge, dass Personal und Ärzteschaft in der Regel mehrsprachig sind. Im Einzugsbereich der Klinik St. Josef in St. Vith sind z.B. 43% der Patienten französischsprachig.

Die Gesetzesgrundlage zum Betreiben der Krankenhäuser wird vom belgischen Föderalstaat geschaffen. Die DG ist für die Aufsicht über die beiden Krankenhäuser zuständig, wobei im Wesentlichen die Überwachung der Einhaltung der Gesetzgebung und die Anerkennung der Dienste (Betriebsgenehmigungen) zu verstehen sind. Der Föderalstaat trägt weiterhin die Funktionskosten der Krankenhäuser (Personal, Heizung, Küche, Verbrauchsmaterial etc.). Der staatliche Zuschuss zur Finanzierung kann bis zu 60% ausmachen, der Rest ist vom Träger (überwiegend über die Leistungserstattung durch die Krankenkassen) aufzubringen. Es handelt sich somit um eine Mischfinanzierung der Krankenhäuser. Die belgische Gesetzgebung zu den Patientenrechten schreibt jedem Krankenhaus einen Mediator vor, der die Klagen und Beschwerden der Patienten entgegennimmt. Beide Krankenhäuser stehen z.Z. vor dem Abschluss einer umfangreichen Sanierung mit Erweiterungsbauten und wollen damit das medizinische und pflegerische Angebot sowie den Komfort für die Patienten weiter verbessern.

6.2 Klinik St. Josef St. Vith

Die Klinik St. Josef in St. Vith besteht mit ihrem Ursprung als Krankenhaus seit 1882 als Gründung der Augustinerinnen.

Die Vereinigung ohne Erwerbszweck Klinik St. Josef St. Vith wurde 1976 gegründet. In der Vereinigung sind vier Gruppierungen vertreten: neben sechs Gemeinden das Dekanat St. Vith, die Fachärzte, die Hausärzte (als beratende Mitglieder) und die Vereinigung *Gesundheit und Solidarität* der Christlichen Krankenkassen. Die im Krankenhaus Tätigen werden mit rund 70 Ärzten (darunter 49 Fachärzte in 25 Fachbereichen und 12 BMA-Ärzte), 11 Kinesitherapeuten und ca. 370 Mitarbeitern angegeben. Das Leitungsgremium (Direktorium) setzt sich aus Generaldirektion, ärtztliche Direktion und Pflegedienstleitung zusammen; es wird unterstützt durch den Ärzterat und einen permanenten Konzertierungsausschuss. Das regionale Krankenhaus ist zuständig für die fünf südlichen Gemeinden des deutschsprachigen Gebiets und die angrenzenden französischen Gemeinden. Statistische Angaben der Jahre 1996 bis 2005 für die Sparten stationäre Aufnahme, Mitarbeiterentwicklung und Umsatz belegen eine recht positive Entwicklung des Krankenhauses im aufgezeigten Zeitraum (siehe Tabelle 6-1).

Tab. 6-1: Klinik St. Josef St. Vith: statistische Angaben 1996 und 2005

Sparten	1996	2005	Änderung
Aufnahmen	3830,00	4693,00	+ 22,5%
Mitarbeiter	141,33	208,93	+ 48,0%
Umsatz (in Mio €)	10,02	19,70	+ 97,0%

Ganz offensichtlich hat diese Entwicklung, insbesondere der Anstieg der Belegungszahlen und der daraus resultierende Platzmangel dazu beigetragen, dass Krankenhaus nicht nur zu sanieren, sondern auch weiter auszubauen. Bereits 2003 wurde der neue medizinisch-technische Funktionstrakt in Betrieb genommen. Er beherbergt unter anderem die Tagesklinik, den Op-Bereich, die Sterilisation, die Röntgenabteilung, die Notaufnahme, die Wöchnerinnen-Station, die Apotheke, Konsultationsräume und die Küche. In dem 2008 neu errichteten Bettenhaus sind 89 Betten für die Abteilungen Chirurgie, Innere und chronisch Langzeitkranke (SP) aufgestellt worden. Nach der letzten Bauphase 2010/2011 soll die Klinik St. Josef über insgesamt 150 Betten, einschließlich einer Erweiterung des psychiatrischen Bereiches um acht Betten, verfügen. Im verbliebenen renovierten Altbau sind die Unterbringung der Intensiveinheit und eine Kurzzeitabteilung vorgesehen. Von den Abteilungen mit Betten belegen die Chirurgie, Innere Medizin, Psychiatrie und Reha-Abteilung für chronische Erkrankungen die meisten der aufgestellten Betten. Die chirurgische Abteilung schließt neben der Allgemeinchirurgie, die im Wesentlichen eine Visceralchirurgie ist, die Gefäßchirurgie, orthopädische Chirurgie sowie die Fächer Gynäkologie, Urologie, Ophtalmologie, Hals-Nasen-Ohrenheilkunde, Gesichts- und Kieferheilkunde operativ ein. Die Hälfte der chirurgischen Eingriffe wird mittlerweile ambulant (Tagesklinik) durchgeführt. Mit der Inneren Medizin werden durch entsprechende Fachärzte die Schwerpunkte Kardiologie, Gastro-Enterologie, Pneumologie mit Schlaflabor, Onkologie und Allgemeine Innere vertreten. Eine interdisziplinäre Intensiveinheit mit sechs Betten dient der Überwachung und Behandlung von Patienten mit gestörter Vitalfunktion. Die offene psychiatrische Abteilung ist die einzige dieser Art im Gebiet der DG. Die durchschnittliche Verweildauer hängt im Allgemeinen vom Krankheitsbild und der Therapie ab, sie beträgt im Durchschnitt drei Wochen. Für die Betreuung stehen außer dem Facharzt noch Psychologen, Krankenpfleger, Kinesi-, Ergo- und Kunsttherapeuten sowie Erzieher zur Verfügung. In der psychiatrischen Tagesklinik mit 21 Plätzen kann die Betreuung fortgesetzt werden oder auch in Abhängigkeit vom Krankheitsbild hier beginnen. Mit der Kinder- und jugendpsychiatrischen Tagesklinik in Eupen (6 Plätze) werden Jugendliche zwischen 13 und 18 Jahren angesprochen für die eine ambulante Behandlung alleine nicht ausreicht. Eine sinnvolle Ergänzung der häuslichen psychiatrischen Betreuung ist der psychiatrische Begleitdienst. In der Reha-Abteilung kümmert sich ein spezialisierter

Dienst (SP-Dienst[8]) um die Behandlung und Rehabilitation chronisch kranker Menschen mit internistischen, neurologischen und insbesondere orthopädischen Grundleiden. Die Tagesklinik wird z.Z. von Chirurgie und Innerer Medizin genutzt für ambulante chirurgische Eingriffe oder internistische Interventionen bzw. Behandlungen (z.B. Onkologie). Für die geburtshilfliche Abteilung stehen acht Betten und zwei Kreissäle zur Verfügung. Bei Risikoschwangerschaften oder Komplikationen können größere Einheiten in anderen Kliniken weiterhelfen, z.B. CHR de la Citadelle und Klinik St. Vincent in Rocourt. Die Anästhesie führt nicht nur die in den operativen Fächern anfallenden Narkosen durch, sondern kümmert sich auch um die Schmerztherapie und führt geburtshilfliche Anästhesien durch. Von den weiteren Funktionseinrichtungen ist die Röntgenabteilung hervorzuheben, die mit Spiral-CT, Kernspintomographie, Angiographie (DAS), Mammographie, Knochendichtemessung und Dentalscan sehr gut bestückt ist. Das Labor kann ausstattungsmäßig die Bereiche klinische Chemie und Hormonanalysen, Hämatologie und Immunhämatologie, Hämostasiologie und Koagulation, Serologie, Bakteriologie und Basistoxikologie bearbeiten. Das Labor und die Radiologie werden dem Umsatz nach stark von außen frequentiert (externer Umsatzanteil Labor 64% und Radiologie 78%). Die ärztlichen Fachbereiche Pädiatrie, Dermatologie, Neurologie und Neurochirurgie sind konsiliarisch oder über Sprechstunden (Pädiatrie) in die Klinik eingebunden. Die Hals-Nasen-Ohrenheilkunde und Ophtalmologie sind im operativen Bereich integriert. Eine Reihe von speziellen Diensten, wie Kinesitherapie, Logopädie und Ernährungsberatung können fachübergreifend tätig werden. So kommt die Kinesitherapie schwerpunktmäßig in der Reha-Abteilung zum Einsatz, übernimmt aber auch Frühmobilisationen in der Inneren Medizin und unterstützt die Nachbehandlung nach orthopädischen und chirurgischen Eingriffen. Das Palliativteam ist multidisziplinär aufgestellt und besteht aus einer pflegerischen Palliativkoordinatorin, einem Arzt, einem Psychologen, einer Sozialassistentin, einem Seelsorger sowie mehreren Pflegerinnen der Abteilungen Chirurgie, Innere, Rehabilitation und der onkologischen Tagesklinik. Die Kernaufgabe ist die Betreuung und Begleitung der unheilbar Kranken unter Einbeziehung der Angehörigen sowie die Linderung der krankheitsbedingten Symptome. In den Tabellen 6-2a und 6-2b sind die Leistungsangebote der beiden Krankenhäuser aufgeführt und den Fachabteilungen, soweit dies möglich war, Bettenzahlen zugeordnet worden. Die Tabellen lassen auch einen Vergleich der Leistungsangebote zwischen den Krankenhäusern zu.

---

[8] SP-Dienst = Soins prolongés – weitergehende Pflege.

Tab. 6-2a: Fachabteilungen und Dienste in den Krankenhäusern Eupen und St. Vith

Medizinische Fachabteilungen	**Hospital Eupen**		**Klinik St. Vith**	
		Bettenzahl		Bettenzahl
Chirurgie	+	60	+	34
OP-Trakt – Aufwachraum – Sterilisation	+	3 OP-Räume	+	2 OP-Räume
Innere	+	56	+	35
Geriatrie	+	24	-	
Psychiatrie	-		+	30
Tagesklinik Psychiatrie	-		+	21 Plätze[1]
Tagesklinik Kinder- & Jugendpsychiatrie[2]	-		-	6 Plätze
Reha-Abteilung (SP-Dienst)	+	20	+	20
Kinderstation	+	13	-	
Wöchnerinnenstation	+	12	+	10
Intensiveinheit	+	7	+	6
Tagesklinik Chirurgie	+	8	+	Chir. + Innere
Tagesklinik Innere – Onkologie	+		+	
Tagesklinik Geriatrie	in Vorbereitung (6 Pl.)		-	
Nierendialyse	+	6 Plätze	-	
Anästhesie	+		+	
Notaufnahme und Notarztdienst	+		+	

[1] davon 7 in Eupen
[2] in Eupen stationiert

6.3 St. Nikolaus Hospital Eupen

Das bettenmäßig etwas größere St. Nikolaus Hospital in Eupen wurde 1891 gegründet, wenig später als die Klinik St. Josef in St. Vith. Die Insignien des Krankenhauses erinnern an die „geistliche" Gründung; bis 1978 versorgten Ordensschwestern die Kranken. 1979 übernahm der jetzige Verwaltungsrat (bestehend aus fünf Privatpersonen und zwölf Gemeindevertretern der Stadt Eupen, den Gemeinden Raeren und Lotzen sowie später zwei weiteren aus der Gemeinde Kelmis) die Leitung des Krankenhauses in Form eines Verwaltungsrates. Der Verwaltungsrat hat sich seit 2007 mit einer neuen Satzung und Geschäftsordnung zahlenmäßig verkleinert und die duale Funktion als Führungs- und Beschlussgremium aufgegeben. Seither sind die Aufgabenbereiche zwischen Verwaltungsrat, dem mittlerweile auch zwei Vertreter des Ärzterates angehören und Direktion (bestehend aus Direktor, beigeordneter Direktor, ärztlicher Direktor und Pflegedienstleitung) klar unterschieden. Der Verwaltungsrat genehmigt den allgemeinen geschäftlichen Rahmen des jährlichen Haushalts- und Stellenplanes und steckt die Betriebsstrategie ab. Die Direktion hat die Aufgabe diese Zielvorgaben im täglichen Management umzusetzen. Sie gehört dem Verwaltungsrat mit beratender Stimme an; der Direktor vertritt das Krankenhaus nach außen. Die Zahl der im Krankenhaus Tätigen beläuft sich zur Zeit auf über 350 Mitarbeiter (davon 324 Pflegevollzeitkräfte) und ca. 50 Fachärzte. In einer „Inneren Ordnung" sind u.a. die Vertragsgestaltung, Struktur und Funktionsweise der ärztlichen Bereiche, die Festlegung, Einziehung und Abgaben der Honorare, die Regelung der fachübergreifenden Dienste und die Benutzung von Räumlichkeiten festgelegt.

Tab. 6-2b: Dienstleistungen in den Krankenhäusern Eupen und St. Vith

Medizinisch-technische Dienste:	**Hospital Eupen**	**Klinik St. Vith**
Radiologie (MRT, Spiral-CT, DSA)	+ (Ø MRT)	+
Nuklearmedizin	+	-
Labor (Klinische Biologie)	+	+
Pathologische Anatomie	+	-
Allgemeine ärztliche Fachbereiche:		
HNO	+	+
Ophtalmologie	+	+
Dermatologie	+	+
Rheumatologie	+	-
Neurologie	+	+
Neurochirurgie	+	+
Spezielle Dienste:		
Kinesitherapie/ Physiotherapie	+	+
Ernährungsberatung	+	+
Lokopädie	-	+
Palliativteam	+	+
Psychiatrischer Begleitdienst	-	+
Sozialdienst	+	+
Apotheke	+	+

Die Ärzte arbeiten als Selbständige im Krankenhaus, sie erhalten ihre definitive Zulassung zur Ausübung ihrer beruflichen Tätigkeit nach einjähriger Probezeit. Der Ärzterat ist vor der Zulassung des Facharztes mit einer gutachterlichen Stellungnahme anzuhören.

Die ärztliche Tätigkeit ist im Rahmen einer Grundstruktur geregelt. Sie sieht nach dem Chefarzt den ärztlichen Dienstleiter, der die ärztlichen Dienste (mehrere Fachärzte, ggf. Assistenzärzte) koordiniert und verantwortet, den ärztlichen Koordinator für die Abstimmung und Verantwortung der Koordinationsbereiche (mehrere ärztliche Dienste und/ oder Fachärzte ohne Dienstzuordnung) vor. Er koordiniert auch die ärztliche Tätigkeit innerhalb eines Fachbereiches (Chirurgie, Innere Medizin, Anästhesie, Gynekologie-Pädiatrie, allgemeine medizinische Dienste, medizinisch-technische Dienste).

Als dienstübergreifende Gremien sind der Ärzterat, der Konzertierungsausschuss (Verwaltungsrat, Direktion und Ärzterat), der ärztliche Koordinierungsrat (ÄKR), die allgemeine Koordinierungsversammlung pro Fachbereich (zusätzlich sind pflegerischer Koordinator bzw. medizinisch-technischer Koordinator, die Pflegedienstleiter und/ oder Dienstverantwortlichen Mitglieder), die Hygiene-Kommission, die Ethik-Kommission und die Arzneimittelkommission zu nennen. In Anbetracht der unterschiedlichen Vertragsgestaltung der Mitarbeiter in den einzelnen Tätigkeitsbereichen ist auch das juristische Statut der Beschäftigten unterschiedlich (siehe hierzu Tabelle 6-3).

Tab. 6-3: Juristisches Statut der Mitarbeiter

Mitarbeiter	Statut	unter der Verantwortung des Krankenhauses
Ärzte	Vertrag mit dem Krankenhaus als selbständige Mitarbeiter	nein
Pflegepersonal	angestellt	ja
	Interim-Personal	nein
paramedizinische Mitarbeiter (Kinesitherapeuten, Röntgen-techniker, Laboranten, Psychologen, Diätassistenten...)	angestellt	ja
	Interim-Personal	nein
Apotheker	angestellt	ja
Unterhaltspersonal	angestellt	ja
Küchenpersonal	angestellt	ja

Informationen für Patienten gemäß Königlichem Erlass vom 21.04.2007

Die Belegungszahlen liegen z.B. im Vergleichsjahr 2005 mit 39% ohne die tagesklinischen Zahlen höher als in St. Vith. Diese Differenz korreliert annähernd mit der unterschiedlichen Bettenzahl von 23%, wenn man von den offiziellen Zahlen (192 Betten in Eupen und 156 Betten in St. Vith) ausgeht und Belegungsprobleme während der Sanierungs- und Umbauphase außer Acht lässt. Insgesamt beläuft sich in Eupen die Zahl der ambulant und stationär versorgten Patienten auf 11 500. Die stationären Belegungszuwächse in der Fortschreibung 2005 bis 2009 sind für die Chirurgie um 7%, das Entbindungsheim um 7,5%, die Geriatrie um 87% und die Tagesklinik um 32% bei relativ hohem Ausgangsniveau gestiegen. Allerdings schwankt die Auslastung im Vergleich zu den vorgehaltenen Betten mit Ausnahme der Geriatrie und Inneren Medizin zwischen 16,80% in der Kinderstation und 58,82% in der Chirurgie. Die Innere Medizin ist über die statistisch erfassten Jahre belegungsmäßig recht stabil, sie hat eine Belegungsquote von 84,90%.

Bei den aktuellen Zahlen der Bettenzuordnung sind die Belegungsquoten offensichtlich berücksichtigt worden; für kleine Bereiche wie z.B. Pädiatrie und Geburtshilfe wird, wenn man sie grundsätzlich vorhalten muss, eine Mindestgröße zu fordern sein. Die Verringerung der Pflegetage für z.B. die Innere Medizin, Kinderstation, Entbindungsheim gehen mit einer Abnahme der Verweildauer im Krankenhaus einher, obwohl die Belegung, mit Ausnahme der Inneren Abteilung, zugenommen hat (siehe Tabelle 6-4).

Tab. 6-4: St. Nikolaus Hospital Eupen: Fachabteilungen und Auslastung

Abteilung	Bettenzahl	Anzahl Patienten			Anzahl Pflegetage			Verweildauer		Belegquote (Prozent)	
		2005	2009	Änder. %	2005 2009	2009	Änder. %	2005	2009	2005	2009
Chirurgie	70	3218	3433	6,7	14550	14952	2,8	4,52	6,36	56,95	58,52
Innere Medizin	53	2131	2085	2,2	17049	16424	3,7	8,00	7,88	88,13	84,90
Kinderstation	13	248	282	13,7	864	797	7,8	3,48	2,83	18,21	16,80
Entbindungsheim	12	482	518	7,5	2672	2408	9,9	5,54	4,65	61,00	54,98
Geriatrie	24	292	545	86,6	7120	7693	8,1	24,38	14,12	81,28	87,82
Reha-Orthopädie	20	150	206	37,3	2447	2435	12,0	16,31	11,82	33,52	33,36
Tagesklinik (TK)	0	1615	2130	31,9	1631	2125	30,3				
Summe (mit TK)	192	8136	9199	13,1	46333	46834	1,1				
Summe (ohne TK)	192	6521	7069	8,4	44702	44709	0,02				

Das Leistungsangebot der beiden Krankenhäuser ist vergleichsweise relativ ausgewogen. Die Geriatrie in Eupen wird in St. Vith bettenmäßig von der Psychiatrie ausgeglichen. Die Pädiatrie ist in Eupen im Vergleich zu St. Vith auch stationär vertreten.

Einzelne ärztliche Fachbereiche sind in Eupen durch Fachärzte stärker eingebunden (z.B. Rheumatologie, Dermatologie, Neurologie, Neurochirurgie, Pathologie), das gilt auch für die Nierendialyse und Nuklearmedizin. Die zunehmende Auslastung der Tagesklinik durch Anstieg der ambulanten Operationen und internistischen Interventionen bzw. onkologischen Behandlungen, ist auch ein besonderes Anliegen der Krankenkassen. Das Krankenhaus ist offen für neue Behandlungsmethoden so zum z.B. mit der „Zelluoskopie" in der Gefäßchirurgie. Hausapotheken findet man in beiden Krankenhäusern. In Eupen verwaltet die Apotheke mit acht Mitarbeitern (zwei diplomierte Apotheker, fünf pharmazeutische Assistentinnen und ein Lagerist) ein Jahresbudget von rund 7 Millionen Euro. Per Gesetz (vom 7. Mai 2004) sind die Krankenhäuser in Belgien verpflichtet ein lokales Ethikkomitee einzusetzen, das ethische Maßstäbe für das medizinische Handeln ausarbeiten und Hilfestellungen für Entscheidungen im diagnostischen, therapeutischen und experimentellen Bereich anbieten soll. Spezialisierte Notaufnahmen und Notarztstandorte gibt es in beiden Häusern. Eine vergleichende Betrachtung der Leistungsangebote lassen die Tabellen 6-2a und 6-2b zu. Wie in den Krankenhäusern in Deutschland auch wird das Klinikpersonal durch eine Flut von gesetzlichen Auflagen, von Fallzahlen und Qualitätsstandards in ihrer eigentlichen Arbeit so eingeengt, dass sie ihrem Versorgungsauftrag kaum noch nachkommen können.

6.4 Notarzt- und Rettungsdienste im Gebiet der DG

In Belgien wird zwischen Rettungsdiensten – auch 100-Dienst genannt – und den Notarztdiensten unterschieden. Im Gebiet der DG werden zwei Rettungswachen im nördlichen Teil (Eupen und Kelmis) und zwei im südlichen (Büllingen und St. Vith) vorgehalten. Neben den Städten Eupen und St. Vith ist das Belgische Rote Kreuz, das in sechs Lokalsektionen in der DG vertreten ist, Träger von zwei Rettungswachen und sichert den Krankenwagendienst. Bei größeren Unfällen oder Bränden ist es für die Koordination von Notfalleinsätzen zuständig. Einen Notarztdienst gibt es in Eupen, der im St. Nikolas Hospital stationiert ist. Der zweite Notarztdienst ist in St. Vith am Krankenhaus St. Josef angesiedelt.

Die Rettungswachen (Bereitschaftsdienste) sind ständig mit einem Sanitäter besetzt, die Notarztdienste mit einem Notarzt und einem Krankenpfleger mit Zusatzausbildung in Intensiv- und Notfallpflege (siehe Tabelle 6-5).

Tab. 6-5: Notarzt- und Rettungsdienste im Gebiet der DG

Standorte	Träger	personelle Besetzung
Rettungswachen		
Eupen	Stadt Eupen	jeweils 1 Sanitäter
Kelmis	Belgisches Rotes Kreuz	
Büllingen	Belgisches Rotes Kreuz	
St. Vith	Stadt St. Vith	
Notarztdienste		
Eupen/ Krankenhaus St. Vith/ Klinik	Krankenhäuser	jeweils 1 Notarzt und 1 Krankenpfleger
Rettungshubschrauber-Standorte in Bra-sur-Lienne (Wallonie) und Aachen/ Würselen stehen für die Luftrettung zur Verfügung		

Die Leitstelle für alle Rettungs- und Notfalldienste im Gebiet der DG ist die Provinz Lüttich (Einsatzzentrale in Lüttich), die die Anlaufstelle für alle Anrufe von Bürgern und Diensten ist, die eine Notfallhilfe benötigen. Diese Zentrale kontaktiert das geographisch nächstgelegene und verfügbare Einsatzfahrzeug. Im Prinzip rückt der Rettungsdienst alleine aus. Der Notarztdienst wird zusätzlich angefordert, wenn eine lebensbedrohliche Situation vorliegt – oder zur Sicherheit, wenn Lebensgefahr nicht ausgeschlossen werden kann. Die Lütticher Einsatzzentrale entscheidet, welche Dienste angefordert werden. Für das Gebiet der DG stehen auch zwei Rettungshubschrauber zur Verfügung, die vom wallonischen Bra-sur-Lienne (Nähe Lierneux) und vom Standort Aachen/ Würselen

(ADAC) starten. Nur die Leitstelle in Lüttich ist befugt, den Rettungshubschrauber anzufordern.

6.5 Vorsorge- und Betreuungsangebote im Gesundheitsbereich der DG (außerhalb der Krankenhäuser)

Neben den zwei Krankenhäusern als Zentrale und übergeordnete Gesundheitseinrichtungen, gibt es weitere überwiegend ambulant wirksame Dienste im Gesundheitssystem mit unterschiedlichen Zuständigkeiten und Trägerschaften. So sichert die Regierung der DG entsprechend ihren Kompetenzen den Nachwuchs an qualifizierten Pflegekräften für die Zukunft mit der Umgestaltung der Krankenpflegeschule in eine autonome Hochschule mit Forschungsansätzen. Insoweit ist hiermit ein wesentlicher Beitrag zur Stabilisierung des Gesundheitsversorgungssystems in der DG geschaffen worden.

Tab. 6-6: Versorgungseinrichtungen im Gesundheitsbereich der DG (außerhalb der Krankenhäuser)

Versorgungseinrichtung	Kontakt/ Standort	Anzahl	Aufgaben
Autonome Hochschule	Eupen	1	• Krankenpflegeausbildung, • Sekundar- und Postsekundarschulausbildung in Krankenpflege • Forschung, Bologna-Prozess
Tagesklinik Psychiatrie*	Eupen	1 (7 Plätze)	• teilstationäre Betreuung und Behandlung Erwachsener
Tagesklinik Kinder- & Jugendpsychiatrie*	Eupen	1 (6 Plätze)	• teilstationäre Betreuung und Behandlung Jugendlicher (13-18)
Psychiatrisches Pflegeheim (im Bau)	St. Vith	1 (30 Betten)	• betreutes Wohnen chronisch psychisch Kranker (mit Verlust der Eigenständigkeit)
Begleitetes Wohnen Ostbelgien VoG	Eupen	4 Pl. St. Vith 14 Pl. Eupen	• Hilfe zur Strukturierung des Alltags in gemischten Wohngemeinschaften ab 18 J. • Übergangslösung bei psychiatrischer Erkrankung mit gewisser Eigenständigkeit

* Träger Krankenhaus St. Josef in St. Vith

Mit der Vorhaltung der psychiatrischen Tagesklinikplätze für eine teilstationäre Betreuung in Eupen (Trägerschaft Klinik St. Josef in St. Vith) ist auch der nördliche Teil der DG versorgungsmäßig in dieser Sparte abgesichert. Das „begleitete Wohnen" ist außerhalb der stationären Betreuung ein weiteres Angebot für chronisch psychisch Kranke. Der Bewohner zahlt in der Regel Miet- und Wohngeld. Der belgische Staat finanziert hier den therapeutischen und begleitenden Rahmen. Unabhängig von den bestehenden stationären und parastationären Behandlungs- und Betreuungseinrichtungen für psychiatrische Patienten wird die Versorgung in St. Vith mit dem Neubau eines psychiatrischen Pflegeheims mit

30 Betten erweitert und voraussichtlich 2011 in Betrieb genommen. Bauherr dieser Einrichtung ist die Interkommunale für das Sozial- und Gesundheitswesen (ISG) der fünf Eifelgemeinden. Die DG übernimmt 60% der Erstellungskosten. Eine Übersicht über die außerhalb der Krankenhäuser vorgehaltenen Versorgungseinrichtungen gibt die Tabelle 6-6 wieder.

In diesem Zusammenhang sei auf die außerstationären Angebote der Krankenhäuser verwiesen, wie z.B. den psychiatrischen Begleitdienst der Klinik St. Vith, der den Patienten in seinem Umfeld begleitet und dazu beiträgt, Überforderungssituationen zu meiden, den Tagesablauf zu strukturieren und Krisen vorzubeugen. Er arbeitet dabei mit den klassischen Diensten der häuslichen Versorgung zusammen und wird vom belgischen Föderalstaat finanziert.

Für die Versorgung der alten und pflegebedürftigen Menschen stehen im Gebiet der DG zehn Seniorenheime zur Verfügung, von denen fünf zusätzliche Angebote für Tages- oder Kurzzeitpflege machen. Die Tagespflege kann bis fünf Tage pro Woche von einem im familiären Umfeld lebenden Menschen genutzt werden und ist besonders bei Demenzerkrankung und hohem Pflegebedarf geeignet. Von anderen Alten- und Pflegeheimen werden Spezialeinrichtungen angeboten wie z.B. Palliativstation und Wohnbereich für Demenzkranke im Pflegezentrum „St. Joseph“ in Moresnet und im „Marienheim Raeren“ für Demenzkranke (Cantous-Konzept).

Die Kurzzeitpflege dient vorrangig der Entlastung pflegender Angehöriger und kann auch zwischen Krankenhausaufenthalt und Rückkehr nach Hause eingeschoben werden. Der Aufenthalt in der Kurzzeitpflege ist bis zu maximal zwei Monaten in der DG möglich (siehe hierzu Tabelle 6-7).

Tab. 6-7: Alten- und Pflegeheime mit Zusatzangeboten im Gebiet der DG

Name	Bettenzahl	Standort	Pflegeangebot	
			Tages-[1]	Kurzzeit-[2]
„Sankt Josephsheim“	146	Eupen	-	+
„Marienheim Raeren“	161	Raeren	+	+
„Seniorenheim Hof Bütgenbach“	90	Bütgenbach	+	+
„Seniorenheim St. Elisabeth“	60	St. Vith	+	+
„Seniorenzentrum St. Franziskus“	66	Eupen	+	-

[1] besonders bei Demenzerkrankung & hohem Pflegebedarf geeignet; bis zu 5 Tage pro Woche
[2] Entlastung von pflegenden Angehörigen sowie zwischen Krankenhausaufenthalt und Rückkehr nach Hause; Aufenthalt bis zu 2 Monate

Der Dienst für Kind und Familie (DKF) ist als Folge der föderalen Gliederung Belgiens 1988 gegründet worden und gehört zum Ministerium (Abteilung für kulturelle und soziale Angelegenheiten) der DG. Er ist von seiner Aufgabenstellung und Zusammenarbeit mit anderen Einrichtungen sicherlich einer der umfangreichsten und damit bedeutendsten Gesundheitsdienste der DG (siehe hierzu Tabelle 6-8).

Tab. 6-8: Der Dienst für Kind und Familie -DKF- (Zuständigkeit: Ministerium der DG)

• Unterstützung schwangerer Frauen, Kinder und ihrer Familien • Vorsorgeuntersuchungen (14): Säuglinge und Kleinkinder (0-3 J.) sowie Impfungen • Geburtsvorbereitung • Sehtests für Kleinkinder (2-2,5 J.)	• Anerkennung und Qualitätskontrolle der Tagesmütter • Begleitung von Familien und Kindern nach Maßgabe des Jugenddienstes oder Jugendrichters • Info-Material (Kinderernährung, Broschüre „Familie & Cie“)
Fonds zum Schutz ungeborenen Lebens*	• Hilfe für Schwangere in Notsituationen • Verhinderung von Schwangerschaftsabbrüchen aus finanziellen Gründen
Zusammenarbeit: Perinatales Zentrum (St. Vith) & Frauenliga	Kurse im Eltern-Kind-Bereich
Zusammenarbeit: Perinatales Zentrum (St. Vith), Krankenhaus Eupen	Geburtsvorbereitungskurse & andere
Zusammenarbeit: Entbindungsstationen der Krankenhäuser	Hörtest bei Säuglingen

* von der DG ins Leben gerufen

Mit dem Fonds zum Schutz ungeborenen Lebens wird bereits Hilfe für Schwangere in Notsituationen geboten und ist als Brückenhilfe zu verstehen. Schwangerschaftsabbrüche aus rein finanziellen Gründen soll hiermit begegnet werden. Immer mehr Frauen machen von dieser Hilfe Gebrauch, besonders im Bereich der Suchtproblematik. Zu den Angeboten gehören neben Geburtsvorbereitungen und Geburtsvorbereitungskursen, Vorsorgeuntersuchungen für Säuglinge und Kleinkinder in den ersten drei Lebensjahren, Impfungen, Hörtests bei Säuglingen, Sehtest für Kleinkinder (2-2, 5 Jahre), häufig in Zusammenarbeit mit anderen Organisationen wie Krankenhaus und Perinatales Zentrum. Kurse im Mutter-Kind-Bereich werden in Verbindung mit dem Perinatalen Zentrum St. Vith und der Frauenliga organisiert. Dem DKF obliegt die Anerkennung und Qualitätskontrolle der Tagesmütter sowie die Aufsicht der Kinderkrippen und außerschulischer Betreuung. Die Beleitung von Familien und Kindern nach Maßgabe des Jugenddienstes oder Jugendrichters sind weitere Aufgaben. Zu Ernährungs- und Gesundheitsfragen gibt der DKF eigene Informationsbroschüren heraus, z.B. über die Ernährung der Kinder oder die Broschüre *Familie und Cie*, die über die Angebote der verschiedenen Dienste informiert (z.B. Babymassage, psychomotorisches Babyturnen). Das bereits erwähnte Perinatale Zentrum in St. Vith ist wie viele andere auch, eine Vereinigung ohne Gewinnerzielungsabsichten, dem Gynäkologen der Klinik St. Josef sowie Vertreter der Klinik und ehrenamtliche Mitarbeiter angehören. In eigener Trägerschaft werden Säuglingsvorsorgeuntersuchungen nach Vorgaben des Dienstes für Kind und Familie angeboten. Zu den Geburtsvorbereitungskursen für schwangere Frauen sind auch die Partner eingeladen. Die Betreuung erfolgt durch Hebammen, Frauenärzte und einem Kinesitherapeuten. Eine Beratung der Schwangeren durch Hebammen ist während der Sprechstunden der Gynäkologen der Klinik St. Vith möglich.

Inzwischen ist das Angebot mit zusätzlichen Kursen in Babymassagen und Rückbildungsgymnastik für Frauen sowie Psychomotorikkursen für Kleinkinder erweitert worden.

Die Schulgesundheitsvorsorge im Zuständigkeitsbereich des Ministeriums (Abteilung für kulturelle und soziale Angelegenheiten) ist im Prinzip die Weiterführung der Untersuchungen des DKF bei Kindern zwischen 0 und 3 Jahren. Die medizinischen Untersuchungen werden in den Gesundheitszentren von Eupen und St. Vith (Schüler der Gemeindeschulen) bzw. in den PMS-Zentren der DG (Schüler der Gemeinschaftsschulen) durchgeführt. Zeitpunkt und Häufigkeit der Vorsorgeuntersuchungen sind vorgegeben (siehe hierzu Tabelle 6-9).

Tab. 6-9: Schulgesundheitsvorsorge in der DG

	Untersuchungen	
Zeitpunkt	Häufigkeit	Ort
Kindergarten	2. Jahr	Gemeindeschulen: Gesundheitszentrum Eupen & St. Vith
Primarschule	1. & 5. Jahr	
Sekundarschule	1., 3. & 5. Jahr	Gemeinschaftsschulen: PMS-Zentren der DG
Schule für differenzierten Unterricht	jährlich	
Schulmedizinische Dienste		
Impfangebot nach Impfschema*	Infektionsprophylaxe Bei gemeldeten ansteckenden Krankheiten Info der Eltern, Verhaltensregeln	Beratung, Gesundheitsförderung Bei spezifischen Problemen Beratung und/ oder kostenlose Einzeluntersuchungen (Eltern, Lehrer, Schüler), Info-Material zur Gesundheit

* Belgischer Hoher Gesundheitsrat

In den Zwischenjahren können zusätzlich Teiluntersuchungen (z.B. Seh- und Hörvermögen, Wachstum etc.) oder spezifische Untersuchungen vorgenommen werden. Das Impfangebot des PMS- oder Gesundheitszentrums entspricht den Impfempfehlungen der WHO und des Belgischen Hohen Gesundheitsrates und ist in einem Impfschema zusammengestellt (vom Ministerium der DG, Abteilung kulturelle und soziale Angelegenheiten herausgegeben, September 2009). In den Vorsorgestellen des Dienstes für Kind und Familie (DKF) werden die

Impfungen bis zum Alter von drei Jahren angeboten. In Belgien ist nur die Schutzimpfung gegen Kinderlähmung (Poliomyelitis) gesetzlich vorgeschrieben.

Die Infektionsprophylaxe soll sicherstellen, dass ansteckende Erkrankungen rasch erkannt und Informationen an Eltern über Art und Anzeichen der Erkrankung, Ansteckungswege und Verhaltensregeln weitergegeben werden. Der Schulmedizinische Dienst ist auch beratend für Eltern, Lehrer und Schüler tätig und führt auf Wunsch zusätzlich kostenlose Einzeluntersuchungen durch. Schularzt und Krankenpflegerin nehmen verstärkt Aufgaben im Bereich der Gesundheitsförderung in den Schulen wahr mit dem Ziel, die Schüler zu einer gesunden Lebensweise anzuleiten – sowohl in körperlicher als auch in psychosozialer Hinsicht. Das Projekt Zahnprophylaxe, seit 1991 vom Ministerium der DG nach einer zweijährigen Probephase etabliert, gilt als einzigartig in ganz Belgien. Vier Schulzahnpflegehelferinnen führen in den Kindergärten und Primarklassen Animationen zum Thema Zahngesundheit vor und lehren so die richtige Zahnputztechnik sowie Wissenswertes über Zahnhygiene und gesunde Ernährung. Regelmäßige zahnärztliche Untersuchungen der Kinder des dritten Kindergartenjahres sowie des zweiten und sechsten Primarschuljahres sind seit 1996 eingeführt. Seit 2001 werden Informationsveranstaltungen auch für die Eltern der Kinder auf Anfrage angeboten. Der Erfolg der Prophylaxe lässt sich anhand des von der WHO festgelegten so genannte DMF-Indexes (Anzahl fehlender, kariöser oder gefüllter Zähne) beurteilen und ist damit regional und international vergleichbar.

In die Betreuung und Pflege alter und kranker Menschen im Gebiet der DG sind eine Reihe von Hilfsorganisationen eingebunden. Die Idee des Helfens der Franziskanerin Josephine Koch hatte sinngebende Bedeutung für die Gründung des Josephine-Koch-Service im Jahre 1991. Über 100 ehrenamtliche Mitarbeiter widmen sich mit dem Projekt *Vergissmeinnicht* der Betreuung älterer Menschen im Raum Eupen. Sie führen u.a. Seniorentreffen, Ausflüge und Vorträge durch und betreuen auch ältere und weniger mobile Senioren zu Hause, indem Hilfe im Haushalt geleistet, Einkäufe getätigt oder Botengänge gemacht werden. Ein Fahrdienst kann für Besorgungen zu Arzt-, Krankenhaus- oder Apothekenbesuche eingesetzt werden. Zur Betreuung unheilbar Kranker ist eine Palliativgruppe tätig. Für die häusliche Krankenpflege stehen das Gelb-Weiße-Kreuz mit Sitz in Eupen mit etwa 22 Pflegern und Pflegerinnen und ferner auf selbständiger Basis rund 40 Pflegern und Pflegerinnen zur Verfügung. An die 19 Kassenzulassungen verschiedener Kassen im Gebiet der DG geben Kontaktadressen weiter. Alle Pflegeleistungen müssen durch einen Arzt verordnet werden. Pflegeleistungen, deren Bedingungen und Honorare sind vom Landesinstitut für Kranken- und Invaliditätsversicherung (LIKIV) für alle einheitlich festgelegt. Die Krankenpfleger/innen führen alle Arten von Injektionen, Verbandswechsel, urologische oder gynäkologische Pflege und andere technische Dienstleistungen sowie Körperpflege (soweit ärztlich genehmigt) aus.

Mit dem Projekt *Stundenblume* klinkt sich der Landfrauenverband in die Betreuung hilfsbedürftiger Menschen und Familien in akuten Notsituationen ein. Die ehrenamtlichen Helferinnen übernehmen nicht nur ergänzende und unterstützende Arbeiten, sondern führen auch eine Palliativbetreuung durch. Der Palliativverband in Eupen und St. Vith ist mit 16 Organisationen und Einrichtungen sowie einem externen Team aus geschulten Krankenpfleger(n)/innen und einem Referenzarzt an der Beratung, Begleitung und Unterstützung des Palliativpatienten und seines Umfeldes beteiligt. Er organisiert und koordiniert die Betreuung zu Hause in Zusammenarbeit mit dem Hausarzt. Die *Frauenhilfe VoG* der Frauenliga bietet flächendeckend in den neun Gemeinden der DG Kranken und Hilfsbedürftigen eine breite qualifizierte Pflege und Betreuung an und leistet Hilfe im Haushalt. Der Nutznießerbetrag richtet sich nach dem Einkommen und wird individuell berechnet.

Als zentrale Anlaufstelle bei Hilfe und Pflegebedarf ist sie die Beratungseinrichtung zur Vernetzung der Dienste der häuslichen, transmuralen und stationären Hilfe. Dazu wurde das Koordinationszentrum für die häusliche Versorgung, *Eudomos VoE* und der häusliche Begleitdienst der Seniorenheime im Süden der DG zusammengelegt. Die zentrale Beratungsstelle soll zudem erreichen, dass die Senioren alle Hilfsdienstleistungen, die ihnen zur Verfügung stehen, kennen und nutzen. Alle Senioren, die erwägen in ein Alten- und Pflegeheim zu ziehen oder eine Familien- und Seniorenhilfe zu beantragen, haben den gesetzlichen Anspruch, sich durch „Eudomos – Ihr häuslicher Beleitdienst“ beraten zu lassen. Die Dienste sind jedoch verpflichtet an die Beratungsstelle zu verweisen. In Belgien ist, nach Meinung vieler, diese Dienstleistung einmalig und gilt als vorbildlich. Der häusliche Begleitdienst ist im Süden und im Norden der DG zu finden.

Seit 1990 ist die Dienststelle für Personen mit Behinderung (DPB) mit Sitz in St. Vith für die Belange von behinderten Menschen zuständig. Sie untersteht der Aufsicht des Sozialministeriums der DG. Die Dienststelle berät und informiert über alle Hilfs- und Begleitmaßnahmen, Betreuungs- und Therapiemöglichkeiten, den Einstieg ins Berufsleben oder Zulagen und Vergünstigungen. Mit der „Frühhilfe Ostbelgien“ einem Dienst der Dienststelle für Personen mit Behinderung wird die Themenvielfalt noch erweitert (z.B. Wohnungsanpassungen, Freizeitgestaltung, Unterbringungsmöglichkeiten, Unterricht, Ausbildung und Arbeitsmöglichkeiten). Angesprochen werden die Familien mit behinderten oder entwicklungsverzögerten Kleinkindern; die Familien sind im Rahmen der Förderung durch Gespräche und Begleitung von Anbeginn in alle Entscheidungen einbezogen. Eine Beihilfe zur Unterstützung von betagten Personen (BUB) wird gezahlt, um die Kosten, die mit dem Verlust der Selbständigkeit einhergehen, zu mindern. Da eine Zweckbindung der monatlichen Beihilfe nicht besteht, kann mit ihr der Ankauf von Hilfsmitteln, die Umsiedlung in ein Alten- und Pflegeheim oder die Inanspruchnahme einer Familienhilfe finanziert werden. Nähere Informationen zu der Beihilfe erteilt das Rentenamt jeder Gemeinde, die Dienststelle für Personen mit Behinderung oder das Ministerium der DG, Abteilung Beschäftigung, Gesundheit und Soziales. *Prisma VoG* ist eine psychosoziale Beratungsstelle für Frauen in verschiedenen Krisensituationen. Die Schwerpunkte der Arbeit liegen in den Bereichen „Gewalt gegen Frauen“ sowie „Trennung und Scheidung“. In Einzelberatungen können u.a. biologische und medizinische Aspekte zu Körper und Sexualität sowie sexueller Missbrauch und Vergewaltigung zur Sprache kommen. Bei ungewollter Schwangerschaft bietet *Prisma* eine Schwangerschaftskonfliktberatung an. Ist eine Entscheidung für die Abtreibung gefallen, übernimmt *Prisma* die gesetzlich vorgeschriebene Beratung in deutscher Sprache, wenn der Schwangerschaftsabbruch in der Lütticher Citadelle Klinik erfolgen soll. *Prisma VoG* ist zudem Träger eines Frauenhauses, wo Mädchen und Frauen mit Kindern in akuten Notsituationen aufgenommen werden.

Das Sozial-Psychologische Zentrum (SPZ) ist eine öffentliche Beratungs- und Therapieeinrichtung, die sich an Erwachsene, Kinder und Jugendliche, Einzelpersonen, Paare, Eltern und Familien richtet.

Die Schwerpunkte der Arbeit sind seelische Probleme und zwischenmenschliche Konflikte, wie Belastung und Überforderung, Ängste und Depressionen, Verhaltensstörungen, Erziehungsschwierigkeiten, Fragen zu Drogenkonsum, Abhängigkeit und Suchtverhalten, psychiatrische Erkrankungen, Gewalterfahrung u.a. Verschiedene Berufsgruppen arbeiten im SPZ zusammen: Psychiater, Psychologen und Sozialarbeiter, die allesamt dem Berufsgeheimnis verpflichtet sind. Der Hauptsitz befindet sich in Eupen, eine Zweigstelle in St. Vith.

Der Dienst „Aktivation“ bietet Betreuung für psychisch beeinträchtigte Personen, die auf der Suche nach Kontakten, Beschäftigung, Ausbildung oder Beruf sind. Er wird auf Anfrage tätig. Unter Berücksichtigung der psychiatrischen Vorgeschichte (Anamnese) werden die soziale Entwicklung, die schulischen und beruflichen Hintergründe der Klienten dargestellt und eine Definition von Möglichkeiten und Rahmen der Intervention aufgezeigt. Dieses führt zur Vorbereitung und Durchführung eines Entwicklungsplanes in Zusammenarbeit mit den an der Integration beteiligten Diensten. Für den Aktivitätsdienst ergeben sich Supervisionen in Integrationswerkstätten, die mit psychisch beeinträchtigten zu tun haben oder werden von Sozialarbeitern bzw. Arbeitsbegleitern, die psychisch beeinträchtigte Personen betreuen, zu Fachbesprechungen und spezialisierter Beratung herangezogen.

Die Entwicklung des gesamten Bereiches der Psychiatrie wird vom Psychiatrieverband der DG, der einer von 13 in Belgien ist, aufmerksam verfolgt und mitgesteuert; er ist somit ein Koordinationsgremium in enger Zusammenarbeit mit Politik und Verwaltung. Mitglieder des Verbandes sind die Vertreter der Einrichtungen, die für die stationäre und ambulante psychiatrische Betreuung zuständig sind: die Akutabteilung der Klinik St. Josef in St. Vith, das Sozialpsychologische Zentrum, das Begleitete Wohnen und der psychiatrische Begleitdienst.

Das Beratungsangebot für Frauen mit Brustkrebs hat mit der Vereinigung des *Vivre Comme Avant* in der französischsprachigen Region bereits eine lange Tradition. Erst im Jahre 2004 wurde eine Vertretung von *Vivre Comme Avant* in der DG gegründet. Die Unterstützung durch die ehrenamtlichen Mitarbeiter betrifft praktisch Tipps und Informationen über Verkaufsstellen von Brustprothesen oder Perücken, Krankengymnasten, die Lymphdrainage anbieten.

Die DG hat bei der Gründung der Anlaufstelle Starthilfe geleistet, Austauschforen zum Thema Brustkrebs geschaffen und Kontakte zwischen *Vivre Comme Avant* und der belgischen Stiftung gegen Krebs geknüpft.

Seit 2001 besteht in Belgien landesweit ein organisiertes Programm zur Früherkennung von Brustkrebs nachdem man weiß, dass Todesfälle vermieden werden, wenn die Erkrankung frühzeitig erkannt wird. Die Richtlinien des Programms hat der Föderalstaat festgelegt, die praktische Durchführung in die Zuständigkeit der Gemeinschaften verlegt. Das Mammotest-Programm bietet alle zwei Jahre eine kostenlose Mammographie in einem anerkannten Zentrum (oder „Mammobil“) der Provinz Lüttich für alle Frauen zwischen 50 und 69 Jahren, die im Besitz einer SIS Karte sind. Im Gebiet der DG bieten mehrere Zentren bzw. Fachärzte noch andere Früherkennungsuntersuchungen z.B. Hautkrebs (Aktion „Euro Melanoma“), Darmkrebs an. Die Stiftung gegen Krebs in enger Zusammenarbeit mit dem St. Nikolaus Hospital in Eupen leistet hierbei wertvolle Hilfe. Sie fördert nicht nur die Krebsforschung in Belgien finanziell, sondern setzt sich mit ihren Serviceangeboten für eine gesunde Lebensart, Prävention oder Früherkennung von Krebs ein und steht den Patienten und ihren Angehörigen zur Seite, indem sie informiert, unterstützt und begleitet.

Die AIDS-Präventionsgruppe der Abteilung Beschäftigung und Soziales des Ministeriums der DG ist in Anbetracht der zunehmenden HIV-Infektionen weiterhin eine wichtige Einrichtung. Geschultes Personal führt Präventionsveranstaltungen in den Sekundarschulen, der Sondersekundarschule und Berufsschulen sowie auf Anfrage in außerschulischen Einrichtungen oder Organisationen durch (z.B. Jugendheime, Sportvereine). Zielgruppe sind Jugendliche im Alter von 14-15 Jahren. Drogenkonsum und Alkoholmissbrauch insbesondere bei Jugendlichen sind für die Gesellschaft in allen Kulturländern eine große Herausforderung. Die *Arbeitsgemeinschaft für Suchtvorbeugung und Lebensbewältigung* (*ASL*) ist eine Vereinigung ohne Gewinnabsicht (VoG) und wird von der DG finanziell unterstützt. Das Hauptziel besteht darin, den Suchtgefahren vorzubeugen und Wege zur Lebensbewältigung und zu gesunder Lebensqualität ohne legale oder illegale Drogen in allen Lebensbereichen (Familie, Schule, Arbeitsplatz, Freizeit und Gemeinden) aufzuzeigen und zu fördern.

Wichtige Zielgruppen sind die Jugendlichen, bei denen auch der Kampf gegen Tabak- und Alkoholmissbrauch prioritär ist. Unter „Endlich rauchfrei“ bietet *ASL* Raucherentwöhnungkurse an sechs Kursabenden mit zwei Nachtreffen (6 Wochen und 1 Jahr nach dem Kurs) an. Das *ASL*-Projekt *Keep cool – let it be* richtet sich direkt an Schulen. Die *ASL* hat in den verschiedenen Lebensbereichen Netzwerke geschaffen, z.B. die kommunalen Suchtvorbeugungsgruppen. Spezifische Angebote gehen auch an Alleinstehende („Gruppe Kornfeld“) und Alleinerziehende. Für Familien und Alleinerziehende stehen das Elterntraining im Vordergrund sowie Austauschtreffen und Vorträge zu Lebens- und Erziehungsfragen. Die Kostenbeiträge sind gestaffelt und richten sich nach dem Einkommen der Familie.

Als länderübergreifende Arbeitsgruppe zur Suchtvorbeugung in der Großregion Saar-Lor-Lux hat die Mondorfer Gruppe auf Arbeitsebene konkrete Möglichkeiten einer grenzüberschreitenden Zusammenarbeit entwickelt. Zu den Unterzeichnern der Mondorfer Erklärung von 1992 gehören die Partnerregionen Saarland, Rheinland-Pfalz, Lothringen, Großherzogtum Luxemburg und seit 1998 die DG Belgiens. Es werden Tagungen zu Themen „Alkohol am Arbeitsplatz“, „Selbsthilfe in der Suchtkrankenhilfe“ oder Projekte für suchtgefährdete Jugendliche im Rahmen der Erlebnis- und Abenteuerpädagogik entwickelt.

Mit der Therapiegruppe für Herzpatienten (in Deutschland Koronarsportgruppe) sind Kranke mit noch ausreichender körperlicher Belastbarkeit angesprochen. Neben informativen Gesprächen führen entsprechend geschulte Trainer einmal wöchentlich unter Aufsicht eines Arztes sportliche Übungen durch. Pro Trainingsstunde wird vom Teilnehmer ein kleiner Kostenbeitrag entrichtet.

Die deutschsprachige Krankenpflegevereinigung *KPVOP*, der Berufsverband der Krankenpflege ist zu einem wichtigen Partner der DG geworden in der Planung und Gestaltung von Fort- und Ausbildungsangeboten im Bereich der

Krankenpflege und anderen Pflegeberufen sowie in der Konzeption von Spezialisierungen für die Krankenpflege. Die Mitorganisation der Schulung zu Familien- und Seniorenhelfer(n)/innen, ist bereits ein praktisches Beispiel für das Engagement der Vereinigung. Im Krankenhausbereich ist die *KPVDB* besonders aktiv bei der Patientenschulung (PATIS). Da der belgische Föderalstaat vermutlich bald die Krankenhäuser verstärkt verpflichten wird Krankenpfleger mit Zusatzausbildung in bestimmten Tätigkeitsbereichen einzustellen, ist eine vorausschauende Planung von Schulungen und Ausbildungen angesagt.

Auf die Alzheimer Liga wird an dieser Stelle nicht näher eingegangen; sie ist als deutschsprachige Vertretung in der Tabelle erwähnt.

Der *Patienten Rat + Treff (PRT)* mit Sitz in Eupen und St. Vith ist eine Anlaufstelle für alle Bürger, die Informationen und Beratung zu Gesundheitsthemen suchen. Er verfügt über eine umfangreiche Bibliothek, die jeder Bürger kostenlos nutzen kann und hält zusätzlich aktuelle Broschüren, Bücher und Artikel bereit. Die Diabetikerbetreuung hat einen hohen Stellenwert: es werden Diabetikerschulungen und Blutzuckermessungen in regelmäßigen Abständen durchgeführt sowie Messgeräte verliehen. Zu den unterschiedlichsten Themen im Gesundheitsbereich organisiert der *PRT* Kurse und Vorträge (z.B. Beckenbodengymnastik, Osteoporose-Gymnastik-Kurs, Rückenschule, Gewichtsreduktionskurse und Asthmaschulungen). Ein Angebot an kranke Kinder ist der Einzelunterricht zu Hause oder im Krankenhaus gegen einen kleinen Unkostenbeitrag. Schüler der Primarschulen und des ersten Sekundarjahres können von diesem Angebot Gebrauch machen. Ferner betreut der PRT Selbsthilfegruppen (Bewegungsraum mit ähnlichen Problemen), von denen 17 in der Tabelle 6-10 zusammengestellt sind.

Tabelle 6-10: Selbsthilfegruppen im Gebiet der DG

Angehörige von Demenzkranken	Epilepsie
Angehörige von Psychiatriepatienten	Fibromyalgie
Arthrose	Multiple Sklerose
Autismus	Psychiatriepatienten (Betroffene)
Diabetes	Schlaganfall
Ängste & Depressionen	Krebs-Austauschgruppe & -Beratung (Zusammenarbeit mit belgischer Föderation gegen Krebs)
Eltern und Drogen	
Magersucht und Bulimie	Elterngruppe krebskranker Kinder
Elterngruppe AD(H)S	Zöliakie

- Kontakt mit anderen Betroffenen
- Praktische Anregung & Erfahrungen

Die bisher aufgeführten Hilfsorganisationen, die im Gebiet der DG aktiv vertreten sind, sind in den Tabellen 6-11a bis 6-11c wiederzufinden.

6.6 Anmerkungen zum Gesundheitsbewusstsein in der DG

In Belgien werden in mehrjährigen Abständen nationale Gesundheitsumfragen durch das wissenschaftliche Institut für Volksgesundheit in Zusammenarbeit mit der Generaldirektion für Statistik, zuletzt zwischen Mai 2008 und Mai 2009 per Interview durchgeführt. Die statistischen Erhebungen zu Erkrankungen, Behandlungen und Risikogruppen für bestimmte Krankheiten soll dazu beitragen, die Angebote im Bereich der vorbeugenden Medizin an den tatsächlichen Bedarf anzupassen. Bei der letzten Erhebung (landesweit 11 250 Menschen aus 159 Gemeinden) wurden überproportional Gemeinden aus der DG ausgewählt, um eine eigene Auswertung und einen Vergleich mit den Resultaten der übrigen Landesteile zu ermöglichen.

Die wichtigsten Ergebnisse:

- Belgier werden immer dicker. Es zeigt sich eine Abhängigkeit vom Bildungsniveau, denn beinahe sechs von zehn Menschen aus bildungsfernen Schichten haben Übergewicht, einer von fünf Betroffenen ist sogar fettleibig,

- Rückenleiden sind die häufigsten chronischen Krankheiten in Belgien (15% der Befragten),

- Selbstmordgedanken sind nicht selten: mehr als 10% der Bevölkerung hat schon einmal darüber nachgedacht. Jeder zwanzigste Belgier hat bereits einen Selbstmordversuch durchgeführt.

Die Auswertungen der Befragung bei 253 DG-Bürgern werden im Herbst 2010 erwartet.

Bereits 2003 wurden Ergebnisse einer Studie vorgelegt, die das Konsumverhalten bei Jugendlichen in der Euregio Maas-Rhein analysiert. Gefragt wurde nach dem Konsum von illegalen Drogen und Alkohol, aber z.B. auch nach dem Freizeitverhalten der 14- und 16-jährigen. Die Auswertung ergab, dass die Jugendlichen aus der DG bezüglich ihres Alkoholkonsums weit über dem euregionalen Durchschnitt liegen. Als Konsequenz hieraus wurde eine Arbeitsgruppe, bestehend aus Vertretern des Ministeriums der DG, der Polizei, des Jugendbüros, der Arbeitsgemeinschaft für Suchtvorbeugung und Lebensbewältigung und des Rates der deutschsprachigen Jugend gegründet, die ein erarbeitetes Projekt unter dem Motto *Null Promille unter 16* stellte. 2008 wurde die Umfrage im

Auftrag der Regierung und des Ministeriums der DG von der *Arbeitsgemeinschaft für Suchtvorbeugung und Lebensbewältigung* (*ALS*) erneut durchgeführt. Die Resultate zeigen, dass die Präventionsmaßnahmen nach Meinung der Initiatoren in die richtige Richtung gehen. Beim Vergleich der Zahlen zwischen den beteiligten Regionen bestehen für Gesundheitsempfinden, Rauchen, Alkohol- und Drogenkonsum in Niederländisch-Limburg und Heinsberg vergleichbare Tendenzen (ohne dass präventive Angebote bekannt sind). Die Regierung der DG versucht weiterhin unabhängig von den aufgezeigten vielfältigen Engagements auf dem Gesundheitssektor mit eigenen Kampagnen und umfangreichem Informationsmaterial die Gesundheitsförderung zu thematisieren. Mit der TV-Sendung *Fit & Gesund*, die in Kooperation mit dem Ministerium seit 2001 produziert wird, werden speziell die deutschsprachigen Belgier mit Themen rund um Fitness, Wohlbefinden und Gesundheit angesprochen, die für jeden im Alltag interessant sein können. Zu den Maßnahmen zur Gesundheitsförderung zählt auch das Obstprojekt *Tutti Frutti*. Im Rahmen eines Obstabonnements erhalten teilnehmende Schulklassen für 9 € pro Kind ein ganzes Schuljahr lang einmal wöchentlich an einem bestimmten Tag Obst der Saison, das gemeinsam in der Klasse gegessen wird. Das bereits seit Jahren in Flandern erfolgreich durchgeführte Projekt ist im Gebiet der DG mittlerweile in ca. 30 Schulen eingeführt. Zur Unterstützung einer ausgewogenen Ernährung wird vom Ministerium, Abteilung für kulturelle und soziale Angelegenheit, eine Ernährungsgrafik in Form eines Ernährungsdreiecks propagiert. Wissenschaftler haben darauf dargestellt, welche Lebensmittel in welchen Mengen der Körper benötigt, damit der Nährstoffbedarf gedeckt ist. Das Ernährungsdreieck teilt die Nahrung in verschiedene Gruppen ein. Je größer eine Fläche, desto mehr davon benötigt der Körper. Angeblich wird hiermit eine ausgewogene Ernährung sichergestellt.

Um das Risiko von Herz-Kreislauferkrankungen, Bluthochdruck, Herzinfarkt oder Schlaganfall in der Bevölkerung zu reduzieren, wurde vom Gesundheitsministerium Belgiens im Mai 2009 eine Informationskampagne zur Senkung des Salzkonsums gestartet, mit dem Ziel, die tägliche Salzzufuhr auf 6g zu senken (entsprechend den Empfehlungen der WHO). Die Kampagne („Salz? Nein danke“) enthält auch deutschsprachige Informationen und Tipps, z.B. zur Feststellung des Salzgehaltes eines Produkts. Ein nationaler Ernährungsplan, zu dem die gestartete Kampagne gehört, soll eine Veränderung der Essgewohnheiten und zu mehr körperlicher Bewegung beitragen. In diesem Zusammenhang wird für die Einführung des Jodsalzes geworben, das bereits für die Brotherstellung vereinbart wurde. Auch die Lebensmittelindustrie hat sich verpflichtet, den Salzgehalt einiger Grundnahrungsmittel zu senken. Im „Aktionsplan Hitzewelle und Ozonspitzen“ sind Warnungen und vorbeugende Maßnahmen insbesondere für gefährdete Personengruppen (ältere Menschen, kleine Kinder) zusammengefasst.

Auch für die Zukunft wird es nötig sein die gesundheitsfördernden Maßnahmen bzw. Aktivitäten, ob in präventiver oder kurativer Hinsicht, den aktuellen Gesundheitsbedürfnissen anzupassen. Die zentrale Schaltstelle für alle Maßnahmen ist ohne Zweifel das Ministerium der DG mit den verschiedenen Dienststellen, unterstützt von den Initiativen der Arbeitsgruppe „Gesundheitsförderung“ und den subsidiarischen Vereinigungen und Organisationen, wie der *KPVDB* oder der *Patienten Rat + Treff*.

7. Grenzüberschreitende Gesundheitsversorgung

Mit dem Urteil des Europäischen Gerichtshofes aus dem Jahre 1998 wurde bestätigt, dass die Praxis der Genehmigungspflicht der Krankenkassen bei medizinischen Behandlungen im Ausland, gegen den Grundsatz des freien Dienstleistungsverkehrs verstößt. Die Krankenkassen, die nach dem Urteil die Leistungen auch bei nicht vorheriger Genehmigung übernehmen müssen, rechnen allerdings nach den Gepflogenheiten im eigenen Land ab. Dies bedeutet, dass Leistungen, die nicht im Katalog der Kassen aufgelistet sind, im Ausland nicht bezahlt werden. Deshalb haben die Krankenkassen der Euregio (alle belgischen Krankenkassen der Provinzen Lüttich, Belgisch-Limburg, Niederländisch-Limburg und des Kreises Aachen) über die Behörden ihrer Länder durchgesetzt, dass ihre Patienten innerhalb der Euregio die fachärztlichen Leistungen in Anspruch nehmen können und nach den Gepflogenheiten in ihrem Behandlungsland abrechnen. Hierfür sind die Projekte *IZOM* (aus dem Niederländischen *Integratie Zorg op Maat*) und *ZOM* für die Bürger der Grenzregion der Euregio Maas-Rhein (*IZOM*) und für die Bürger in den Euregios Rhein-Maas-Nord und Rhein-Waal (*ZOM*-Region) etabliert. Zum Leistungsangebot zählen die allgemeine fachärztliche Behandlung, die Arzneimittelversorgung, die stationäre Behandlung und mit zusätzlicher Genehmigung Heil- und Hilfsmittelversorgung sowie medizinische Spitzenversorgung. Die praktische Vorgehensweise sieht vor, dass ein Versicherter den *IZOM*-Schein seines Landes bei der Kasse des anderen in einen regulären Versicherungsschein umtauscht und damit die im Lande geltenden Angebote nutzen kann.

An dieser Stelle sei erwähnt, dass auch der französisch-belgische Grenzraum, vertreten durch die französische Regierung, die föderale Regierung Belgiens, die flämische Gemeinschaft, die wallonische Region und die französische Gemeinschaft seit den 90er Jahren durch eine intensive Zusammenarbeit im Gesundheits- und medizinisch-sozialen Bereich gekennzeichnet ist. Es sind im Wesentlichen lokale Institutionen einzelner Gesundheitseinrichtungen beiderseits der Grenze, die die Versorgung komplementär abdecken und laufend an die Bedürfnisse anpassen. Die Initiativen werden z.T. durch INTERREG-Programme gefördert.

Diese grenzüberschreitenden Gesundheitsregulierungen können durchaus als beispielhafte Ansätze für eine EU-weite Harmonisierung der unterschiedlichen Gesundheitssysteme angesehen werden.

Tabelle 6-11a: Hilfsorganisationen im Gesundheitsbereich der DG (außerhalb der Krankenhäuser)

Hilfsorganisationen	Kontakt/ Standort	Anzahl	Aufgaben
Perinatales Zentrum (Vertreter & Gynäkologen der Klinik, ehrenamtliche Mitarbeiter)	St. Vith	1	• Geburtsvorbereitungskurse • Beratung der Schwangeren • Säuglingsvorsorgeuntersuchungen
Projekt „Zahnprophylaxe" DMF-Index (WHO): Anzahl fehlender, kariöser oder gefüllter Zähne	Ministerium		• Animationen zu Zahngesundheit • zahnärztl. Untersuchungen (3. Kindergartenjahr, 2. & 6. Primarschuljahr) • Info-Veranstaltungen für Eltern (auf Anfrage)
Josephine-Koch-Service VoG Projekt *Vergissmeinnicht*	Eupen	>100 Mitarbeiter	• ambulante Betreuung alter und kranker Menschen • Palliativgruppe
Häusliche Krankenpflege: Gelb-Weißes-Kreuz, Selbständige Krankenpfleger/innen	Eupen, Gemeinden der DG	22 Mitarb. 40 Selbst.	• Injektionen, Verbandwechsel • urologische oder gynäkologische Pflege • technische Dienstleistungen • Körperpflege
Stundenblume Träger: Landfrauenverband	Koordinatorin in Kettenis, in Norden und Süden organisiert, Ministerium		• Unterstützung hilfsbedürftiger Menschen & Familien in akuter Not • Palliativbetreuung
Palliativverband	Eupen, St. Vith	16 Organisationen /Einrichtungen	• Vorbeugung, Befreiung oder Linderung von Schmerzen & Symptomen, • Kommunikation • Organisation & Koordination der Betreuung zu Hause
Familienhilfe VoG der Frauenliga	Eupen Ministerium flächendeckend in 9 Gemeinden der DG		• Hilfe im Haushalt • Pflege und Betreuung kranker und hilfsbedürftiger Menschen
Zentrale Anlaufstelle bei Hilfe & Pflegebedarf (Umstrukturierung aus *Eudomos* & häuslichem Begleit-dienst der Heime)	Eupen: Geschäftsstelle Nord „Seniorenheim Hof Bütgenbach": Geschäftsstelle Süd		• zentrale Beratung über Familien & Seniorenhilfe (häuslicher Verbleib oder Alten- & Pflegeheim)
Dienststelle für Personen mit Behinderung (DPB) Dienste: Frühhilfe Ostbelgien	St. Vith St. Vith, Eupen		Beratung & Information: • Hilfs- & Begleitmaßnahmen • Betreuung & Therapie • Einstieg Berufsleben • Zulagen & Vergünstigungen • behinderte/entwicklungs verzögerte Kleinkinder

Tabelle 6-11b: Hilfsorganisationen im Gesundheitsbereich der DG (außerhalb der Krankenhäuser)

Hilfsorganisationen	Kontakt/ Standort	Anzahl	Aufgaben
Beihilfe zur Unterstützung von betagten Personen (BUB)	Rentenamt (Gemeinden), Dienststelle für Personen mit Behinderung, Ministerium		Kostenminderung bei altersbedingten Belastungen, keine Zweckbindung: • Ankauf von Hilfsmitteln, • Kosten für Umsiedlung ins Seniorenheim, • Finanzierung einer Familienhilfe
Prisma VoG	Eupen, Ministerium	1	Psychosoziale Beratungsstellen: • Schwangerschaftskonflikt-beratung, • Beratung bei Abtreibung (gesetzliche Verpflichtung) • Frauenfluchthaus (Träger)
Sozial-Psychologisches Zentrum (SPZ)	Eupen (Hauptsitz), St. Vith (Zweigstelle)	2	Beratung und Therapie bei seelischen und zwischen-menschlichen Konflikten
Der Dienst „Aktivation"	St. Vith	1	• Definition von Möglichkeiten & Rahmen der Intervention bei Pat. mit psychiatr. Vorgeschichte • Zusammenarbeit mit Integrationswerkstätten, Sozialarbeitern und Arbeits-begleitern
Psychiatrieverband	Eupen	1 (13 in Belgien)	• Zusammenarbeit der psychiatrischen Einrichtungen • Untersuchung Versorgungsbedarf • Verbesserung der Versorgungslage
„Vivre Comme Avant" (Leben wie zuvor)	Brüssel Vertretung in DG, Ministerium	1	• praktische Tipps • Informationen: Verkaufsstellen Brustprothesen, Perücken, Lymphdrainage
AIDS-Präventionsgruppe Träger: Ministerium	Ministerium, Bundeszentrale für gesund-heitliche Auf-klärung		• Präventionsveranstaltungen: Jugendliche 14-15 Jahre (Schulen), außerschulische Einrichtungen. • Sensibilisierungskampagnen
Arbeitsgemeinschaft für Suchtvorbeugung & Lebensbewältigung (ASL) (Kostenbeiträge einkommens-abhängig & gestaffelt)	Eupen Unterstützung durch DG		• Primäre Suchtvorbeugung (Jugendliche) • Lebensbewältigung, Lebens-qualität • Suchtvorbeugungsgruppen • Training für Alleinerziehende, Alleinstehende & Eltern

Tabelle 6-11c: Hilfsorganisationen im Gesundheitsbereich der DG (außerhalb der Krankenhäuser)

Hilfsorganisationen	Kontakt/ Standort	Anzahl	Aufgaben
Mondorfer Gruppe: Arbeitsgruppe zur Suchtvorbeugung in der Großregion Saar-Lor-Lux	Ministerium		• Entwicklung und Abstimmung länderübergreifender Handlungsstrategien & Maßnahmen gegen Suchtgefahren
Therapiegruppe für Herzpatienten	Eupen, St. Vith	2	• Information, Gespräch • Rehabilitation
Deutschsprachige Krankenpflegevereinigung (KPVDB)	Eupen, Ministerium		• Planung und Gestaltung von Fortund Ausbildungsangeboten für Pflegeberufe, Familien- & Seniorenhelfer • Konzeption von Spezialisierungen • Patientenschulung (KH)
Alzheimer Liga	Deutschsprachige Vertretung		
Patienten Rat+Treff (PRT)	Eupen, St. Vith (Gesundheits-zentrum)	2	• Information & Beratung zu Gesundheitsthemen (Bibliothek, Bücher, Broschüren, Artikel, Kurse, Vorträge) • Betreuung von Selbsthilfegruppen, Diabetikerschulungen
PRT-Dienst: Unterricht für kranke Kinder (Kostenbeitrag)	Unterricht für nördliche & südliche Gemeinden auf Anfrage		• Einzelunterricht zu Hause/ Krankenhaus (Primarschüler & erstes Sekundarjahr)

Résumé – Samenvatting

Le système sanitaire en Communauté germanophone de Belgique

La structure et le fonctionnement du système de santé belge sont de prime abord difficiles à saisir pour les non-initiés. La Belgique dispose d'un système de sécurité sociale obligatoire pour lequel tous les assurés paient une cotisation globale permettant de financer l'assurance maladie, l'assurance chômage et l'assurance retraite. La sécurité sociale publique couvre aussi bien des risques majeurs (hospitalisations, dépistages) que des risques mineurs (par ex. soins ambulatoires, médicaments). Les employés, les fonctionnaires, les retraités et les handicapés dépendent du régime obligatoire, tandis que les professions libérales et leurs familles doivent couvrir eux-mêmes les risques majeurs. Le financement s'effectue par le paiement de cotisations (à la fois par l'employeur et l'employé), d'impôts et par paiement direct (assurance complémentaire, parts sur la TVA, sommes reversées par l'industrie pharmaceutique, sommes reversées par les caisses privées d'assurance maladie et par les assurances auto).

Les assurés sont libres de choisir le médecin qu'ils souhaitent, les médecins travaillant la plupart du temps sous contrat (pour les caisses d'assurance maladie) ou en tant que médecin libéral. *L'Institut national d'assurance maladie-invalidité* (*INAMI*) fixe un budget annuel permettant également de financer les caisses d'assurance maladie. Les organisations professionnelles des médecins et des dentistes négocient les honoraires de leurs membres avec cet Institut. Les médecins et dentistes non rattachés aux caisses d'assurance maladie sont en honoraires libres. Les caisses ne remboursent alors que les prestations listées dans les tarifs d'honoraires. Le patient avance le montant des prestations réalisées, selon le principe du remboursement des frais ; environ 30% des frais restent à sa charge. Les patients en difficultés ou gravement malades peuvent bénéficier d'un meilleur taux de remboursement ou d'une moindre participation aux frais dont le montant est fixé en fonction du revenu. Sur le plan international, la Belgique est le 5ème pays qui dépense le plus dans le domaine de la santé (9,8% du PIB) après les Etats-Unis, la France, la Suisse et l'Allemagne.

La politique de suivi au sein et à l'extérieur des établissements d'accueil (hôpitaux, maisons de retraite et de soin), l'éducation, la promotion et la prévention en matière de santé incombe donc aux Communautés. Hormis le personnel de soin, les services et organismes actifs dans le domaine de la santé sont subventionnés par la Communauté germanophone (DG) et relèvent partiellement de la compétence du Ministère responsable. La majeure partie du budget alloué à la santé en DG sert à subventionner les deux hôpitaux et la construction d'un hôpital psychiatrique. Les hôpitaux généraux proposent une large gamme de prestations. Les offres en matière de promotion et de prévention de la santé des nourrissons, des enfants en bas âge et des enfants est notamment variée, tout comme les offres de services aux personnes âgées. La Communauté germanophone dispose d'un vaste système de médecins de garde et d'aides médicales d'urgence y compris l'assistance par hélicoptère.

Het gezondheidssysteem van de DG

De structuur en het functioneren van het Belgische gezondheidssysteem is voor leken op het eerste zicht erg onoverzichtelijk. België heeft een systeem met verplichte verzekering. Alle verzekerden dragen een globaal bedrag bij, waarvan dan de ziektekostenverzekering, de werkloosheidsverzekering en de pensioenverzekering gefinancierd worden. De wettelijke ziektekostenverzekering dekt de grote risico's (ziekenhuisopnames, technische medische prestaties) en kleine risico's (bijv. ambulante medische zorg, geneesmiddelen). Werknemers, ambtenaren, gepensioneerden en gehandicapten nemen verplicht deel aan de ziektekostenverzekering, zelfstandigen en hun gezinsleden zijn verplicht zich tegen de grote risico's te verzekeren. De financiering hiervan vindt plaats via de verzekeringsbijdrages (werknemers en werkgevers), belastingsgeld en directe bijdrages (aanvullende verzekeringen, gedeeltelijke BTW-bijdrages, afdrachten door de farmaceutische industrie, afdrachten van privé ziektekostenverzekeringen en autoverzekeringen).

De huisarts kan vrij gekozen worden. Huisartsen zijn meestal werkzaam als contractarts/ziekenfondsarts of als vrije, zelfstandige arts. Het *Rijksinstituut voor Ziekte- en Invaliditeitsverzekering* (*RIZIV*) bepaalt jaarlijks het budget, waaruit de verzekeringsorganen gefinancierd worden. Beroepsorganisaties van artsen en tandartsen bepalen op basis hiervan het honorarium van hun leden. Vrije, zelfstandige artsen en tandartsen kunnen hun honorarium zelf bepalen. De ziekenfondsen vergoeden alleen de medische prestaties die vastgelegd zijn in een verordening inzake medische vergoedingen. Op basis van het kostenvergoedingsprincipe betaalt de patiënt in eerste instantie de kosten voor de medische prestatie die achteraf vergoed worden, waarbij hij een eigen bijdrage van gemiddeld 30% dient te betalen. Sociaal zwakke patiënten evenals ernstig zieke patiënten hebben recht op een hogere vergoeding van de kosten of betalen een lagere wettelijke, inkomensafhankelijke eigen bijdrage. België neemt met zijn uitgaven voor de gezondheidszorg (9,8% BBP) internationaal een vijfde plaats in, na de VS, Frankrijk, Zwitserland en Duitsland.

De gemeenschappen zijn verantwoordelijk voor het beleid binnen en buiten de medische instellingen (ziekenhuizen, bejaardentehuizen en verpleeghuizen), en voor voorlichting en informatie over gezondheidszorg evenals voor preventieve maatregelen. De organisaties en diensten, die naast het medische en paramedisch personeel werkzaam zijn in de gezondheidszorg worden door de Duitstalige gemeenschap gesubsidieerd en vallen gedeeltelijk onder de bevoegdheid van het ministerie. Het grootste deel van de in begroting voor gezondheidszorg voorziene middelen gaat naar de subsidiëring van beide ziekenhuizen en de nieuwbouw van het psychiatrisch verpleeghuis. De algemene ziekenhuizen hebben een zeer breed aanbod aan (para-)medische diensten. Vooral het aanbod aan preventieve en gezondheidsstimulerende voorzieningen is zeer groot, zoals voorzieningen voor zuigelingen, kleuters en (jonge) kinderen. Dat geldt ook voor (medische) hulpvoorzieningen voor senioren. Er staat ook een noodarts- en reddingsdienst, inclusief reddingsteam met helikopter (mobiel medisch team), voor het hele gebied van de Duitstalige Gemeenschap ter beschikking.

BIBLIOGRAPHIE

Grenzland seit Menschengedenken (Alfred Minke)

BARIETY, J.: „Le projet de rétrocession d'Eupen-Malmedy par la Belgique à l'Allemagne, et la France (1925-1926). Un cas d'utilisation de l'arme financière en politique internationale“, in: *Les relations franco-belges de 1830 à 1934*, Metz, 1974: 325-348.

BEAUFAYS, J.: „Le fédéralisme, une révolution légale“, in: *La Wallonie, une région d'Europe*, Nizza-Charleroi, 1997: 114-122.

BIERGANZ, M./ HERREN, R.: *10. Mai 1940 zwischen Aachen und Lüttich*, Eupen, 1990.

BRASSINNE DE LA BUISSIERE, J.: „La structure de l'État fédéral“ in: *La Wallonie, une région d'Europe*, Nizza-Charleroi, 1997: 35-58.

BRÜLL, C.:*Die deutschsprachigen Einheiten in der belgischen Armee zwischen den beiden Weltkriegen* (ZVS-Schriftenreihe, 19), St. Vith, 2004.

BRÜLL, C.: „Un passé mouvementé: l'histoire de la Communauté germanophone de Belgique“, in: STANGHERLIN, R. (Hrsg.): *La Communauté germanophone de Belgique*, Brüssel, 2005: 17-47.

BRÜLL, C.:*Belgien im Nachkriegsdeutschland. Besatzung, Annäherung, Ausgleich 1944-1958*, Essen, 2009.

CHRISTMANN, H.: *Presse und gesellschaftliche Kommunikation in Eupen-Malmedy zwischen den beiden Weltkriegen*, München, 1974.

CREMER, F.: „Annexion, Assimilation, Autonomie. Zur Geschichte der Deutschsprachigen Gemeinschaft“, in: *I & M, Informationen und Meinungen aus Deutschbelgien* 2-4, (1994).

CREMER, F./ MIESSEN, W.: *Spuren. Materialien zur Geschichte der Deutschsprachigen Gemeinschaft Belgiens (1933-1956)*, 3 Mappen, Eupen, 1995.

CREMER, E. (et al.): *Zeitleiste*, St. Vith, 2003.

CREMER, H.: *150 Jahre landwirtschaftliche Vereine und Genossenschaften in Eupen-Malmedy-St. Vith*, Eupen, 1994.

COLLINET, R.: *L'annexion d'Eupen et Malmedy à la Belgique en 1920*, Verviers, 1986.

D'HAENENS, A./ MINKE, A. (Hrsg.): *Grenzland seit Menschengedenken – Identität und Zukunft der Deutschsprachigen Gemeinschaft Belgiens*, 4 Biblio-Kassetten, Eupen, 1990.

D'HAENENS, A./ MINKE, A. (Hrsg.): *Grenzland seit Menschengedenken – Identität und Zukunft der Deutschsprachigen Gemeinschaft Belgiens*, 4 Biblio-Kassetten (Autonomie und Ausblick), Eupen, 1990.

DOEPGEN, H.: *Die Abtretung des Gebietes von Eupen-Malmedy an Belgien im Jahre 1920*(Rheinisches Archiv. Veröffentlichungen des Instituts für geschichtliche Landeskunde der Rheinlande an der Universität Bonn, 60), Bonn, 1966.

ENSSLE, M. J.: *Streseman's Territorial Revisionism, German-Belgium and the Eupen-Malmedy Question 1919-1929*, Wiesbaden, 1980.

FAGNOUL, K.: „Streiflichter auf das Kriegsgeschehen im St. Vither Land“,in: ZENTRUM FÜR GESCHICHTLICHE FORSCHUNG UND STUDIEN DES ZWEITEN WELTKRIEGS (Hrsg.):*Beiträge zur Geschichte des Zweiten Weltkriegs* 7, 1982, Sonderdruck.

FAGNOUL, K.:*Die annullierte Annexion – Vom Wiener Kongreß bis zum Ende Bolleniens*, St. Vith, 1985.

FICKERS, A. (Hrsg.): *Zwischen den Zeilen: Die Geschichte des Kreisblattes für den Kreis Malmedy und der St. Vither Volkszeitung 1866-1940*(Quellen und Forschungen zur Geschichte der deutschsprachigen Belgier, 3), Brüssel, 2008.

GIELEN, V.: *Der Kreis Eupen unter preußischer Herrschaft, 1815-1920*, Eupen, 1972.

GILISSEN, J.: „Étude statistique sur la répression de l'incivisme",*Revue de droit pénal et de criminologie* 5, 1951: 535-564.

GESCHICHTSVEREIN „ZWISCHEN VENN UND SCHNEIFEL" (Hrsg.): *Kriegsschicksale 1944/45*, St. Vith, 1969.

GRAND RY, J.: „Les Cantons de l'Est après la tourmente", *Revue générale belge* 10, 1946: 409-427.

HERREBOUT, E: *Hundertsechzig Jahre Berufsausbildung in Eupen. Von der Sonntagshandwerkerschule zum Zentrum für Aus- und Weiterbildung des Mittelstandes*, Eupen, 2003: 14-129 (historischer Rückblick).

JENNIGES, H.: „Traditionelles Kirchenleben und neue Religiosität. Vom Einfluß der Kirche auf die Identitätsfindung der deutschen Sprachminderheit in Belgien", in: *Kolloquium über Kirchengeschichte und religiöses Leben bei den deutschen Bevölkerungsgruppen im Ausland.Referate*, Flensburg, 1993: 157-170.

KARTEUSER, B.: *Die 30er Jahre in Eupen-Malmedy. Einblick in das Netzwerk der reichsdeutschen Subversion*, Neundorf, 2001.

KAUFMANN, K. L.: „Der Kreis Malmedy. Geschichte eines Eifelkreises von 1865 bis 1920", in: H. NEU (Hrsg.): Bonn, 1961.

KAUFMANN, K. L.: „Der Grenzkreis Malmedy in den ersten fünf Jahrzehnten der preußischen Verwaltung", in: H. Neu (Hrsg.): Bonn, 1963.

KINSKY, F: „Le fédéralisme politique", in: *La Wallonie, une région d'Europe*, Nizza-Charleroi, 1997: 21-34.

KLEU, G.: *Die Neuordnung der Ostkantone Belgiens 1945-1956: Politik, Kultur und Wirtschaft in Eupen, Malmedy und St. Vith*, Essen, 2007.

LEICHSENRING, M.: *Neutral-Moresnet, seine Entstehung und völkerrechtliche Natur*, Leipzig, 1911.

LEJEUNE, C.: *Die deutsch-belgischen Kulturbeziehungen, 1925-1980*, Köln, 1992.

LEJEUNE, C./ FICKERS, A./ CREMER, F. (Hrsg.): *Spuren in die Zukunft. Anmerkungen zu einem bewegten Jahrhundert*, Büllingen, 2001.

LEJEUNE, C.: „'Des Deutschtums fernster Westen'. Eupen-Malmedy, die deutschen Dialekt redenden Gemeinden um Arlon und Montzen und die 'Westforschung'", in: DIETZ, B./ GABEL, H./ TIEDAU, U. (Hrsg.): *Griff nach dem Westen. Die „Westforschung" der völkisch-nationalen Wissenschaften zum nordwest-europäischen Raum (1919-1960)*, in:LADEMACHER, H. [Hrsg.]: *Studien zur Geschichte und Kultur Nordwesteuropas*, 6), Münster-New York-München-Berlin, 2003.

LEJEUNE, C.: *Die Säuberung*, 3 Bände, Büllingen, 2005-2008.

LEGROS, E.: *La Wallonie malmédienne sous le régime prussien*(Le pays de St. Remacle, 13) Malmedy, 1977-1978.

LENTZ, J.: *Das Wahlverhalten in den Kantonen Eupen, Malmedy und St. Vith bei den Parlamentswahlen von 1925 bis 1939*, 2 Bände, Eupen, 2000-2001.

LEWALLE, P.: „Fédéralisme: union ou désunion?" in: *La Wallonie, une région d'Europe*, Nizza-Charleroi, 1997: 59-113.

LOUP, G.: *Geschichte der Vennstraße*, Eupen, 1990.

MAXENCE, P.: *Les atouts gaspillés ou le drame des cantons de l'Est*, Saint-Nicolas, 1951.

MICHEL, H.: *Oranienburg-Sachsenhausen, KZ-Erinnerungen, Hungermarsch in die Freiheit*, Eupen, 1985.

MIESSEN, W.: *Die Deutschsprachige Gemeinschaft Belgiens, Bibliographie, 1945-2002* (Quellen und Forschungen zur Geschichte der deutschsprachigen Belgier, 1), 2 Bände, Brüssel, 2003.

MIESSEN, W.: *Die Deutschsprachige Gemeinschaft Belgiens, Bibliografie 2003-2008. Mit Nachträgen 1945-2002* (Quellen und Forschungen zur Geschichte der deutschsprachigen Belgier, 4), Brüssel, 2009.

MINKE, A.: „Die Deutschsprachige Gemeinschaft Belgiens – Gestern und heute", in: *Erstes deutsch-niederländisch-belgisches Archivsymposion, 28. und 29. Mai 1991 in Eupen – Annalen*, Brüssel, 1992: 11-23.

MINKE, A.: „La Communauté germanophone: l'évolution d'une terre d'entre-deux", in: *La Wallonie, une région d'Europe*, Nizza-Charleroi, 1997: 166-185.

MINKE, A.: „Eupen und Ostbelgien. Kirchengeschichtliche Anmerkungen", in: *Geschichte im Bistum Aachen*, 4, 1997/1998: 373-402.

MINKE, A.: „Eupen-Malmedy-St. Vith: vom Ende des Ancien Régime bis 1976. Die wirtschaftliche Entwicklung des Grenzlandes", in: *25 Jahre Juniorenkammer der Wirtschaft Eupen*, Beilage zum *Grenz-Echo*, Nr. 122 vom 29. Mai 1999: 3-6.

MINKE, A.: *Die Bestände des Staatsarchivs in Eupen. Allgemeine Übersicht (Gerichtsbezirk Eupen)*, (Archivführer, 48), Brüssel, 2000.

MINKE, A.: *Die Pfarrstrukturen in den Dekanaten Büllingen, Malmedy und St. Vith. Eine geschichtliche Betrachtung mit besonderer Berücksichtigung der französischen Zeit (1794-1814)*, (ZVS-Schriftenreihe, 18), St. Vith, 2003.

MINKE, A.: „Die katholische deutschsprachige Gemeinschaft in Belgien im Verbund der Ortskirche Lüttich",*Römische Quartalschrift* 99, 3-4, 2004: 260-282.

MINKE, A.:*Kleine Pfarrgeschichte Ostbelgiens.* (*Jahrbuch 2009 des Fördervereins des Archivwesens in der Deutschsprachigen Gemeinschaft Belgiens V.o.G.*), Eupen, 2010.

NILLES, L.: *Der Bau von Eisenbahnen im Lande zwischen Venn und Schneifel – Projekte, Enttäuschungen und Verwirklichungen*(Schriftenreihe des Geschichtsvereins „zwischen Venn und Schneifel", 4), St. Vith, 1970.

NOEL, E.: „L'Europe des minorités et la Belgique fédérale", in: *La Wallonie, une région d'Europe*, Nizza-Charleroi, 1997: 18-20.

OHNE AUTOR: *Der verhängnisvolle Irrtum*, Eupen, 1984.

PAUQUET, F.: *Le territoire contesté de Moresnet dit Moresnet neutre. Notes historiques sur son statut, sa législation et son administration*(Bulletin de la Société verviétoise d'Archéologie et d'Histoire, 47), Verviers, 1960.

PABST, K.: „Eupen-Malmedy in der belgischen Regierungs- und Parteienpolitik 1914-1940",*Zeitschrift des Aachener Geschichtsvereins* 76, 1964: 206-515.

PABST, K.: „Das Problem der deutsch-belgischen Grenze in der Politik der letzten 150 Jahre",*Zeitschrift des Aachener Geschichtsvereins* 77, 1965: 183-210.

PABST, K.: „Neutral-Moresnet, ein Dorf ohne Staatszugehörigkeit, 1815-1915", in: *150 Jahre Regierung Aachen*, 1967: 15-67.

PABST, K: „Zwischenspiel: Das 'Bistum Eupen und Malmedy', 1921-1925", in: *Lebensraum Bistum Aachen*, Aachen 1982: 26-62.

QUADFLIEG, P. M.: *„Zwangssoldaten" und „Ons Jongen": Eupen-Malmedy und Luxemburg als Rekrutierungsgebiet der deutschen Wehrmacht im Zweiten Weltkrieg*(Aachener Studien zur Wirtschafts- und Sozialgeschichte 5), Aachen, 2008.

REINERS, H./ NEU, H.: *Die Kunstdenkmäler von Eupen-Malmedy*, Düsseldorf, 1935.

ROSENSTRÄTER, H.: *Deutschsprachige Belgier, Geschichte und Gegenwart der deutschen Sprachgruppe in Belgien*, 3 Bände, Aachen, 1985.

RULAND, H.:*„Gott segne die christliche Arbeit". Ein Lesebuch zur Geschichte der Eupener Arbeiterschaft in französischer und preußischer Zeit (1792-1910)*, Aachen, 1988.

RULAND, H.:*Zum Segen für uns alle. Obrigkeit, Arbeiterinnen und Arbeiter im deutsch-belgischen Grenzgebiet (1871-1914)*, Eupen, 2000.

SCHÄRER, M. R.: *Deutsche Annexionspolitik im Westen. Die Wiedereingliederung Eupen-Malmedys im Zweiten Weltkrieg*, Bern-Frankfurt a. M.-Las Vegas, 1975, 1978.

TIMMERMANN, L.: *Das Eupener Land und seine Grünlandwirtschaft* (Bonner Geographische Abhandlungen, 5), Bonn, 1951.

TOUSSAINT, H.: *Verlorene Jahre*, Eupen, 1987.

TOUSSAINT, H.:*Bittere Erfahrungen*, Eupen, 1988.

TREES, W.:*Kaffee, Krähenfüße und Kontrollen*, Aachen, 1974.

VAN BANNING, J. P. D.: *Gebiedsovergang en zijn gevolgen getoetst aan de praktijk van de inlijving van Eupen-Malmédy door België*, Schaesberg, 1949.

VEITHEN, P.: „Die Volksbefragung in Eupen-Malmedy-St. Vith und ihre unmittelbaren Folgen", in: *Fédération archéologique, historique et folklorique de Belgique, XLVIIème congrès Malmedy 1972, Annales*, 2, 1974: 155-163.

WIESEMES, E.: *Die Organisation „Hitlerjugend" im Gebiet von Malmedy-St. Vith 1940-1944*, (ZVS-Schriftenreihe, 16), St. Vith, 2000.

WINTGENS, L.: *Grundlage der Sprachgeschichte im Bereich des Herzogtums Limburg* (Ostbelgische Studien, I), Eupen, 1982.

WYNANTS, J.: „Les autorités belges et la situation des Cantons de l'Est 1940-1944", in: *Bulletin d'information du Centre liégeois d'Histoire et d'Archéologie militaires*, IX, 1, 2004: 15-26.

„Hilf dir selbst, dann hilft dir Gott!"? Eine politische Geschichte der Deutschsprachigen Gemeinschaft Belgiens (Christoph Brüll)

BERGE, Alexander/ GRASSE, Frank: *Belgien – Zerfall oder föderales Zukunftsmodell? Der flämisch-wallonische Konflikt und die Deutschsprachige Gemeinschaft*, Opladen, 2003.

BEYEN, Marnix/ DESTATTE, Philippe: *Un autre pays. Nouvelle histoire de Belgique 1970-2000*, Brüssel, 2009.

BRÜLL, Christoph/ FÖRSTER, Stephan: „Bestgeschützte Minderheit" und „kleinstes Bundesland" Europas? Die Deutschsprachige Gemeinschaft im Föderalstaat Belgien", in: Grenz-Echo-Verlag (Hrsg.), *Belgien 1830-2005. Deutschsprachige Gemeinschaft 1980-2005*, Eupen, 2005: 219-231.

BRÜLL, Christoph: „'L'identité des Belges germanophones est une non-identité'. Quelques réflexions sur des publications récentes sur l'histoire de la Communauté germanophone de Belgique", *Cahiers d'Histoire du Temps Présent* 21,2009: 211-226.

CREMER, Freddy: „Annexion, Assimilation, Autonomie. Zur Geschichte der Deutschsprachigen Gemeinschaft", in: *I & M[Informationen & Meinungen]*, Eupen, 1994:2, S. 5-14, 3, S. 3-13, 4, S. 4-15.

CREMER, Freddy/ MIESSEN, Werner: *Spuren. Materialien zur Geschichte der Deutschsprachigen Gemeinschaft Belgiens*, Eupen, 1996.

CREMER, Freddy/ FICKERS, Andreas/ LEJEUNE Carlo: *Spuren in die Zukunft. Anmerkungen zu einem bewegten Jahrhundert*, Büllingen, 2001.

DEWALD, Nicolas: *L'indemnisation des enrôlés de force dans l'armée allemande*, unveröffentlichte Lizenzarbeit in Geschichte, Universität Lüttich, 2004-2005.

FICKERS, Andreas: „Gedächtnisopfer. Erinnern und Vergessen in der Vergangenheitspolitik der deutschsprachigen Belgier im 20. Jahrhundert“, in: *Zeitenblicke*, 3 (2004), Nr. 1, http://zeitenblicke.historicum.net/2004/01/fickers [05.01.2010].

FÖRSTER, Stephan/ LAMBERTZ, Karl-Heinz (Hrsg.): *Small ist beautiful, isn't it? Herausforderungen und Perspektiven kleiner (glied)staatlicher Einheiten*, Tübingen, 2004.

GERMANI, David/ SÄGESSER, Caroline: *La Communauté germanophone: histoire, institutions, économie*, (= courrier hebdomadaire du CRISP, Nr. 1986), Brüssel, 2008.

GROUPE DE RECHERCHE ET D'ETUDES SUR LA COMMUNICATION CULTURELLE (Hrsg.): *Grenzland seit Menschengedenken*, Biblio-Kassette 2: *Abhängigkeit;* Biblio-Kassette 4: *Autonomie und Ausblick*, Eupen, 1990.

KOLL, Johannes (Hrsg.): *Belgien. Geschichte – Politik – Kultur – Wirtschaft*, Münster, 2008.

MAJERUS, Benoît: „Eupen-Malmédy. Of een ambivalent expansiegebied“, in: Tollebeek, Jo u.a. (Hrsg.):*België. Een parcours van herinnering. Plaatsen van geschiedenis en expansie*, Amsterdam, 2008: 349-359.

MIESSEN, Werner: *Die Deutschsprachige Gemeinschaft Belgiens. Bibliografie 1945-2002*, 2 Bde., Brüssel, 2003.

MIESSEN, Werner: *Die Deutschsprachige Gemeinschaft Belgiens. Bibliografie 2003-2008. Mit Nachträgen 1945-2002*, Brüssel, 2009.

STANGHERLIN, Katrin (Hrsg.): *La Communauté germanophone de Belgique – Die Deutschsprachige Gemeinschaft Belgiens*, Brüssel, 2005.

WENSELAERS, Selm: *De laatste Belgen. Een geschiedenis van de Oostkantons*, Antwerpen, 2008.

Geschichte und Sprache der Ostbelgier in der Literatur. Ein bibliografischer Streifzug (Werner Miessen)

AMMON, Ulrich/ [u. a.]: *Variantenwörterbuch des Deutschen. Die Standardsprache in Österreich, der Schweiz und Deutschland sowie in Liechtenstein, Luxemburg, Ostbelgien und Südtirol*, Berlin-New York: Walter de Gruyter, 2004.

BECK, Philippe: „Literaturvermittlung in Ostbelgien zur Zwischenkriegszeit“, in: ILBRIG, Cornelia/ KORTLÄNDER, Bernd/ STAHL, Enno (Hrsg.): *Kulturelle Überlieferung. Bürgertum, Literatur und Vereinswesen im Rheinland 1830-1945*, Düsseldorf: Grupello, 2008: 227-245.

BECK, Philippe: *Peter Schmitz und Josef Ponten: zwei Schriftsteller aus dem deutschbelgischen Grenzland, 1918-1940. Eine kulturhistorische Studie unter besonderer Berücksichtigung der komparatistischen Imagologie,* Louvain-la-Neuve: Université Catholique de Louvain, 2010.

BECK, Philippe: „Umstrittenes Grenzland Eupen-Malmedy. Geokulturelle und politische Betrachtungen bei Josef Ponten und Peter Schmitz“, in: ELVERT, Jürgen (Hrsg.): *Ces chers voisins. Benelux, Deutschland und Frankreich im 19., 20. und 21. Jahrhundert*, Stuttgart: Franz Steiner, in Vorb.

BECK, Philippe: „Das Deutschlandbild in der deutschsprachigen Literatur Belgiens in der Zwischenkriegszeit. Der Fall des ostbelgischen Antikriegsromans 'Golgotha' von Peter Schmitz“, in: BEYEN, Marnix/ DRAYE, Greet/ ROLAND, Hubert (Hrsg.): *Deutschlandbilder in Belgien 1830-1940*, Münster: Waxmann, in Vorb.

BERGMANS, Bernhard: *Die rechtliche Stellung der deutschen Sprache in Belgien*, Louvain-la-Neuve: Cabay, 1986.

BERNRATH, Josef: „Das deutschsprachige belgische Wirtschaftsgebiet und sein Sozialgefüge“, in: *Informationen und Materialien zur Geographie der Euregio Maas-Rhein*, 7, 1980: 23-34.

BRÜLL, Christoph: *Die deutschsprachigen Einheiten in der belgischen Armee zwischen den-beiden Weltkriegen*, St. Vith: Geschichts- & Museumsverein „Zwischen Venn und-Schneifel“, 2004.

BRÜLL, Christoph: „'L'identité des Belges germanophones est une non-identité.' Quelques réflexions à propos de publications récentes sur l'histoire de la Communauté germanophone de Belgique“, in: *Cahiers d'Histoire du Temps Présent = Bijdragen tot de Eigentijdse Geschiedenis*, 21, 2009: 211-226.

BRÜLS, Werner: *Die Eupener Nachrichten und das Grenz-Echo 1933-1940: zwei Eupen-Malmedyer Tageszeitungen und ihr Deutschlandbild*, Louvain-la-Neuve: Katholische Universität Löwen, 1992.

CHRISTMANN, Heidi: *Presse und gesellschaftliche Kommunikation in Eupen-Malmedy zwischen den beiden Weltkriegen*, München: Philosophische Fakultät der Ludwig-Maximilians-Universität, 1974.

COLLINET, Roger: *L'annexion des cercles d'Eupen et Malmedy à la Belgique en 1920*, Verviers: La Dérive, 1986.

CORNELISSEN, Georg: „Ostbelgisches Alltagsdeutsch. Der Sellerie oder die Sellerie? Varianten beim Wortgeschlecht“, in: *Wir im Rheinland*, 1-2, 2008: 72-79.

CREMER, Bärbel: *Protestations des germanophones belges contre la politique belge de l'après-guerre, 1949-1963. Une étude de cas*, Louvain-la-Neuve: Université Catholique de Louvain, 2007.

CREMER, Freddy/ GOOR, Franz/ MIESSEN, Werner (Hrsg.): *Die verdrängten Jahre. Eupen-Malmedy-St. Vith 1914-1945*, Eupen: InED, 1990.

CREMER, Freddy/ MIESSEN, Werner (Hrsg.): *Spuren. Materialien zur Geschichte der Deutschsprachigen Gemeinschaft Belgiens, 1933-1956*, 3 Mappen, Eupen: Selbstverlag, 1995.

DARQUENNES, Jeroen: „Duits als autochtone taal in België: een schets met aandacht voor onderzoeksdesiderata“, in: *Handelingen van de Koninklijke Zuid-Nederlandse Maatschappij voor Taal- en Letterkunde en Geschiedenis*, LIX, 2006: 93-109.

DERWAHL, Freddy: *Grünes Land. Unterwegs in Ostbelgien*, Eupen: GEV, 1994 [Im selben Verlag auch in französischer und in niederländischer Sprache erschienen: *Le Vert Pays. Ala découverte des Cantons de l'Est;De Groene Kantons. Op tocht door Oost-België.*]

DERWAHL, Freddy: *Bosch in Belgien. Roman*, Eupen: GEV, 2006.

DIERICKX, Sarah: *Freddy Derwahl, ein Grenzgänger. Thematische Analyse des Werks eines deutschsprachigen Autors aus dem ostbelgischen Grenzgebiet*, Gent: Universiteit Gent, 2000.

DOEPGEN Heinz: *DieAbtretung des Gebietes von Eupen-Malmedy an Belgien im Jahre 1920*, Bonn: Ludwig Röhrscheid, 1966.

DRIES, Joseph: „Die wirtschaftliche Entwicklung der Deutschen in Belgien seit dem Ersten Weltkrieg. Staatsgrenzen als Wirtschaftshemmnisse und die Chancen im Vereinten Europa“, in: RITTER, Alexander (Hrsg.): *Kolloquium über Ökonomie und Identität bei den deutschen Bevölkerungsgruppen im Ausland. Referate der 10. Konferenz deutscher Volksgruppen in Europa in der Akademie Sankelmark,* Flensburg: Institut für Regionale Forschung und Information im Deutschen Grenzverein, 1994: 225-243.

EISERMANN, Gottfried/ ZEH, Jürgen: *Die deutsche Sprachgemeinschaft in Ostbelgien. Ergebnisse einer empirischen Untersuchung*, Stuttgart: Enke, 1979.

ELVERS, Daniela: *Enttäuschte Hoffnungen. Die Situation der deutschsprachigen Belgier von 1920 bis 1945*, Köln: Universität zu Köln, 1995.

ENGELS, Hans (Hrsg.): *60 Jahre Belgischer Rundfunk. 1945-2005 ostbelgische Zeitgeschichte*, Eupen: Belgischer Rundfung, 2006.

ENSSLE, Manfred J.: *Stresemann's territorial revisionism. Germany, Belgium, and the Eupen-Malmédy question 1919-1929*, Wiesbaden: Franz Steiner, 1980.

FICKERS, Andreas: „De la 'Sibérie de la Prusse' aux 'Cantons rédimés'. L'ombre diffuse de la Grande Guerre dans la mémoire collective des Belges germanophones", in: JAUMAIN, Serge (Hrsg.): *Une guerre totale ? La Belgique dans la Première Guerre mondiale. Nouvelles tendances de la recherche historique*, Bruxelles: Archives générales du Royaume, 2005: 615-633.

FORSCHUNGSSTELLE FÜR MEHRSPRACHIGKEIT IN BRÜSSEL (Hrsg.): *Deutsch als Muttersprache in Belgien. Forschungsberichte zur Gegenwartslage*, Wiesbaden: Franz Steiner, 1979.

FORSCHUNGSSTELLE FÜR MEHRSPRACHIGKEIT IN BRÜSSEL (Hrsg.): *Wortatlas der deutschen Umgangssprachen in Belgien*, Bern-Stuttgart: Francke, 1987.

GESCHICHTSVEREIN „ZWISCHEN VENN UND SCHNEIFEL" (Hrsg.): *Kriegsschicksale 1944-1945. Beiträge zur Chronik der Ardennenoffensive zwischen Venn und Schneifel*, St. Vith: Geschichtsverein „Zwischen Venn und Schneifel", 1971.

GROUPE DE RECHERCHES ET D'ETUDES SUR LA COMMUNICATION CULTURELLE (Hrsg.): *Grenzland seit Menschengedenken. Identität und Zukunft der Deutschsprachigen Gemeinschaft Belgiens*, 4 Biblio-Kassetten, Eupen: Grenz-Echo, 1990-1992.

HEINEN, F.-J./ KREMER, E.: *Liste der regionalen und umgangssprachlichen Abweichungen imdeutschsprachigen GebietBelgiens*, 2., erw. Aufl., Eupen: Ministerium der Nationalen Erziehung. Pädagogische Arbeitsgruppe. Sekundarschulwesen, 1986.

HERREBOUT, Els: *Quellen zur Geschichte der Deutschsprachigen Gemeinschaft in ausländischen Archiven*, 12 Bde., Brüssel: Generalstaatsarchiv, 1993-1995.

HOMEM-CRISTO, Marc: *Die Eupen-Malmedy-Frage in der Presse der ostbelgischen Kantone*, Aachen: Historisches Institut der Rheinisch-Westfälischen Technischen Hochschule Aachen, 2003.

HURLET, Xavier: *Espionnage et contre-espionnage dans les Cantons de l'Est entre 1935 et le 10 mai 1940*, Liège: Université de Liège, 2006.

JENNIGES, Hubert: „Traditionelles Kirchenleben und neue Religiosität. Vom Einfluß der Kirche auf die Identitätsfindung der deutschen Sprachminderheit in Belgien", in: RITTER, Alexander (Hrsg.): *Kolloquium über Kirchengeschichte und religiöses Leben bei den deutschen Bevölkerungsgruppen im Ausland. Referate der 9. Konferenz deutscher Volksgruppen in Europa in der Akademie Sankelmark*, Flensburg: Institut für Regionale Forschung und Information im Deutschen Grenzverein, 1993: 157-170.

JENNIGES, Hubert: *Hinter ostbelgischen Kulissen. Stationen auf dem Weg zur Autonomie des deutschen Sprachgebiets in Belgien (1968-1972)*, Eupen: GEV, 2001.

KARTHEUSER, Bruno: *Die 30er Jahre in Eupen-Malmedy. Einblick in das Netzwerk der reichsdeutschen Subversion*, Neundorf: Krautgarten, 2001 [Im selben Verlag auch in französischer und in niederländischer Sprache erschienen: *Les années 30 à Eupen-*

Malmedy. Regard sur le réseau de la subversion allemande; *De jaren 30 in Eupen-Malmedy. Een blik op het netwerk van de Groot-Duitse subversie.*]

KERN, Rudolf (Hrsg.): *Deutsch als Umgangs- und Muttersprache in der EuropäischenGemeinschaft*, Brüssel: Belgisches Komitee des Europäischen Büros für Sprachminderheiten, 1989.

KERN, Rudolf: *Beiträge zur Stellung der deutschen Sprache in Belgien,* Louvain-la-Neuve:Collège Erasme; Bruxelles: Nauwelaerts, 1999.

KLEU, Gerd: *Die Neuordnung der Ostkantone Belgiens 1945-1956. Politik, Kultur und Wirtschaft in Eupen, Malmedy und St. Vith*, Essen: Klartext, 2007.

KOHNEMANN, Michel (Hrsg.): *Nachrichten aus Ostbelgien. Deutsche Dichtung in Belgien*, Hildesheim; New York: Olms Presse, 1986.

KÜCHENBERG, Adrian (Hrsg.): *Wer bist du? Neue Blicke auf Ostbelgien,* Eupen: GEV, 2003.

LEJEUNE, Carlo: „Abtretung, Umerziehung, Autonomie. Eine politische Schulgeschichte des deutschsprachigen Belgien", in: ARBEITSKREIS EIFELER MUSEEN (Hrsg.): *Tafel, Griffel, Rutenstock. 150 Jahre Eifeler Volksschulleben*, Meckenheim: Warlich, 1989, S. 227-242.

LEJEUNE, Carlo: *Mut zur eigenen Geschichte. Der 8. Mai 1945. Anmerkungen zur ostbelgischen Vergangenheit*, St. Vith: Aktuell, 1995.

LEJEUNE, Carlo: „Der lange Weg zum lebensbegleitenden Lernen. Von Tafel, Griffel, Rutenstock zur Bildung für alle", in: LEJEUNE, Carlo/ FICKERS, Andreas/ CREMER, Freddy: *Spuren in die Zukunft. Anmerkungen zu einem bewegten Jahrhundert*, Büllingen: Lexis, 2001: 49-61.

LEJEUNE, Carlo/ FICKERS, Andreas/ CREMER, Freddy: *Spuren in die Zukunft. Anmerkungen zu einem bewegten Jahrhundert*, Büllingen: Lexis, 2001.

LEJEUNE, Carlo: *Die Säuberung*, 3 Bde., Büllingen: Lexis, 2005-2008.

LEMAIRE, Cynthia: *La Question Royale dans les cantons de l'Est 1945-1950*, Liège: Université de Liège, 2004.

LENTZ, Jochen: *Das Wahlverhalten in den Kantonen Eupen, Malmedy und St. Vith bei den Parlamentswahlen von 1925 bis 1939*, 2 Bde., Louvain-la-Neuve: Université Catholique de Louvain, 1997.

LEONARDY, Ernst: „Dichtung und dokumentierte Minderheitenkultur. Die deutschsprachige Literatur im ostbelgischen Raum", in: RITTER, Alexander (Hrsg.): *Deutschsprachige Literatur im Ausland*, Göttingen: Vandenhoeck & Ruprecht, 1985: 52-68.

LEONARDY, Ernst: „Die Darstellung des ostbelgischen Raums in der deutschsprachigen Literatur Ostbelgiens", in: *Germanistische Mitteilungen*, 53, 2001: 46-64.

MAGENAU, Doris: *Die Besonderheiten der deutschen Schriftsprache in Luxemburg und in den deutschsprachigen Teilen Belgiens*, Mannheim: Bibliographisches Institut, 1964.

MIESSEN, Werner: *Die Deutschsprachige Gemeinschaft Belgiens. Bibliografie 1945-2002 = De Duitstalige Gemeenschap van België. Bibliografie 1945-2002 = La Communauté germanophone de Belgique. Bibliographie 1945-2002,* 2 Bde., Brüssel: Generalstaatsarchiv, 2003.

MIESSEN, Werner/ WINTGENS, Leo (Hrsg.): *Kabarett im Labyrinth der Vaterländer. Ostbelgische Prosa von Paul Gérardy bis heute. Gratulations-Kur für die Deutschsprachige Gemeinschaft Belgiens als Europäische Region des Jahres 2004*, Aachen: Helios, 2004.

MIESSEN, Werner: *Die Deutschsprachige Gemeinschaft Belgiens. Bibliografie 2003-2008 = De Duitstalige Gemeenschap van België. Bibliografie 2003-2008 = La Communauté germanophone de Belgique. Bibliographie 2003-2008,* Brüssel: Generalstaatsarchiv, 2009.

MINKE, Alfred: „Eupen und Ostbelgien. Kirchengeschichtliche Anmerkungen", in: *Geschichte im Bistum Aachen*, Bd. 4, 1998: 373-401.

MINKE, Alfred: *Die Bestände des Staatsarchivs in Eupen. Allgemeine Übersicht (Gerichtsbezirk Eupen)*, 2., erw. u. verb. Aufl., Brüssel: Generalstaatsarchiv, 2000.

MINKE, Alfred: „Die katholische deutschsprachige Gemeinschaft in Belgien im Verbund der Ortskirche Lüttich", in: *Römische Quartalschrift für christliche Altertumskunde und Kirchengeschichte*, Bd. 99, 3-4, 2004: 260-282.

MINKE, Alfred: „Ostbelgien – ein Landstrich zwischen den Kulturen. Zwischen Anspruch und Wirklichkeit – Geschichtskultur in der Deutschsprachigen Gemeinschaft Belgiens", in: TÖPFEREIMUSEUM RAEREN (Hrsg.): *Keramik zwischen Rhein und Maas. Keramische Begegnungen mit Belgien und den Niederlanden. Beiträge zum 38. Internationalen Hafnereisymposium*, Raeren: Töpfereimuseum; Düsseldorf: Geschäftsstelle des Arbeitskreises für Keramikforschung, 2006: 14-28.

PABST, Klaus: „Eupen-Malmedy in der belgischen Regierungs- und Parteienpolitik 1914-1940", in: *Zeitschrift des Aachener Geschichtsvereins*, Bd. 76, 1964: 206-515.

PABST, Klaus/ [u. a.]: *Zwischen Hammer und Amboß. Eupen-Malmedy-St. Vith und die „zehn Gemeinden" von 1939-1945. Erfahrungen einer Grenzbevölkerung*, Eupen: GEV, 1996.

PAN, Christoph/ PFEIL, Beate Sibylle: *Die Volksgruppen in Europa. Ein Handbuch*, Wien: Braumüller, 2000.

PAUQUET, Firmin: „Le territoire contesté de Moresnet dit Moresnet neutre. Notes historiques sur son statut, sa législation et son administration", in: *Bulletin de la Société verviétoised'Archéologie et d'Histoire*, XLVII, 1960: 53-153.

PETERS, Manfred (Hrsg.): *Seitensprünge. Literatur aus deutschsprachigen Minderheiten in Europa*, Wien; Bozen: Folio, 2009.

POTHEN, Kurt: *DieParlamentswahlen vom 2. April 1939 in Eupen-Malmedy-St. Vith*, Köln: Universität zu Köln, 1994.

QUADFLIEG, Peter M.: *„Zwangssoldaten" und „Ons Jongen". Eupen-Malmedy und Luxemburg als Rekrutierungsgebiet der deutschen Wehrmacht im Zweiten Weltkrieg*, Aachen: Shaker, 2008.

REIP, Nina: *Vergangenheitsbewältigung in der Deutschsprachigen Gemeinschaft Belgiens*, Aachen: RWTH Aachen. Institut für Politische Wissenschaft, 2006.

ROSENSTRÄTER, Heinrich: *Deutschsprachige Belgier. Geschichte und Gegenwart der deutschen Sprachgruppe in Belgien*, 3 Bde., Aachen: Selbstverlag, 1985.

RULAND, Herbert (Hrsg.): *Ostbelgien und der 10. Mai 1940. Zeitgeschichte, Verdrängung und Aktualität*, Eupen: Volkshochschule der Ostkantone, 1990.

SCHÄRER, Martin R.: *Deutsche Annexionspolitik im Westen. Die Wiedereingliederung Eupen-Malmedys im 2. Weltkrieg*, Bern; Frankfurt a. M.: Lang, 1975.

SCHARTE, Sebastian: *Nationalismus und Alltag an der deutsch-belgischen Grenze (1815-1914)*, Münster: Westfälische Wilhelms-Universität, in Vorb.

SCHMITZ-REINERS, Marion (Hrsg.): *Diesseits von Belgien. Impressionen aus Ostbelgien,* Eupen: GEV, 2009 [Im selben Verlag auch in französischer und in englischer Sprache erschienen: *A l'Est de la Belgique*; *On this side of Belgium*.]

STANGHERLIN, Katrin (Hrsg.): *La Communauté germanophone de Belgique = Die Deutschsprachige Gemeinschaft Belgiens*, Bruxelles: La Charte, 2005.

STRASSER, Alfred (Hrsg.): *Mit leichtem Gepäck. Eine Anthologie ostbelgischerGegenwartsliteratur*, St. Vith: Krautgarten, 2007.

THOMAS, Peter/ JENNIGES, Hubert: *50 Jahre Geschichte der Ostkantone*, Brüssel: BHF, 1972.

TOUSSAINT, Heinrich: *Verlorene Jahre. Schicksale einer Kriegsgeneration im Grenzland*, Eupen: Grenz-Echo, 1987.

VANDEN BOER, Anneleen: „Die deutsche Sprache in Belgien. Hintergrund und Forschungsperspektiven“, in: *Cahiers de l'Institut de Linguistique de Louvain*, 32, 1-4, 2006: 333-348.

VERDOODT, Albert: *Zweisprachige Nachbarn. Die deutschen Hochsprach- und Mundartgruppen in Ost-Belgien, dem Elsaß, Ost-Lothringen und Luxemburg*, Wien; Stuttgart: Wilhelm Braumüller, 1968.

WARNY, Heinz/ [u. a.]: *Zwei Jahrhunderte deutschsprachige Zeitung in Ostbelgien*, Eupen: GEV, 2007.

WEBER, Sandra: *Dialekt in Ostbelgien, Nordrhein-Westfalen und Rheinland-Pfalz. Eine Untersuchung zu regionalen und nationalen Unterschieden in der Verbreitung des Dialekts und den Dialektattitüden, verglichen mit der Sprachsituation in Luxemburg*, Liège: Université de Liège, 2009.

WENSELAERS, Selm: *De laatste Belgen. Een geschiedenis van de Oostkantons*, Antwerpen: Manteau; Amsterdam: Meulenhoff, 2008.

WINTGENS, Leo: *Grundlegung einer Geschichte der Literatur in Ostbelgien. Bild der sprachlichen Wechselwirkungen im Zwischenland*, Eupen: Grenz-Echo, 1986.

WINTGENS, Leo: *Et Hat van os Plat. Abriss einer Grammatik der germanischen Regionalsprache im Bereich des ehemaligen Herzogtums Limburg = Précis de grammaire de la langue régionale germanique dans l'ancien Duché de Limbourg*, 3. Aufl., Montzen: Zentrum für Sprachforschung = Centre de Recherches linguistiques, 2001.

WINTGENS, Leo: *Wege aus Sümpfen. Roman einer Grenzlandschaft*, 2 Bde., Aachen: Helios, 2001-2006.

Rechtsgrundlagen der DG (Stephan Thomas)

ALEN, André/ MUYLLE, Koen: *Compendium van het belgische staatsrecht*, deel I en II, Diegem, 2008.

BAYENET, Benoît/ VEIDERS, Sabrina: *Le financement de la Communauté germanophone, Courrier hebdomadaire n°1983-1984*, Bruxelles, 2007.

BERGE, Frank/ GRASSE, Alexander: *Belgien – Zerfall oder föderales Zukunftsmodell? Der flämisch-wallonische Konflikt und die Deutschsprachige Gemeinschaft*, Opladen, 2003.

FÖRSTER, Stephan: *Vergleich bundesstaatlicher Merkmale in den Bundesstaaten Belgien und Deutschland*, Aachen: RWTH – Institut für politische Wissenschaft, 2002.

FÖRSTER, Stephan/ LAMBERTZ, Karl-Heinz/ NEYCKEN, Leonard: „Die Deutschsprachige Gemeinschaft Belgiens – das kleinste Bundesland in der Europäischen Union“, in: Europäisches Zentrum für Föderalismus-Forschung Tübingen (Hrsg.): *Jahrbuch des Föderalismus*, Baden-Baden, 2004: S. 207-218.

HUTOP, Benjamin: *Das Konzept der „Gemeinschaft-Region“ im Kontext des belgischen Föderalismus. Die deutschsprachige Minderheit im Spannungsfeld zwischen personenbezogener und territorialer Autonomie: Welche Entfaltungs- und Mitwirkungsmöglichkeiten kann ein multinationaler, dissoziativer Föderalismus einer Minderheit bieten?*, Jena, 2004.

SÄGESSER, Caroline: *Introduction à la Belgique fédérale*, Bruxelles, 2009.

STANGHERLIN, Katrin (Hrsg.): *La Communauté germanophone de Belgique – Die Deutschsprachige Gemeinschaft Belgiens*, Bruxelles, 2005.

THOMAS, Stephan: „Les Germanophones de Belgique – la minorité la mieux protégée du monde ?", in: BREMS, Eva/ STOKX, Ruth (Hrsg.):*Recht en minderheden – de ene diversiteit is de andere niet*, Brugge, 2006, S. 61-83.

THOMAS, Stephan (Hrsg.): *Rechtsgrundlagen der Deutschsprachigen Gemeinschaft – Verfassung, Gesetze, Dekrete*, Eupen, 2009.

UYTTENDAELE, Marc: *Précis de droit constitutionnel belge – regards sur un système institutionnel paradoxal*, Bruxelles, 2005.

VANDE LANOTTE, Johan/ GOEDERTIER, Geert: *Overzicht Publiek Recht*, Brugge, 2007.

VUYE, Hendrik/ THOMAS, Stephan/ MUYLLE, Koen: „La Communauté germanophone – compétences et représentation", in: *Chroniques de droit public – Publiekrechtelijke Kronieken*, n°3, Brugge, 2006.

Medien in Ostbelgien: Freiheiten, Grenzen, Leistungen (Hubert Jenniges)

BELLEFLAMME, Alfred: „Das Grenz-Echo: Belgisch-deutscher Generalanzeiger, 1903 bis 1914 in Welkenraedt", in: WARNY, Heinz/ GODESAR, Heinz/ BELLEFLAMME, Alfred: *Zwei Jahrhunderte deutschsprachige Zeitung in Ostbelgien,* Eupen, 2007.

BISCHOFF, Heinrich: *Geschichte der Volksdeutschen in Belgien*, Aachen, 1904.

CHRISTMANN, Heidi: *Presse und gesellschaftliche Kommunikation in Eupen-Malmedy zwischen den Weltkriegen*, München, 1974.

CLEMENS, Luise: „Zwischen den Zeilen: Die Malmedy-St. Vither Volkszeitung und der 'Vaterlandswechsel' Eupen-Malmedys (1919-1925)", in: FICKERS, Andreas (Hrsg.): *Zwischen den Zeilen: Die Geschichte des Kreisblattes für den Kreis Malmedy und der St. Vither Volkszeitung 1866-1940*, Brüssel, 2008.

DERWAHL, Freddy: „Die Agentur TIM", in: WARNY, Heinz/ GODESAR, Heinz/ BELLEFLAMME, Alfred: *Zwei Jahrhunderte deutschsprachige Zeitung in Ostbelgien*, Eupen, 2007.

DOVIFAT, Emil: *Zeitungslehre: Theoretische und rechtliche Grundlage*. Bd. 1, Sammlung Göschen, Berlin 1967.

ENGELS, Hans (Hrsg.): *60 Jahre Belgischer Rundfunk: 1945-2005: Ostbelgische Zeitgeschichte*, Eupen, 2006.

FICKERS, Andreas (Hrsg.): *Zwischen den Zeilen: Die Geschichte des Kreisblattes für den Kreis Malmedy und der St. Vither Volkszeitung 1866-1940*, Brüssel, 2008.

GODESAR, Heinz: „Neue Nachrichten – Eupen-Malmedy-St. Vither Zeitung: Frischer Wind gegen die eingleisig monopolistische Presse", in: WARNY, Heinz/ GODESAR, Heinz/ BELLEFLAMME, Alfred: *Zwei Jahrhunderte deutschsprachige Zeitung in Ostbelgien*, Eupen, 2007.

GÖSCHEL, Joachim/ VEITH, Werner H. (Hrsg.): *Zeitschrift für Dialektologie und Linguistik*, Wiesbaden, 1979.

HAMMERSCHMIDT, Katrin: „Geschichte der Medien in Ostbelgien", in: ENGELS, Hans (Hrsg.): *60 Jahre Belgischer Rundfunk: 1945-2005: Ostbelgische Zeitgeschichte*, Eupen, 2006.

HAVENITH, Guido: „Vorliebe für die Katholische Partei: Das frühere Belgienbild in der Berichterstattung", in: *Jubiläumsausgabe Grenz-Echo 1927-2002*, Teil 2: *Zeitung im Rückblick*. Beilage zum *Grenz-Echo* vom 17.10.2002.

HAVENITH, Guido: „'Der Heimat nach besten Kräften dienen': Henri Michel herrschte fast vier Jahrzehnte", in: *Jubiläumsausgabe Grenz-Echo 1927-2002*, Teil 2: *Zeitung im Rückblick*. Beilagezum *Grenz-Echo* vom 17.10.2002.

JENNIGES, Hubert (e.a.): *Deutsch als Umgangs- und Muttersprache in Belgien: Akten des Kolloquiums in Arel vom 17.-18. Januar 1987*. Europäisches Büro für Sprachen mit kleinem Verbreitungsgebiet – Belgisches Komitee. Brüssel – Eupen, 1988.

JENNIGES, Hubert: „Die Anfangsjahre des aktuellen Zeitfunkmagazins: Information auf dem Prüfstand", in: KREMER, Rudolf (Hrsg.): *18.00 Uhr. Hier ist der Belgische Rundfunk. 20 Jahre BRF-Aktuell.*, St. Vith, 1990.

JENNIGES, Hubert: „Médias et Minorité: Regards sur la presse en région germanophone", in: *La Revue Générale, 130ème année* n° 10, octobre 1995: 57-62.

JENNIGES, Hubert: „'Jérôme Savonarole' von Henri Nicolas Bragard: Betrachtungen zum Umfeld eines wallonischen Versepos", in: *Zwischen Venn und Schneifel*, Nr. 1, 1999.

JENNIGES, Hubert: *Hinter ostbelgischen Kulissen: Stationen auf dem Weg zur Autonomie des deutschen Sprachgebiets in Belgien (1968-1972)*, Eupen, 2001.

JENNIGES, Hubert: *Die belgischen Medien im Lichte der frankophon-flämischen Spannungen ab 1945*. Referat v. 28. Juni 2007, Belgien-Seminar, Bereich Politikwissenschaften, Philosophische Fakultät der RWTH, Aachen.

KAUFMANN, K. L.: Der *Kreis Malmedy: Geschichte eines Eifelkreises von 1865 bis 1920*, neu hrsg. von Heinrich Neu, Bonn, 1961.

KERN, Rudolf: *Deutsch als Umgangs- und Muttersprache in der Europäischen Gemeinschaft: Akten des Europäischen Symposiums in Eupen vom 26. bis 29. März 1987*, Brüssel, 1989.

KREMER, Rudolf (Hrsg.): *18.00 Uhr. Hier ist der Belgische Rundfunk. 20 Jahre BRF-Aktuell*, St. Vith, 1990.

LANG, Maurice: „Un anniversaire: Arsène de Noüe (1817-1904)", in: *Folklore Stavelot-Malmedy*. Tome XVIII, 1954.

MIESSEN, Werner: „Der 'Grenzland-Report': Geschichte eines ostbelgischen Medienprojekts", in: WARNY, Heinz/ GODESAR, Heinz/ BELLEFLAMME, Alfred: *Zwei Jahrhunderte deutschsprachige Zeitung in Ostbelgien,* Eupen, 2007.

MINKE, Alfred: „Ein Spiegelbild ostbelgischer Geschichte: Die Rolle des Grenz-Echos in der Vergangenheit und heute", in: *Jubiläumsausgabe Grenz-Echo 1927-2002*, Teil 2: *Zeitung im Rückblick*. Beilagezum *Grenz-Echo* vom 17.10.2002.

MÜLLER-LUTZ, Fabian: „'Den einfachsten Ansprüchen nicht genügend?': Das Kreisblatt für den Kreis Malmedy in der Bismarckzeit (1866-1890), in: FICKERS, Andreas (Hrsg.): *Zwischen den Zeilen: Die Geschichte des Kreisblattes für den Kreis Malmedy und der St. Vither Volkszeitung 1866-1940*, Brüssel, 2008.

NELDE, Peter Hans (Hrsg.): *Deutsch als Muttersprache in Belgien: Forschungsberichte zur Gegenwartslage*, Wiesbaden, 1979.

NELDE, Peter Hans (Hrsg.): „Volkssprache und Kultursprache: Die gegenwärtige Lage des sprachlichen Übergangsgebietes im deutsch-belgisch-luxemburgischen Grenzraum", in: GÖSCHEL, Joachim/ VEITH, Werner H. (Hrsg.): *Zeitschrift für Dialektologie und Linguistik*, Wiesbaden, 1979.

PABST, Klaus: „Deutsch auf belgischer Welle: Die Anfänge deutschsprachiger Sendungen im belgischen Rundfunk 1935-1940", in: JENNIGES, Wolfgang (Hrsg.): *Gestalten und Entwicklungen: Historische Streifzüge zwischen Rhein und Maas Hubert Jenniges zum 70. Geburtstag als Festgabe gewidmet,* Löwen – St. Vith, 2004.

PABST, Klaus: „Presse zwischen zwei Weltkriegen (1914-1945)“, in: WARNY, Heinz/ GODESAR, Heinz/ BELLEFLAMME, Alfred: *Zwei Jahrhunderte deutschsprachige Zeitung in Ostbelgien*, Eupen, 2007.

PIETKIN, Nicolas: *La Germanisation de la Wallonie Prussienne*, Brüssel, 1904.

POMMÉE, Ulrike: *Die Fliegende Taube: Monographie du premier journal belge de langue allemande*, Brüssel, 1984-1985.

RÖTHER, Monika: „Kollektive Identitätskonstruktion durch autoritative Deutungsangebote: Die Malmedy-St. Vither Volkszeitung und die Bevölkerung Eupen-Malmedy-St. Viths“, in: FICKERS, Andreas (Hrsg.): *Zwischen den Zeilen: Die Geschichte des Kreisblattes für den Kreis Malmedy und der St. Vither Volkszeitung 1866-1940*, Brüssel, 2008.

RULAND, Herbert: *Zum Segen für uns alle: Obrigkeit, Arbeiterinnen und Arbeiter im deutsch-belgischen Grenzland (1871-1914)*, Eupen, 2000.

THOMAS, Peter: „Der *BRF*: Die Rundfunkstimme im Grenzland“, in: NELDE, Peter Hans (Hrsg.): *Deutsch als Muttersprache in Belgien: Forschungsberichte zur Gegenwartslage,* Wiesbaden, 1979.

THOMAS, Peter: „Deutsch in den Medien des Eupen-St. Vither Landes“, in: KERN, Rudolf:Deutsch als Umgangs- und Muttersprache in der Europäischen Gemeinschaft: Akten des Europäischen Symposiums in Eupen vom 26. bis 29. März 1987, Brüssel, 1989.

THOMAS, Peter: „‘Dem Volk aufs Maul geschaut’ 1975-1990: 15 Jahre Studio Eupen“, in: KREMER, Rudolf (Hrsg.): *18.00 Uhr. Hier ist der Belgische Rundfunk. 20 Jahre BRF-Aktuell.*, St. Vith, 1990.

WARNY, Heinz: „Erste Schritte im Nebel: Grenz-Echo 1926-1940“, in: WARNY, Heinz/ GODESAR, Heinz/ BELLEFLAMME, Alfred: *Zwei Jahrhunderte deutschsprachige Zeitung in Ostbelgien, Eupen*, 2007.

Literatur in der DG (Philippe Beck)

1. Archivalien

ABINET, Fernand:„Remarque, wir und die anderen“,*L'Invalide*, 01.03.1930 (Königliche Bibliothek Brüssel, Zeitungsarchiv; in der Folge KBR abgekürzt).

ANONYM: „Wiedersehensfeier RIR 29“,*Grenz-Echo*, 06.09.1937 (KBR).

ANONYM:„Im Westen nicht[s] Neues“, *Grenz-Echo*, 26.10.1929 (*Grenz-Echo*-Archiv, in der Folge GEA abgekürzt).

ANONYM(=SCHMITZ, Peter):„Nie wieder Krieg?“, *Grenz-Echo*, 24.01.1933 (KBR).

Brief Gustav Kilpper, DVA, 13.01.1933 (Stadtbibliothek Aachen, Nachlass Josef Ponten, in der Folge JPAS abgekürzt), Briefe an JP, A.8.8b. Verleger: Teil II).

Brief von DAI an Josef Ponten, gez. Dr. Strölin, 19.03.1934, (JPAC, A.6.26. *NSDAP*).

Brief SS-Hauptamt, 13.03.1939 (JPAC, A. Briefe an JP, A.8.8b. Verleger, Teil I).

Der Ortsgruppenleiter der Ortsgruppe München-Siegestor an die Gauleitung München-Oberbayern, Abteilung Politische Beurteilungen, 04.10.1938 (Bundesarchiv Berlin, R 56, Reichsschrifttumskammer, Personalakte Josef Ponten).

Le Soir, Bruxelles, juin/juillet 2005.

MATHAR, Ludwig, „So selbstverständlich deutsch...“,*Rheinland in Wort und Bild*, 2. Jg., Nr. 6, Juni 1940, S. 4-6.

RADAMES:„Zwei Bücher... zwei Filme“, *Grenz-Echo*, 27.12.1930 (GEA).

VERITAS(=SCHMITZ, Peter):„Zehn Jahre neubelgische Geschichte“, *Grenz-Echo*, 14.12.1929 (GEA).

2. Primärliteratur

ANDERER, Hannes:*Unterwegs zu Melusine*, Annweiler, 2007.

BECKER, Maryanne:*Grenzlandfrau*, Eupen, 2010.

CREMER, Marcel:*Der unsichtbare Zuschauer*. St. Vith, 2006.

DERWAHL, Freddy:*Bosch in Belgien*, Eupen, 2006.

KARTHEUSER, Bruno: *Atemlängen. Respirations*, St. Vith, 1999.

PONTEN, Josef:„Aus meiner Kindheit im Eupener Lande“, in:*Landschaft, Liebe, Leben. Novellen*, Berlin, 1934: 27-40.

PONTEN, Josef: „Meine Heimat. Das Land Eupen – Zur Beherzigung in Locarno“,*Berliner Tageblatt*, 15.10.1925.

PONTEN, Josef: *Aus dem Eupener Land. Bilder und Geschichten, Feldpostausgabe*, Leipzig, 1936 (= *Lebendiges Wort*, Bd. 19).

PONTEN, Josef: *Aus verlorenem Westland. Schauplätze und Vorgänge im Landschaftsroman 'Siebenquellen'*, Berlin/ Leipzig, 1939 (*Aus deutschem Schrifttum und deutscher Kultur*, Bd. 561).

WINTGENS, Leo:*Wege aus Sümpfen. Roman einer Grenzlandschaft, Teil I: Eine Jugend auf dem Königshof*, Aachen, 2001.

WINTGENS, Leo: *Wege aus Sümpfen. Roman einer Grenzlandschaft, Teil II: Brücken-Schläge*, Aachen, 2006.

3. Sekundärliteratur

ANDERSON, Benedict:*Imagined Communities. Reflections on the origin and spread of nationalism*, London, 1991.

ASSMANN, Jan:*Das kulturelle Gedächtnis: Schrift, Erinnerung und politische Identität in frühen Hochkulturen*, München, 1992.

BECK, Philippe:„Die deutschsprachige Literatur“, in:KOLL, Johannes (Hrsg.):*Belgien. Geschichte, Politik, Kultur, Wirtschaft*, Münster, 2007: 203-223.

BECK, Philippe: „Représentations et idéologie: La France vue par Josef Ponten entre 1920 et 1940“,*Mosaïque. Revue des jeunes chercheurs en Sciences de l'Homme et de la Société de la région Lille-Nord-de-France-Belgique* 2,*Varia: Jeunes Chercheurs dans la cité 2008*, s.dir. DE POTTER, Céline online: http://revuemosaique.net/wordpress/wp-content/uploads/2010/01/MOSAIQUE-2.3_Beck.pdf (eingesehen am 15.01.2010).

BECK, Philippe: *Peter Schmitz und Josef Ponten: zwei Schriftsteller aus dem deutschbelgischen Grenzland, 1918-1940. Eine kulturhistorische Studie unter besonderer Berücksichtigung der komparatistischen Imagologie*, Louvain-la-Neuve, 2010.

BECK, Philippe: „Das Deutschlandbild in der deutschsprachigen Literatur Belgiens in der Zwischenkriegszeit. Der Fall des ostbelgischen Anti-Kriegsromans Golgatha von Peter Schmitz“, in:BEYEN, Marnix/ DRAYE, Greet/ ROLAND, Hubert (Hrsg.):*Deutschlandbilder in Belgien 1830-1940*, Münster, 2010 (i.E.).

BECK, Philippe/ VERHOEYEN, Etienne:„Agents secrets à la frontière belgo-allemande. Des Services de Renseignements alliés et allemands entre 1920 et 1940 dans la région d'Eupen",*Cahiers d'histoire du temps présent = Bijdragen tot de eigentijdse geschiedenis*, Bruxelles, 1/2009: 93-134.

BELLER, Manfred/ LEERSSEN, Joep (Hrsg.): Imagology. The cultural construction and literary representation of national characters.A critical survey, Amsterdam – New York, 2007 (= *Studia Imagologica* 13).

BENZ, Wolfgang:*Pazifismus in Deutschland. Dokumente zur Friedensbewegung 1890-1939*, Frankfurt a. M., 1988.

CEPL-KAUFMANN, Gertrude: „Ein Europa der Regionen. Zu Josef Pontens und René Schickeles deutsch-französischem Versöhnungsprojekt",*Juni. Magazin für Literatur und Politik* 29, 1999: 21-35.

CEPL-KAUFMANN, Gertrude:*Der Bund rheinischer Dichter*, Paderborn/ München/ Wien/Zürich, 2003.

DIETZ, Burkhard/ GABEL, Helmut/ TIEDAU, Ulrich (Hrsg.):*Griff nach dem Westen: die Westforschung der völkisch-nationalen Wissenschaften zum nordwesteuropäischen Raum*, 1919-1960, Münster, 2003.

KRACAUER, Siegfried:*Von Caligari zu Hitler. Eine psychologische Geschichte des deutschen Films*, Frankfurt a. M., 1984.

LEONARDY, Ernst: „Dichtung und dokumentierte Minderheitenkultur. Die deutschsprachige Literatur im ostbelgischen Raum", in:RITTER, Alexander (Hrsg.):*Deutschsprachige Literatur im Ausland*, (*Zeitschrift für Literaturwissenschaft und Linguistik*, Beiheft 13), Göttingen, 1985: 52-68.

LEONARDY, Ernst: „La revue 'Krautgarten', le théâtre AGORA et la littérature de la Communauté germanophone de Belgique",*Textyles. Revue des lettres belges de langue française*, 24, 2004, *Une Europe en miniature ?*, s.dir. LOPE, Hans-Joachim/ ROLAND, Hubert: 90-97.

LIESER, Dietmar: „Zur Ideologie des Naiven und des Erhabenen. Josef Pontens Moderne-Kritik im 'Offenen Brief an Thomas Mann' (1924) und ihre faschistischen Implikationen", in:BREUER, Dieter/ CEPL-KAUFMANN, Gertrude (Hrsg.):*Moderne und Nationalsozialismus im Rheinland. Vorträge des Interdisziplinären Arbeitskreises zur Erforschung der Moderne im Rheinland*, Paderborn, 1997: 105-125.

LOUP, Gottfried:„Peter Schmitz in Memoriam", in:*Geschichtliches Eupen*, Bd. II, Eupen, 1968: 111-112.

LÜTGEMEIER-DAVIN, Reinhold: „'Nie-wieder-Krieg'-Bewegung", in:DONAT, Helmut/ HOLL, Karl (Hrsg.):*Die Friedensbewegung*: 284-288.

MITTENZWEI, Werner:*Die Mentalität des Ewigen Deutschen. Nationalkonservative Dichter 1918-1947 und der Untergang einer Akademie*, Frankfurt a. M.,2003.

QUADFLIEG, Peter M.: *„Zwangssoldaten" und „Ons Jongen". Eupen-Malmedy und Luxemburg als Rekrutierungsgebiet der deutschen Wehrmacht im Zweiten Weltkrieg*, Aachen, 2008 (= Aachener Studien zur Wirtschafts- und Sozialgeschichte Bd. 5).

RUTHNER, Clemens:„Unterwegs zu Melusine. Ein St. Vither Roman blickt zurück auf eine verlorene Zeit des Leidens", *Krautgarten*50, St. Vith, Juni 2007: 78.

SEPP, Arvi:„Refusing to be the Other, 2009", in:*Inter-disciplinary.net*, 10/2009, online: http://www.inter-disciplinary.net/wp-content/uploads/2009/10/ sepppaper.pdf (eingesehen am 15.01.2010).

SPREE, Tommy: „Ich kenne keine ‘Feinde’“, in:*Der Pazifist Ernst Friedrich. Ein Lebensbild*, Berlin, 2000.

WINTGENS, Leo: *Grundlegung einer Geschichte der Literatur in Ostbelgien. Bild der sprachlichen Wechselwirkungen im Zwischenland*, Eupen, 1986.

WYSLING, Hans (Hrsg.):*Dichter oder Schriftsteller? Der Briefwechsel zwischen Thomas Mann u. Josef Ponten 1919 – 1930*, hrsg. unter Mitwirkung von PFISTER, Werner, Bern, 1988 (= *Thomas-Mann-Studien* Bd. 8).

Schule, Ausbildung und Hochschule in der DG (Joseph Dries)

BECKERS, Jacqueline: „Les politiques scolaires de l’égalité des chances et de l’égalité de l’acquis dans l’enseignement secondaire (après 1945)“, in: GROOTAERS, Dominique (Hrsg.): *Histoire de l’enseignement en Belgique*, Bruxelles, 1998: 299-366.

BOEMER, Stephan: *Tätigkeitsbericht der Autonomen Hochschule in der Deutschsprachigen Gemeinschaft. Studienjahre 2005-2008*, Eupen, 2009.

BORN, Markus/ PILLER, Chris: *Deutschsprachige Gemeinschaft Belgiens. Ministerium für Unterricht und wissenschaftliche Forschung. Situationsanalyse vor Ort und Vorschläge für die kurz-, mittel- und langfristige Entwicklung*, Zürich, Juni 2009.

BOS, Wilfried/ SERENI, Sabrina/ STUBBE, Tobias C. (Hrsg.): *IGLU Belgien. Lese- und Orthografiekompetenzen von Grundschulkindern in der Deutschsprachigen Gemeinschaft*, Münster/ New York/ München/ Berlin, 2008.

Dekret über die Vermittlung und den Gebrauch der Sprachen im Unterrichtswesen vom 19.04.2004.

DRIES, Joseph: „Schule als Spiegel politisch-gesellschaftlicher Entwicklungen. Anmerkungen zum Unterrichtswesen in Belgien“, in: BEGENAT-NEUSCHÄFER, Anne: *Belgien im Blick: Interkulturelle Bestandsaufnahmen*, Frankfurt a. M., 2007: 325-348.

HECK, Jürgen: „Einstimmigkeit im PDG für Hochschul-Sonderdekret“, in: *Grenz-Echo* 43, 22.02.2005.

MICHEL, Henri: „Zum Wochende. Die Ostkantone sagen: ‘Nein!’“,*Grenz-Echo* 53, 05.03.1955.

GRETEN, Verena: *Unterricht und Ausbildung in der Deutschsprachigen Gemeinschaft Belgiens.* Schriftenreihe des Ministeriums der DG, Eupen, 2008.

GROOTAERS, Dominique: „L’émergence des différents types d’institutions scolaires à but professionnel“, in: GROOTAERS, Dominique (Hrsg.): *Histoire de l’enseignement en Belgique*, Bruxelles, 1998: 367-403.

HEUKEMES, Norbert (Hrsg.): *DG – Ostbelgien leben 2025. Regionales Entwicklungskonzept der Deutschsprachigen Gemeinschaft*, Eupen, 2009.

INSTITUT SUPERIEUR DES LANGUES VIVANTES:*Testing de maîtrise du français en Communauté germanophone. Décembre 2008 et mars 2009*. Commentaires des résultats. Liège, 2009.

KARTHEUSER, B./ JENNIGES, H./ DRIES, J.: *Eine Schule in ihrer Zeit*, St. Vith, 1981.

LEJEUNE, Carlo: *Die Säuberung. Band 2: Hysterie, Wiedereingliederung, Assimilierung (1945-1952)*. ZVS-Reihe: Auf dem Weg zur Deutschsprachigen Gemeinschaft, 2. Büllingen, 2007.

LUYKX, Theo/ PLATEL, Marc: Politieke Geschiedenis van België van 1944 tot 1985, Antwerpen, 1985.

MINISTERIUM DER DEUTSCHSPRACHIGEN GEMEINSCHAFT: *Rahmenplan. Fach Deutsch Unterrichtssprache*, Eupen, 2008.

MINKE, Alfred: *Eupen. Fahrplan durch seine Vergangenheit*, Eupen, 1980.

TYSSENS, Jeffrey: „L'Enseignement moyen jusqu'au Pacte scolaire: structuration, expansion, conflits", in: GROOTAERS, Dominique (Hrsg.): *Histoire de l'enseignement en Belgique*, Bruxelles, 1998: 218-251.

WYNANTS, Paul: „Ecoles et clivages aux XIXe et XXe siècles", in: GROOTAERS, Dominique: *Histoire de l'enseigenement en Belgique*, Bruxelles, 1998.

http://www.crisp.be/vocpol_imprim.asp?terme=pacte%20scolaire (16.02.2010)

http://www.dgparlament.be/PortalData/4/Resources/Datenbank/1999_2004/23312.pdf (02.04.2010)

http://www.iawm.be/ (02.04.2010).

http://zawm.be/ (02.04.2010).

http://zawm-st-vith.be/index.php?id=48 (02.04.2010).

http://www.seis-deutschland.de/ (02.04.2010).

http://www.dglive.be/ (02.04.2010).

Wirtschaftsstandort und Wirtschaftsgeografie DG (Franz Palm)

ADG/ WFG: *Standortanalyse der Deutschsprachigen Gemeinschaft*, 2007.

ARBEITSAMT DER DEUTSCHSPRACHIGEN GEMEINSCHAFT:*Arbeitsmarktanalysen 2009-8 Relation Wohnort-Arbeitsort der Arbeitnehmer in Belgien und der DG: Wer arbeitet wo?*, 2009.

ARBEITSAMT DER DEUTSCHSPRACHIGEN GEMEINSCHAFT: *Arbeitsmarktanalysen 2009-6 Neue Pendlerzahlen nach Deutschland*, 2009.

CPDT:*Landschaftsatlas der Wallonie, Das Weser-Maas-Land*, 2008.

MINISTERIUM DER DEUTSCHSPRACHIGEN GEMEINSCHAFT:*DG – Ostbelgien Leben 2025, Regionales Entwicklungskonzept der Deutschsprachigen Gemeinschaft*, 2009.

MINISTERIUM DER DEUTSCHSPRACHIGEN GEMEINSCHAFT:*Demografiemonitor 2008 der Deutschsprachigen Gemeinschaft Belgiens*, 2009.

SPI+: *Annuaire SPI+ 2009-2010*, 2009.

WALLONISCHE REGION: *Code Wallon de l'Aménagement du Territoire, de l'Urbanisme, du Patrimoine et de l'Energie (CWATUPE)*, 2009.

http://epp.eurostat.ec.europa.eu/portal/page/portal/eurostat/home

www.dgstat.be

www.dglive.be

www.liege.port-autonome.be

www.liegeairport.com

Grenzüberschreitende Wirtschaftsbeziehungen: Von der DG über die WFG Ostbelgien (Jacqui Meessen)

www.awex.be

www.wfg.be

Das Gesundheitssystem in der DG (Heinz Begenat)

JUSTAERT, Marc (Hrsg.): *Christliche Krankenkasse und die Kranken- und Invalidenversicherung*, Löwen, 2008.

KELLER, Magnus: unveröffentlichte Praktikumsarbeit, 2008.

NATIONS UNIES, PNUD, Rapport 2005 (1998).

SCHAUB, Vanessa Elisabeth: *Grenzüberschreitende Gesundheitsversorgung in der Europäischen Union. Die gesetzlichen Gesundheitssysteme im Wettbewerb*, Baden-Baden, 2001.

SCHLETTE, Sophia/ BLUM, Kerstin/ BUSSE, Reinhard (Hrsg.): *Gesundheitspolitik in Industrieländern 12*, Gütersloh, 2009.

SIMON, Michael: Das Gesundheitssystem in Deutschland. Eine Einführung in Struktur und Funktionsweise. Bern: Verlag Hans Huber, ^{3}2010.

WÖRNER, Tilmann: Idealtypische Gesundheitssysteme. Vergleich der Gesundheitssysteme in Deutschland, Schweden und Frankreich. Norderstedt: GRIN Verlag, 2007.

http://perspective.usherbrooke.ca/bilan/servlet/BMTTendanceStatPays?langue=fr&code (30.06.2010).

http://www.hospitals.be/francais/hopitaux.html (30.06.2010).

http://perspective.usherbrooke.ca/bilan/servlet/BMTTendanceStatPays?langue=fr&code (30.06.2010).

http://www.klinik.be

http://www.st-nikolaushospital-eupen.be/commun/index.php

http://www.dglive.be/desktopdefault.aspx

http://www.hospitals.be/francais/hopitaux.html

DIE AUTOREN – LES AUTEURS – DE SCHRIJVERS

DIE AUTOREN – LES AUTEURS – DE SCHRIJVERS

Anne Begenat-Neuschäfer

Anne Begenat-Neuschäfer ist seit März 1998 Lehrstuhlinhaberin am Institut für Romanische Philologie der RWTH Aachen. Vorher lehrte sie französische und italienische Literatur an der Universität Osnabrück. Sie hat Studien über das 16. Jh. und über die französische Literatur und das französische Theater des 20. Jh.s veröffentlicht; daneben leitet sie das *Centre de Langue et de Littérature françaises de Belgique* in Aachen.

Karl-Heinz Lambertz

Seit 1990 trägt Karl-Heinz Lambertz Ministerverantwortung in der Deutschsprachigen Gemeinschaft Belgiens. Als Ministerpräsident steht er der Regierung seit Juli 1999 vor. Lambertz, Jahrgang 1952 und Lizenziat der Rechte, hat in den vergangenen Jahren in zahlreichen Publikationen und Schriftreihen (u.a. in *Ethnos-Nation*, den *Nordrhein-Westfälischen Verwaltungsblättern*, dem *Jahrbuch des Föderalismus*) Textbeiträge über Belgien, seinen Staatsaufbau und die Deutschsprachige Gemeinschaft verfasst. Außerdem lehrt er seit 1988 an der Rechtsfakultät der *Université catholique de Louvain* in Louvain-la-Neuve.

Reinhard Bettzuege

Prof. Dr. Reinhard Bettzuege, Botschafter der Bundesrepublik Deutschland beim Königreich Belgien seit 2007, zuvor Professor für Internationale Beziehungen an der *Andrassy Universität Budapest*, 2005 Visiting professor of European Studies an der *Columbia University New York*, 2000-2002 Botschafter bei der *OSZE* Wien, 1995-2000 Gesandter bei der *NATO* Brüssel, 1982-1995 Sprecher und Leiter der Medienabteilung Auswärtiges Amt, zuvor diplomatische Verwendungen in Belgrad, London, Lissabon, Eintritt in den Auswärtigen Dienst 1974, Studium der Rechtswissenschaften und Philologie (Anglistik/Germanistik) in Bonn und Maryland/USA, jeweils Staatsexamen, Promotion in Politischen Wissenschaften, Oberst der Reserve der Bundeswehr.

Oliver Paasch

Oliver Paasch gehört seit 2004 der Regierung der Deutschsprachigen Gemeinschaft Belgiens als Minister für Unterricht und wissenschaftliche Forschung an. Nach den Parlamentswahlen im Juni 2009 wurden seine Zuständigkeiten um die Ressorts Ausbildung und Beschäftigung erweitert. Nach einem Universitätsstudium der Rechte sowie einer Bankausbildung war er zunächst als Kreditanalyst, Zweigstellenleiter und Unternehmensberater tätig. 2008 rief er eine freie Bürgerliste für Ostbelgien ins Leben, deren Vorsitzender er heute noch ist. Oliver Paasch ist verheiratet und in Eupen wohnhaft.

Stephan Förster

Dr. Stephan Förster, Leiter des Fachbereiches Außenbeziehungen und Europäische Programme im Ministerium der Deutschsprachigen Gemeinschaft (Eupen) und Leiter der Vertretung der Deutschsprachigen Gemeinschaft, der Französischen Gemeinschaft und der Wallonischen Region (Berlin).

Alfred Minke

Alfred Minke, geb. 1948 in Eupen, Dr. phil.; 1970-85 Lehrer für Geschichte und Erdkunde am Gymnasium *Collège Patronné* (1976-1979 ebenfalls Direktor dieser Schule) sowie der Katholischen Normalschule in Eupen; 1985-1987 Forscher am *Centre National de la recherche scientifique* (*CNRS*) in Paris; 1986 Lehrbeauftragter, 2001-2008 Professor an der *Université catholique de Louvain* (*UCL*) in Louvain-la-Neuve; seit 1988 Direktor des Staatsarchivs Eupen; erhielt u.a. den Preis *Vicomte Terlinden* der *UCL* sowie die *Subvention triennale Henri Pirenne* und den Preis *Léon Leclère* der Königlichen Akademie von Belgien.

Christoph Brüll

Christoph Brüll, Dr. phil., geboren 1979, Studium der Geschichte, der Internationalen Beziehungen und der Europäischen Integration an der *Université de Liège*; 2003-2005 Stipendiat des *DAAD* an der *Ruhr-Universität Bochum*; 2008 Promotion an der *Friedrich-Schiller-Universität Jena* mit einer Studie über die deutsch-belgischen Nachkriegsbeziehungen; seit Oktober 2009 Postdoctoral Researcher des Fonds für wissenschaftliche Forschung (*FRS-FNRS*) an der *Université de Liège*.

Werner Miessen

Werner Miessen, geb. 1945 in Eupen; studierte Philosophie in Löwen; unterrichtete allgemeinbildende Fächer im Kongo (1970-1972) und an Eupener Schulen; Autor von Librettos, Reportagen und Nonsensdichtung, von Beiträgen zur jüngeren Geschichte Ostbelgiens sowie von Bibliografien zur Deutschsprachigen Gemeinschaft.

Stephan Thomas

Stephan Thomas wurde in Amel im südlichen Teil der Deutschsprachigen Gemeinschaft geboren, ließ sich aber Anfang der 1990er Jahre zusammen mit seiner Gattin und seinen zwei Kindern in Eupen, der Hauptstadt der Deutschsprachigen Gemeinschaft, nieder. Er studierte Jura an den Universitäten von Namur und Neu-Löwen und anschließend internationale Beziehungen an der Universität von Antwerpen. 1991 begann seine berufliche Laufbahn im Parlament der Deutschsprachigen Gemeinschaft, wo er zunächst mit der Leitung der Abteilung Dokumentation und des juristischen Dienstes betraut wurde. Im Januar 2006 stieg er zum Generalsekretär auf und leitet seitdem die Parlamentsverwaltung. Der lizenzierte Jurist veröffentlichte mehrere Artikel über das Minderheitenstatut der deutschsprachigen Belgier.

Hubert Jenniges

Hubert Jenniges (1934) studierte Romanistik und Geschichte an der Kath. Universität Löwen und war zunächst Lehrer an der *Bischöflichen SchuleSt. Vith* (1959-1963), dann Journalist beim *Belgischen Rundfunk* in Brüssel, zuletzt (ab 1979-1998) Leiter des *BRF*-Studios in der belgischen Hauptstadt. 1980 wurde ihm die Ehrenpräsidentschaft des Geschichtsvereins *Zwischen Venn und Schneifel* (St. Vith) angetragen, dessen Initiator er auch 1965 war. Von 1982 bis 1992 war Hubert Jenniges Vorsitzender des von der EU betreuten Belgischen Komitees für Sprachminderheiten und in dieser Eigenschaft Mitglied des *European Bureau for lesser used languages*.

Philippe Beck

Philippe Beck studierte Anglistik, Germanistik und Philosophie an der *UCL* (Louvain-la-Neuve). Nach fünfjähriger Tätigkeit als Fremdsprachenlehrer in Wavre und Brüssel, hat er während vier Jahren als Forschungsassistent an der *UCL* gearbeitet. Im März 2010 promovierte er über die aus Ostbelgien stammenden Schriftsteller Peter Schmitz und Josef Ponten (*Peter Schmitz und Josef Ponten: zwei Schriftsteller aus dem deutsch-belgischen Grenzland, 1918-1940. Eine kulturhistorische Studie unter besonderer Berücksichtigung der komparatistischen Imagologie*). Seine Forschungsbereiche sind die deutschsprachige Literatur Belgiens, die Geschichte der Zwischenkriegszeit und die komparatistische Imagologie.

Joseph Dries

Joseph Dries ist seit Januar 2005 persönlicher Referent des Ministers für Unterricht in der Deutschsprachigen Gemeinschaft Belgiens. Bis zu seiner Ernennung im Kabinett des Ministers unterrichtete er 35 Jahre lang die Fächer Geschichte und Erdkunde am *Bischöflichen Gymnasium St. Vith*. Er arbeitete an mehreren lokal- und regionalhistorischen Veröffentlichungen mit und war Mitglied des Rates der Stadt St. Vith sowie des Lütticher Provinzialrates.

Franz Palm

Franz Palm studierte Wirtschaftswissenschaften an den Universitäten Louvain und Chicago. Seit vielen Jahren lehrt und forscht er auf dem Gebiet der Ökonometrie in den Niederlanden, zuerst an der Freien Universität Amsterdam und seit 1985 an der Universität Maastricht. Während vieler Jahre war er Dekan der Wirtschaftsfakultät in Maastricht. Er ist Ehrendoktor der Universität Freiburg (Schweiz), Mitglied der *Niederländischen Akademie der Wissenschaften* und er hat eine Professur dieser Akademie inne. Er ist Vorsitzender des Verwaltungsrates der *Wirtschaftsförderungsgesellschaft Ostbelgiens*.

Marc Langohr

Marc Langohr studierte Wirtschaftsgeographie, Raumordnung und Urbanismus an den Universitäten Namur und Lüttich. Er besitzt die Lehrbefähigung für die Oberstufe des Sekundarunterrichts. Seit 1993 ist er bei der *Wirtschaftsförderungsgesellschaft Ostbelgiens VoG* (*WFG*) angestellt. Zuerst hat er als Projektmanager gearbeitet. Seine Haupttätigkeiten lagen im Bereich der Ausarbeitung eines Gewerbeflächenkonzepts, der Regionalentwicklung und Umsetzung verschiedener EU-Projekte. Seit 2000 ist er der Geschäftsführer der *WFG*.

Christiane Lentz

Christiane Lentz ist zuständig für den Bereich Controlling, Statistik und Internationale Angelegenheiten beim Arbeitsamt der Deutschsprachigen Gemeinschaft. So ist sie u.a. verantwortlich für die Aufarbeitung und Analyse von Arbeitsmarktinformationen und wirkt mit bei der Arbeitsmarktbeobachtung in der DG und darüber hinaus. Sie studierte Physik und Betriebswirtschaft an der Universität Namur.

Anne-Marie Veithen

Anne-Marie Veithen studierte Physische Geographie, Raumordnung und Urbanismus an der Universität Lüttich. Zwischen 1992 und 2001 arbeitete sie als Wissenschaftliche Mitarbeiterin im *Service d'Étude en Géographie Économique Fondamentale et Appliquée* (Universität Lüttich). Seit 2002 ist sie bei der *Wirtschaftsförderungsgesellschaft Ostbelgiens VoG* (*WFG*) angestellt. Dort ist ihr zentraler Projektbereich die ländliche Entwicklung.

Jacqui Meessen

Nach dem Abschluss seines Sportstudiums wurde der Ostbelgier Jacques Meessen von einem Freund, dessen Vater verstorben war, hinsichtlich des Familienunternehmens *Teclyse* um Hilfe gebeten. Aus der kurzfristigen Unterstützung wurde eine mehr als zwanzig Jahre währende erfolgreiche Karriere als Verkaufsdirektor im Bereich der Oberflächenbehandlung. Im Oktober 2006 konnten die *AWEX* und die *WFG* ihn und seine kaufmännische Erfahrung zur Unterstützung wallonischer Unternehmen bei ihren Exportaktivitäten gewinnen. Als eine Art „Personal Coach“ berät und begleitet er die belgischen Firmen auf dem deutschen Markt und steht diesen mit kommerziellem Rat zur Seite.

Heinz Begenat

Promotion zum Dr. med. Facharzt Ausbildung an der Medizinischen Akademie Düsseldorf und Anerkennung als Facharzt für Innere Medizin (1970) sowie Zusatzanerkennung 'Lungen- und Bronchialheilkunde' (1971). Seit 1972 Leitende Tätigkeit als Chefarzt von Klinik und Rehabilitationszentrum Lippoldsberg, Kurklinik in Bad Oeynhausen; der Abteilung für Innere Medizin und Ärztlicher Direktor des Kreiskrankenhauses Melsungen (1974-1985); der Medizinischen Klinik des Kreiskrankenhauses Ziegenhain (ab Februar 1985) und zuletzt Ärztlicher Direktor des Klinikums Schwalmstadt. Zahlreiche wissenschaftliche Publikationen und Fachvorträge.

Belgien im Fokus

Geschichte – Sprachen – Kulturen

Herausgegeben von Anne Begenat-Neuschäfer

Band 1 Anne Begenat-Neuschäfer (Hrsg./éd.): Belgien im Blick: Interkulturelle Bestandsaufnahmen. Regards croisés sur la Belgique contemporaine. Blikken op België: Interculturelle Beschouwingen. 2007.

Band 2 Anne Begenat-Neuschäfer (Hrsg./éd.): Comic und Jugendliteratur in Belgien von ihren Anfängen bis heute. 2009.

Band 3 Anne Begenat-Neuschäfer (Hrsg.): Die Deutschsprachige Gemeinschaft Belgiens. Eine Bestandsaufnahme. 2010.

www.peterlang.de